汉语词汇语法史论文三集

蒋绍愚 著

图书在版编目(CIP)数据

汉语词汇语法史论文三集/蒋绍愚著.—北京:商务印书馆,2022(2023.7重印)
ISBN 978-7-100-20665-5

Ⅰ.①汉… Ⅱ.①蒋… Ⅲ.①词汇—汉语史—文集 ②语法—汉语史—文集 Ⅳ.①H13-09 ②H14-09

中国版本图书馆 CIP 数据核字(2022)第 015411 号

权利保留,侵权必究。

HÀNYǓ CÍHUÌYǓFǍSHǏ LÙNWÉN SĀNJÍ
汉语词汇语法史论文三集
蒋绍愚 著

商 务 印 书 馆 出 版
(北京王府井大街36号 邮政编码100710)
商 务 印 书 馆 发 行
北京虎彩文化传播有限公司印刷
ISBN 978-7-100-20665-5

2022年3月第1版　开本 850×1168 1/32
2023年7月北京第2次印刷　印张 17¾
定价:86.00元

目　　录

也谈文言和白话………………………………………… 1
汉语史的研究和汉语史的语料………………………… 31

词义演变和句法演变的相互关系……………………… 76
词的语义成分与词的句法功能………………………… 110
动词的情状类型与句法格式…………………………… 144
近代汉语研究的新进展………………………………… 163

先秦汉语的动宾关系和及物性………………………… 189
上古汉语的作格动词…………………………………… 257
从《左传》中的"P(V/A)＋之"看先秦汉语的
　　述宾关系………………………………………… 303
"来"和"去"小议………………………………………… 332

词义和概念化、词化…………………………………… 348
再谈"从综合到分析"…………………………………… 384
"开—关"概念场中词汇的历史演变…………………… 426
现代汉语常用词考源…………………………………… 452

古汉语词典编纂的一些问题……………………… 478
古汉语词典的编纂和资料的运用………………… 498

北京话和普通话……………………………………… 539
谈谈中小学文言文教学……………………………… 551

后记…………………………………………………… 561

也谈文言和白话

什么是文言？什么是白话？这是讨论了很久的问题。吕叔湘先生写过文章《文言和白话》，张中行先生写过书《文言和白话》。但是有些问题还是不太清楚，所以要写这篇《也谈文言和白话》。

1 什么是白话

20世纪初的新文化运动反对文言文，提倡白话文，"白话文"与"文言文"相对而言，其含义是很明确的。但在历史上，什么是"白话"？这就有不同的看法。有人说《尚书》《诗经》《论语》都是白话，这样说对不对？

这要从"白话"的界定说起。胡适认为"白话"有三个意思。胡适《白话文学史·自序》："我把'白话文学'的范围放的很大，故包括旧文学中那些明白清楚近于说话的作品。我从前曾经说过，'白话'有三个意思：一是戏台上说白的'白'，就是说得出，听得懂的话；二是清白的'白'，就是不加粉饰的话；三是明白的'白'，就是明白晓畅的话。以这三个标准，我认定《史记》《汉书》里有许多白话，古乐府歌辞大部分是白话的，佛书译本的文字也是当时的白话或很近于白话，唐人的诗歌——尤其是乐府绝

句——也有很多的白话作品。"(1928:13)

这三个意思,主要是第一条,即"说得出,听得懂"。也就是后来人们常说的,是反映口语的作品。"说得出"就是人们口中所说的话的记录,而且记录时不加粉饰,所以明白晓畅,都能听得懂。这样的语言就是白话。这是"白话"的一种界定。

根据这种界定,就有人认为《尚书》是白话。

裘廷梁《论白话为维新之本》:"文字之始,白话而已。"上古帝王的"文告皆白话,而后人以为诘屈难解者,年代绵邈,文字不变而言语变也"。(转引自徐时仪,2015:15)

钱玄同《尝试集序》:"周秦以前的文章,大都是用白话;像那《盘庚》《大诰》,后世读了,虽然觉得佶屈聱牙,异常古奥;然而这种文章,实在是当时的白话告示。"(1999a:88—89)

确实,《尚书》中很多文告,都是说给老百姓听的,如《盘庚》,是盘庚迁都时动员百姓的讲话,如果用的不是老百姓都能懂的口语,老百姓都听不懂,那还能起什么作用?

有人认为《国风》是白话。

胡适的《白话文学史》是从《史记》《汉书》和汉乐府讲起的。但他在1922年3月24日拟定的《国语文学史》的新纲目有一条:"二千五百年前的白话文学——国风。"之所以在《白话文学史》没有讲《诗经》,"是因为我去年从外国回来,手头没有书籍,不敢做这一段很难做的研究"(1928:14)。

确实,《国风》是当时的民歌,记录的是当时的口语。

也有人认为《论语》是白话。徐时仪《汉语白话史》:"《论语》和《世说新语》等,也不妨作为汉语史上的早期白话","《论语》……记载了当时的白话"。但书中又说:"先秦……出现了一

大批雅言写的文献著作,如《左传》《论语》……雅言……也就是文言。"(2015:19、65、7)

确实,《论语》反映的是口语。《汉书·艺文志》:"《论语》者,孔子应答弟子时人,及弟子相与言而接闻于夫子之语也。当时各弟子有所记,夫子既卒,门人相与辑而论纂,故谓之论语。"《论语·卫灵公》:"子张问行。子曰:'言忠信,行笃敬,虽蛮貊之邦行矣;言不忠信,行不笃敬,虽州里行乎哉?立,则见其参于前也;在舆,则见其倚于衡也。夫然后行。'子张书诸绅。"《论语》中很多条目都是孔子对学生说的话的记录,当然是反映口语的。

如果《论语》是白话,那么,其他先秦诸子的著作呢?《墨子》《老子》《孟子》等可能"粉饰"的成分要多一点,因为要宣传自己的主张,要驳倒其他学派,总要在文辞上加以修饰。但总的看来,其语言和《论语》差别不大。那么是否也应该说是白话呢?

如果《尚书》《国风》以及《论语》等先秦著作都是白话,到后来(大约是东汉)书面语脱离了口语而形成文言,然后从敦煌变文开始又用白话,那么,汉语书面语自古以来发展的历史就是"白话—文言—白话"。这样的看法自有其道理,但和通常的看法距离太远。

在新文化运动前后,一些白话文的提倡者如裘廷梁、胡适、钱玄同等,主张《尚书》《国风》是白话,是为了说明最初是言文一致的;白话文不是鄙俗浅薄之文,在历史上,诸如《诗》《书》这样的经典都是白话文,"当以白话为文学正宗"(陈独秀,1917/1922:90)。这是当时反对文言文、提倡白话文的需要。到了今天,我们不必再这样为白话文争地位。

至于说反映口语的就是白话文,这样一种判定标准当然也有一定的理由,但它忽略了一点:同样是口语,殷周时的口语跟唐宋以来口语有很大的不同,反映这两种口语的书面语也有很大不同。这种不同,并不需要学者来论证判别,今天任何一个稍有阅读能力的人都能直观地感受到。如果因为《尚书》《国风》《论语》和《西游记》《红楼梦》都反映当时的口语,而把它们都称为"白话",一定会使人大为惊讶:为什么"白话"作品的面貌这样不同!

胡适把"说得出,听得懂"作为白话的标准,吕叔湘《文言和白话》(1944)也很重视"听得懂和听不懂",认为"白话是现代人可以用听觉去了解的,较早的白话也许需要一点特殊的学习;文言是现代人必需用视觉去了解的"。但他们划出来的文言和白话的界线很不一样。比如,胡适说《国风》是白话,吕叔湘说:"'求我庶士,迨其吉兮。'……难道我们还能说这不是文言?"问题在于:"听得懂"是谁听得懂?胡适没有明说,但他指的是在《史记》《汉书》时代乃至《国风》时代,当时的人能听得懂就是白话。而吕叔湘明确地说,是现代人听得懂才是白话。实际上,他们两位的标准是不一样的,所以划出来的文言和白话界线也不一样。

"当时人听得懂"和"现代人听得懂"这两个标准都不大容易掌握。"当时人听得懂",我们当然无法让当时的人站出来听话,只能通过各种办法来推论(比如《盘庚》是对当时百姓的告示,当时的百姓一定能听得懂)。"现代人听得懂",第一是"现代人"的知识水平和文化修养有很大差距,有些作品,有人能听懂,有人听不懂,究竟以什么人为准?大概是以现在的中等文化程度的人为准吧。第二是"白话"的范围不仅仅是现代的作品,照吕叔湘的说法,也包括"唐宋以来的语体文",这些"唐宋以来的语体文"有的和现代白话文差距还相当大,现在中等文化程度的人未必能听懂。那么,这些还算不算白话文?

吕叔湘曾选了12段文章,请他的朋友来判断:哪些是文言,哪些是白话。这些朋友的意见比较一致,认为(7)—(12)中,(7)唐张鷟《朝野佥载》是文白夹杂,(10)宋李元弼《作邑自箴》是文言,其余(8)宋《景德传灯录》,(9)宋秦观《满园花》词,(11)宋《燕云奉使录》,(12)明刘仲璟《遇恩录》是白话。吕叔湘认为这样的判断"反映一般人心目中的文言和白话的区别",但吕叔湘也说:"和现代的口语合不合?那么连最近的(12)也有相当差异。"吕叔湘的朋友是文化修养较高的,如果请一位中等文化程度的人(比如大学低年级学生)来,把这12段文章念给他听,大概这后面6段也未必听得懂;让他自己看,可能也是一脸的茫然。可见,以"现代人听得懂"为标准来确定白话文也还有问题。

吕叔湘的结论是:"白话是唐宋以来的语体文。"这个结论是对的。但若要问"为什么",就不能以"现代人听得懂"来回答,而要从另一个角度来论证。

这要从汉语的历史发展说起。首先要回过来说文言文。

2 什么是文言

什么是文言文?这个问题,也有不同的说法。

张中行说:"文言和白话有分别,概括地说,文言是以秦汉书面语为标准,脱离口语而写成的文字。白话是参照当时口语而

写成的文字。"他还说:"称为文言,意思是只见于文只用于文的语言。"(1995:187、16)

吕叔湘《近代汉语读本序》(1985)也有过类似的说法:"秦以前的书面语和口语的距离估计不会太大,但汉魏以后逐渐形成一种相当固定的书面语,即后来所说的文言。"这样定义文言,是把"脱离口语"作为文言的主要标准。按这种标准,就只有汉魏以后才有文言。那就把《论语》《史记》等接近口语的排除在文言之外了。

但吕叔湘(1944)说:"白话是唐宋以来的语体文。此外都是文言……文言是现代人必需用视觉去了解的。"这里所说的"文言"不限于汉魏以后,其判断标准是文言的面貌不同于今天的语言。

其实,张中行上述看法,是"概括地说",在他的书中已经说到,"以脱离当时口语为标准"有很多困难。"文言,早期的,也许离口语很近,或相当近"。他举了《尚书·汤誓》和《论语·为政》中的两段文字,说:"如果我们以'脱离当时的口语'为文言的定义,显然,我们只好说这两例是白话。但这就必须放弃我们千百年来死抱住不放的旧看法——说这是文言。任何人都知道,这是做不到的。其结果就是,我们不能不承认,有的文言并不脱离当时的口语。"(1995:3、9—10)

他认为文言有一个发展过程。"文言在秦汉时期定形"(1995:102)。在定形以前也算文言,在定形以后路子不变。在 6.1.1、6.1.2、6.1.3 三个小节中,他分别讲述了这三个阶段的特点。

"**定形以前** 这类商周的文字是定形以前的事物,它可以算作文言,却与通用的文言有分别"(1995:104)。

"**秦汉时期** 秦汉时期文献资料很多……用现在的眼光看,这些都是文言……这些著作是文言的标本"(1995:106—107)。

"**汉魏以后** 直到清末。这个阶段时间很长,但都是顺着秦汉的路子走,也就是用的是同一个词汇句法系统"(1995:107)。

可见,他说的"文言是以秦汉书面语为标准,脱离口语而写成的文字"并不是对文言的完全的概括,而只适用于定形以后的文言。

既然"脱离口语"不能作为判断文言的标准,那么,什么是判断文言的标准呢?

吕叔湘(1944)提出的问题是:"一般人分别文言和白话用的是什么标准?"文章说:"究竟文言是什么,白话是什么呢?大家都苦于心知其意而不容易下明确的界说。"作者举出 12 段文字,让朋友们判断哪些是文言,哪些是白话,回答相当一致,作者说,这"恰好反映一般人心目中的文言和白话的区别"。我认为,要回答"什么是文言"的问题,应当采用"一般人""心知其意"的这个标准,也不妨找一些人对一些作品做一个调查,来确定什么是文言。如果做一个调查,问大家:从《诗经》《论语》《史记》以及唐宋八大家、明清桐城派,直到《聊斋志异》,这些是不是文言?大家一定会不约而同地说:这些都是文言。现在中小学都读一些《论语》的选段,如果老师对学生说:"《论语》不是文言。"学生一定感到很奇怪。如果老师对学生说:"《论语》是白话。"学生会感到更奇怪。尽管说《论语》不是文言""《论语》是白话"都有一定的根据,但这和大家心目中的标准差得太远。

那么,大家心目中的文言和白话的区别在哪里?其实并不在于是根据口语还是脱离口语。张中行说,文言和白话的区别,"最重要的当然是词汇语法系统,文言有自己的一套,白话另有自己的一套,其中相当多的部分,两者不能通用"(1995:199)。这话说到了点子上。

3　判断文言的标准

汉语的词汇语法系统在历史上有很大的变化。现在能看到的语言资料,最早的是甲骨文和金文。但甲骨文都是卜辞,金文都是刻在器物上的铭文,很难说是全面反映了当时的语言面貌。传世文献中最早的是《尚书》《诗经》《周易》,大致能反映当时的语言面貌,但《尚书》中文告较多,《诗经》是诗歌的总集,《周易》更是一部卜筮之书,都是比较特殊的语体,是否能全面反映当时的词汇语法系统也还难说。从总体看,甲骨文、金文和《尚书》的词汇和语法跟春秋战国时期的作品有较大不同。不同的原因是由于时代的不同,还是由于殷代的语言和周代的语言是两种不同的语言(或方言),这个问题还有待于深入讨论,在这篇短文中不谈。至于那些春秋战国时代的作品,基本上是反映当时口语的,反映的程度有所不同,如吕叔湘所说,可能有的是"超语体",但那也是在口语基础上加以修饰,是语体的差异,而不是由于语法发展演变而造成的不同。由于语法发展演变而造成的不同也是有的,如果比较《论语》和《韩非子》,可以找出因时代不同而产生差异的不止一两处,但这些差异不至于造成整个词汇语法系统的不同。

在西汉,语言又有发展。《史记》作为一部史书,在叙述先秦的历史时不可能不参照先秦的史料,所以在《史记》中会有一些和《左传》《战国策》乃至《尚书》很相像的语句。但是,《史记》对这些史料中的一些句子做了改写,如《尚书·尧典》:"(舜)克谐以孝,烝烝乂,不格奸。"《史记·五帝本纪》作:"(舜)能和以孝,烝烝治,不至奸。"这说明西汉的语言和西周的语言已经有所不同。《史记》中还有不少是写汉代的事,有些句子把人物的情态和口气都如实写出来了,如《高祖本纪》:"汉王三让,不得已,曰:'诸君必以为便,便国家……'"《张丞相列传》:"臣口不能言,然臣期期知其不可。陛下虽欲废太子,臣期期不奉诏。"这些肯定是用的口语。但从总体上看,《史记》的整个词汇语法系统和先秦的《论语》《左传》等相比没有大变,所以,当前的汉语史研究一般把先秦和西汉放在一起,作为汉语史的一个大阶段"上古汉语"。上面所说的《诗经》《论语》《左传》《韩非子》《史记》等,都是属于上古汉语的词汇语法系统。

到了东汉,语言进一步发展,词汇语法系统和先秦、西汉有较大不同,研究汉语史的把东汉看作另一个大阶段的开始:从东汉到隋唐,是"中古汉语"。但是,从东汉开始,书面语和口语逐渐拉开距离,尽管口语已经向前发展了,但书面语却仍然保持先秦和西汉的面貌,也就是说,仍然采用上古汉语的词汇语法系统。其典型的代表是《汉书》。梅思(2013)把《史记》和《汉书》的语言做了比较:"《史记》大体上更加详尽明确,因此字句偶显冗余,这可以视为一般被看作口语语言的典型特征……《汉书》可以视为文言风格的真正起点,它自觉地重回到上古晚期即'古典文献'的风格,这种风格特别受到赞誉;而《史记》则表现得贴近它那个时代的口语。"《汉书》以后的"正史",尽管语言风格不完全一样,书中的一些片段反映当时口语的程度也有不同,但总的说来,都是"以秦汉书面语为标准,脱离口语而写成的文字"。不仅仅是史书,从东汉直到五四新文化运动以前,人们使用的正规的书面语言都是这样的文字,当然这些文字都是文言文。

所以,文言文包括两大类:一类是先秦和西汉时期文献的语言,它们是反映口语的,属于上古汉语的词汇语法系统。一类是东汉以后的书面语,它们是脱离口语的,继续采用上古汉语的词汇语法系统。在是否反映口语这一点上,两类有差别;但在词汇语法系统上,两类一致。今天大家把这两类文献使用的语言都称为文言,正是着眼于它们在词汇语法系统上的一致性。而它们和当时口语的关系如何,主要是研究语言的人关心的问题,一般人是不容易判断的,所以,不必也不能以此为判断文言文的标准。

4 判断白话的标准

那么,什么是判断白话文的标准呢?我认为还是以词汇语法系统为标准。

不过,这里碰到一个问题。正如张中行所说:"文言有相当严格的词汇句法系统",而"白话比文言个性强,不同时期总有不同的面目"(1995:14、160)。形成这种差异的原因很清楚:文言(特别是后代仿古的文言)都是模仿一个样板,所以其词汇句法大致相同(当然也有变化,只是变化不大)。白话是根据当时的口语来写,而口语随时代变化,不同时代的白话语言面貌就会不同。吕叔湘举的第12个段落是朱元璋讲话的记录,其语言面貌就和我们当前看到的白话有较大的不同,吕叔湘(1944)说:"这也难怪,五百多年了呢。"既然如此,我们还能不能以词汇语法为标准来判定白话文?

我认为是可以的。因为我们使用的标准不是具体的哪一个词,哪一个语法格式,而是词汇语法系统。再说得明确一点,是近代汉语的词汇语法系统。

近代汉语是汉语史上一个重要的阶段,它上承中古汉语,下接现代汉语,一般认为是从晚唐五代到清代中期。近代汉语的时间跨度很长,其间的词汇语法也有很多变化,但其词汇语法系统是比较固定的。而且,和现代汉语的词汇语法系统也很接近,用吕叔湘(1985)的话来说:"我们的看法是,现代汉语只是近代汉语的一个阶段,它的语法是近代汉语的语法,它的常用词汇是近代汉语的常用词汇,只是在这个基础上加以发展而已。"所以,吕叔湘(1944)说:"白话是唐宋以来的语体文。"这就是说,唐宋以来直到如今的语体文,虽然呈现出来的语言面貌有较大不同,但其词汇语法系统是同一个,这样的书面语就是白话文。

那么近代汉语的词汇语法系统究竟是什么样的?我们先从具体例子说起。吕叔湘(1944)举出的四段文章,人们一致认为是白话文,原因是什么,吕文没有说,但我们可以从中找到一些词汇语法现象,都是近代汉语有,而上古汉语(文言文)不可能有的。那四段文章是:

(8)诸和尚子,饶你有什么事,犹是头上著头,雪上加霜,棺木里张眼灸,疮盘上著艾燋,遮个一场狼藉,不是小

11

事,你合作么生?各自觅取个托生处好!莫空游州打县,只欲捉搦闲话。待老和尚口动,便问禅问道,向上向下,如何若何,大卷抄了,塞在皮袋里卜度,到处火炉边,三个五个聚头,口喃喃举,道遮个是公,才悟遮个是从里道出,遮个是就事上道,遮个是体悟。体你屋里老爷老娘!噇却饭了,只管说梦,便道我会佛法了也。将知你行脚,驴年得个休歇么?更有一般底,才闻人说个休歇处,便向阴界里闭眉合眼,老鼠孔里作活计,黑山下坐,鬼趣里体当,便道得个入头路。梦见么?(《景德传灯录》卷一九,云门偃语录)

(9) 一向沈吟久,泪珠盈襟袖。我当初不合、苦搁就。惯纵得软顽,见底心先有。行待痴心守,甚捻著脉子,倒把人来僝僽?近日来、非常罗皂丑,佛也须眉皱,怎掩得众人口?待收了孛罗,罢了从来斗。从今后,休道共我,梦见也不能得勾。(秦观《淮海词·满园花》)

(11) 粘罕云:"所言都好,但蔚、应州亦恐阿适走去彼处,候我家兵马到日,来商量所要系官财物,曾思量来,也系不是,便待除去。"粘罕、兀室云:"我皇帝从上京到了,必不与契丹讲和。昨来再过上京,把契丹墓坟、宫室、庙像一齐烧了,已教契丹断了通和底公事。而今契丹更有甚面目来和也?千万必不通和。只是使副到南朝,奏知皇帝,不要似前番一般,中间里断绝了。"……粘罕大喜云:"两家都如此,则甚好。若要信道将来必不与契丹通和。待于回去底国书内写着……"(《三朝北盟汇编》卷四引赵良嗣《燕云奉使录》)

(12) 你每这几个也,年纪小里,读书,学好勾当。你每学尔的老子行。我来这里时,浙东许多去处,只有你这几个老子。来到如今,也只有你这几个。每每和那士大夫翰林院说呵,也只把你这几个老子来说。你每家里也不少了穿的,也不少了吃的。你每如今也学老子一般般,做些好勾当,乡里取些和睦。你每老子在乡里,不曾用那小道儿捉弄人。他与人只是诚义,所以人都信服他。大丈夫多是甚么做?便死也得个好名。歪歪搭搭,死了也干着了个死。(《诚意伯文集》卷一,诚意伯次子阁门使刘仲璟《遇恩录》)

人们为什么认为这四段文章是白话?我想,主要是看到下面这些词汇语法现象:

(8)饶(尽管),遮个(这个),合(该),作么生(怎样),好(表祈使语气),莫(不要),抄了(V+了),噇却饭了(V却+O+了),……了也(事态助词),么(疑问语气词),一般底(N+底)。

(9)不合(不该),见底心(V+底+N),行待(行将),甚(为何),捻著脉子(V着+O),把(处置标记),怎(怎么),收了、罢了(V+了)。

(11)曾思量来(来,助词,表曾经),昨来(来,词缀,表时间),把(处置标记),烧了、断了(V了),通和底公事(底,结构助词),甚(什么),……断绝了(了,事态助词),若要(如果)。

(12)每(相当于"们"),里(相当于"哩"),行(词尾),把(处置标记),穿的、吃的(的,结构助词),便(即使),死了(V+了)。

这里只列举了一些常见的词汇语法现象,而没有列举一些较特殊的词语,如(8)中的"体当(体会)",(9)中的"僝僽(折磨)",这些词语,读这四段文章的人也未必懂得,但不妨碍他们断定这是白话。人们断定这四段文章是白话,主要是因为上面列举的那些常见的词汇语法现象,这些现象绝不可能出现在文言中,只能出现在唐宋以来的"语体文"中。其中有些在现代汉语中仍很常见,如"收了""罢了","吃的""穿的","把……";有的和现代汉语有一定距离,如"你每""通和底公事",但如果知道"每"就是"们","底"就是"的",那就很好懂了。从汉语史研究的角度来说,这些词汇语法现象都是近代汉语的词汇语法现象。所以,可以说,如果一篇文章的词汇语法现象是近代汉语的词汇语法现象,那么,这篇文章就是白话。

大体上说,近代汉语的代词系统、语气词系统是和上古汉语截然不同的。在近代汉语的代词中,除了"我"和"谁"是从古到今不变的以外,其他的"你""他""这""那""什么""怎么"以及"们"都是上古汉语中没有的(上古汉语中有"他",但不是第三人称代词)。语气词"啊""呀""呢""吗"也是上古汉语没有的。还有结构助词"的"(早先写作"底"),用在动词后面的"(V)得",助词"(V)了""(V)着""(V)过",表处置的"将"和"把",都是上古汉语没有的。有这些成分的就一定是白话,不会是文言。

反过来说,上古汉语有自己的词汇语法系统,是和近代汉语截然不同的。上古汉语的代词是"吾""尔""汝(女)""若""厥""其""之""孰""此""兹""斯""彼""何""如何",语气词是"也""矣""已""焉""乎""耶(邪)""与(欤)""哉",有"是之谓""不吾知"等宾语前置的格式,这些在近代汉语的语体文(白话文)中基本上是不用的,除非是有意作为仿古的成分使用。

同时,从上古汉语到近代汉语,很多常用词产生了替换,如

"目—眼睛""口—嘴""面—脸""食—吃""饮—喝""视—看""寐—睡""坚—硬""柔—软""智—聪明""愚—笨"等,这也是两个阶段词汇系统的差别。

苏联语言学家雅洪托夫(1969/1986)从唐宋时期的九部文献中找了十多个上古汉语最常用的虚字和近代汉语最常用的虚字,并统计这些虚字在这些文献中的使用情况。

他找出来上古汉语最常用的虚字:

1. 代词:其,之,此,何
2. 关系词:者,所
3. 名词性定语标志"之"和动词谓词标志"而"
4. 介词:以,于
5. 句尾语气词:也,矣
6. 其他:无,乃,则

近代汉语最常用的虚字:

1. 代词:这
2. 名词性定语标志:底
3. 名词词尾:子,儿
4. 动词词尾:了,着,得
5. 其他:个(量词),里(后缀词),便,只

在他选的文献中,韩愈《原道》、苏轼《赤壁赋》和唐人小说《李娃传》《莺莺传》只用上古汉语的虚字,是文言;话本《宋四公大闹禁魂张》《碾玉观音》绝大部分是近代汉语虚字,上古汉语虚字几乎没有,是白话。在敦煌变文《伍子胥变文》《韩擒虎话本》中,可以找到几乎所有的近代汉语虚字,但上古汉语的"而、之、何、无、此、乃"用得很多,这是"人为地'文言化'"。朱熹《小学》

则是上古汉语和近代汉语的混合。

所以,文言和白话的根本区别是词汇语法系统的差别。依据上古汉语词汇语法系统的是文言,依据近代汉语和现代汉语词汇语法系统的是白话。这是人们通常所说的"文言"和"白话"的区分。

5　什么是古白话

但是,在汉语史上,在上古汉语和近代汉语之间,还隔着一个阶段"中古汉语",指的是从东汉、魏晋南北朝到隋朝、唐朝中期。在中古汉语阶段,书面语和口语已经有了距离,书面语是模仿先秦和西汉的文章,口语却一直在发展。那种书面语叫"文言",那么,那时期的口语叫什么呢?有时候,人们会称之为"古白话"。这种"古白话",不是指五四新文化运动之前的《水浒传》《西游记》之类的白话,而是指唐宋语体文之前的"白话"。

比如,东汉和魏晋南北朝的一些汉译佛典,比较接近当时的口语,其语言和当时仿古的书面语不同,有人就称之为"白话"。

胡适《文学改良刍议》(1917):"自佛书之输入,译者以文言不足以达意,故以浅近之文译之,其体已近白话。"

梁启超《翻译文学与佛典》(1936):"(佛典)质言之,则当时一种革命的白话新文体也。"

又如,当时中土文献中的一些片段,和口语比较接近,也有人称之为"白话",如刘坚《古代白话文献选读》中选收了《世说新语》的八段,以及王羲之的一些书札,和《昭明文选》中的《奏弹刘整》。

刘坚在书中是这样说的:"《世说新语》的语言是比较接近当时的实际语言的。虽然还不是语体文章,但是用了不少口语语汇,也有一些不同于传统的文言的句法。"(1999:4)

他所说的"语体文章",大概就是吕叔湘所说的"语体文"。也就是说,《世说新语》还不能算白话文。那么,为什么把《世说新语》的一些选段称为"古白话"呢？大概是因为它们"比较接近当时的实际语言"。前面说过,把"反映口语"作为判定白话文的标准,这种看法我不大赞同,我认为文言和白话主要应以词汇语法体系的特点来区分。《世说新语》之类的文献在词汇语法体系方面有没有自己的特点呢？有的。刘坚说,《世说新语》"用了不少口语语汇,也有一些不同于传统的文言的句法"。确实,《世说新语》在词汇语法方面是有自己的特点的。如选段中"卿云艾艾,定是几艾"的"定是","姓何等"的"何等",就是当时的口语语汇;选段中"为是尘务经心,天分有限?""伧父欲食饼不?"之类的句子,就是不同于传统的文言的句法。这些语汇和句法,确实是与传统文言不同的,但都没有保留到近代汉语或现代汉语中。既然如此,它和作为唐宋以后的语体文的"白话"有什么共同点呢？为什么还把它称为"古白话"呢？

我想,把反映中古汉语实际语言的文献称为"古白话",主要理由并不是由于其语言和近代汉语或现代汉语相近,而是由于它们和近代汉语或现代汉语有继承和发展关系。比如,在汉语史的研究中,对"何等—何物—是物—什么"以及"为是/为复—还是"的发展演变的关系已经做了较充分的讨论。日本汉学家志村良治说:"作为近世汉语中发达的各种倾向的先驱,近世汉语中也多少保留着一些中世的要素……(中古汉语)在音韵、词汇、语法各方面,都可以找到不少现代汉语的祖型乃至原型。"(1983/1995:4)(他说的"中世汉语"指魏晋至唐末五代,和我们通常说的"中古汉语"有一点差别)这个看法是对的。把中古汉语的反映当时实际语言的一些文献称为"古白话",大概是着眼于它们和近代汉语或现代汉语的继承和发展关系,或者说,它们是近代汉语发展的源头。

根据这种关系,把《世说新语》和东汉、南北朝的汉译佛典称为"古白话",我认为是可以的。首先,把这些文献称为"古白话",不会产生概念上的混淆。"古白话"这个名称,既然称"白话",说明这些文献的语言和"文言"不同;既然有个"古"字,也说明和唐宋以后的"白话"有区别。不像《论语》,如果根据反映口语而称之为"白话",又根据词汇语法系统而称之为"文言",那就把人搞糊涂了。其次,把这种语言称为"古白话",也可以显示作为"唐宋以来的语体文"的"白话"是语言演变的产物,是从中古汉语的实际语言演变而来的。只有一点要注意:称之为"古白话",并不是说其语言面貌和唐宋以后的"白话"相同或类似。

应该看到,"文言"和"白话"只是一种大的区分,它与汉语史的分期有关系,但不能以"文言"和"白话"的区分来代替汉语史的分期。对于中古时期的文献,重要的是从汉语史的角度来分析其词汇和语法体系,分析其中有哪些是继承了上古汉语的,哪些是中古汉语特有的,哪些是作为近代汉语的源头并到近代汉语中进一步发展演变了的;而不一定非要把某一篇文献纳入"文言"或"古白话"的范围。上面说了,像《世说新语》的一些篇章,称之为"古白话"是可以的。那么,陶渊明的一些文章也比较接近口语,是不是也可以称为"古白话"呢?陶渊明的《桃花源记》,清代的吴楚材、吴调侯是选入《古文观止》的,也就是说,大概是把它归入文言文的。我认为这也未尝不可,确实,《桃花源记》词汇语法的总体面貌是大致和上古汉语相同的。但《桃花源记》也有不少中古时期的新的特点:像判断句用系词"是",如"问今是何世";用"其"表示第三人称的主格,如"太守即遣人随其往";又如"便扶向路","扶"表示"沿着","向"表示"原来的"。这都是上古汉语没有的语法词汇现象。其实,说它是文言,或者说它是"古白话",都不完全合适。

从汉语史研究的角度来看,中古汉语确实是一个独立的阶段,它上承上古汉语,下接近代汉语,和两者都有联系,但又都有区别。中古汉语和上古汉语语法体系的不同,魏培泉《上古汉语到中古汉语语法的重要发展》(2003)有详细讨论;中古汉语和近代汉语语法体系的不同,还有待于进一步研究,这是汉语史研究的任务。至于中古汉语时期的众多文献究竟哪些算文言,哪些算古白话,这个问题不必深究。

6 文言和白话的关系

上面讨论文言和白话的区别,是就总体而论。强调上古汉语和近代汉语词汇语法系统的差别,也是就总体而论。事实上,事情没有那么简单。一方面,语言发展既有阶段性,也有继承性,上古汉语的词汇语法有不少还保留在现代汉语中。另一方面,从历史文献来看,典型的文言作品和典型的白话作品都有,但文白夹杂的也不少。像吕叔湘所举的第 7 段唐张鹫《朝野佥载》就是文白夹杂,叙述是文,对话是白。同时,文言和白话,书面语和口语也不是壁垒森严,截然分开,而是会互相影响和渗透。因为唐宋以后的人,虽然用文言写作会竭力模仿先秦两汉,但还是不可避免地会受他们当时口语的影响。如《聊斋志异·聂小倩》:"背地不言人。我两个正谈道,小妖婢潜来无迹响。幸不訾着短处。""我两个"绝非先秦两汉的表达法,是《水浒传》的用语;"谈道""訾着"也不是先秦两汉的说法。而用白话写作,虽然依据的是当时的口语,但文言文那么强势,在白话作品中也会有不少文言的成分。就是到新文化运动之后,已经是白话的天下了,写小说都是用白话,不再用文言,但一些古文根底深厚的作家,他们写的小说里也会有不少"文"的成分。拿茅盾的小说和赵树理的小说相比,明显地可以看出,前者"文"的成分要高于后者,但这主要是语体的问题。语体的问题相当复杂,当另做专题讨论。

前面说过,"白话比文言个性强,不同时期总有不同的面目"。白话有一个发展过程。张中行(1995)把白话分为三期,徐时仪(2015)也把白话分为三期,两书分期的起讫不完全相同。这个问题是可以进一步研究的。如果采取吕叔湘的看法,把白话界定为"唐宋以来的语体文",那么,白话的发展史就是近代汉语的发展史。近代汉语是一个很长的历史时期,其中有几个阶段,这几个阶段的词汇语法有什么不同,前一阶段到后一阶段是怎样发展的?这些都值得深入研究。而且,语言的发展演变不但要考虑时间因素,还要考虑地域因素和语体因素。不同地域的语言发展是不平衡的,不同地域的语言发展会互相影响;不同语体的语言状况是不一样的,彼此间也会有一定影响。这些都是在研究近代汉语发展史或白话发展史的时候应当深入考虑的。徐时仪(2015)收集了很多不同时期的白话资料,而且做了很好的分析,对清代的白话文,还注意到南北的不同。但从词汇语法系统来看,近代汉语各个时期有什么不同,这个问题还有待于深入研究。

7　文言文在今天仍然需要

在历史上,文言文有很高的地位。在五四新文化运动以前,文言文一直是正规的书面语。不仅如此,直到明清时期,不少读书人在谈话时也使用文言。

《利玛窦中国札记》:"事实上常常发生这样的事:几个人在一起谈话,即使说得很清楚、很简洁,彼此也不能全部准确地理解对方的意思。有时候不得不把说的话重复一次或几次,或甚至得把它写出来才行。如果手边没有纸笔,他们就蘸水把符号写在什么东西上,或者用手指在空中划,或者甚至写在对方的手上。这样的情况更经常地发生在有文化的上流阶级谈话的时候,因为他们说的话更纯正、更文绉绉并且更接近于文言。"(2001:21)

直到20世纪,在蒋光慈的小说《田野的风》里写到乡绅的谈话,仍然是半文半白的。如:"此人不除,恐怕吾乡永无安息之日矣!""我们特为求教而来,非有别意,望敬翁万勿误会。"

这一方面是由于他们的观念,他们觉得谈话用文言更高雅、更符合自己的身份,一方面是跟他们的阅读有关。张中行说:"执笔的人,总是通文的人。通文,旧时代的,脑子里装满《庄》

《骚》《史》《汉》,新时代的,脑子里装满鲁迅、巴金,自己拿起笔,自然就不知不觉,甚至心摹手追,也就《庄》《骚》《史》《汉》,或者鲁迅、巴金。"(1995:167)不但写文章如此,说话也如此,满脑子都是文言文,说话也就接近于文言了。

经过新文化运动,白话取代了文言的地位,成为全民使用的正规的书面语。这在中国历史、文化上是一个重大的转变。这一转变的重要意义,人们已经谈得很多,这里不拟重复。

但文言文在今天的社会生活中仍然需要。

现在,传承和发展中华优秀传统文化得到了全社会的高度重视,大家都认识到这是关系到提高民族文化自信心,增强国家文化软实力,实现中华民族伟大复兴的大事。文言文是中国传统文化的主要载体,要了解和继承中国传统文化,不能不懂文言文。研究传统文化的学者要懂文言文,而且不能一知半解,否则就不能正确把握古代典籍的含义,甚至会闹一些笑话。从事文化工作和教育工作的,都肩负弘扬中华优秀传统文化的责任,都要懂一点文言文。从事科技工作的,也需要了解中华优秀传统文化,事实上,一些很有造诣的科技专家也有较深厚的文言功底,能自如地阅读文史古籍。即使是一般文化水平的公民,也要懂一点文言文,否则,就无法懂得"学而不思则罔,思而不学则殆""三人行,必有我师焉"这样一些深刻的思想,无法了解"老吾老,以及人之老;幼吾幼,以及人之幼"这样一些传统美德。所以,学习文言文,是继承和弘扬中华优秀传统文化的需要,是提高国民文化素质的需要。

从语言方面讲,我们今天的现代汉语书面语中有不少文言成分。孙德金(2013)对此做了很好的论述:"现代汉语书面语是在近代白话的基础上,融合了文言、方言及其他语言(主要是以英语为主的西方语言)的成分,经过百年多发展而成的","在其形成与发展过程中,文言语法成分起了十分重要的作用,是现代汉语书面语正式、典雅语体风格的主要决定因素"。这些文言成分不是外加的,不是因为仿古、转文而使用的,而是现代汉语的书面表达(特别是比较典雅、庄重的书面表达)所必需的。比如,"之""其""以""所"是四个很常用的文言虚词,今天在一般情况下,会用现代汉语的虚词代替,"之"换成"他/它","其"换成"他的","以"换成"用","所"换成"……的"。但是,在某种情况下,仍然要用这些文言虚词,如"高山之巅""自圆其说""以少胜多""集体所有"。而且,即使在口语中,有的还是不可替代的,如"三分之一","之"不能换成"的";"以大局为重","以"不能换成"拿"。语法格式是如此,词汇更是如此。很多文言词在现代汉语中不单用了,但作为语素还很活跃,如"奥"可以构成"奥秘""奥妙""奥义""深奥"等。有的词在历史上早已被替换,如"舟"已被"船"替换,但在现代汉语中,有时还必须用旧词,如"扁舟""诺亚方舟""神舟七号"。在成语中保留文言词语更多,如"唯利是图""空空如也""披荆斩棘""有的放矢""罄竹难书""破釜沉舟"等,这些都要有一定的文言知识和历史知识才能正确理解。实际上,很多文言成分积淀在今天的日常语言中,成为现代汉语有机的组成部分。所以,可以说,要很好地掌握现代汉语,就必须懂文言文。至于文言文对白话文发展提高所起的作用,将在下面说到。

这些都说明,文言文在今天的社会生活中仍然需要。所以,现在的中小学教育中很重视文言文教学,教育部门要求初中学生具有阅读浅易文言文的能力,高中学生要有初步的文言语感,这是非常正确的。这对于提高全民的文化素质有很重要的意义。

8　白话文要进一步发展和提高

另一方面,白话文要进一步发展和提高。这里所说的不是历史上的白话文,而是我们今天的白话文,也就是现代汉语的书面语体。

新文化运动提倡白话文,至今已经一个世纪了。在这一个世纪中,白话文有了长足的发展,产生了不少白话的经典。但白话文的发展是否可以到此止步了?当然不是。在肯定白话文发展的成绩的同时,我们还要看到其不足。

回到胡适给"白话"的定义:说得出,听得懂;不加粉饰;明白晓畅。这是白话所必需的。如果用的是现代汉语的词汇语法,但文辞十分艰涩,意思十分难懂,这绝不是好文章。但是,是不是像黄遵宪所说的"我手写我口",完全照口语写,就是好文章呢?

这要看是什么语体。如果写的是说相声的稿子,当然要完全口语化。但在现实生活中,现代汉语的书面语用途十分广泛,根据不同的需要,有不同的语体,有很多语体,如工作总结、工作报告、新闻报道、时事评论、科普作品、文艺作品等(且不说医学、法律、商业等的专用文书),就不能一律"不加粉饰,明白晓畅"。"言之无文,行而不远。"这话在现代也完全适用,完全照口语写,会使我们的书面语贫乏无力。总的来说,现代汉语的书面语应该基于口语,而又高于口语。在"高于"这一点上,确实还需要努力。

有人说:白话文的表现力不如文言,今天的文章远不如古人典雅含蓄。这个问题应该怎样看?

我觉得不能一概而论。文言和白话都有经典的名篇,拿白话名篇(包括宋元以来的白话小说和新文化运动以后的白话作品)和文言的名篇相比,应该说毫不逊色。在表现力方面,文言和白话各有所长。同样是写景,苏轼《记承天寺夜游》:"元丰六年十月十二日夜,解衣欲睡,月色入户,欣然起行。念无与乐者,遂至承天寺寻张怀民,怀民亦未寝,相与步于中庭。庭下如积水空明,水中藻荇交横,盖竹柏影也。何夜无月,何处无竹柏,但少闲人如吾两人耳。"总共不到一百字,只用五六个短句就写出了月色和心境,这是白话文难以做到的。朱自清《荷塘月色》:"月光如流水一般,静静地泻在这一片叶子和花上。薄薄的青雾浮起在荷塘里。叶子和花仿佛在牛乳中洗过一样;又像笼罩着轻纱的梦。虽然是满月,天上却有一层淡淡的云,所以不能朗照;但我以为是恰到了好处——酣眠固不可少,小睡也别有风味的。"色彩和光影的描写都很细致,在描写中显示一种朦胧的美,这是文言文不易做到的。同样是写人,《聊斋志异·婴宁》写婴宁,没有大段的描写,只是屡次写到她的憨笑,以及王子服要和她"夜共枕席",她回答说:"我不惯与生人睡。"寥寥数语,写出婴宁的憨痴。这是文言文之所长。《红楼梦》写凤姐,"凤姐儿滚到尤氏怀里,嚎天动地,大放悲声……说了又哭,哭了又骂,后来放声大哭起祖宗爹妈来,又要寻死撞头。把个尤氏揉搓成一个面团,衣服上全是眼泪鼻涕"。把凤姐的发泼写得绘声绘色,淋漓尽致。这是白话文之所长。

但总的来看,文言文比白话文成熟,这和两种书面语的发展历史有关。一种书面语的成熟是需要时间的。文言文如果从《尚书》算起(《尚书》中的《尧典》等大概是周代的史官根据远古的史料加工写成的),到《论语》大约五百多年,到《史记》大约九百多年,到韩愈、柳宗元则是一千八百多年。白话在敦煌变文中还是雏形,到宋元话本开始成熟,到《水浒传》《西游记》《金瓶梅》《红楼梦》等白话经典的出现,也经过了八九百年。而我们今天的白话文,是新文化运动以后的白话文,它不只是近代白话的继承,而是在近代白话的基础上,融合了文言、方言及其他语言(主要是以英语为主的西方语言)的成分而形成的一种新型的书面语。这种新型的书面语,从新文化运动算起,至今才一百年。这种融合的趋向是对的,但如何融合得好,是一个需要在发展过程中解决的问题。

早在20世纪的20年代,一些新文化运动的主将就提出了这个问题。

钱玄同《理想的国语》(原载1925年9月6日《国语周刊》第13期,收入《钱玄同文集》第3卷。这是钱玄同给周作人的回信,写于1925年9月3日):

> 国语应该用一种语言做主干……用了北京话做主干,再把古语、方言、外国语等自由加入……我认为国语应该有三个美点:活泼、自由、丰富。采用活语,方能活泼(做主干的北京话,加入的方言跟外国语,这三种都是活语,唯有古语是死语;但它的本质虽是死的,只要善于使用,自能化腐臭为神奇,变成活泼泼地……);任意采之,斯乃自由;什么

都采,所以丰富。

　　有许多词句,普通会话中虽不大用它,但表示较深奥、曲折、细致的意思时便须用到的,近来新文学作品中,尤其是所谓欧化的文章中,尤其是诗歌中,到处遇着它。这本也是白话,那般爱凿四方眼儿的人们往往要认它为"文言"——就是古语——因而非难它,排斥它,这是非常地错误,不可不纠正的。(1999b:221—233)

周作人的信(1925年7月26日):

　　古文不宜于说理(及其他用途)不必说了,狭义的民众的言语我觉得也决不够用,决不能适切地表现现代人的情思。我们所要的是一种国语,以白话(即口语)为基本,加入古文(词及成语,并不是成段的文章)、方言及外来语,组织适宜,具有论理之精密与艺术之美。这种理想的言语倘能成就,我想凡受过义务教育的人民都不难了解,可以当作普通的国语使用。假如以现在的民众知识为标准来规定国语的方针,用字造句以未受过国民教育的人所能了解的程度为准,这不但是不可能,即使勉强做到,也只使国语更为贫弱,于文化前途了无好处。

　　他们两人的通信中提到,如果把"国语"仅仅限于普通会话,仅仅以一般民众的知识为标准,只会"使国语更为贫弱",而"理想的国语"要"活泼、自由、丰富",为此就要把"古语、方言、外国语等"加以融合。这种主张是对的。实际上,这一百年来,现代汉语书面语不断在吸收方言和外来词,如"尴尬"(上海话)、"埋单"(粤语)、的士(经粤语吸收的英语词)、酷(英语词)、丁克族(英语词)、给力(日语词),丰富了现代汉语书面语的语汇。但钱玄同、周作人对"古语"的重视还不够,"古语"并不是"死语",很多还是有生命力的;而且,如冯胜利(2010)所说,古语是构成现代汉语典雅语体的重要因素,根据语体的需要,不但要适当地采用古词语,而且要适当地采用古句型,如"少而精""为我所爱""为现代化而努力奋斗""品种之多"等。这些成分如何才能融合得好,现代汉语的书面语如何才能"言之有文",这是应该引起大家注意,而且需要在实践中加以解决的。

我觉得,要使现代汉语书面语有更丰富的表达力,不单要恰当地吸收一些古文的词语,还要注意学习古文的意境和表达。古文很多篇幅不长,但意在言外,含义深远。写景的文章,往往是寓情于景,如上面引的苏轼《记承天寺夜游》,不但写了月色,也写了作者的情怀;柳宗元的很多山水小品,都写得"凄神寒骨,悄怆幽邃",使人感慨。写人的文章,着墨不多,但感人至深,如《史记》写廉颇、蔺相如,真是千载下凛凛有生气;方苞写左光斗,只写了狱中的一件事,就写出其"肺肝皆铁石所铸造也"。古文的表达,有很多值得学习。欧阳修写《醉翁亭记》,原稿开头是"滁州四面有山",凡数十字,后来改定,只"环滁皆山也"五字。范仲淹《严先生祠堂记》,原稿作"云山苍苍,江水泱泱,先生之德,山高水长",后来把"德"改为"风"。(杨树达,1953/1980:30、19—20)这样的改动,使文章增色不少。这告诉我们,文章的开头该写得简练峭拔;文章的用字,有时用具体的意象比用抽象的概念气象更为阔大。这都是值得我们在提高现代汉语书面语的表达力时学习的。

张中行说:书面语和口语要"不即不离"。"不即,是和日常谈话韵味不一样(比一般的口语丰富、深刻、严密);不离,是就格局说,仍属于口语的系统"。(1995:170)现在又提出了语体的问题,不同的语体,其"即"和"离"的程度又不一样。怎样做到不即不离,而且恰到好处,这是需要讨论的,更是需要在实践中解决的。

总的来说,现代汉语书面语要基于口语,又高于口语,形成这样一种书面语,是我们努力的方向。

附注

① 这话是孔子说的。鲁襄公二十五年,郑国攻打陈国,大获全胜。晋国责问郑国为何攻打陈国,子产出使晋国,说了一番出色的外交辞令,完成了外交使命。孔子用这八个字称赞子产的言辞。确实,在重要的场合,如果"言之无文",是行不通的。

② 口语也有语体的不同。两个政府官员在一起讨论工作,两个大学教授在一起谈论学术,以及这些官员和教授回家后和小孩子谈话,用的都是口语,但语体风格却大不相同。说书面语以口语为基础,还要考虑什么语体的书面语以什么语体的口语为基础。但这个问题本文不拟展开。

参考文献

陈独秀　1917/1922　《独秀文存》卷三,亚东图书馆。
冯胜利　2010　《论语体的机制及其语法属性》,《中国语文》第5期。
胡　适　1917　《文学改良刍议》,《新青年》第2卷第6号。
胡　适　1928　《白话文学史》,新月书店。
利玛窦、金尼阁　2001　《利玛窦中国札记》,何高济等译,广西师范大学出版社。
梁启超　1936　《翻译文学与佛典》,见氏著:《饮冰室合集》专集第14册,中华书局。
刘　坚　1999　《古代白话文献选读》,商务印书馆。
吕叔湘　1944　《文言和白话》,《国文杂志》第3卷第1期。
吕叔湘　1985　《近代汉语读本序》,见刘坚编著:《近代汉语读本》,上海教育出版社。

梅　思　2013　《汉朝汉语文言中的口语成分——〈史记〉与〈汉书〉对应卷的语言学比较研究》,见冯胜利主编:《汉语书面语的历史与现状》,北京大学出版社。

钱玄同　1999a　《钱玄同文集》第1卷,中国人民大学出版社。

钱玄同　1999b　《钱玄同文集》第3卷,中国人民大学出版社。

孙德金　2013　《现代汉语书面语中文言语法成分的界定问题》,见冯胜利主编:《汉语书面语的历史与现状》,北京大学出版社。

魏培泉　2003　《上古汉语到中古汉语语法的重要发展》,见何大安主编:《古今通塞:汉语的历史与发展》,"中研院"语言学研究所(筹备处)。

徐时仪　2015　《汉语白话史》,北京大学出版社。

雅洪托夫　1969/1986　《七至十三世纪的汉语书面语和口语》,见氏著:《汉语史论集》,北京大学出版社。

杨树达　1953/1980　《汉文文言修辞学》,中华书局。

张中行　1995　《文言和白话》,黑龙江人民出版社。

志村良治　1983/1995　《中国中世语法史研究》,中华书局。

周作人　1925　《理想的国语》,《国语周刊》第13期。

(原载《清华大学学报》(哲学社会科学版)
2019年第2期)

汉语史的研究和汉语史的语料[*]

汉语史研究的是汉语发展的历史,而研究汉语史所用的资料主要是书面文献。既然说是"主要"就不等于"唯一",王力先生在谈到"汉语史的根据"时说:"现代活生生的口语就是汉语史的最好的根据。"(王力,2004:25)近年来有不少学者运用汉语方言的活材料来研究汉语史,这是很值得提倡的,但这改变不了汉语史主要依靠书面文献来进行研究这个大格局。

传世的书面文献数量浩如烟海,再加上不断出现的出土文献,其数量更是大得惊人。但不是所有的这些文献都能用来研究汉语史。研究汉语史,要依据那些接近口语的文献,这是汉语史研究者共同的认识。汪维辉(2017b)说:"虽然'口语'和'书面语'是两个内涵模糊的术语,有其不够科学的地方,但是,只要我们不纠缠于字面,这两个术语的所指大致上还是清楚的。"这是很通达的说法。确实,汉语史的研究者都在使用这两个术语,而且大家心里都有大致相同的认识。但由于"口语"和"书面语"没有明确的界定,有些问题还需要进一步讨论。此外,由此引发的"语体"的问题,近来引起了大家的注意,这也在本文讨论的范围之内。

---

[*] 本文初稿曾请汪维辉、胡敕瑞两位看过,并在浙江大学中文系博士生沙龙上讨论过。很感谢他们的宝贵意见。

1 口语、书面语和语体

（一）口头表达和文字表述

在谈到"口语"的时候，人们往往会把它和"书面语"相对而言，有的还把"口语"和"书面语"看作两种不同的语体，认为"口语"比较俚俗，书面语比较庄重。这种看法对不对？这首先要回答一个问题：什么是"口语"？什么是"书面语"？这个问题似乎很好回答：口头说的就是"口语"，书面上写的就是"书面语"。但如果是这样界定，那么，先不说历史上的情况，至少从现代汉语来看，"口语"和"书面语"没有本质的区别。比如，一个领导干部在会议上的报告，可以不念讲稿，但讲得很有条理，这应该是"口语"；如果记下来后印成文件，那就成了"书面语"。一本学龄前的儿童读物，上面写的故事，这应该是"书面语"；如果孩子照着书本讲出来，那又成了"口语"。但实际上，这只是语言载体的不同（是用有声语言表达还是用文字记载表述），而不是语体的不同。而从语体来看，领导干部的报告和儿童故事，不管是说的还是写的，确实是不同的；但领导干部口头上讲的话和记录下来形成的书面材料、书本上的儿童故事和孩子照书本讲的儿童故事并没有语体差别。

在上古汉语时期，情况也是一样的。《论语》是"孔子应答弟子时人及弟子相与言而接闻于夫子之语"，当然是"口语"；但由他的弟子和门人记录下来，就是我们今天看到的《论语》，那就是"书面语"。《左传》中有很多作者对历史事件的记述，当然是书面语;但其中也有不少对话和言辞,都是先由人们从口中说出,然后用文字记录下来的。比如,著名的"吕相绝秦"(《左传·成公十三年》)和"子产对晋人问"(《左传·襄公二十五年》),都是外交官口中的言辞,应是"口语";后来记录在《左传》中,就成了"书面语"。所以,如果这样来界定"口语"和"书面语",那么,先秦的"口语"和"书面语"也没有本质的区别。通常都说口语俚俗、书面语庄重典雅,但"吕相绝秦"和"子产对晋人问"都是很有文采的,孔子评论子产的言辞时说:"言之无文,行而不远。"显然,这种外交辞令在语体上是有鲜明的特点的,但这种语体特点是由于这类言辞的目的、功用决定的,跟是口头表达还是文字记载无关。

早在1961年,唐松波就说过:"现代汉语的语体总的可以分为两大类:谈话语体和文章语体。前者可以简称为谈话体,后者简称为文章体。不少人曾经混淆了谈话体和口语、文章体和书面语的区别。口语和书面语应该指的是使用语音或文字来表达思想的两种形式;而谈话体和文章体却指的是运用语言时一系列的差异。"(唐松波:1961)

唐松波说得很对:口头表达和文字表述只是语言载体的两种不同形式,而不是两种不同的语体。就语体而论,口头表达可以有多种不同的语体,文字表述也可以有多种不同的语体,并非口头表达都是俚俗的,文字表述都是庄重典雅的。

上古时期人们怎样说话,我们无法听到了,但从记录下来的话语来看,显然有的典雅,有的俚俗。比如,同是《左传》上的记载,"吕相绝秦"就十分典雅(全文很长,只引其中一段):

> 白狄及君同州,君之仇雠,而我之昏姻也。君来赐命

曰:"吾与女伐狄。"寡君不敢顾昏姻,畏君之威,而受命于吏。君有二心于狄,曰:"晋将伐女。"狄应且憎,是用告我。楚人恶君之二三其德也,亦来告我,曰:"秦背令狐之盟,而来求盟于我:'昭告昊天上帝、秦三公、楚三王曰:"余虽与晋出入,余唯利是视。"'不榖恶其无成德,是用宣之,以惩不壹。"诸侯备闻此言,斯是用痛心疾首,昵就寡人。寡人帅以听命,唯好是求。君若惠顾诸侯,矜哀寡人,而赐之盟,则寡人之愿也,其承宁诸侯以退,岂敢徼乱?君若不施大惠,寡人不佞,其不能诸侯退矣。敢尽布之执事,俾执事实图利之。(《左传·成公十三年》)

而下面说话的言辞(用下横线标记)则相当俚俗:

战于大棘,宋师败绩,囚华元。……将战,华元杀羊食士,其御羊斟不与。及战,曰:"畴昔之羊,子为政。今日之事,我为政。"与入郑师,故败。……宋人以兵车百乘、文马百驷以赎华元于郑。半入,华元逃归,立于门外,告而入。见叔牂,曰:"子之马然也。"对曰:"非马也,其人也。"既合而来奔。宋城,华元为植,巡功。城者讴曰:"睅其目,皤其腹,弃甲而复。于思于思,弃甲复来。"使其骖乘谓之曰:"牛则有皮,犀兕尚多。弃甲则那?"役人曰:"从其有皮,丹漆若何?"(《左传·宣公二年》)

上古时期的文字表述也有语体的不同。如同一部《吕氏春秋》中,就有下面两段叙述:

有侁氏女子采桑,得婴儿于空桑之中,献之其君。其君令烰人养之,察其所以然。曰:"其母居伊水之上,孕,梦有

> 神告之曰:'白出水而东走,毋顾。'明日,视臼出水,告其邻,东走十里而顾,其邑尽为水,身因化为空桑。故命之曰伊尹。"(《吕氏春秋·本味》)

这写的是古代传说,文字比较古奥。

> 楚人有涉江者,其剑自舟中坠于水,遽契其舟曰:"是吾剑之所从坠。"舟止,从其所契者入水求之。舟已行矣,而剑不行,求剑若此,不亦惑乎?(《吕氏春秋·察今》)

这写的是日常生活,文字比较浅显。

又如《黄帝内经》中,有下面一段叙述:

> 五谷为食,五果为助,五畜为益,五菜为充。气味合而服之,以补精益气。(《黄帝内经·藏器法时论》)

《黄帝内经》主体写成于先秦西汉,全书都是假托岐伯对黄帝之问,实际上是一部医书。这几句话,可以看作是文字表述,但如果医生当面对病人说话,其用词造句也不会有两样。可见,口头表达和文字表述并非造成语体不同的主要因素。

当然,口头表达和文字表述不可能完全相同。口头表达会有语调的抑扬顿挫,会有说话时的重复或断续,如周昌对汉高祖说:"然臣期期知其不可。陛下虽欲废太子,臣期期不奉诏。"刘邦在汜水即皇帝位时说:"诸君必以为便……便国家……。"《史记·张丞相列传》和《高祖本纪》把这两人的话如实记录了下来,一般的文字表述都不会有这样的重复和断续。古代一些"语录体"的文献(如《论语》《祖堂集》《朱子语类》等),都不会是对说话人所说的话原封不动地逐字记录,而是做了不同程度的整理的。这一点,看看现代汉语的录音稿就可以知道。现代人讲话时,都会有一些说话时特有的话语成分,如"这个……""那……""……

35

呢",这些在录音中都会保留下来,而在整理成录音稿时都会删去,但这种差异不会造成语体的不同。

(二) 口头表达和文字表述的各种语体

我在上面引用了唐松波(1961)的一段话,我赞同他把思想的表达形式和语体分开的想法,但他说:"口语和书面语应该指的是使用语音或文字来表达思想的两种形式",其中的"口语"和"书面语"两个词人们用得太多,其含义相当含混,为了避免术语的含混和歧义,本文采用了两个比较清楚的词来称说语言表达的两种形式:"口头表达"和"文字表述";"口语"这个词,本文先照通常的用法来使用,[①] 到第三节再说明其确切的含义。至于唐松波(1961)所说的两种语体"谈话体"和"文章体",也还可以商榷。我认为,唐松波把"谈话体"和"文章体"跟他所说的"口语"和"书面语"两种表达形式相对应的做法过于简单。首先,古今的口头表达并不限于"谈话",那些原本发于吟唱,随后才书诸笔端的文艺创作,如《国风》、汉乐府、敦煌曲子词、诸宫调、元杂剧,直到冯梦龙编集的《山歌》,都是口头表达,这些都不能用"谈话"来概括。同样,古今的文字表述种类也很多,官府的公文、法律文书、医书、农书都是应用文字,不是写文章。其次,口头表达和文字表述的语体都不是单一的,两者都有多种语体。[②] 我赞成冯胜利(2010)的说法:语体是由"交际的对象、场所和内容(包括说话者的目的和意图)"以及说者和听者的社会角色、文化背景所决定的。语体有哪几类?怎样划分出适用于古今汉语的几大类语体?这个问题还需要进一步研究。我的初步设想是大致可以分为下列五类(文牍、法律文书、医书、农书不在其内,这些都

有自己固定的程式):

俚俗体——直白体——平正体——文饰体——古雅体

其中,"平正"是基本的,"平"是指不加文饰,也不追求古雅,"正"是指不俚俗,也不完全直白,语法和词汇都比较正规。这种语体使用频率最高,一般正规场合的讲话和通常的叙事、议论都是这种语体。"直白"是日常的说话和应用文字(如便笺、书札、日记之类),言辞不加文饰,属于"辞达而已矣"一类。"文饰"与"直白"相对,讲话和撰文讲究修饰,富有文采,是"言之无文,行而不远"一类。"俚俗"是说话者社会地位较低,或者是给社会地位较低的对象听或看的,因此言辞不登大雅之堂。"古雅"是交际对象的地位尊贵,或者是说话者或撰文者要显示自己的学识或社会地位的,因此语法和词汇都追求古奥。"俚俗"和"古雅"都比较少。这五类每一类都是一个原型范畴,有中心成员和边缘成员;五类是一个连续体,各类之间会有交叉。③

下面我们以上古汉语为例,说明口头表达和文字表述的不同语体情况。

上古汉语口头表达的不同语体情况,我们以《左传》中记录的言辞(口头表达)为例加以说明。

(1)晏子曰:"此季世也,吾弗知齐其为陈氏矣。公弃其民,而归于陈氏。……公聚朽蠹,而三老冻馁,国之诸市,屦贱踊贵。民人痛疾,而或燠休之,其爱之如父母,而归之如流水;欲无获民,将焉辟之?……"叔向曰:"然。虽吾公室,今亦季世也。戎马不驾,卿无军行,公乘无人,卒列无长。庶民罢敝,而宫室滋侈。道殣相望,而女富溢尤。民闻公命,如逃寇雠。……公室之卑,其何日之有?谗鼎之铭曰:

'昧旦丕显,后世犹怠。'况日不悛,其能久乎?"(《左传·昭公三年》)

这段话是两个大臣叔向与晏子讨论国事,使用的词语不是日常生活的用语,但词汇和句法都很正规;虽然引用了古语,但也不难懂,是平正语体。

(2)郑子产有疾,谓子大叔曰:"我死,子必为政。唯有德者能以宽服民,其次莫如猛。夫火烈,民望而畏之,故鲜死焉;水懦弱,民狎而玩之,则多死焉,故宽难。"(《左传·昭公二十年》)

这是子产病重时对子大叔的交代,话语清楚明白,没有藻饰,是直白语体。

(3)(重耳)及楚,楚子飨之,曰:"公子若反晋国,则何以报不穀?"对曰:"子女玉帛,则君有之;羽毛齿革,则君地生焉。其波及晋国者,君之余也。其何以报君?"曰:"虽然,何以报我?"对曰:"若以君之灵,得反晋国。晋楚治兵,遇于中原,其辟君三舍。若不获命,其左执鞭弭,右属櫜鞬,以与君周旋。"(《左传·僖公二十三年》)

这段话里重耳没有直截了当地回答楚王,而是用很巧妙又有文采的话语进行了回答,是文饰语体。

上引《左传·宣公二年》筑城者和华元骖乘的对话,其中"于思于思"是俗语,"弃甲则那"的"那"是"奈何"的合音,"丹漆若何"不是通常的语法,是俚俗语体。

上引《左传·成公十三年》的"吕相绝秦",其中"昊天"在周人语言中,原先指上帝,到西周晚期才兼指天空。①《左传》中三见,两次都是引《诗》"不吊昊天,乱靡有定",一次用于此处,都是指上帝,显然是仿古。"唯利是视""唯好是求"都是宾语前置,许嘉璐(1983)认为这种格式是在西周和春秋之间流行的,春秋中晚期以后就趋于消失,《左传》中出现这种格式是存古。"是用告我""是用宣之"都是"宾+介"语序。是古雅语体。

上古汉语的文字表述也有不同的语体。上古文字表述中未见俚俗语体,邯郸淳《笑林》之类的书是后起的,而直白、平正、文饰、古雅几种语体都有,这里不一一举例,只举古雅体一例:

(4)帝尧者,……能明驯德,以亲九族。九族既睦,便章百姓。百姓昭明,合和万国。乃命羲和,敬顺昊天,数法日月星辰,敬授民时。分命羲仲,居郁夷,曰旸谷。敬道日出,便程东作。(《史记·五帝本纪》)

这段话显然是根据《尚书·尧典》稍做改动而成的。如把《尚书》的"克明峻德"改为"能明驯德",把"钦若昊天"改为"敬顺昊天",把"历象日月星辰"改为"数法日月星辰",把"平秩东作"改为"便程东作"。这些改动之处,是用司马迁的语言代替了《尚书》的语言。但一些没有改动的,如"便章""昊天"仍不是司马迁时代的语言,改动后的"便程"也不是司马迁时代的语言。[⑤]

在上古汉语阶段,"言""文"基本一致,文献中记录某人口头表达的语料和作者直接用文字叙述或议论的语料基本上没有差别,所以,在上古汉语研究中区分这两种语料意义不大。需要区分的倒是不同的语体。

上古文献中记录口头表达的语料和作者用文字表述的语料都有"古雅"类语体,这类语料中有不少存古的成分,容易造成"时代的错误",用来研究汉语史不大合适。

"俚俗"类语体的语料其俚俗的程度有所不同,像上引《左传·宣公二年》中筑城者和华元骖乘的对话,离当时通用的语法词汇不太远,可以用作汉语史研究的语料。但"丹漆若何"句子不完整,不能用于语法研究。

"平正""直白""文饰"体的语料都可用于汉语史的研究。这几类语体反映上古汉语的语法和词汇都比较典型,语体的不同不妨碍上古汉语的研究。

上面说的是现代汉语和上古汉语,在汉语发展的这两个历史阶段中,口头表达和文字表述都有不同的语体,而相同语体的口头表达和文字表述并无很大的不同。但在中古汉语和近代汉语阶段,情况就不一样了。详见下文分析。

2 文言、白话和汉语史研究

本节讨论两个问题。

(一)什么是"文言"和"白话"? 文言和白话与汉语史研究有什么关系?

中古汉语、近代汉语和上古汉语、现代汉语有一个很大的不同:在上古汉语和现代汉语阶段,"言"(口头表达)、"文"(文字表述)基本上是一致的。而从东汉初期开始,"言""文"逐渐分离。很多文字表述使用"文言";而口头表达不断发展变化,用的是"古白话"和"白话"。我认为,"文言"和"古白话""白话"的区分是语法、词汇系统的区分,[⑥]"文言"用的是上古汉语的语法和基本词汇,直到清代和民国初年的文言依然如此。"古白话"和"白话"用的是新发展出来的中古汉语和近代汉语的语法和基本词汇。这个问题,我在《也谈文言和白话》(2019)中已经讨论过,这里不多说。

不过,说东汉以后"言""文"分离,说的只是一个总的趋势。实际上,从"言"(口头表达)来说,当时人们说话主要用古白话和白话,但也有用文言的,这是上层人士的一种"说话方式",这将在下一节讨论。从"文"(文字表述)来看,尽管占优势的是用文言写的,但也还有用古白话和白话写的。《世说新语》的好几则,都被选入太田辰夫的《中国历代口语文》和刘坚的《古代白话文献选读》,其中"王祥事后母朱夫人甚谨"一则,没有一句对话,完全是叙事,这就是用古白话写的"文"。后代用白话写的"文"越来越多,这里不一一列举。在东汉到20世纪新文化运动之前,用文言写的"文"长期盛行不衰,而用白话写的"文"也日益壮大,不但下层民众爱看,一些上层文人也很欣赏。这样,从东汉以后汉语就一直存在用两种不同语言系统写作的文献,正如雅洪托夫所说的,两者"长期共存"。

苏联语言学家雅洪托夫(1969/1986)说:"现代一些民族语言,比如俄语,它们的书面语和口语的变体之间的区别不涉及语言的基础。""封建时代完全是另一种情况。很多国家的书面语与口语完全不同。西欧许多国家使用拉丁语,近东许多民族使用阿拉伯语,朝鲜或者越南使用汉语(文言)的情况就是这样。……对于说罗曼语的民族来说,拉丁语不被认为是别的民族的。但是口头罗曼语不断发展,而拉丁语在作为书面语生存的许多世纪中几乎没有改变。因此,拉丁语和活着的罗曼语之间,语音、语法和词汇的区别是很大的。不论另一个民族或另一个时代的语言是否在文学中使用,重要的是,它与口语明显不一致。这样的书面文学语言能够同另外一种以口语为基础的文学语言长期共存(在中国正是这样),并且每一种语言都保存着自己词汇、语法以及语音的特点。""因此,对于封建时代用什么样的语言写成文学作品的问题,应该按字面理解为语言的本身,理解为它的语音、语法、词汇。这里不能限于对语言的这样一些评价:比如'简单的''清楚的''易接受的'(用拉丁语可能写得较清楚或不太清楚,但是在某种情况下它们仍是拉丁语而不是另外的语言)。同样不能按照它的内容性质(日常生活的还是抽象的)以及其中有无对话成分等来评论文献的语言。"(雅洪托夫,1969/1986:91—92)

美国语言学家梅维恒(1994/2007)也说:"语言研究发现,文言与白话自产生之时起,一直就是两个有区别的系统。""文言和白话实际上属于完全不同的语言范畴,前者是一种远离言语的半密码,后者跟活的汉语的口头形式具有密切的一致。"[7]

我赞同他们的意见:文言和白话是两个语言系统。不过,这两个语言系统在历史上是有联系的,上古汉语的语音、语法、词汇系统到东汉后继续发展,成为中古汉语和近代汉语以至现代汉语;但是东汉以后分成文言和古白话、白话两支,文言从东汉到民国一直只使用上古汉语系统,而古白话、白话则随着时代发展,使用中古汉语和近代汉语系统。[8]

那文言和白话跟汉语史的研究有什么关系呢?这要看汉语史研究的目的是什么。

如果汉语史研究的是汉语在各个历史时期的使用状况,那么,汉语在口头表达和文字表述两个方面的使用状况都要提到。这样,文言当然不应被忽略,而且应该大书特书:以文字表述而论,用文言写的文献数量绝对是大大超过用白话(或古白话)写的文献;以口头表达而论,东汉以后很多上层人士说话时仍有不少文言成分(见下一节)。20世纪初的新文化运动是以"反对文言文,提倡白话文"为旗帜的,但在一百年后的今天,文言文的作用仍不可忽视,阅读古代作品要懂文言,人们的言谈中也有不少文言成分;⑨白话文要"基于口语,高于口语",也需要吸取有用的文言成分。这些在我的《也谈文言和白话》(2019)的"七、文言文今天仍然需要""八、白话文要进一步发展和提高"两节中都已谈到。

如果汉语史研究的是汉语的语音、语法、词汇的历史发展状况和演变规律,研究的是汉语的语音、语法、词汇系统怎样从殷商时期发展到现代汉语,⑩那就要依据随着时代而不断发展的活的语言,而不能依据到东汉以后基本固定的文言。由于在上古汉语时期,"言""文"基本一致,口头表达的语言不断发展变化,文字表述的语言也随之发展。⑪因此上古时期的文言无疑是汉语史研究的对象,把上古时期的文言和中古、近代的古白话、白话连接起来,正好构成汉语发展的一个完整的、紧密联系的系统。有人对此提出疑问:以这样的一个系统作为汉语史研究的对象,上古是文言,中古和近代是古白话、白话,会不会使研究对象不具有同一性呢?⑫我们的看法是不会。因为虽有文白之分,但它们反映的对象是同一个——汉语活的语言几千年来不间断的历史发展。

但东汉以后,"言""文"分离,文言的语法、词汇系统基本上不再随时代而发展,成为一种固化的语言。汉魏时期的文言,可用支谦翻译的《大明度经》为例,胡敕瑞(2013)已把它和支谶译的《道行般若经》做了细致的对比,发现和上古汉语相比,《道行般若经》有了较大的变化,而《大明度经》基本上还是上古汉语的句式和词汇。⑬唐宋时期的文言,雅洪托夫(1969/1986)对韩愈《原道》、苏轼《赤壁赋》做了考察和统计,结果是:里面用的都是"之""其""者""所""也""矣"等上古汉语的语素,而近代汉语的语素"这""个""了""着""得""底"等一次也没有出现。直到清代的《聊斋志异》,我做了一个简单的考察,其语法系统和词汇系统都还是上古汉语的,里面没有"你""们""什么""这""那"(只有表疑问的"那")、"底"(只有方位词"底")、"的""了""吗""呢","着"仅1例。没有"把字句",用"教"的使役句极少。如果汉语史要研究"你""们""什么""这""那""底""的""了""着""吗""呢"这些现代汉语中高频词的来源和发展,要研究"把字句"、用"教"的使役句的产生和演变,那么根据东汉以后的文言资料是不可能的。⑭

说文言的语法、词汇系统基本上不再随时代而发展,不是说后来的文言一点也没有变化。变化是有的,如《聊斋志异》中没有动态助词"了",但《叶生》中有1例"频居庠了之中","庠了"指"秀才庠了(落第了)",这个"了"是唐代以后产生的事态助词。《聊斋志异》中的动态助词"着"仅1例:《凤阳士人》中一个歌女唱道:"手拿着红绣鞋儿占鬼卦。""歌竟,笑曰:'此市井里巷之谣。'"也有"教"字使役句,如《瞳人语》:"婢乃下帘,怒顾生曰:'此芙蓉城七郎子新妇归宁,非同田舍娘子,放教秀才胡觑!'"变化较大的是系词"是"。《聊斋志异》里"是"主要用作指示代词,但也有少量用作系词,如《聂小倩》:"媪笑曰:'背地不言人,我两个正谈道,小妖婢悄来无迹响。幸不訾着短处。……小娘子端好是画中人,遮莫老身是男子,也被摄魂去。'"这些实例说明两点:第一,这些句子大多是下层民众的话,为了生动地表达她们的口吻,必须用一些接近口语的成分。这是口语对文言外在的影响,而不是文言自身的发展。第二,这些变化是枝节性的,不是语言系统的变化。所以,这些变化也不足以用来研究汉语语法、词汇的发展。如果要研究系词"是"的发展演变,还是要用中古时期文献中反映口语的资料,[15]而不能依靠《聊斋志异》。[16]

综上,如果汉语史研究的是汉语的语法、词汇系统从殷商时期到现代的变化,就必须依据历代反映实际语言的资料,即通常所说的反映各个时期口语的资料。

(二)古代的文献能不能真实地反映口语?

这个问题是上面第一个问题的延续。汉语史要研究各个时期的口语,但古人说的话现在无法听见,我们所能看到的只是对古人口头表达的记录。这些记录能不能真实地反映口语呢?

确实,对口头表达的记录一般不会和口头表达一字不差。[17]《朱子语类》是朱熹门人对朱熹所说话的记录,全书有 700 多处标明门人的记录有所不同。[18]可以想见,那些没有标注不同记录的条目,如果让另一个门人来记录,也可能会和现有的记录有某些出入。但是,如果出入不大,就应该说是比较真实地反映了朱熹口中的话。如:

(1)"<u>如将一贯已穿底钱与人</u>,及将一贯散钱与人,只是一般,都用得,不成道那散底不是钱!"泳录云:"<u>如用一条钱贯一齐穿了。</u>"(《朱子语类》卷一一七)

(2)大学重处都在前面。后面工夫渐渐轻了,只是<u>揩磨</u>

在。广录云:"后面其失渐轻,亦是下揩磨底工夫在。"(《朱子语类》卷一四)

这两条,尽管两个门人对朱熹同一句话的记录略有不同,但差别不大,可以说是十分接近朱熹的原话,那些细微的差别,对我们研究汉语史影响不大。

《朱子语类》中的记录,也有差别较大的。如:

(1)"浑仪可取,盖天不可用。试令主盖天者做一样子,如何做? 只似个雨伞,不知如何与地相附着。若浑天,须做得个浑天来。"(贺孙)或录云:"有能说盖天者,欲令作一盖天仪,不知可否。或云似伞样。如此,则四旁须有漏风处,故不若浑天之可为仪也。"(《朱子语类》卷二)

贺孙的记录基本上是白话,这和《朱子语类》总体的语言面貌相符。"或录云"改成了文言,离朱熹原话太远。我们做汉语史研究应取贺孙的记录。

(2)然只去理会那本,而不理会那末(义刚作"飏下了那末"),亦不得。(陈淳录)(《朱子语类》卷一一七)

"理会"也是当时的口语,但"飏"表"丢弃"的口语性更强。可能朱熹口中说的是"飏"。如果没有义刚的记录,在这句话里就看不到"飏"这个口语词了。但《朱子语类》别处还有用"飏"的。如:

(1)今若此,可谓是"飏了甜桃树,沿山摘醋梨"也!(《朱子语类》卷一一八)

(2)思量一件道理不透,便飏(去声)掉放一壁,不能管得。(《朱子语类》卷一二一)

所以,即使在卷一一七的记录里没有把"飏"记下来,但通过对

《朱子语类》做全面的考察，还是可以知道朱熹口里是有"飏"这个词的。

上面都是朱熹门人对朱熹说话的记录。我们可以把这种同时代人所做的记录称为"同时记录"。通过对同时记录的整理研究，我们可以了解到古人口头表达的真实或接近真实的面貌。

和"同时记录"相对，还有"后时记录"，指的是后一个时期对前一个时期的人说话的记录。有时，同时记录和后时记录在文献中都有，两者相较，差别其大。如谢安和孙绰等泛海一事，在《世说新语》和《晋书》中都有记载：

(1)谢太傅盘桓东山时，与孙兴公诸人泛海戏。风起浪涌，孙、王诸人色并遽，便唱使还。太傅神情方王，吟啸不言。舟人以公貌闲意说，犹去不止。既风转急，浪猛，诸人皆喧动不坐。公徐云："<u>如此，将无归！</u>"众人即承响而回。于是审其量，足以镇安朝野。(《世说新语·雅量》)

(2)尝与孙绰等泛海，风起浪涌，诸人并惧，安吟啸自若。舟人以安为悦，犹去不止。风转急，安徐曰："<u>如此，将何归邪？</u>"舟人承言即回。众咸服其雅量。(《晋书·谢安传》)[19]

两书都有作者的叙述和对谢安说话的记录，但两书使用的语言并不一样。最明显的是谢安说的话，《世说新语》作"如此，将无归！"《晋书》作"如此，将何归邪？"两句话的意思很不一样。"将无归"的意思是"还是回去吧"，谢安在风浪起时毫不在意，到风急浪猛时说："这样，还是回去吧。"这正表现了他的镇定。"将无"是"用委婉语气表示一种建议或希望"，[20]"是魏晋时常用的一个熟语"，如《世说新语·赏誉》："王恭始与王建武甚有情"

47

注引《晋安帝纪》:"将无从容切言之邪?"中的"将无"也有相同的用法。[21]《晋书》的编撰者不懂这个词语,所以把谢安的话改为"如此,将何归邪?",这就显得谢安神情十分惶遽了。显然,《世说新语》记录的谢安的话反映了谢安当时的口头表达,而《晋书》所记谢安的话实际上是《晋书》的编撰者自己加上去的,与晋人的口头表达不一致。

又如:

(1)独孤及求知制诰,试见元载。元知其所欲,迎谓曰:"<u>制诰阿谁堪?</u>"及心知不我与而与他也,乃荐李纾。……出《嘉话录》。(《太平广记》卷一八七)

(2)独孤侍郎求知制诰,试见元相。元相知其所欲,迎谓常州曰:"<u>知制诰可难堪。</u>"心知不我与也,乃荐李侍郎纾。(王谠《唐语林》卷五)(按:"常州"指独孤及。)

《刘宾客嘉话录》为唐代长庆元年韦绚闻于刘禹锡者。此条不见于今本《刘宾客嘉话录》,《太平广记》转录此条。《唐语林》在宋代之后就已传本不多,其后半是从《永乐大典》中辑出的,可能后代的刊刻者已经不懂"阿谁"这个口语词,而"谁"字又误为"难"字,所以把"阿谁堪"改成了"可难堪"。

从这两个例子可以看到,"同时记录"往往接近原话,用的是白话或古白话;而"后时记录"可能曲解了原话,或者有意改成文言。[22]尽管"后时记录"有的不可信从,但把它和同时记录相比较,我们还是可以了解究竟什么是古人说话的原貌,而且,从比较中还可以看到汉语在历史上的变化:前一时期的有些词语(即通常所说的"口语词"),到后一时期人们已经不懂了。

总之,在"言""文"分离的时期,人们写文章经常用文言,这当然可以从文献记载上看到；人们说话经常用白话，这也是可以通过对有关文献的研究而了解其原貌的。

3 "两种说话方式"

在"言""文"分离的时期，不但书面文献有文言、白话之别，就是人们说的话，也有文、白的差别。这就是本节要讨论的"两种说话方式"。

（一）瓦罗的三种"说话方式"

在西班牙传教士瓦罗（Francisco Varo，1627—1687）的《华语官话语法》第一章的《诫律之二》中有这样一段话（瓦罗，1703/2003:11）：

汉语有三种说话的语体（modes of speaking）：

第一种是高雅、优美的语体，很少使用复合词，怎么写就怎么说。这种语体只是在受过教育的人们中间使用，也只有他们才能懂。……用这种语体来说话对我们而言是极其困难的。

第二种语体处于高雅与粗俗之间的中间位置。它能够被大多数人所理解，也使用一些复合词；但在凭上下文能够确定意思的时候，就不用复合词。这一语体还使用某些优雅的文学词语，而且所有的人都能理解。对我们来说，在准备布道宣教时，无论面对的是教徒还是异教徒，掌握这种语体都是十分必要的。因为，如果我们不以粗陋鄙俗的语言令他们生厌，他们就能饶有兴致地听讲，从而使得我们传布的教义更容易为他们接受。

第三种是粗俗的语体,可以用来向妇人和农夫布道。这种语体虽说是最初级的,但是学起来最容易,所以也是我们学习的起点。

他为第二和第三种语体各举了一个例句,是同一个句子分别以两种语体来表达(瓦罗,1703/2003:12):

(1)欲升天者,可行真善路,若不然,岂得到。(第二种语体)

(2)但凡人要升天,该当为善。若不为善,自然不会升天。(第三种语体)

在开头的"modes of speaking"下面,中译者有一个注:"西班牙语作'modes de harbla',直译为'说话方式'。"我觉得,就本文所讨论的问题来说,译作"说话方式"更好。因为从下面将要说到的《朱子语类》中朱熹所说的话来看,那都是朱熹对他的门人的讲述,说话者和听话者的社会地位、文化背景都是一样的,交际的对象、场合、意图也都是一样的,但朱熹所说的话文白交错很频繁,上一句是白话,下一句就会是文言,这和拉近或拉开说话者、听话者的距离无关,所以不是语体问题,而是朱熹的说话方式问题。下面太田辰夫所举的皇甫湜说的话也是如此。

瓦罗所说的三种"说话方式"未必都能成立(见下),但他观察到有教养的人(上层人士)和妇人农夫(下层民众)说话方式不同,这一点值得我们重视。

那么,当时有教养的人(上层人士)是用什么方式说话的呢?

瓦罗所说的第一种说话方式,是"很少使用复合词,怎么写就怎么说",实际上指的是使用文言说话。文言和白话一个很大的区别是文言以单音词为主,白话以复音词为主。"怎么写就怎么说",当时人们用来写作的是文言,那么说的也就是文言。

瓦罗是在明末清初来到中国的。这个时候中国文人能用文言说话吗?

比瓦罗来华更早的意大利传教士利玛窦(M. Ricci,1552—1610)在《利玛窦中国札记》中说:"事实上常常发生这样的事:几个人在一起谈话,即使说得很清楚、很简洁,彼此也不能全部准确地理解对方的意思。有时候不得不把说的话重复一次或几次,或甚至得把它写出来才行。如果手边没有纸笔,他们就蘸水把符号写在什么东西上,或者用手指在空中划,或者甚至写在对方的手上。这样的情况更经常地发生在有文化的上流阶级谈话的时候,因为他们说的话更纯正、更文绉绉并且更接近于文言。"(利玛窦,1615/2010:21)这是他亲眼看到的情形:上层人士谈话时有时要把字写出来,这指的大概是单音的文言词。但他没有说上层人士能用文言谈话,只是说"更接近于文言"。

雅洪托夫(1969/1986)说:"学者甚至在口头谈话中能够使用古代语言。"(雅洪托夫,1969/1986:98)他大概指的是朱熹《朱子语类》卷八《小学》一章中上古汉语虚词和近代汉语虚词的比例是 200∶110。

太田辰夫(1988/1991)说:"在中国的上流社会,有教养的人们在稍微正式一点的会话中尽可能地避开日常家庭内使用的口语,而使用跟写文章时用的语言相近的话去跟人谈话。简言之,文言是社交使用的语言。"(太田辰夫,1988/1991:188)他举出唐代和民国时期各一例:

高彦休《唐阙史》卷上:"正郎省札(愚按:《唐阙史》及

《汉语史通考》均作"札",中译本误作"礼")大忿,掷书于地,叱小将曰:'寄谢侍中,何相待之薄也,某之文,非常流之文也,曾与顾况为集序外,未尝造次许人,今者请制此碑,盖爱恩深厚尔,其辞约三千余字,每字三匹绢,更减五分钱不得。'"后面有夹注:"已上实录正郎语,故不文。"(太田辰夫,1988/1991:191)

这里的"正郎"是和韩愈同时的文人皇甫湜。

蒋光慈《田野的风》记述了乡绅的会话:

"乱臣贼子,人人得而诛之。如果诸位有何善策,李某无不从命。……"

"此人不除,恐怕吾乡永无安息之日矣!……"

"诸位既然相推,我当然义不容辞。不过苟有事故发生,尚望大家共同负责。……"

"我们特为求教而来,非有别意,望敬翁万勿误会。……"

(太田辰夫,1988/1991:189)

从利玛窦、瓦罗的观察,雅洪托夫的统计和太田辰夫的例句来看,在"言""文"分离的历史时期,上层人士和下层民众说的话是有差别的,上层人士在正式场合说的话常常带有不少文言的成分,而下层民众说话用白话。这两种说话方式的不同,实际上从东汉到民国期间是一直存在的。了解这一点,对我们研究汉语史很有好处。

(二)上层人士和下层民众的说话方式

尽管上层人士和下层民众说话用的是两种方式,但这两种说话方式的差异不能夸大。因为尽管下层民众说的都是白话,但并非上层人士说的都是文言。

东汉和魏晋,"言""文"刚开始分离,有些上层人士说的话可能完全是文言。但至少到唐代以后,上层人士已经不能完全用文言说话了。太田辰夫引用的那些话都是文白夹杂的,而不是纯粹的文言。《唐阙史》例中皇甫湜的话有不少文言语句,但"更减五分钱不得"这种"VP＋不得"句式,到东汉才产生,如《汉书·孝成许皇后传》:"使妾摇手不得。"唐代继续使用,如唐·权德舆《请加置留镇兵二千人状》:"都城人数已少,更分减不得。""数量词＋名词"也不是上古汉语的句法结构,如"三匹绢"最早见于《魏书》。《田野的风》中乡绅说的话,"乱臣贼子,人人得而诛之",是古书中常说的话,乡绅说话是套用古语;但以"×某"自称出现得很晚,《三国演义》第二十五回:"关某若知皇叔所在,虽蹈水火,必往从之。"此外,"如果""恐怕""不过""负责""误会"等词也并非文言词语。太田辰夫说:"这里引用的句子混入了若干口语的因素",其实,应该反过来说,是在口语的基础上混入了不少文言成分。

而且,上层人士在正式的社交场合说话会有很多文言的成分,但在日常生活等场合说话也用古白话或白话,也就是说,也用很纯粹的口语。

首先可以看看《世说新语》,这部书里记录的几乎都是上层人士的说话。有的话,确实全是文言。如下面王丞相(王导)的话:

(1) 过江诸人,每至美日,辄相邀新亭,藉卉饮宴。周侯坐而叹曰:"风景不殊,正自有山河之异!"皆相视流泪。唯王丞相愀然变色曰:"当共戮力王室,克复神州,何至作楚囚相对?"(《世说新语·言语》)

但也有不少话,其词语和句法都不是文言。如上文引用谢

安所说的"如此,将无归乎?"这样的例子很多,略举几例:

(2)桓宣武语人曰:"昨夜听殷、王清言甚佳,仁祖亦不寂寞,我亦时复造心,顾看两王掾,辄翣如生母狗馨。"(《世说新语·文学》)(翣:很,甚。如……馨:像……样。)

(3)顾长康画人,或数年不点目精。人问其故?顾曰:"四体妍蚩,本无关于妙处;传神写照,正在阿堵中。"(《世说新语·巧艺》)(阿堵:这个。)

(4)邓艾口吃,语称艾艾。晋文王戏之曰:"卿云艾艾,定是几艾?"(《世说新语·言语》)(定:究竟。)

(5)谢安年少时,请阮光禄道白马论。为论以示谢,于时谢不即解阮语,重相咨尽。阮乃叹曰:"非但能言人不可得,正索解人亦不可得!"(《世说新语·文学》)(正:即使。)

(6)武帝每见济,辄以湛调之曰:"卿家痴叔死未?"(《世说新语·赏誉》)(VP未:疑问句。)

(7)王江州夫人语谢遏曰:"汝何以都不复进,为是尘务经心,天分有限?"(《世说新语·贤媛》)(为是+VP_1,VP_2:选择问句。)

《祖堂集》和《朱子语类》是汉语史研究常用的文献。两部书都是语录体,但说话者和听话者不同,所以其语言面貌不同。《祖堂集》几乎全是白话(口语),《朱子语类》是文白混杂的,文言成分较多,这两部书使用的应该是两种说话方式。

如《朱子语类》卷七《小学》的开头几句基本上是文言:

古者初年入小学,只是教之以事,如礼乐射御书数及孝弟忠信之事。自十六七入大学,然后教之以理,如致知、格物及所以为忠信孝弟者。

而《小学》中的另外几句就是白话：

今都蹉过，不能转去做，只据而今当地头立定脚做去，补填前日欠阙，栽种后来合做底。

整体看来，《朱子语类》中的文言成分固然不少，但白话词语和白话句式更是很多。其中有些在《祖堂集》中也能见到，下面略举几例：

《朱子语类》：

（1）有问："程门教人说敬，却遗了恭。中庸说'笃恭而天下平'，又不说敬。如何恭、敬不同？"曰："昔有人曾以此问上蔡。上蔡云：'不同：恭是平声，敬是侧声。'"举坐大笑。先生曰："不是如此理会，随他所说处会。如只比并作个<u>问头</u>，又何所益？"（《朱子语类》卷一二一）

（2）因忆顷年见汪端明说："沈元用问和靖：'伊川易传何处是切要？'尹云：'体用一源，显微无间。此是切要处。'后<u>举似</u>李先生，先生曰：……"（《朱子语类》卷一一）

（3）恁地说，则<u>大煞</u>分明了。（《朱子语类》卷九五）

（4）若不寻得一个通路，只<u>蓦</u>地行去，则必有碍。（《朱子语类》卷六七）

（5）孟子答告子"生之谓性"与孟季子"敬叔父乎，敬弟乎"两段语，终觉得未尽。却是<u>少些子</u>直指人心。（《朱子语类》卷五九）

（6）当此之时，仁义礼智之苗脉已在<u>里许</u>，只是未发动。（同上）

（7）"文，莫吾犹人也。"莫是疑辞，犹今人云："<u>莫是</u>如此否？"（《朱子语类》卷三四）

(8)未<u>审</u>此诗引经附传,是谁为之?(《朱子语类》卷八〇)

《祖堂集》:

(1)嵒礼拜出去,向道吾拈起因缘。吾曰:"好话只欠一<u>问</u>。"嵒云:"作摩生问?"道吾曰:"何故如此?"嵒才得个<u>问头</u>,便去和尚处,续前问:……(《祖堂集》卷四)

(2)囊中之宝,将去<u>举似</u>诸方。(《祖堂集》卷七)

(3)师曰:"你<u>大煞</u>聪明。"(《祖堂集》卷四)

(4)师有时上堂,<u>蓦地</u>起来,伸手云:……(《祖堂集》卷一一)

(5)此处行不异,方有小许<u>些子</u>相应之分。(《祖堂集》卷二)

(6)师问黄檗:"笠子太小生?"黄檗云:"虽然小,三千大千世界总在<u>里许</u>。"(《祖堂集》卷一六)

(7)师曰:"<u>莫</u>是湖南去<u>不</u>?"对曰:"无。"师曰:"<u>莫</u>是归乡去<u>不</u>?"对曰:"也无。"(《祖堂集》卷五)

(8)未<u>审</u>德山作摩生道?(同上)

所以,雅洪托夫(1969/1986)把《朱子语类》称作"用混合的、半口语写成的文献"。《朱子语类》中的文白错杂,在本文第四部分还会谈到。

在言文分离的时代,尽管上层人士说话和下层民众说话有两种说话方式的差异,但上层人士和下层民众毕竟生活在同一个社会中,他们之间在言谈上不可能没有接触,有的时候,他们还可能是同一场合的听众。如唐·元稹《酬翰林白学士代书一百韵》:"翰墨题名尽,光阴听话移。"自注:"又尝于新昌宅说一枝花话,自寅至巳,犹未毕词也。"可见元稹和白居易都是说一枝花话的听众。"一枝花话"即讲述李娃之事,《太平广记》卷四八四有白行简《李娃传》,用的是文言。不知道元稹和白居易听的"一枝花话"是用什么语言说的,很可能面对广大听众讲述时用的是白话,但因为有元白这样的文人在场,也会加进一些"文语"。用文言写作和说话是要经过学习的,所以下层民众不会用文言写作和说话,他们也听不懂上层人士所说的带有较多文言成分的话语。他们要把自己说的话写下来,只能请人代书,而如同《轩渠录》《两般秋雨盦随笔》所记载的那样,代笔者往往不能如实记录下他们的口语。③而上层人士是能听懂下层民众的话的,在有的场合,他们也能用下层民众所说的话来表达,如下面苏轼所说的话,都是当时的俗语:

(1) 熙宁初议新法。……东坡曾与子由论清献(赵抃)。子由曰:……东坡曰:"当时阿谁教汝鬼擘口?"子由无语。(《曲洧旧闻》卷八)

(2) 温公薨,朝廷命先生主其丧事。是日也,祀明堂礼成,而二苏往哭温公,道遇朱公掞,问之,公掞曰:"往哭温公,而程先生以为庆吊不同日。"二苏怅然而返,曰:"鏖糟陂里叔孙通也。"(《伊川先生年谱》卷四)(又见《宋人轶事汇编》卷九引《孙氏谈圃》,作"子瞻戏曰:……")

又如,宋代一些文人所写的俚俗词就是用的很纯粹的白话(吕叔湘1944/1992引):

一向沈吟久,泪珠盈襟袖。我当初不合苦搕就。惯纵得软顽,见底心先有。行待痴心守,甚捻著脉子倒把人来僝僽?近日来非常罗皂丑,佛也须眉皱,怎掩得众人口?待收

了孛罗罢了从来斗。从今后,休道共我,梦见也不能得勾。(秦观《满园花》)

所以,上层人士的说话方式并非在任何场合都和下层民众不同。

(三)什么是"口语",什么是"书面语"

正因为上层人士说话会用文言,所以,有学者认为应该把"口语"和"口头说话"加以区别。如雅洪托夫(1969/1986)说:"口语和口头说话不是一回事;学者甚至在口头谈话中能够使用古代汉语。换言之,作为口头说话记录的文献,不一定反映真正的口语。"(雅洪托夫,1969/1986:98)太田辰夫(1988/1991)也说:"但口头语不止限于口语,也有文语。"(太田辰夫,1988/1991:191)这种意见值得我们重视。

至此,我们可以给"口语"做一个比较清晰的说明:口语是各个历史时期人们实际使用的活语言,是随着时代不断发展的,反映了各个时期汉语的语音、语法和词汇。

在言文基本一致的上古汉语时期,人们的口头表达用的是口语,文字表述用的也是口语。但是在古雅语体中的更早的词汇、语法成分不能算作口语。在"言""文"分离的中古汉语和近代汉语时期,下层民众的口头表达用的是古白话或白话,这是口语。上层人士在某些场合的口头表达或文字表述和下层民众一致,这也是口语。上层人士在社交场合的口头表达有较多的文言成分,这些文言成分不是口语。"俗文学"(用白话写的小说、戏曲等)主要是给下层民众听或看的,是以口语为基础的,其中某些部分是用文言写的,就不是口语。

汉语史的研究是通过对各时期接近口语的文献资料进行研究,来描写汉语历史发展的状况并寻找其演变规律。

顺便说一下"书面语",这也是汉语史研究中常说的。什么叫"书面语"？这不是指所有在书面上写的文字。通常所说的"书面语"是和"口语"相对而言的。在"言""文"基本一致的时代(上古汉语和现代汉语),指的是比口语更正规一些或更典雅一些的语言。在"言""文"分离的时代(中古汉语和近代汉语),主要指用文言表达的语言,或以文言成分为主的语言。用白话写的文字表述情况比较复杂:一些忠实记录下层民众口语的书面材料(如冯梦龙编的《山歌》和那些代妇人写的书信等)不叫书面语;一些文人创作的文学作品(小说、戏曲等),虽然以口语为基础,但总会有不同程度的加工,和纯粹的口语有所不同,可以称为以口语为基础的书面语。[22]

至于怎样通过死的文献来研究活的语言,这就是下一节要讨论的汉语史语料的问题。

4 汉语史研究的语料问题

(一)汉语史研究中接近口语语料的使用问题

研究汉语史要用接近口语的语料,这是一个总的要求。细说起来,还有几个问题需要讨论。什么叫"接近口语"？接近哪一个时代的口语？接近口语的程度如何？怎样判断是否接近口语？这些问题都是需要深入讨论的。我们先看一个例子,然后对这几个问题逐一讨论。

雅洪托夫(1969/1986)对唐宋时期的9种文献是否接近口语做了考察,用的是两组虚词(或语素,下面只称"虚词"),一组是上古汉语中常见的(15个),一组是近代汉语中常见的(11个),他对每个虚词在这9种文献中出现的频次做了统计,以此为基础,论证有的文献是用上古汉语写成的,有的是用当时的口语写成的,有的是混合型的。下面把雅洪托夫对唐代变文《伍子胥变文》《韩擒虎话本》和宋代话本《宋四公大闹禁魂张》《碾玉观音》⑤的统计,加上我对《燕子赋》做的统计,列表如下(文献用首字代称):

表1 上古汉语常用虚词统计表

	伍	韩	燕	宋	碾
其	13	7	4	0	1
之代	9	1	伊3	0	0
以	11	8	3	0	1
于	23	2	1	0	0
也	7	4	0	2	0
者	11	14	1	0	0
所	4	6	4	0	0
矣	1	2	0	0	0
则	0	0	0	0	0
而	36	20	3	0	1
之定	59	35	4	2	4
何	42	24	15	3	16
无	29	19	7	0	5
此	23	19	3	1	4
乃	31	5	10	0	0

表2 近代汉语常用虚词统计表

	伍	韩	燕	宋	碾
便	9	77	5	10	14
得	6	30	20	26	40

(续表)

了	1	2	0	52	66
个	6	4	3	38	52
里	3	1	3	23	37
这	0	3	者₃	10	47
底	0	0	0	33	22
着	0	3	5	24	23
只	1	4	1	25	26
儿	0	0	36	26	16
子	6	3	31	25	15

由上述两表可知:《伍子胥变文》《韩擒虎话本》中上古虚词出现频次较高,近代虚词出现频次较低("便"除外),说明它们文言成分较多,白话成分较少。雅洪托夫指出,一些近代汉语语素,例如"儿"(名词后缀)和"底"(定语标志)和"甚"(什么)、"没"(没有),虽然在这两篇文献中没有,但在其他变文中可以找到,所以,"唐代口语正好是上古汉语和近代汉语成分的均衡混合"。而《宋四公大闹禁魂张》《碾玉观音》虚词出现的频次正好与《伍子胥变文》《韩擒虎话本》相反,说明它们白话成分较多,文言成分几乎没有。所以,雅洪托夫说:"话本反映宋代的口语,……大概话本时代的口语里已经没有上古汉语的虚词成分了。"(雅洪托夫,1969/1986:97)

《燕子赋》中的虚词是我自己统计的。书中的上古汉语虚词较少,而近代汉语虚词较多。值得注意的是:其中没有上古汉语的代词"之",但近代汉语的第三人称代词"伊"有3例。古代汉语的代词"者"只有1例:"古者"。"所"有4例:"向来闻你所说""所被伤损""两个都无所识""所已(以)留在黄沙",除去"所以",实际上只有3例。"了"有3例:"铺置才了""呪虽百种作了""百年当时了竟",都是"完毕"义的动词。指示代词不写作"这",写作"者",有 3 例:"者汉大痴""者贼无赖""总是者黑妪儿作祖"。"底"不见。"着"有 5 例:"见他宅舍鲜净,便即穴白占着""口衔艾火,送着上凤""必是更着一顿""仍自更着恐吓""行即着网,坐即被弹",其中"占着"的"着"是表持续的动态助词,"送着上凤"的"着"是表示动作到达的处所,其他 3 例都是"遭受"义的动词。"儿"多用于"雀儿","子"多用于"燕子",也都有用作其他名词的词缀的。总起来看,《燕子赋》的语言和《伍子胥变文》《韩擒虎话本》不同,文言成分不多,白话成分较多。如果考虑到《燕子赋》这样的语料,雅洪托夫的结论"唐代口语正好是上古汉语和近代汉语成分的均衡混合"就要加以修改。但和《宋四公大闹禁魂张》《碾玉观音》相比,《燕子赋》白话成分出现的频次不如后者高,其中一些语法成分的语法化程度也不及后者高。根据这个例子,我们可以对前面提出的几个问题做进一步的讨论。

第一,什么叫"接近口语"?汉语史研究中说某种语料"接近口语",往往是研究者凭自己的印象做出的大致判断。研究者对汉语史的语料越是熟悉,对汉语史的研究越是深入,这种判断的可靠性就越高。这样的判断是很有价值的,可以作为研究工作的起点,我们可以用这些语料来研究汉语史。但开头提出的其他问题,就不能光凭印象,而要经过深入的研究来回答。

第二,接近哪一个时代的口语?口语是随着时代不断发展的,唐代有唐代的口语,宋代有宋代的口语,初唐和晚唐的口语又不一样。《燕子赋》文言成分少,白话成分多,是接近口语的。但接近哪个时代的口语?从其中"了"和"着"的用法来看,"了"还是"完毕"义动词,"着"用作表动作持续的也仅 1 例(占着),和已有的对"了""着"语法化过程的研究成果比较,可以看出《燕子赋》反映的是晚唐五代的口语。

第三,接近口语的程度如何?从上表中的统计数据看,同是变文作品,显然《燕子赋》中的白话成分多于《伍子胥变文》《韩擒虎话本》,其接近口语的程度要比后者高。但《燕子赋》的白话成分又不及《宋四公大闹禁魂张》《碾玉观音》多,那么能不能说它接近口语的程度不如后者高?这就不能这样比较了。《燕子赋》是晚唐五代的作品,后者可能是宋代的作品,不能要求晚唐五代的语料接近宋代的口语,只能说两者相比,宋代的口语是晚唐五代口语的进一步发展,一些语法成分语法化的程度更高。

第四,怎样判断是否接近口语?要准确判断语料是否接近口语,就不能光凭印象。像雅洪托夫(1969/1986)那样,用一些已确定的语言成分来对语料进行考察,就是一个可行的办法。胡敕瑞(2013)对中古汉语口语语料的鉴定,也是在对比汉译《道行般若经》和《大明度经》的基础上,列出了15项文白的差异作为鉴定标准。魏培泉(2003)列举了上古汉语和中古汉语的36项差别,可以参考。当然,用这些语言成分进行考察后,还需要对有关问题做一些分析。

东汉时期有两部大书:《汉书》和《论衡》。有学者认为,"《汉书》可以视为文言风格的真正起点",《史记》中很多口语痕迹"到《汉书》中则被更具'古典'特征的文言代替"。(梅思,2013)而《论衡》"能够反映或至少接近当时通行的口语",因为在《论衡·自纪》中说:"文字与言同趋,何为犹当隐闭指意?"而且王充曾作《讥俗》《节义》,其书"直露其文,集(杂)以俗言",《论衡》亦当如此。(徐正考,2004)但认为《论衡》接近当时口语,并未做过具体论证。

如果用一些新旧语言成分对《论衡》进行考察,就可以看到,《论衡》的语言是新旧并存的。旧的语言成分最明显的是否定句中代词宾语置于动词之前。《论衡》中"未之V"共9例,其中"未之有"5例;没有"未有之"。"何……之有"11例。这都是上古汉语的句式。《论衡》中句末的"也""矣""与""耶(邪)"也很常用。新的语言成分也有一些。最突出的是系词"是"。冯胜利(2003)统计《论衡》中用"是"的有10例,其中7例前面有副词,并指出:"完成变化的例子开始在《论衡》中出现。"可以看出"是"的性质发生了变化。另外,用"……未?"表疑问也是新的句式,《论衡》有3例:

(1)此时《易》具足未?(《论衡·谢短》)

(2)武王已得文王之年未?(《论衡·感类》)

(3)颂诗乐声,可以作未?(《论衡·须颂》)

此外,《论衡》中有些疑问词是新的,如"何等""何许":

(1)实黄帝者,何等也?号乎,谥也?(《论衡·道虚》)

(2)击壤者曰:"吾日出而作,日入而息,凿井而饮,耕田而食,尧何等力!"此言荡荡无能名之效也。(《论衡·艺增》)

(3)人皆以为不治产业饶给,又不知其何许人,愈争事之。(《论衡·道虚》)

《论衡》的实词中新的成分更多些。一类是替换旧词的新词。如:

(1)菜果甘甜。(《论衡·超奇》)

(2)夫政犹火,寒温犹热冷也。(《论衡·谴告》)

(3)荒忽则愚痴矣。(《论衡·论死》)

(4) 痴愚之人，尚知怪之。(《论衡·道虚》)

(5) 不则北方之地低下而不平也。(《论衡·说日》)⑯

另一类是在复音化进程中出现的新的复音词。如：

(1) 人之温病而死也，先有凶色见于面部。(《论衡·治期》)

(2) 行事比类，书籍所载，亡命捐身，众多非一。(《论衡·齐世》)

(3) 虫之种类，众多非一。(《论衡·商虫》)

这些句式和词语都是《汉书》中没有或较少的成分。限于篇幅，这种比较在本文中就不说了。

总起来说，《论衡》是新旧成分掺杂的，旧的成分较多，新的成分较少。和东汉汉译佛经相比，接近口语的程度不如后者。汪维辉(2017a)说："跟佛经相比，中土文献在反映口语方面总要慢一个节拍。"(汪维辉，2017a:154)形成这种情况的原因，我想有两点：第一，东汉是言文开始分离的时期，语言中新的成分首先在下层民众的口中出现，而在上层文人的口中新的成分会少些。这就是前面所说的"两种说话方式"。《论衡》和东汉汉译佛经的差异，正如同《朱子语类》和《祖堂集》(或《景德传灯录》)的差异。第二，写文章和说话有所不同，写文章除了根据作者当时所使用的语言来书写外，还会参照已有的文献。张中行曾说过："执笔的人，总是通文的人。通文，旧时代的，脑子里装满《庄》《骚》《史》《汉》，新时代的，脑子里装满鲁迅、巴金，自己拿起笔，自然就不知不觉，甚至心摹手追，也就《庄》《骚》《史》《汉》，或者鲁迅、巴金。"(张中行，1955:167)王充所读到的，像《论语》《孟子》《左传》《史记》之类，都是用上古汉语写的，所以他写《论衡》

时,自然受此影响,也是旧成分多于新成分。而东汉时佛经的译者,大多是不曾接触中土文献的,他们就根据当时的口语来翻译佛经。后来有些译者,如支谦,接触汉文化多了,他的有些译经文言化的程度就很高。

综上,研究东汉时期的汉语,首选是用汉译佛典;但《论衡》也有一些口语成分,也有研究的价值;而且,把东汉的汉译佛典和中土文献(如《论衡》)结合起来研究,可能更好。所以,《论衡》还是研究东汉时期汉语的不可缺少的材料。

(二)汉语史研究中怎样选择和使用语料

历史上的汉语,是一个有多种维度的综合体系,有时代的不同、文白的不同、地域的不同、语体的不同。只有全面考虑到这几个维度,才能比较全面地展现汉语历史发展的真实面貌。以往的汉语史研究,在使用语料的时候,对时代问题比较注意,在太田辰夫提出"同时资料""后时资料"之后,对语料中有无后人的改动考虑得比较充分。在文白问题上,主要是提出了"接近口语"的要求,对文白混杂的复杂情况注意得不够。地域和语体问题,近年来得到了较多的关注,这是汉语史研究的一大进展。地域问题本文没有涉及。下面只谈语料的文白问题。

上古汉语时期的语料问题不大,主要是古书的真伪需要辨别。东汉到清代的语料,全是文言的和全是白话的都不少。研究汉语史,当然会选用后一类语料。但问题在于:有很多语料是文白混杂的,而且混杂的情况有几种不同的类型。我们先看几种类型,再讨论这些语料如何使用。这几种类型是:

第一类,在同一种语料中,一部分是文的,一部分是白的。

对这种语料,一般都会用分割的办法,选取其中的白话部分。如在《文选》中选取《奏弹刘整》,在《三朝北盟汇编》中选取谈判的记录,在《皇明诏令》中选取白话成分较多的几篇。又如,如果用《训世评话》做语料,当然是选取其白话部分,而不会用文言部分。用这种办法还可以发现一些有用的语料。如吕叔湘(1944/1992)选的12段语料中,第一段选自《汉书·外戚传下》,记录了汉成帝的宫女在牛官令舍里产下一子,朝廷派人查问的经过。因为类似法律的供状,有些话必须如实记录,所以有些口语,如:"宫(宫女名)曰:'善臧我儿胞,丞知是何等儿也。'""客持诏记与武,问:'儿死未?'"上面说过,《论衡》中有些口语成分如"何等""VP未",《汉书》中也有,但这并不是班固用口语撰写《汉书》,而是在这些地方,班固必须如实记录当时的口语。

第二类,在一篇文章中,整体以白话为主,但有一部分是文言。如《清平山堂话本·简帖和尚》是很纯粹的白话,但其中和尚所写的简帖却是文言:

> 某皇恐再拜,上启小娘子妆前:即日孟春谨时,恭惟懿候起居万福。某外日荷蒙持杯之款,深切仰思,未尝少替。某偶以薄干,不及亲诣,聊有小词,名《诉衷情》,以代面禀,伏乞懿览。

又如《奏弹刘整》,记录刘寅妻范氏述说刘整如何欺负自己的话语是接近口语的,而文章开头和结尾部分作者任昉奏弹刘整的文辞是文言。这种语料在汉语史研究时可以只用其中的白话或古白话部分。

第三类,在同一种语料中,叙事部分是文言,对话部分是白话。这种情况在各种笔记中颇为多见,如《朝野佥载》中关于李日知的一段就是如此：

> 刑部尚书李日知自为畿赤，不曾打杖行罚，其事亦济。及为刑部尚书，有令史受敕三日，忘不行者。尚书索杖剥衣，唤令史总集，欲决之。责曰："我欲笞汝一顿，恐天下人称你云：撩得李日知嗔，吃李日知杖。你亦不是人，妻子亦不礼汝。"①遂放之。自是令史无敢犯者，设有稽失，众共谪之。(《朝野佥载》卷五)(又见《太平广记》卷一七六，文字略有出入。)

史书中这种情况也较多。历代史书大都用文言，但记录某些人说的话有时用白话。上面说过，《晋书》把谢安的话改了，但《晋书》有些话还保留了当时的口语。如：

> 衍，字夷甫。神情明秀，风姿详雅。总角尝造山涛，涛嗟叹良久，既去，目而送之曰："何物老妪，生宁馨儿！然误天下苍生者，未必非此人也。"(《晋书·王衍传》)

又如《宋史》，全用文言，"你""这""那"全不用，用"食"不用"吃"("吃"仅 1 例：《洪咨夔传》："吾能吃茄子饭，汝无忧。")，但记载秦桧的"莫须有"仍是口语：

> 狱之将上也，韩世忠不平，诣桧诘其实。桧曰："飞子云与张宪书虽不明，其事体莫须有。"世忠曰："莫须有三字，何以服天下？"(《宋史·岳飞传》)

但这不是《宋史》作者的文字，而是抄录了李心传《建炎以来系年要录》的材料：

> 初狱之成也，太傅醴泉观使韩世忠不能平，以问秦桧。桧曰："飞子云与张宪书虽不明，其事体莫须有。"世忠怫然曰："相公，莫须有三字何以服天下乎？"(《建炎以来系要

录》卷一四三）

第四类，在同一种语料中，文白错杂。如《朱子语类》中下列几条，加横线的是文言，不加的是白话：

> 杨氏自是个退步爱身，不理会事底人。墨氏兼爱，又弄得没合杀。<u>使天下伥伥然，必至于大乱而后已，非"率兽食人"而何</u>？（《朱子语类》卷五五）

> 今公才看着便安生去取，<u>肆以己意，是发明得个甚么道理</u>？公且说，人之读书，是要将作甚么用？<u>所贵乎读书者，是要理会这个道理，以反之于身，为我之益而已</u>。（《朱子语类》卷八〇）

> 若更加以读书穷理底工夫，则去那般不正当底思虑，<u>何难之有</u>！（《朱子语类》卷一一三）

> 每日开眼，便见这四个字在面前，仁义礼智只趣着脚指头便是。这四个字若看得熟，<u>于世间道理，沛然若决江河而下，莫之能御矣</u>。（《朱子语类》卷一二一）

这就是东汉以后古代文人的一种"说话方式"，在用白话表达时，随时可加入文言的语句，文白是相互错杂的。

这几类语料在用作汉语史研究时处理的办法不同。第一类语料是很容易分割开的，只选用接近口语的部分作为研究资料即可，如《近代汉语语法研究资料汇编》就是这样做的。有的学者打算继续做类似的资料汇编工作，这对于汉语史研究是很有价值的。第二类语料也比较容易处理，如《简帖和尚》《奏弹刘整》都可以把文言部分去掉。第三类语料叙述和对话是容易分开的，但不可能只选对话加以汇编，只能是研究者在读书时注意积累和使用对话部分的白话资料。第四类语料无法像前三类那样加以分割,只能用剔除的方法把文言部分去掉。

选择不同时期有代表性的接近口语的语料,利用语料库进行检索,针对某个问题进行统计,用统计出来的数据说明汉语的历史发展,这是近年来汉语史研究经常采用的一种方法。这种方法如果运用得当,是有价值的;但其前提是语料的选择必须得当,而且,对语料的时代、文白、地域、语体等问题要有比较清楚的认识和处理。就文白问题而言,对上面所说的文白混杂的几种不同的类型,要采取不同的处理办法。第一、第二类语料可以用分割的办法,把文言的部分去掉,只对白话部分做分析统计。第三类语料无法用来分析统计。第四类语料,只能先做统计,再剔除文言部分,即在统计结果中把文言语句的频次去掉。这是一项很细致的工作,而且,研究的具体问题不同(比如,是研究某种句式还是研究某类词汇),其分析统计和剔除的具体方法也会不同,这里就不细说了。

附注

① 应该说明,在现代汉语中,口语是能听到的,但古人的"口语"(口头表达)我们无法听到,汉语史上所说的"口语",只能是通过文献资料的研究而了解到的古人的口头表达。详见本文第二节。
② 唐松波的文章是1961年写的,总的来说很有价值。本文说到其不足,是为了深化问题的讨论,并非苛求前贤。
③ 至于这五种语体怎样判定,这个问题比较复杂,我也缺乏研究,无法详谈。
④ 见顾颉刚、刘起釪《尚书校释译论·尧典》第34—35页。
⑤ 照现在通行的汉语史分期,"上古汉语"的时间很长,《尚书》也可看作上古汉语的文献。但《尚书》的语言和《史记》的语言有明显的差异,《史记·五帝本纪》中引用《尚书》的部分就有不少改动。有的学者如

郭锡良(2013)、贝罗贝(在清华大学的学术报告)都主张在"上古汉语"之前再加一个"远古汉语",而何乐士(1998/2007)则认为可以"把两汉、魏晋南北朝时期视为一个过渡时期,名之曰中古汉语"。(何乐士,1998/2007:93)这些问题是可以进一步讨论的,本文暂不涉及。

⑥ 文言和白话的区分和音节结构也有关系,文言多用单音节词,白话多用双音节词。

⑦ 不过他说的"文言"是指东汉以后脱离口语的文言,没有包括上古语和口语基本一致的文言。

⑧ 文言和白话是不是两种不同的语体呢?我认为用"语体"不足以概括两者的根本不同。正如雅洪托夫所说,这个时期书面语和口语的区别在于其词汇、语法以及语音的特点不同,而不在于是否简单,是否用于日常生活等。如果人们使用同一个语言系统说话或写作,由于交际双方的社会角色不同,场合和内容不同,因此而产生是否简单、是否用于日常生活等区别,那是语体的差别。比如冯胜利(2010)所说的"语体错位"的例子:"如果一位单位领导回到家里对妻子说:'今日晚餐要进行调整',你会觉得他有点儿'职业病';如果某位教授对自己的孩子说:'饭时不宜出声!',恐怕也会被人笑为书袋酸腐。"这两个句子用的都是现代汉语的词汇和句式(只有"饭时"不大说),只是用的场合不对,这是语体问题。如果用的是两个不同的语言系统(尽管中古汉语、近代汉语是由上古汉语发展而来的),那就不是语体问题了。

⑨ 今天,一个中等文化程度的人,在日常会话中也会说:"他这个人唯利是图。""如果出了问题,唯你是问。"这说明一些文言成分还会在现代汉语的口语中出现。但这些只是固定格式,是不能扩展的,在"唯N是V"中的N和V不能自由变换。任何一个研究现代汉语的人都不会说,现代汉语中受文言的影响而存在"唯N是V"这种宾语在动词前的句型。

⑩ 本文所说的汉语史研究都是这一种研究。

⑪ 且不说《尚书》的语言和《韩非子》的语言有相当大的差异,就是《论语》的语言和《韩非子》的语言也有不少差异,比如,《韩非子·外储说左上》里就有"此是何种也?"这样的话,这是《论语》里没有的。

⑫ 见刁晏斌(2016)。

⑬ 胡敕瑞（2013）没有用"上古汉语"这个术语，他用的是"文言"和"白话"。文中说："支谶所译倾向白话，支谦所译倾向文言。""文言是以先秦口语为基础而形成的上古书面语。"本文说"《大明度经》基本上还是上古汉语的句式和词汇"是根据胡敕瑞（2013）的观点和统计概括的。

⑭ 所以，说到文言和汉语史研究的关系，就要把文言分成两段：上古时期的文言和东汉以后的文言。前者和当时的口语基本一致，是汉语史研究不可缺少的对象；后者和当时的口语分离，基本上不能作为汉语史研究的依据。

⑮ 见汪维辉、胡波（2013）。

⑯ 从东汉到清代的文言，整个词汇系统还是沿袭上古汉语的，但具体的词语有不少发展变化。如"友于""于飞"等文言词语都不是上古就有，而是后来形成的。又如《左传·定公八年》："颜息射人中眉，退曰：'我无勇，吾志其且也。'"这里的"中眉"还不是一个词。但宋代以后，可用"中眉"来表示科举未中高第，如戴栩《除太学录谢丞相启》："志且中眉，堕南省十人之后；暴鳞点额，乏西掖六题之功。"这些词语都进入了汉语历史词汇的总词库，在编撰大型词典时都会涉及；有些词语在现代汉语中还使用，如"中肯"，《现代汉语词典》收了这个词，而且未加〈书〉的标记。现代汉语中使用的一些成语，如"破釜沉舟""罄竹难书"等，也是在后代的文言文中形成的。尽管这些词语和成语不是现代汉语词汇系统的主体，但对这些词语和成语的产生和发展的研究是有价值的。我对历代文言文的发展没有做过研究，因此看法不一定对。如果有学者对整个文言文的发展做全面研究，那是好事，我期待着看到新的研究成果。

⑰ 一字不差的记录也是有的，如上面提到的《史记》中刘邦和周昌对话时说的话，下面将说到的《唐阙史》中皇甫湜的话，还有《论语》中"子张书诸绅"（卫灵公）的那段话，孔子发誓所说的"予所否者，天厌之，天厌之！"（《论语·雍也》）大概也属这类。但这种情况不会很多。

⑱ 冯青（2015）对《朱子语类》中陈淳、黄义刚的记录做了比较，认为陈淳多用文言，多用旧词旧义；黄义刚多用白话，多用新词新义。这在本文所引对《朱子语类》卷一一七两人所做的记录中也可以看到。这说明门人的记录和朱熹的原话会有出入。但尽管如此，如果一些词汇

和语法现象在《朱子语类》中多次出现,大体上就可以看作是朱熹语言中或朱熹所处的时代的词汇语法现象。至于朱熹语言中是否有闽语的成分,这个问题是可以研究的。

⑲ 见柳士镇(1988)。

⑳ 见张永言《世说新语辞典》。

㉑ 均见吕叔湘《将无同》(《吕叔湘文集》五《语文杂记》)。

㉒ 这是就一般情况而论。具体情况当然会比较复杂。后时记录也有保留原话的,比如下面会说到,《宋史》中仍然保留了秦桧口中的"莫须有";反之,同时记录也未必完全真实,如沈约《宋书·前废帝纪》:"太后怒,语侍者:'将刀来,破我腹,那得生如此宁馨儿!'""宁馨"就是"如此",太后说话不会这样叠床架屋。可见沈约虽离刘宋不远,但已不懂"宁馨"这个词。可参见《世说新语·文学》:"辄翣如生母狗馨"余嘉锡注。

㉓ 《说郛》卷三四引吕居仁《轩渠录》:"陈姆令代作书寄其子"一则,徐时仪(2015)和汪维辉(2017b)都曾引用。又,清代梁绍壬《两般秋雨盦随笔》卷五:"代巾帼写家书,虐政也。余幼时曾为一亲串写寄夫书,口授云:'孩儿们俱利腮(犹言解事也),新买小丫头倒是个活脚蟾儿,作事且是潲臊(犹言快),惟雇工某人系原来头(初次也),周身僵爬儿风(左右不是也)。'余曰:'可改窜乎?'曰:'依我写。'于是只好连篇别字,信手涂抹。"

㉔ 可参见太田辰夫《〈红楼梦〉的语言》。太田辰夫说:"(《红楼梦》)和其它的白话小说一样,这部作品也不会是用纯粹的言文一致的语体写成的。不止叙述部分,甚至对话部分也有相当的文语渗透进来。"(太田辰夫,1965/1991:216)

㉕ 话本的年代问题很复杂,《近代汉语语法资料汇编(宋代卷)》收入《宋四公大闹禁魂张》等6篇,注明"以上六篇年代不明,暂入本卷"。本文不讨论。

㉖ "甘—甜""寒—冷""愚—痴"的替换可参见汪维辉(2017a)。上古汉语"低"表示低头,不表示"低下"。

㉗ 李日知的话中,有两次用"你",两次用"汝"。是李日知说话原本就如此,还是有《朝野佥载》作者张鷟所做的改动,现在无法考查。从上面所引东坡之语"当时阿谁教汝鬼擘口"来看,也许唐宋时口语中称

"你"或称"汝"均可。

参考文献

刁晏斌　2016　《传统汉语史的反思与新汉语史的建构》,《吉林大学学报》第2期。

刁晏斌　2018　《再论传统汉语史的反思与新汉语史的建构——兼复汪维辉先生》,《辽宁师范大学学报》第6期。

冯　青　2015　《陈淳、黄义刚所录朱熹词汇比较研究》,《中国典籍与文化》第1期。

冯胜利　2003　《古汉语判断句中的系词》,汪维辉译,《古汉语研究》第1期。

冯胜利　2010　《论语体的机制及其语法属性》,《中国语文》第5期。

顾颉刚、刘起釪　2005　《尚书校释译论》,中华书局。

郭锡良　2013　《汉语史的分期问题》,《语文研究》第4期。

何乐士　1998/2007　《〈世说新语〉语法特点研究——从〈史记〉和〈世说新语〉的比较看〈世说新语〉的若干语法特点》,《汉语语法史断代专书比较研究》,河南大学出版社。

胡敕瑞　2013　《汉译佛典所反映的汉魏时期的文言与白话——兼论中古汉语口语语料的鉴定》,冯胜利主编《汉语书面语的历史与现状研究》,北京大学出版社。

蒋绍愚　2019　《也谈文言和白话》,《清华大学学报》第2期。

利玛窦　1615/2010　《利玛窦中国札记》,何高济等译,中华书局。

柳士镇　1988　《〈世说新语〉、〈晋书〉异文比较研究》,《中州学刊》第6期。

吕叔湘　1944/1992　《文言和白话》,《吕叔湘文集》(第四卷),商务印书馆。

梅　思　2013　《汉朝汉语文言中的口语成分——〈史记〉与〈汉书〉对应卷的语言学比较研究》,冯胜利主编《汉语书面语的历史与现状研究》,北京大学出版社。

梅维恒　1994　《佛教与东亚口语化的书面语的兴起:民族共同语的形成》,《亚洲研究杂志》第3期。

太田辰夫　1965/1991　《〈红楼梦〉的语言》,《汉语史通考》,江蓝生、白维国译,重庆出版社。

太田辰夫　1988/1991　《关于汉儿言语——试论白话发展史》,《汉语史通考》,江蓝生、白维国译,重庆出版社。
唐松波 1961 《谈现代汉语的语体》,《中国语文》第 5 期。
瓦　罗 1703/2003 《华语官话语法》,姚小平、张又清译,外语教学与研究出版社。
汪维辉、胡波 2013 《汉语史研究中的语料使用问题——兼论系词"是"发展成熟的时代》,《中国语文》第 4 期。
汪维辉 2014 《现代汉语"语体词汇"刍论》,《长江学术》第 1 期。
汪维辉 2017a 《东汉—隋常用词演变研究》(修订本),商务印书馆。
汪维辉 2017b 《汉语史研究的对象和材料问题——兼与刁晏斌先生商榷》,《吉林大学学报》第 4 期。
王　力 2004 《汉语史稿》,中华书局。
魏培泉 2003 《上古汉语到中古汉语语法的重要发展》,何大安主编《古今通塞:汉语的历史与发展》,台湾"中研院"语言学研究所筹备处。
徐时仪 2015 《汉语白话史》(第二版),北京大学出版社。
徐正考 2004 《〈论衡〉同义词研究》,中国社会科学出版社。
许嘉璐 1983 《关于"唯……是"式句》,《中国语文》第 2 期。
雅洪托夫 1969/1986 《七至十三世纪的汉语书面语和口语》,唐作藩、胡双宝选编《汉语史论集》,北京大学出版社。
张永言 1992 《世说新语辞典》,四川人民出版社。
张中行 1955 《文言和白话》,黑龙江人民出版社。

(原载《语文研究》2019 年第 3 期)

词义演变和句法演变的相互关系

词义的演变和句法的演变,都已讨论得很多。但通常是把这两者分别讨论的。研究历史词汇的关注词义的演变,研究历史句法的关注句法的演变;至于词义演变和句法演变的相互关系,往往注意得不够。其实,这两者是有关系的。贝罗贝、李明(2007)对此做了深入的讨论,对我们很有启发。下面我想就此问题谈一点自己的想法。

我在《词义变化与句法变化》(2013)一文(以下简称"2013文")中谈过这个问题,本文在此基础上进一步展开,有些问题是新增的,有些问题的看法有一些改变。有些问题(如"构式影响词义")也在这个题目范围内,但因为在2013文中已经谈过,而且没有什么改变,就略去不谈。

本文认为,词义演变和句法演变的相互关系有三种情况:1.词义影响句法;2.句法影响词义;3.句法和词义共同影响词义演变。

1 词义影响句法

词义变了,其句法组合也会随之而变,这是最常见的。比如,"吃(喫)"最初的意义是"食用",可以用于主动句和被动句,如"我吃鱼","鱼被我吃了"。后来演变为"受到、遭受",就只能用于主动句,不能用于被动句,如只能说"他吃了批评",不能说"批评被他吃了"。但不是词义演变后其句法组合都要发生变化,词义演变后其句法组合不变也很常见。

1.1 下面以"谓"为例说明词义变化影响句法组合变化。

"谓"在先秦有5个主要义项:①(对某人)说;②称(某人为N);③说/认为(某人、某物如何);④说/评论(某人);⑤以为。①是基本义,其余的是演变而成的意义。

①谓1:(对某人)说。

谓1的词义决定了句子要有三个部分:说的动作(谓1),说的对象(动词的间接宾语),说的内容(动词的直接宾语)。说的内容可以是直接引语(DQ),也可以是间接引语(IQ)。在直接引语前面可以有"曰",也可以没有"曰"。这样,其常见的句法结构有3种类型:

1)谓1+O+曰+DQ

《论语·为政》:"或谓孔子曰:'子奚不为政?'"

2)谓1+O+DQ

《诗经·大雅·皇矣》:"帝谓文王:'无然畔援。'"

3)谓1+O+IQ

《左传·宣公十二年》:"逢大夫与其二子乘,谓其二子无顾。"

《左传·襄公二十二年》:"今吾子来,寡君谓吾子姑还,吾将使驲奔问诸晋而以告。"

《左传·襄公二十七年》:"子木谓向戌,请晋、楚之从交相见也。"

《左传·昭公二十五年》:"公若从,谓曹氏勿与,鲁将逐之。"

②谓2:称(某人为N)。

谓2的词义决定了句子要有三个部分:称的动作(谓2),称的对象(动词的间接宾语),对象的称呼(动词的直接宾语)。

其句法结构为:

谓2+O1(N)+O2(N)

《诗经·王风·葛藟》:"终远兄弟,谓他人父。"

《左传·隐公元年》:"请京,使居之,谓之京城大叔。"

虽然谓1和谓2的句法结构都是"动词+间接宾语+直接宾语",但谓1的直接宾语是谓词性的,通常是一个动词词组,谓2的直接宾语是名词性的,通常是一个简单名词。这种不同是由动词词义决定的。

③谓3:说/认为(某人、某物如何)。

谓3和谓1都是"说",但含义不同。谓1是向对方说一句话,目的是向对方提供某种信息或提出某种要求、某个问题,谓3是说(认为)对象如何如何。谓3组成的句子,其构成和谓1大体相同,有三个部分:说/认为的动作(谓1),说认为的对象(动词的间接宾语),说/认为的内容(动词的直接宾语)。但谓3和谓1词义不同,所以句中说的内容不是告诉对方的一句话,而是描述对象的性状。也有少数句子中说的对象不出现,"谓"后面直接跟说的内容,这就是第(3)种句式。

其句法结构有4种类型:

1)谓3+O1(N)+O2(P)

《诗经·王风·大车》:"谓予不信,有如皦日。"

2)谓3+O1(N)+O2(S+P)

《诗经·魏风·园有桃》:"不知我者,谓我士也罔极。"

3) 谓 3＋O(S＋P,DQ)

《左传·昭公二十六年》:"单旗、刘狄剥乱天下,壹行不若,谓'先王何常之有,唯余心所命,其谁敢讨之',帅群不吊之人,以行乱于王室。"

有时说的对象和说的内容可以合在一起,构成一个主谓结构(S＋P),整个做谓3的宾语,这样,句子就不是双宾语,而是单宾语了。而且,"谓＋SP"可以是口说的言辞,也可以是心里的认定,这两者往往难以截然区分,这时的"谓"已经处于从言说动词演变为认知动词的过程中了。

4) 谓 3＋O(S＋P,IQ)

《诗经·召南·行露》:"谁谓雀无角,何以穿我屋。"

《论语·八佾》:"孰谓鄹人之子知礼乎?"

④谓 4:说/评论(某人)。

谓4是由谓3演变而来的,谓3是用言说来描述对象的某种性状,谓4演变为"评论"义,表示说话者对对象的一种评价。这个义项在《诗经》中没有出现,到《论语》中才出现,可能比前面三个义项出现得晚一些。

谓4评论的内容都是作为谓4的直接宾语出现的,个别句子在"谓"后面还有"曰",所以其句法组合有2种类型:

1) 谓 4＋O(评论的对象)＋DQ

《论语·公冶长》:"子谓公冶长:'可妻也。'"

《论语·公冶长》:"子谓子产:'有君子之道四焉。'"

《左传·襄公二十四年》:"毋宁使人谓子'子实生我',而谓'子浚我以生'乎?"

《左传·襄公十四年》:"惠公蠲其大德,<u>谓我诸戎:'是四岳之裔胄也,毋是翦弃。</u>'赐我南鄙之田,狐狸所居,豺狼所嗥。"

《左传·昭公十二年》:"楚子<u>谓成虎,'若敖之余也。'</u>遂杀之。"

2)谓4+O(评论的对象)+曰+DQ

《左传·文公十年》:"楚范巫矞似<u>谓成王与子玉、子西曰:'三君皆将强死。'</u>"

⑤谓5:以为。(反叙实)

"谓5"是从"谓3"的表认定演变而来的。"谓3"的表认定是叙实(认识和客观事物一致),"谓5"是反叙实(认识和客观事物相反)。和表认定的"谓3"一样,其语法组合只有一种形式,"谓"的宾语是一个小句(S+P):

谓5+O(S+P)

《左传·僖公二十四年》:"臣<u>谓君之入也,其知之矣</u>。若犹未也,又将及难。"

《左传·襄公十三年》:"吴乘我丧,<u>谓我不能师也</u>,必易我而不戒。子为三覆以待我,我请诱之。"

从谓1到谓5,都是"谓"本身词义的演变,这种演变不是句法组合影响的结果,但词义演变会影响句法结构,但也可能词义变化了而句法结构不变,从谓3到谓5就是如此。

我在2013文中说:

"谓2"和"谓3"的词义很接近:都是表示对某个对象的称述。只是"谓2"表示称某人为何(名词,名称),"谓3"表示说(认为)某人为如何(谓词,性状)。从"谓2"变为"谓3"是不难的。"谓2"的句法组合也容易变成"谓3"的句法组合。从"谓＋O＋N"→"谓＋O＋P"→"谓＋O＋(S＋P)","谓"就从"谓2"变为"谓3"。而"O＋P"的结构变得再紧密一点,成了"S＋P",这就成了"谁谓[雀无角]"这样的句子。这种组合关系的变化也会影响"谓"的词义,使之从"谓2"变为"谓3"。

这是词义和句法组合同时发生变化。

现在,我的看法有些改变。从"谓＋O＋N"→"谓＋O＋P"→"谓＋O＋(S＋P)",确实是句法结构的改变,但这种改变不会影响词义的变化。当"谓"是"谓2:称(某人为N)"的时候,其句法结构只能是"谓＋O＋N",不能变为"谓＋O＋P",更不能是"谓＋O＋(S＋P)",所以不可能是句法结构的变化使"谓2:称(某人为N)"变为"谓3:说/认为(某人、某物如何)"。相反,句法结构"谓＋O＋P"和"谓＋O＋(S＋P)"的出现,只能是"谓2:称(某人为N)"变为"谓3:说/认为(某人、某物如何)"的结果。这还是词义变化影响句法结构的变化。

1.2 我们还可以用"呼"来和"谓"做一比较。

"谓"和"呼"的词义有相同的发展。"谓"的例句已如上举,"呼"的有关例句不太好找,尽量多列一些:

①呼1:(对某人)说。

其句法结构为:

呼1＋O＋曰＋DQ

《左传·哀公十一年》:"将战,吴子呼叔孙曰:'而事何也?'"

《左传·哀公十三年》:"赵鞅呼司马寅曰:'日旰矣,大事未成,二臣之罪也。'"

《左传·宣公六年》:"赵盾起将进剑,祁弥明自下呼之曰:'盾食饱则出,何故拔剑于君所?'"

《国语·吴语》:"王亲独行,屏营仿偟于山林之中,三日乃见其涓人畴。王呼之曰:'余不食三日矣。'"

② 呼 2:称(某人为 N)。

其句法结构有两种类型:

1) 呼 2＋O1(N)＋O2(N)

《庄子·天道》:"昔者子呼我牛也而谓之牛,呼我马也而谓之马。"

2) 呼 2＋O1(N)＋为＋O2(N)

王符《潜夫论》:"即呼鸟为鱼,可内之水乎?呼鱼为鸟,可栖之木邪?"

《抱朴子·仙药》:"楚人呼天门冬为百部。"

此种句式,在郭璞注《尔雅》及《方言》中甚多,仅各举一例:

《尔雅·释鸟》:"鸤鸠,鵠鵴。"郭璞注:"今之布谷也,江东呼为获谷。"

《方言》卷一:"自关而东河济之间谓之㜪。"郭璞注:"今关西人亦呼好为㜪。"

③ 呼 3:认为(某人、某物如何)。(叙实)

但"呼 3"和"谓 3"的语义表达有所不同:"呼 3"不表示口说的言辞,只表示心里的认定,已经从言说动词演变为认知动词。所以其句法结构中,"呼 3"后面没有言说的对象,只有认定的内容。也就是说,没有"谓 3"那种双宾语式,只有谓词性成分作宾语。

其句法结构有两种类型:

1）呼3＋O(VP)

陆云《与兄平原书》："《文赋》甚有辞，绮语颇多，文适多体便欲不清，不审兄呼尔不？"

王羲之《杂帖四》："吾尚不能惜小节目，但一开无解已，又亦终无能为益，适足为烦渎，足下呼尔不？"

《抱朴子·论仙》："魏文帝穷览洽闻，自呼于物无所不经，谓天下无切玉之刀，火浣之布。"校勘记：荣案卢本"自呼"作"自谓"。

戴逵《答周处士难释疑论》："仆所为能审分命者，自呼识拔常均，妙鉴理宗，校练名实，比验古今者耳。不谓沦溺生死之域，欣戚失得之徒也。"

也可以"呼谓"或"谓呼"连用：

《六度集经》卷六："怪此夫人口为妄语，谓呼鬼病。下问遣祟，无所不至，无能知者。"

《贤愚经》卷十："太子贪惜，增倍求价。谓呼价贵，当不能贾。"

《抱朴子·讥惑》："又凡人不解，呼谓中国之中居丧者，多皆奢溢，殊不然也。"

2）呼3＋为＋O(VP)

《三国志·魏书·杜畿传》注引《杜氏新书》："杀胡之事，天下谓之是邪，是仆谐也；呼为非邪，仪自受之，无所怨咎。"

《抱朴子·勤求》："天下别有此物，或呼为鬼魅之变化，或云偶值于自然。"

《抱朴子·尚博》："尔则文章虽为德行之弟，未可呼为余事也。"

⑤呼5:以为(反叙实)。"呼3"已经从言说动词演变为认知动词,"呼5"更增强了主观性,从"呼3"的叙实变为反叙实。

其句法结构为:

呼5+O(VP)

《修行本起经·卷上》:"诸来决艺,悉皆受折,惭辱而去。复有力人王,最于后来,壮健非常,勇猛绝世。谓调达难陀,为不足击,当与太子共决技耳。被辱去者审呼能报,踊跃欢喜。"

更多的是"谓呼"连用:

《杂宝藏经》卷一:"母见其子慈仁孝顺,谓不能去,戏语之言:'汝亦可去。'得母此语,谓呼已定,便计伴侣,欲入海去。庄严既竟,辞母欲去。母即语言:'我唯一子。当待我死,何由放汝。'"

《百喻经》卷三:"昔有痴人,往大池所。见水底影,有真金像,谓呼有金。即入水中,挠泥求觅。"

《百喻经》卷四:"中捉驴根,谓呼是乳。即便构之,望得其乳。"

《佛所行赞》:"闻白马悲鸣,长鸣而应之,谓呼太子还,不见而绝声。"

"呼"这个词的词义演变路径和"谓"是不完全相同的。"谓"一开始就是一个言说动词,而"呼"基本的词义是"呼喊,呼叫",不是言说动词。只是"呼"的词义从"呼喊,呼叫"演变为"言说"(即上面所说的"呼1")以后,才和"谓"有了相同的词义,并有了大致相同的演变路径。和"谓"相比,"呼"缺少"谓4"的意义和句法结构,其他意义和"谓"大致相同,各种不同意义的"呼"的句

法结构也和"谓"大致相同(有一些小差异),即:

呼1的句法结构为:呼1＋O1(N)＋曰＋O2(N)

呼2的句法结构为:呼2＋O1(N)＋O2(N)(有时中间有"为")

呼3的句法结构为:呼3＋O(VP)(有时中间有"为",有时"谓呼"连用)

呼5的句法结构为:呼5＋O(VP)(经常"谓呼"连用)

从呼1到呼5是"呼"本身的词义演变,其句法结构的不同是词义的不同造成的,不是句法结构的不同造成词义的不同。而且"呼"的词义演变和"谓"的词义演变一致,这说明其词义演变有共同的规律。从言说动词到认知动词的演变是词义演变的共同规律,这在李明(2003)中已经做了很好的说明。所以,"谓"和"呼"是词义变化影响句法变化的例子。

这里还有一个问题需要回过头来讨论。上面引的"呼"的例句中,有这样一些例句:

《尔雅·释鸟》:"鳲鸠,鴶鵴。"郭璞注:"今之布谷也,江东<u>呼为获谷</u>。"

《抱朴子·尚博》:"尔则文章虽为德行之弟,未可<u>呼为余事</u>也。"

《三国志·魏书·杜畿传》注引《杜氏新书》:"杀胡之事,天下谓之是邪,是仵谐也;<u>呼为非邪</u>,仪自受之,无所怨咎。"

郭璞例的"呼"是"呼2"(称为),后面两例的"呼"是"呼3"(认为),这是词义的不同。但比较一下三个例句中的"呼为××",是不是可以认为,这是从"<u>呼为获谷</u>"(呼为＋专名)→"<u>呼为余事</u>"(呼为＋一般名词)→"<u>呼为非</u>"(呼为＋形容词),因为句法结构

85

的变化,造成了词义的从"称为"到"认为"的变化呢?我想,如果单从这几个例句看,特别是因为有"为"的存在,当然不排斥这种可能。但从总体上看,表"称为"的"呼2"和表"认为"的"呼3"都还有其他句法表达形式,是无法做这样的转换的,比如,"呼我牛"这种句法结构,不可能把"牛"换成形容词从而使"呼"的词义发生变化。而且,和"呼"平行的"谓",也无法因句法结构的变化而造成"谓2"(称为)演变为"谓3"(认为)。所以,从总体上看,"呼"和"谓"都是先出现词义变化,从"称为"义演变为"认为"义,然后,由于词义不同,句法结构随之而不同;而不是反过来,由句法结构的变化造成词义的变化。

2 句法影响词义

句法影响词义有三种情况:(1)词所处的句法位置使得词义变化;(2)句法组合的变化影响词义变化;(3)构式影响词义变化。分述如下。

2.1 词所处的句法位置使得词义变化

最明显的例子是"是"从指示代词演变为系词。我在《古汉语词汇纲要》中说:

"有些词因为经常出现在某种句法位置上,因而取得了新的意义。

例如,'是'原是指示代词,后来变为判断词。这种变化是怎样产生的呢?

这是因为指示代词'是'经常出现在《荀子·天论》'日月星辰瑞历,是禹桀之所同也'这样的句子中。这种句子有个特点：谓语('是禹桀之所同')是个主谓结构，'是'充当这个主谓结构的主语，而且复指整个句子的主语'日月星辰瑞历'。

日月星辰瑞历,是禹桀之所同也
　主1　　　　　　谓1
　　　　　　　　主2　　谓2

在'是禹桀之所同'这个主谓结构中，'是'(主2)和'禹桀之所同'(谓2)构成判断。但因为'是'是复指'日月星辰瑞历'的，所以在意义上，'日月星辰瑞历'(主1)和'禹桀之所同'(谓2)也可以构成判断。这样，'是'的作用逐渐变为联系一个判断中的主谓两项的'系词'。"

这种演变过程已经有很多讨论，此处从略。

2.2 句法组合的变化影响词义变化

有时，在词义不变的情况下，句法组合可以有一些细微的变化。比如，动词后面可以有处所名词。这些处所名词可以有不同的类别。某种类别的处所名词出现得多了，可能会引起词义的变化。下面举两个例子。

(1)"走"的变化

"走"本来的意思是"快跑"。

《尔雅·释宫》："室中谓之时。堂上谓之行。堂下谓之步。门外谓之趋。中庭谓之走。大路谓之奔。"

《释名》卷二："两脚进曰行，……徐行曰步，……疾趋曰走，……奔……奔赴之也。"

到汉代，"走"产生了"趋向"义。例见下。

"走"从表示行走方式的动词(快跑)变为表示行走趋向的动词(趋向),词义发生了变化。这种变化是怎样发生的呢?

表示"快跑"的"走"是个不及物动词,后面不跟宾语。从较早的文献看,《周易》《论语》无"走"字,《尚书》中的"走"6例,最后两例是《古文尚书》的,但《胤征》例《左传》曾引用过,所以是可靠的;《武成》例暂不计入。前5例都是"奔走"或"走"后面不跟名词。如:

《尚书·酒诰》:"纯其艺黍稷,奔走事厥考厥长。"

《尚书·君奭》:"小臣屏侯甸,矧咸奔走。"

《尚书·多士》:"亦惟尔多士攸服,奔走臣我。"

《尚书·多方》:"今尔奔走臣我监五祀。"

《尚书·胤征》:"啬夫驰,庶人走。"

《尚书·武成》:"邦甸、侯、卫骏奔走,执豆笾。"

《诗经》中2例,其中《绵》例"走"是使动,《清庙》例"奔走"后面有处所名词,表示奔走的处所。

《诗经·大雅·绵》:"古公亶父,来朝走马。"

《诗经·周颂·清庙》:"骏奔走在庙。"

在《左传》中"走"后面出现了表示"走"的趋向之地的处所名词,有8例:

《左传·文公十六年》:"百濮离居,将各走其邑。"

《左传·宣公十二年》:"赵旃弃车而走林。"

《左传·宣公十二年》:"遇敌不能去,弃车而走林。"

《左传·襄公十八年》:"齐侯驾,将走邮棠。"

《左传·襄公二十三年》:"奉君以走固宫,必无害也。"

《左传·昭公七年》:"寡君寝疾,于今三月矣,并走群望。"

《左传·昭公十八年》:"卜筮走望,不爱牲玉。"

《左传·昭公二十六年》:"王愆于厥身,诸侯莫不并走其望,以祈王身。"

陆德明《经典释文》在襄公二十一年"奉君以走固宫"下注"走如字,一音奏",他还是倾向于"走"不改读的。在其他处均无注。

《国语》也有4例带表示趋向的处所宾语:

《国语·鲁语下》:"从君而走患,则不如违君以避难。"注:"走,之也。"

《国语·晋语二》:"夫狄近晋而不通,愚陋而多怨,走之易达。"

《国语·晋语二》:"且夫偕出偕入难,聚居异情恶,不若走梁。"

《国语·晋语九》:"襄子出,曰:'吾何走乎?'"

可见这种句式在战国初期已经出现了。这种句式,到汉代更加普遍,而且在注释中已有了"奏"的破读音。

《淮南子·说林》:"渔者走渊,木者走山。"高诱注:"走读奏记之奏。"

在《史记》中,这样的句式更多,注释中标明"音奏"的共有8处,有的还注出词义"向也":

《史记·项羽本纪》:"长史欣恐,还走其军。"《正义》:"走音奏。"

《史记·项羽本纪》:"杀汉卒十余万人。汉卒皆南走山。"《正义》:"走音奏。"

《史记·楚世家》:"射伤王。王走郧。"《正义》:"走音奏。"

《史记·萧相国世家》:"沛公至咸阳,诸将皆争走金帛财物之府分之。"《索隐》："音奏。奏者,趋向之。"

《史记·伍子胥列传》："盗击王,王走郢。"《索隐》："奏云二音。走,向也。"

《史记·蒙恬列传》："行出游会稽,并海上,北走琅邪。"《索隐》："走音奏。走犹向也。"

《史记·黥布列传》："可遂杀楚使者,无使归,而疾走汉并力。"《索隐》："走音奏,向也。"

《史记·张释之列传》："上指示慎夫人新丰道,曰:'此走邯郸道也。'"《集解》："如淳曰:'走音奏,趋也。'"《索隐》："音奏。案:走犹向也。"

《史记·吴王濞列传》："因王子定长沙以北,西走蜀、汉中。"《正义》："走音奏,向也。"

不及物动词不带表对象的宾语,但是可以带处所宾语。如"坐",如果要表达其处所,多数是用"坐＋P"的形式,如《孟子·梁惠王上》："王坐于堂上。"这种形式很常见,不用多举例。但也可以不用"于","坐"后面直接跟处所名词,如：

《晏子春秋·谏下》："景公猎休,坐地而食,……晏子对曰:'臣闻介胄坐陈不席,狱讼不席,尸坐堂上不席。'"

《吕氏春秋·分职》："公衣狐裘,坐熊席。"

《楚辞·招魂》："坐堂伏槛,临曲池些!"

这种处所名词表示的是"坐"这个动作所在的地方,"坐"还是一个静态的动作,其词义没有改变。

按照这种"Vi＋P"的句法规则,"走"这个不及物动词后面也可以带处所名词。如《诗经》例所显示的,最初带的处所名词是表示"走"这个动作的处所,这不会影响"走"的词义。但后来带的处所名词表示"走"的趋向之地,像《左传》以下的诸例。这种"走+P"整个表示动作的趋向。由于这种影响,人们就会把趋向义看作是动词"走"所带的词义,这样,就使得"走"的词义逐渐变化,到后来甚至觉得"走"的词义已经改变,明确地注明"走"的意义是"之也"(见《国语·鲁语下》例韦昭注),而且用音变的办法把它和原来表"快跑"义的"走"区分开来,也就是说,认为"走"是一个趋向动词了。这个例子清楚地表明了句法组合影响词义变化。

(2) "进"的变化

在上古汉语中,"进"和"入"的词义是不同的。"进"是前进,"入"是入内。《韩非子·外储说左上》:"夫为门而不使入,委利而不使进,乱之所以产也。""进"和"入"的区别很明显。但后来,"进"逐渐演变成"入"义,而"入"在口语中不单用了。这种变化是怎么产生的呢?

上古汉语中,"进"是个不及物动词。先秦 10 种文献中,"进"共出现 370 余次,带宾语的 44 次,多数是"进"为"推荐"义(如"进贤"),或为"进献"义(如"进酒");"前进"义的"进"带宾语只有使动宾语,如《左传·宣公四年》:"鼓而进之。"有时"进"后面有介词"于",表示在某种境界中前进,如《荀子·性恶》:"身日进于仁义而不自知也者,靡使然也。"总之,"进"的词义只表明行走的方向,无须说出进到什么处所,所以后面没有处所宾语;不但如此,在上文中也没有表示进到什么地方的词语。这是先秦的情况。

后来这种情况有了改变。请看汉代文献中的一些例句:

《淮南子·人间》:"师行数千里,数绝诸侯之地,其势必袭郑。凡袭国者,以为无备也。今示以知其情,必不敢进。"

贾谊《过秦论》:"秦人开关延敌,九国之师逡巡遁逃而不敢进。"

《汉书·王莽传下》:"严尤曰:'称尊号者在宛下,宜亟进。'"

扬雄《太玄》:"进,次八:进于渊,君子用船。测曰:进渊用船,以道行也。"

《汉书·文帝纪》:"代王乃进至渭桥。"

《汉书·天文志》:"太白出西方,进在日前,气盛乃逆行。"

《后汉书·祢衡传》:"衡进至操前而止。"

《后汉书·光武帝纪》:"进至邯郸。""进至××"在《后汉书》中多次出现。

上述例句都说明了"进"到什么处所。有两种情况:(1)在上文说明"进"的处所。如:郑,关(函谷关),宛下。(2)更多的是用介词标明处所。如:于,至,在。这些例句中"进"的处所是一个广大的地域,所以不影响"进"的词义。

但时代再往后(大约是汉末到晋代),在句中出现的"进"的处所就有所变化。例如:

《后汉书·南蛮传》:"盘瓠得女,负而走入南山,止石室中。所处险绝,人迹不至。于是女解去衣裳,为仆鉴之结,著独力之衣。帝悲思之,遣使寻求,辄遇风雨震晦,使者不得进。"注:"此已上并见《通俗通》也。"

《三国志·吴书·朱治传》:"诸父老故人,莫不诣门。治皆引进,与共饮宴。"

《搜神记》卷一:"陈仲举微时,常宿黄申家,申妇方产,有扣申门者,家人咸不知,久久方闻屋里有人言:'宾堂下有人,不可进。'"

《搜神记》卷十二:"秦时,南方有'落头民',其头能飞。其种人部有祭祀,号曰'虫落',故因取名焉。吴时,将军朱桓,得一婢,每夜卧后,头辄飞去。或从狗窦,或从天窗中出入,以耳为翼,将晓,复还。数数如此,傍人怪之,夜中照视,唯有身无头,其体微冷,气息裁属。乃蒙之以被。至晓,头还,碍被不得安,两三度,堕地,嘘吒甚愁,体气甚急,状若将死。乃去被,头复起,傅颈。有顷,和平。桓以为大怪,畏不敢畜,乃放遣之。既而详之,乃知天性也。时南征大将,亦往往得之。又尝有覆以铜盘者,头不得进,遂死。"

《晋书·石崇传》:"崇素与舆等善,闻当有变,夜驰诣恺,问二刘所在,恺迫卒不得隐。崇径进,于后斋牵出,同车而去。"

《晋书·皇甫谧传》:"刺史陶侃礼之甚厚。侃每造之,著素士服,望门辄下而进。"

《晋书·刘兆传》:"尝有人著靴骑驴至兆门外,曰:'吾欲见刘延世。'兆儒德道素,青州无称其字者,门人大怒。兆曰:'听前。'既进,踞床问兆曰:'闻君大学,比何所作?'兆答如上事,末云:'多有所疑。'客问之。兆说疑毕,客曰:'此易解耳。'因为辩释疑者是非耳。兆别更立意,客一难,兆不能对。客去,已出门,兆欲留之,使人重呼还。"注意:这个例句需要分析。如果看"兆曰:'听前。'既进,……"这两个小句,似乎"进"就是"前进"。但前面说客"至兆门外"而不得入,后面说客"出门",可知"进"的就是"门";"进门"就是"入门"。

《魏书·杨播传》:"逸为政爱人,尤憎豪猾,广设耳目。其兵吏出使下邑,皆自持粮,人或为设食者,虽在暗室,终不进,咸'言杨使君有千里眼,那可欺之'。"

这些例句中,"进"的处所是一个狭小的、封闭的区域,如:室中,门内,堂下,盘中,室内。在这种情况下,"进"的词义就和"入"相同了。

下面一些例句时代可能更晚一些,"进"的处所直接出现在"进"后面,《魏书》例用"于",其他诸例都是直接作"进"的宾语。这些处所和上面一些例句一样,都是狭小、封闭的区域,所以,"进"的词义同于"入"。

《魏书·桓玄传》:"玄入建邺宫,逆风迅激,旌旗、服章、仪饰一皆倾偃。是月酷寒,此日尤甚。多行苛政,而时施小惠。迎温神主进于太庙。"

《南齐书·崔景慧传》:"恭祖率轻骑十余匹突进北掖门,乃复出。"

《北齐书·王晞传》:"有顷,奏赵郡王睿为左长史,晞为司马。每夜载入,昼则不与语,以晞儒缓,恐不允武将之意,后进晞密室,曰……"(意思是"使晞进密室"。)

《梁书·陈伯之传》:"伯之顿篱门,寻进西明门。"

下面例句中"进"和"入"都出现,词义和用法都一样。

《南史·谢弘微传》:"曾要何徵君讲《中论》,何难以巾褐入南门,乃从东围进。"

《南史·王弘传》:"俄而帝崩,融乃处分以子良兵禁诸门。西昌侯闻,急驰到云龙门,不得进,乃曰:'有敕召我。'仍排而入。"

《南史·齐宗室传》:"乃进西掖门,开鼓后得入殿内。"

这种情况,到唐代的文献中更多,略举几例:

> 韩愈《唐故虞部员外郎张府君墓志铭》:"(张)涂进韩氏门,伏哭庭下。"
>
> 《旧唐书·玄宗纪上》:"攻白兽、玄德等门,斩关而进,左万骑自左入,右万骑自右入,合于凌烟阁前。"

大概到了唐代,"进"的旧义"前进"仍在使用,而新义"入内"已经固定,"进"和"入"同义,所以可以构成一个复合词"进入"在语言中使用了。"进入"原来是一个连动结构,意为"前进而入某处",如:

> 《三国志·吴书·周瑜传》:"转下湖孰、江乘,进入曲阿,刘繇奔走。"

但到唐五代,在下列例句中,"进入"的意思就是原来的"入"或新出现的"进"。如:

> 王建《宫词》:"昨日教坊新进入,并房宫女与梳头。"
>
> 《入唐求法巡礼行纪》卷二:"摇橹进入桑岛东南少海,有岛,于此泊舶。"
>
> 花蕊夫人《宫词》:"画船花舫总新妆,进入池心近岛傍。"

"进"的"入内"义,各种辞书都引同一个例句:

> 王嘉《拾遗记·秦始皇》:"〔有人身长十尺〕云欲见秦王子婴,门者许进焉。"

仅此一例,显得很孤单也很突兀。通过上面的引例和分析,可以看出,"进"的词义从"前进"演变为"入内",是有一个历史过程的,是逐渐发展的。首先是在汉代,"进"要到达的处所在文中已经出现,但其处所还是一个广大的地区,所以不影响"进"的词义。后来,"进"的处所可以是一个狭小、封闭的区域,这就使得"进"的词义逐步向"入"演变。《后汉书》例"进"的处所在文中表达得不大清楚,如果是指进室中,那这就是"进"词义演变的开端;这个例句虽然出于《后汉书》,但李贤注说是引自《风俗通》,也就是说,"进"的词义演变从东汉末就已经开始了。在魏晋南北朝时期,这种演变逐步推进,其演变的时代和演变的脉络都比较清晰,例子也不止一个。到了唐代,这种演变已经完成。但那时"进"的旧义和新义还同时并用,后来旧义逐步消失。

特别值得注意的是:引起"进"的词义演变的,开始时并不是在"进"所处的句子中线性组合的改变(比如宾语的增加、减少,或宾语类别的改变),而是"进"的论元的改变,而且这个论元是在"进"前面出现的,甚至句子的表层结构上是不出现(《拾遗记》例)或在句中不明确的(《晋书·刘兆传》例)。这种论元的变化也会影响动词词义的改变。

2.3 构式影响词义变化

上面说的是一般的句法组合的变化造成词义的变化。这里说的是构式影响词义的变化。"构式"和一般的句法组合不同,Goldberg 在 *Constructions* 中给"构式"下的定义是:"如果短语型式的形式或意义的某些方面不能从其构成成分的特征或其它构式中得到完全预测,那么其短语型式是一个构式。"(中译本,第 4 页)一个词处于某个构式中,会表现出某种特别的意义,这是由这个词的词义和构式意义整合在一起而产生的一种临时的意义,这个词的词义并没有改变。但是,如果一个词长期处在某个构式中,这种整合而产生的意义也可能成为其固定的词义。在 2013 文中,我以"来→招徕""贷→与之"为例,做过详细的讨论,此处从略。

3 句法和词义共同影响词义演变

有些词义的演变,似乎是由句法关系造成的;但仔细分析,词义本身仍然是造成演变的一个重要因素。所以,这是由句法和词义的共同影响而造成的词义的演变。

3.1 我的《古汉语词汇纲要》第八章第一节是"由语法关系而造成的词义变化",里面举了三个词做例子:"为""斯""必"。在2013文中,只谈了"为"和"斯"两个词,而且认为:"还是语义变化在前;当然,句法的影响也很重要。"本文的看法有些改变,我认为这是句法和词义的共同影响而造成的词义变化。下面对这三个词的演变重新做一些分析和讨论,例句也增加一些。

(一)为

"为"由动词"作,做"演变为疑问语气词。这经过三个阶段:
(1)疑问代词+以+N+为?

1)《论语·颜渊》:"君子质而已矣,何以文为?"

2)《庄子·让王》:"日出而作,日入而息,逍遥于天地之间而心意自得。吾何以天下为哉?"

3)《韩非子·说林下》:"君长有齐,奚以薛为?"

"何(奚)以文为"即"以文为何(奚)"。"何(奚)以N为"的格式中N是名词。"以"是"用","为何(奚)"表示"做什么","为"是动词"作,做",不能去掉。

(2)疑问代词+以+V+为?

1)《论语·季氏》:"是社稷之臣也,何以伐为?"

2)《庄子·逍遥游》:"我决起而飞,枪榆枋,时则不至,而控于地而已矣,奚以之九万里而南为?"

"何(奚)以V为"的格式中V是动词。这种格式,仍可理解为"以V为何(奚)";但"以"也可以理解为"因","何以/奚以"可以表示"为什么",作V的修饰语。这样,"何(奚)以V为"就大致等于"何(奚)以V也(乎)"。可比较下面两句:

3)《吕氏春秋·赞能》:"子何以不归耕乎?"

4)《战国策·秦策五》:"君其试臣,奚以遽言叱也?"

所以"何以V/奚以V"可以成句。这样,"为"就成为多余的;因为处在疑问句的句末,所以被人们理解为疑问语气词。

(3)VP+为?

1)《穀梁传·定公十年》:"夷狄之民,何为来为?"

2)《楚辞·渔父》:"何故深思高举,令自放为?"

"为"已成为语气词,所以,可以用在疑问句的句末。

"为"从动词演变为疑问语气词,是因为另一个词"以"的歧义(用/因)而产生重新分析,改变了直接成分的边界,"为"成为多余的了;然后又因为处于疑问句的句末,被人们当作疑问语气词。这可以说是语法变化影响词义变化,但首先还是因"以"的歧义而使"为"的词义变化,所以这一演变也和词义的变化有关。

(二)斯

"斯"从指示代词演变为连词。这也经过三个阶段。

1)《论语·尧曰》:"子张曰:'何谓惠而不费?'子曰:'因民之所利而利之,斯不亦惠而不费乎!'"

"斯不亦惠而不费乎"是个陈述句。"斯"是指示代词,回指上文"因民之所利而利之",在"斯不亦惠而不费乎"这个小句中作主语。作主语的"斯"在句中的地位比较突出,其指示代词的性质不会改变。

2)《论语·尧曰》:"子张问于孔子曰:'何如斯可以从政矣?'子曰:'尊五美,屏四恶,斯可以从政矣。'"

"尊五美,屏四恶,斯可以从政矣"是个因果复句。"尊五美,屏四恶"是因,"可以从政矣"是果。"斯"本是指示代词,回指"尊五美,屏四恶","斯"和"可以从政矣"也是因果关系。因为"尊五美,屏四恶"和"可以从政矣"的因果关系已经很清楚,再用"斯"回指上一小句而和"可以从政矣"构成因果关系已属多余。所以"斯"的指示代词的性质逐渐淡化。另一方面,"斯"处在"因"和"果"之间,这种因果关系本来是由句式而不用虚词表示的,但既然"斯"的指示代词的性质已经淡化,那么,"斯"在句中起什么作用呢?人们会觉得"斯"是用来连接因果的,于是对这类句子做新的解读(重新分析)。这样,"斯"就逐渐取得了连词的功能。

3)《论语·先进》:"冉有问:'闻斯行诸?'子曰:'闻斯行之!'"

当"斯"逐渐演变为连词之后,人们就可以把它作为连词来使用,所以,可以用在这种表因果的语句中。

"斯"的这三个句子虽然都出现在《论语》中的,是同一个时代平面的句子,但就句中"斯"的性质和功能来看,是反映了"斯"演变的三个阶段。

(三)必

"必"原来是一个副词,最常见的意义是"必定,一定"。后来演变为假设连词"如果"。前一种意义大家都很熟悉,例子不用举了。后一种意义,是清代学者吴昌莹在《经词衍释·补遗》中首先提到:

"必,若也。《昭二十七年》:'必观之。'《家语五刑解》:'义必明,则民不犯。'《史记孟尝君传》:'必受命于天,君何忧也。必受命于户,则高其户耳。'《项羽纪》:'必欲烹若翁。'《高祖纪》:'必欲诛无道秦。'"

在现代编纂的几部词典中都列有此义项:

《汉语大字典》:"必 ⑧连词。表示假设关系,相当于'假使'、'如果'。《左传·昭公十五年》:'必求之,吾助子请。'《史记·廉颇蔺相如列传》:'王必无人,臣愿奉璧往使。'唐杜荀鹤《题会上人院》:'必能行大道,何用在深山。'"

《汉语大词典》:"必 ⑪连词。表示假设关系。倘若,如果。《论语·颜渊》:'子贡问政。子曰:"足食,足兵,民信之矣。"子贡曰:"必不得已而去,于斯三者何先?"曰:"去兵。"'《史记·项羽本纪》:'吾翁即若翁,必欲烹而翁,则幸分我一杯羹。'宋梅尧臣《题老人泉寄苏明允》诗:'渊中必有鱼,与子自徜徉;渊中苟无鱼,子特玩沧浪。'"

《古代汉语虚词词典》:"必 连词……可译为'果真'、'假使'等。"例句为:《左传·昭公十五年》:"必求之,吾助子请。"《论语·颜渊》:"子贡曰:'必不得已而去,于斯三者何先?'"《史记·廉颇蔺相如列传》:"王必无人,臣愿奉璧往使。"等。

下面,我们对"必"的这个意义进行一些讨论。

"必"在历史上有没有作连词"假如"这个意义?应该说是有

的。这将在下面进一步论证。但上述例句中很多"必"不是连词"假如"。

先看先秦的例句。

《论语》中"必不得已而去"的"必"是个副词。《经词衍释·补遗》："必，果也。《论语》：'必不得已而去之。'"这是对的。

> 《左传·昭公二十七年》："令尹好甲兵，子出之，吾择焉。取五甲五兵。曰：'寘诸门。令尹至，必观之，而从以酬之。'"

这个例句中的"必"显然不是"假使"的意思，因为令尹"好甲兵"，所以到来后"必观之"。"必"是"必定"之义。

> 《左传·昭公十五年》："楚费无极害朝吴之在蔡也，欲去之。乃谓之曰：'王唯信子，故处子于蔡。子亦长矣，而在下位，辱。必求之，吾助子请。'又谓其上之人曰：'王唯信吴，故处诸蔡。二三子莫之如也，而在其上，不亦难乎？弗图，必及于难。'"

这是费无极两边挑拨的话。他一方面怂恿朝吴，让他必须去求上位；一方面对处于上位的人说，要他防备朝吴。"必"是"必须"，不是"假使"。

我调查了《左传》中"必"的用法，不见"必"有"假使"义。

《史记》中的"必"是否有"假使"义呢？一般认为有"假使"义的有如下例句：

> 《史记·项羽本纪》："吾翁即若翁，必欲烹而翁，则幸分我一杯羹。"

> 《史记·高祖本纪》："足下必欲诛无道秦，不宜踞见长者。"

> 《史记·廉颇蔺相如列传》："王必无人，臣愿奉璧往使。"

《史记·孟尝君列传》:"文曰:'人生受命于天乎？将受命于户邪？'婴默然。文曰:'必受命于天,君何忧焉？必受命于户,则高其户耳,谁能至者!'"

其实,这些例句都不是。

先看"必欲"。《史记》中"必欲"用得很多,除上述例句外,再举两例:

《史记·晋世家》:"王必欲致士,先从隗始。"

《史记·乐毅列传》:"王必欲伐之,莫如与赵及楚、魏。""欲"表示意愿,后面的动词是未然的动作。"必"仍是"一定"的意思,但因为放在"欲"前面,表达的也是未然的意思。正是这种未然的语境,使得"必"读起来似乎有"假使"的意思。把"必欲+V"读作"如果一定要"也是读得通的,但实际上,"如果"是由语境而产生的,不是"必"的词义。

再看其他的"必"。"王必无人,臣愿奉璧往使。"这个"必",《王力古汉语字典》是这样解释的:

必 ㊀副词。①一定。《诗·邶风·旄丘》:"何其久也？～有以也。"②果真。《史记·蔺相如列传》:"王～无人,臣愿奉璧往使。"

这是很对的。这个"必"不是假设连词"如果",而是副词"果真"。《史记·孟尝君列传》:"必受命于天。"这个"必"也是"果真"。

《史记》中这种"必"也很多,举例如下。这些例句中的"必"都能用"果真"解释:

《史记·高祖本纪》:"正月,诸侯及将相相与共请尊汉王为皇帝。汉王曰:'吾闻帝贤者有也,空言虚语,非所守也,吾不敢当帝位。'群臣皆曰:'大王起微细,诛暴逆,平定四海,有功者辄裂地而封为王侯。大王不尊号,皆疑不信。臣等以死守之。'汉王三让,不得已,曰:'诸君必以为便,便国家。'甲午,乃即皇帝位氾水之阳。"

《史记·晋世家》:"献公私谓骊姬曰:'吾欲废太子,以奚齐代之。'骊姬泣曰:'太子之立,诸侯皆已知之,而数将兵,百姓附之,奈何以贱妾之故废适立庶?君必行之,妾自杀也。'"

《史记·廉颇蔺相如列传》:"复请李牧,牧杜门不出,固称疾。赵王乃复强起使将兵。牧曰:'王必用臣,臣如前,乃敢奉令。'王许之。"

《史记·仲尼弟子列传》:"且王必恶越,臣请东见越王,令出兵以从,此实空越,名从诸侯以伐也。"

把这种"必"解释为"果真"是有根据的。

《玉篇》:"必,果也。"

《广韵·质韵》:"必,审也。"

"果真"和"假使,如果"不同,"假使,如果"是单纯的假设,"果真"是"假使+一定"或"假使+确实"。如果把上述句子中的"必"解释为"假使,如果",就剩下了单纯的假设,而把"一定/确实"的意思丢掉了。实际上,"一定/确实"正是"必"本身的意义,而"假使"是语境造成的:上述句子说的都是一种假设的情况,这种语境,把"假设"的意义带给了"必"。

所以,上述句子中的"必"还不是假设连词,虽然已经朝假设连词跨进了一大步。

那么,"必"到什么时候演变为假设连词呢?请看下面一例:

>《太平经》卷五三:"其子事者,必若父有伏匿之事,不敢以报其子;子有匿过,不敢以报其父母,皆应相欺,以此为阶也。"

《太平经》认为,君主对臣有四种态度:师父事之,友事之,子事之,视臣若狗、若草木。子事其臣,则是君臣之间如有错误互相隐瞒。这里的"必若"是"必"和"若"同义并用,"必"义同"若",是单纯的假设,没有"一定,确实"之义。这就是假设连词了。据此,可以认为,"必"在东汉的口语中已经演变为假设连词。

假设连词"必",到唐代就用得很多了。张相《诗词曲语辞汇释》卷二:"必,假拟之辞,犹倘也,若也,如也,或也。"也可"必若"连用。举唐诗例甚多。如:

>杜甫《丹青引》:"将军画善盖有神,必逢佳士亦写真。"

>杜甫《送韦讽上阆州录事参军》诗:"必若救疮痍,先应去蟊贼。"

下面补充一些敦煌变文和《旧唐书》中的例句:

>《敦煌变文校注·燕子赋》:"你亦未能断事,到头没多词句。必其倚有高才,请乞立题诗赋。"

>《敦煌变文校注·欢喜国王缘》:"必若有人延得命,与王齐受百千年。"

>《旧唐书·鲁炅传》:"中官冯廷璟曰:'将军必能入,我请以两骑助之。'"

>《旧唐书·安禄山等传》:"必若玄宗采九龄之语,行三令之威,不然使禄山名位不高,委任得所,则群黎未必陷于涂炭,万乘未必越岷、峨。"

这些"必",都没有"一定,确实"之义,而只是单纯的表假设了,所以,已经演变为假设连词。

所以,"必"的词义演变首先是由于经常处于假设语境中,而其演变的完成,是由于其原有的词义"一定,确实"的消失。

3.2 "为""斯""必"三个词的词义演变,都是"语境吸收"(absorption of context)。

"语境吸收"(absorption of context)见于 J. Bybee 等 1994,我在 2013 文中引用了其中有关段落,并以汉语"要"的词义演变加以说明,此处不赘。简单地说,"语境吸收"是指一个词经常处于表示某种语法关系的语境中,这个词原有的词义淡化,逐步吸收了语境的语法意义,形成一个新的词义。

由"语境吸收"而造成词义演变,"语境"是关键。"为""斯"和"必"的词义演变正是这样。"为"演变为疑问语气词,"斯"演变为承接连词,"必"演变为假设连词,都是吸收了它们经常所处的语境的意义,这是句法对词义演变的影响。但是,并不是任何词处在同样的语境中都会发生同样的词义演变的。这种词义演变的一个必要条件是这个词原有意义的弱化以至消失。"为"的演变,首先是由于"以"的歧义,使"何(奚)以 V 为"这种格式发生重新分析,"为"成为多余的成分,然后才吸收了语境的意义,演变为疑问语气词。"斯"的演变,是因为"斯"的指代性不是很强,有可能弱化而吸收语境意义;如果换一个指代性更强的"此",即使处在同样的语境中,也不会吸收语境意义而变成连词,不会有"闻此行诸"这样的句子。"必"如果只是吸收了语境意义,而其本身的词义"一定,确实"没有消失,其演变只能到达"果真"这一步;只有进一步演变,"必"本身的词义消失了,这才演变为假设连词。这又是词义变化对这种演变的影响。所以,由"语境吸收"而产生的词义演变,是句法和词义共同影响的结果。

上面说到"是"从指示代词演变为系词,是由于"是"所处的句法位置造成的,但是没有把"是"的演变看作"语境吸收"。为什么这样处理呢?因为"语境吸收"是一个词经常处于某种语境中,其原有的词义弱化以至消失,同时吸收了语境的意义(如疑问、连接、假设等)。而"是"所处的句法位置(N1,是 N2)本身并没有表判断的语法意义,N1 和 N2 在句法上并不构成判断;只是 N1 和 N2 在语义上所指相同,这为"是"演变成系词提供了条件。所以,这是和"语境吸收"有区别的。

在讨论词义和句法的影响的关系时,有一个问题应当注意。如果在一个句子中词义和句法都发生了变化,那么,对于何者是影响演变的原因,何者是演变形成的结果,必须通过细致的分析,做出明确的区分,而不能倒果为因。

比如:

1)《左传·僖公二年》:"荀息请以屈产之乘与垂棘之璧假道于虞以伐虢。公曰:'是吾宝也。'"

2)《史记·刺客列传》:"此必是豫让也。"

以 2)和 1)相比,其中"是"的词义已经发生了变化,从指示代词发展为系词;句法也发生了变化,指示代词"是"本来是不能用副词修饰的,而在这个句子中,"是"前面有副词"必"修饰。那么,这两种变化究竟是哪一种发生在前?是句法的变化影响到词义的变化呢?还是词义的变化影响到句法的变化?指示代词"是"前面是不能用副词修饰的,现在"是"前面有副词"必",能不能说这是系词产生的句法条件?

如果这么说,就是倒果为因。如果 2)中的"是"还是个指示代词,那就不可能用副词"必"修饰。现在"是"前面有副词"必",说明"是"已经演变为系词。

那么,"是"是在什么情况下从指示代词演变为系词的?这在前面已经说过,是像"日月星辰瑞历,是禹桀之所同也"这种句法环境。这种句法环境中的 N1 和 N2 之间的位置,可以兼容指示代词"是"和系词"是",正因为如此,这个句子的结构可以发生重新分析,"是"也由此发生演变。"是"的词义演变(语法化)确实是受句法位置影响的,但对它产生影响的句法条件是"日月星辰瑞历,是禹桀之所同也"这种句式,而不是副词出现在"是"前面。副词出现在"是"前面是"是"词义演变(语法化)的结果,而不是其原因。

又如:

"把"原是个动词,"执持"之义。后来演变为处置式的标记。

1)宋之问《桂州三月三日》诗:"晨趋北阙鸣珂至,夜出南宫把烛归。"

2)宋之问《温泉庄卧病寄杨七炯》诗:"惜无载酒人,徒把凉泉掬。"

以 2)和 1)相比,其中"把"的词义已经发生了变化,从动词发展为处置式标记;句法也发生了变化,动词"把"的宾语必须是可执持之物,而在这个句子中,"把"的宾语"凉泉"是不能执持的。那么,这两种变化究竟是哪一种发生在前?是句法的变化影响到词义的变化呢?还是词义的变化影响到句法的变化?能不能说"把"的宾语出现了不可执持之物是"把"演变为处置式标记的句法条件?

处置式的形成,已有很多论述。简单地说,处置式"把(P)+

N+V"是从连动式"把(V)+N+V"演变来的。连动式"把(V)+N+V"中的N都是可执持之物,如上举宋之问诗例1);演变过程中的"把+N+V",N也是可执持之物,如王力《汉语史稿》所举的例子:杜荀鹤《入关因别舍弟》:"莫愁寒族无人荐,但愿春官把卷看。""把"正是在这种既可读作连动式也可读作处置式的情况下,产生重新分析,从而从动词演变为处置式标记的。如果"把"的后面出现了不可执持之物作宾语,如上举宋之问诗例2),那就已经演变为处置式标记了。所以,"把"的后面出现了不可执持之物作宾语,是"把"词义演变的结果,而不是"把"词义演变的条件。

当然,这不是说句法成分中宾语类别的改变全都不可能影响词义。上面说过,"走"和"进"的词义变化,是受这些动词后面的宾语类别改变而产生的。关键在于:"走"和"进"是在词义不变的情况下宾语类别发生改变,所以宾语类别的改变是词义变化的原因。而"把"是在词义改变之后,宾语类别才改变的,所以宾语类别的改变是词义变化的结果。词义变化和句法变化孰先孰后,必须分清楚,这样才不会倒果为因。

词义演变和句法演变的相互关系是一个重要问题,对这个问题的研究还刚开始,上面谈的是我的一些初步的想法。希望有更多的人关注这个问题,使研究逐步深入。

参考文献

贝罗贝、李明　2007　《语义演变与句法演变》,沈阳、冯胜利主编《当代语言学理论和汉语研究》,商务印书馆。

蒋绍愚　1989　《古汉语词汇纲要》,北京大学出版社。

蒋绍愚 2011 《词汇、语法和认知的表达》,《语言教学与研究》第 4 期。
蒋绍愚 2013 《词义变化与句法变化》,《苏州大学学报》第 1 期。
李 明 2003 《试谈言说动词向认知动词的引申》,《语法化与语法研究（一）》,商务印书馆。
Bybee,Joan,Revere Perkins and William Pagliuca 1994 *The Evolution of Grammar—Tense,Aspect,and Modality in the Language of the World*. The University of Chicago Press.
Goldberg E. Adele 1995/2007 *Constructions—A Construction Grammar Approach to Argument Structure*（中译本）,吴海波译,北京大学出版社。

（原载《汉语史学报》第 15 辑,2015 年 10 月）

词的语义成分与词的句法功能

0 引言

句法和语义界面(syntax-semantics interface)是现代语言学关注的一个重要问题。以往,语法和词汇是分开研究的。通过句法和语义界面的研究表明,两者之间有密切的关系。在汉语历史语言学的领域里,这个问题的研究还刚开始,有待于继续深入。本文是想在这方面做一点探索。本文考察的范围限于上古汉语的动词,主要用先秦的语料,有时用《史记》及其他的语料作为补充。第四部分参考了一些甲骨文的研究资料。

1 现代语义学关于词的语义成分与句法功能关系的论述

1.1 词的语义与句法功能是否有关?

句子是由词组成的,一个词在句中总会有某种用法表现,具有某些句法功能。各个词的句法功能是不同的,比如说,某个动词能不能带宾语,能不能用作使动、意动和为动,能不能构成"把"字句或被动句,能不能用作名词或转化为名词;再进一步说,如果我们把动词分为作格动词、非作格动词、非宾格动词等小类,分属于这些小类的动词的句法功能也是不同的。这些问题在研究语法时都会注意到。

现在要讨论的问题是:词的词义和句法功能是否有关?初看起来,这两者似乎关系不大。两个同义词,句法功能可能不同,如"死"和"卒"都是"死亡"的意思,但可以说"死之",而不能说"卒之"。两个新旧替换的词,词义相同,句法功能也可能不同,如"走"和"跑"是词汇替换,词义相同,但可以说"走芒卯",而不能说"跑敌寇"。这里牵涉的问题比较复杂:"死"和"卒"虽然一般认为是同义词,其实其语义成分并不相同;[①]"走"和"跑"有时代的问题,上古汉语使动用法是能产的,现代汉语使动用法是不能产的。这些问题,在讨论词义和句法的关系时都必须注意,简单地说"词义相同,词的句法功能也就相同",显然是不对的。但是,也不能反过来说"词义和词的句法功能无关"。比如,像"醒""死"这样只表示主体的状态、不涉及任何对象的动词,只能是不及物动词。即使在个别情况下后面跟了名词,如"王冕死了父亲",也不能说"死"在这里成了及物动词。那么,词义和词的句法功能有什么关系呢?这是本文所要讨论的问题。

在讨论这个问题时,首先不能把"词义"理解为词在词典里的释义。在词典里释义的词义都很概括,像"死"和"卒"都是"死亡",显示不出两个词的差别,也就不能以此为依据来说明两个词句法功能的差异。讨论这个问题时所说的"词义",是要通过词义解构(lexical decomposition),把词义分解为若干语义成分。两个通常所说的"同义词",其语义成分很可能是不同的,正是这些语义成分的不同,决定了这两个词的句法功能的不同。而且,对词的语义成分的分解,不是简单地把一个词的词典的释义拆开,比如,说"夹克"的语义成分是"短的+下口束紧的+外衣",这样的语义成分分析,对词义和词的句法功能的关系的讨论是没有意义的。我们所说的词的"语义成分",是现代语义学中所说的"meaning components"或"semantic components"(有时也称"semantic features")。Saeed(2000)对现代语义学的"语义成分"及其与句法功能的关系有一个概括的说明,下面做一简介。②

1.2　Saeed(2000)关于词的语义成分与句法功能的论述。

现代语义学所说的词的"语义成分",是通过词义解构而成的,这大家都很清楚,不用多说。至于词义如何分解,词的语义要素如何确定,则是一个复杂的问题,本文不可能详细讨论。这里主要介绍 Saeed(2000)中关于词的语义成分与句法功能的论述。

1.2.1 Saeed(2000)第九章引用了 Levin(1993)对英语 4 个动词的研究:cut,break,touch,hit。

(1)a. Margaret cut the bread.

　　b. Janet broke the vase.

　　c. Terry touched the cat.

　　d. Carla hit the door.

表面看来,似乎这 4 个动词的句法功能都一样:都是及物动词,都能带宾语。但是,再深入一点观察就会发现,在下面三种结构中,这 4 个动词的句法表现是不一样的:③

(一)Middle

(2)a. The bread cuts easily.

　　b. Crystal vases break easily.

c. * Cats touch easily.

d. * Door frames hit easily.

(二)Conative

(3)a. Margaret cut at the bread.

b. * Janet broke at the vase.

c. * Terry touched at the cat.

d. Carla hit at the door.

(三)Body part ascension

(4)a. Margaret cut Bill on the arm.

b. * Janet broke Bill on the finger.

c. Terry touched Bill on the shoulder.

d. Carla hit Bill on the back.

为什么这4个动词有如上不同的句法表现？这是因为这4个动词的语义成分不同：cut是一个通过移动某物而与对象接触，致使其状态变化的动词(verb of causing a change of state)，break是一个纯粹表状态变化的动词(verb of change of state)，touch是一个纯粹的接触动词(verb of contact)，hit是一个通过移动(motion)而接触的动词。这样，就可以确定4个语义成分，即：CAUSE、CHANGE、CONTACT、MOTION。这4个动词的语义成分如下：

(5)a. cut　　CAUSE　CHANGE　CONTACT　MOTION

b. break　CAUSE　CHANGE

c. touch　　　　　　　　　CONTACT

d. hit　　　　　　　　　　CONTACT　MOTION

正是这些语义成分的不同，决定了它们句法功能的不同。这4

个词代表了4个语义类别,每个语义类别都有若干动词。④

1.2.2 Saeed(2000)第九章还引用了 Levin & Rappaport(1991)的一篇论文。

Levin & Rappaport(1991)举了英语的 3 个动词:clear, wipe,remove。它们可以出现在这样的句子里:

(6)a. Robert cleared ashtrays from the bar.

b. Christy wiped the lipstick from the glasses.

c. Olivia removed the empties from the crate.

在词典释义中,上述句子中的 clear 和 wipe 都可以用 remove 来解释。clear:remove(something that is unwanted or no longer needed)(from a place);wipe:clear or remove something by wiping。⑤从这一点看,好像这3个词的词义和句法功能都是一样的。但如果进一步观察,可以发现它们所带的论元不同。如果变换一下句式,wipe 和 clear 都可以以原来 from 的宾语(移除的起点)作为直接宾语,而移除的对象不出现,但 remove 不可以,如:

(7)a. Robert cleared the bar.

b. Christy wiped the glasses.

c. ? Olivia removed the crate.⑥

此外,wipe 和 clear 也有不同,如:

(8)a. Robert cleared the table of dishes.

b. ? Christy wiped the glasses of lipstick.

c. ? Olivia removed the crate of empties.

实际上,这 3 个动词分属 3 个不同的语义类别,即:

(一)"remove(移除)"类(包括 withdraw,extract,steal

等),其语义结构为:"X cause Y to go away from Z",表示动作将对象从某处所去掉,强调动作过程。

(二)"wipe(擦拭)"类(包括 wipe,rub,mop 等),其语义结构为:"X cause Y to go away from Z",表示动作将对象从某处所去掉,但强调移除的方式或工具,而不强调结果(擦拭的结果不一定干净)。

(三)"clear(清除)"类(包括 clean,empty,drain 等),其语义结构为:"X cause Z to change by removing Y",是表示状态变化的动词,强调结果状态。

动词的语义类别和动词的语义成分是一致的:属于同一语义类别的动词都有同一语义成分;反过来,有同一语义成分的动词都属于同一语义类别。[7]这些例子说明,动词的语义成分可能会影响(或者决定)动词的句法表现和句法功能。这个问题应当引起我们的注意。不过,这个问题比较复杂。首先,怎样通过词义解构而正确地得出词的语义成分?其次,词的语义成分可能有很多种,某些语义成分是与语法有关的,有些语义成分是与语法无关的。[8]究竟哪些语义成分关系到词的句法功能?关系到的句法功能又有哪些?这些问题都还需要深入研究。

Saeed(2000)还介绍了其他学者的词义分析理论。近年来还有 Pustejovsky(1995,2001)的"生成词库理论"(Generative Lexicon Theory)和词义分析有关,关于这一点,张秀松、张爱玲(2009)和宋作艳(2011)都做了介绍,可以参看。

动词的语义成分可能会影响(或者决定)动词的句法表现和句法功能,这是一个基本认识。下面就从这一基本认识出发,来讨论一些汉语史上的问题。

2 动词的使动用法与动词语义成分的关系

动词的使动用法在上古汉语中是很常见的。使动是使役的一种,即词汇使役。用作使动的词很多,可以是形容词、不及物动词和名词。构式语法兴起以后,很多人把使动看作是一种构式。这些看法都很对。但有一个问题需要讨论:是不是任何一个动词、形容词和名词都可以用作使动?显然,回答是否定的,这在下面就会看到。紧接着的一个问题就是:哪些词可以用作使动,哪些词不能用作使动?这和词的语义成分是否有关?和什么语义成分有关?形容词和名词使动的问题本文不讨论,只讨论动词的使动。

2.1 使动用法与动词语义类别是否有关?

我们从具体例子说起。首先,我们可以看到,"走之""亡之""来之""惧之"这样的使动很常见,而"击之""杀之""学之""听之"一般不会是使动。⑨这和动词的语义类别或语义成分是否有关?

不难看出,"走、亡、来、惧"是不及物动词,"击、杀、学、听"是及物动词。那么,是否可以说,用作使动的动词,只能是不及物动词,而不能是及物动词呢?这样说也有道理,因为及物动词通常都带受事宾语,后面的名词性成分都是动作的对象,不可能是使役结构中的役事。

有人从词的语义类别进行考察,认为能用作使动的都是表状态变化的动词,而不能是表动作过程的动词。梅广(2015)指出:"行为动词没有致动用法,这是语言的普遍性质。"⑩他说的

"行为动词"本文称为"动作动词",他说的"致动用法"就是本文的"使动用法"。从语义看,表动作过程的动词和表状态变化的动词是动词的两大类(为了表述的方便,以下简称为"动作动词"和"状态动词"),大致相当于 Vendler(1967)所说的 activity 和 state,[①] 这两类动词的句法表现和句法功能,在很多情况下是不同的。就使动而言,大体上动作动词不能用作使动,状态动词可以用作使动。但是,这样的概括并不周全。下面将会看到,动作动词有些可以用作使动,而状态动词有些不能用作使动。

2.2　动作动词与使动。

语言类型学把使役分为三种:词汇使役(lexical causatives)、形态使役(morphological causatives)、句法使役(syntactic causatives)。不论是状态动词还是动作动词,都可以有句法使役,即在"使＋N＋V"的格式中,表达"甲使得乙出现某种状态变化"的语义固然很常见,表达"甲使得乙实施某种动作过程"也是可以的。比如,像"击、杀、学"这样及物性很强的动作动词,都可以出现在"使＋N＋V"的格式中,如:

(9)赵使廉颇击之。(《史记・乐毅列传》)

(10)使其婿雍纠杀之。(《左传・桓公十五年》)

(11)客有教燕王为不死之道者,王使人学之。(《韩非子・外储说左上》)

那么,"击、杀、学"这样的动词为什么不能用作使动(词汇使役)呢?这是因为这些动词及物性很强,如果后面跟名词,只能是受事而不是役事。"亡之"是"使之亡","击之"不能是"使之击",而只能是"打击之",所以,动作动词用作使动的比较少。但比较少不等于没有,下面就是一些动作动词用作使动的例子:

(12)故欲战其民者,必以重法。(《商君书·外内》)

(13)然则何如足以战民乎?(《韩非子·外储说右上》)

(14)大子惧,自投于车下。子良授大子绥而乘之。(《左传·哀公二年》)

(15)襄公享桓公酒,醉之,使公子彭生抱而乘之,因拉其胁而杀之。(《列女传》卷七)

(16)武丁朝诸侯,有天下,犹运之掌也。(《孟子·公孙丑上》)

(17)禹朝诸侯之君会稽之上。(《韩非子·饰邪》)

"战、乘、朝"毫无疑问是动作动词。为什么在上述例句中,它们后面的名词是役事而不是受事呢?这和它们的语义结构有关。从语义看,表达对某个对象(goal)施加动作的动词,其对象都是要表达出来的。但表达的方式有两类:一类是在句法层面上表达,对象作为动词后的宾语或动词前的被动主语/受事话题出现,如"击、杀、学"等;一类是在动词的语义结构中表达,对象作为动词的语义成分包含在动词之中。[12]这在上古汉语中是很普遍的。如上古汉语的"耕、食、衣"等,"耕"单说就表示"耕田","食"单说就表示"吃饭","衣"单说就表示"穿衣"。据蒋绍愚(2013)统计,在上古汉语文献中,"耕"不带宾语的占97%,"食"不带宾语的占68%,"衣"不带宾语的占41%。

前一类动词不能用作使动,因为出现在动词后面的名词只能是受事宾语,而不可能是役事,"击之"只能是"打击之",不能是"使之击"。后一类动词可以用作使动,"战、乘、朝"都是后一类,下面具体说明。

"乘"后面可以带受事宾语,也可以不带宾语,如:

(18) 楚子乘驲。(《左传·文公十六年》)

(19) 与屈完乘而观之。(《左传·僖公四年》)

在不带宾语时,动作的对象就包含在"乘"的语义结构中,如例(19)中"乘"的语义结构就包含"车"。《左传》中"乘"带受事宾语的有18例,不带宾语的有17例。而且,"乘"的受事宾语都是"轩""舟"之类,而例(14)中"乘之"的"之"是指太子,这就不会是受事宾语,而是役事。所以,"乘"可以用作使动。

"朝"后面可以带受事宾语,也可以不带宾语,如:

(20) 孟子将朝王。(《孟子·公孙丑下》)

(21) 诸侯朝而归者,皆有二心。(《左传·昭公十三年》)

《左传》中除了"朝于×"和用作使动外,"朝"带宾语的有16例,不带宾语的有71例。不带宾语的例子大大超过带宾语的。所以,在"朝诸侯"这样的句子中,"诸侯"很可能不是受事宾语,而是役事。当然,既然"朝"可以带受事宾语,那么"朝诸侯"的"诸侯"也可能是受事宾语。究竟是受事宾语还是役事,就要根据上下文分析了。比如《战国策·齐策六》"劝王朝秦"不是使动。《孟子·梁惠王上》"欲辟土地,朝秦楚"是使动。但"朝诸侯"不可能是"朝"带受事宾语,只能是使动。因为"诸侯"是集合名词,不可能一一去朝见他们,只能使他们集合起来一起朝见。因此《韩非子·初见秦》"四邻诸侯可朝也"中"朝"只能是"使之朝(秦)"。

"战"的情况稍有不同。"战"后面从来不带受事宾语。《左传》中,"战"有174例,或者是"公将战"之类,或者是"与郑人战于狐壤"之类,"战"的对象出现在其前,"战"后面不跟名词。《史记》中,"战"有210例,除了少数"战"后带处所宾语

(如"将军战河北,臣战河南")外,"战"后面全不跟名词。当"战"的对象不出现在动词前面,"战"后面也没有名词的时候,可以说"战"的对象作为动词的语义成分包含在动词中。所以,如果"战"的后面出现名词,如"战其民",那么"其民"不会是受事宾语,只能是役事。⑬

所以,动作动词用作使动不是不可以,但有一定的条件。如果一个动作动词的语义构成中已经包含了动作对象,在句法层面上可以不带受事宾语,那么,这个动词就可能用作使动。但可能用作使动,不等于一定用作使动。如"耕"就没有用作使动的。"食之""衣之"也不是使动,而是"供动",⑭这些都要具体分析。此外,动作动词用作使动还有一种比较特殊的情况,这将在本文3.2.2说到。

2.3 状态动词与使动。

另一方面,状态动词也有一些不能用作使动。梅广(2015)指出:"不及物状态动词(绝大多数状态动词都是不及物)当中,有一类没有对应的及物用法,也不能有致事用法。……这类动词有表生理变化的,如'卒'、'没(殁)'、'病(病重)'、'恸(极度哀痛)'等;有表事物自然变化或事物特性的,如'(五谷)熟'、'(川渊)枯'、'(日月)逝'、'(鸡)鸣'、'(狗)吠'等。"⑮他说得很对。但我们要进一步问:为什么这些状态动词没有使动用法?下面我们比较一下两个词义相同的状态动词:"死"和"卒"。

"死"是有使动用法的,尽管很少。下面举《左传》《韩非子》和《史记》中各1例:

(22)(栾)盈将为乱,以范氏为死桓主而专政矣。曰:"吾父逐鞅也,不怒而以宠报之,又与吾同官而专之。吾父

死而益富。死吾父而专于国。有死而已。吾蔑从之矣。"（《左传·襄公二十一年》）

这是说栾盈仇恨范氏，认为范氏"死桓主（指栾盈的父亲栾黡）"，"死吾父而专于国"。沈玉成《左传译文》把两个"死"都翻译成"弄死"。

（23）崔子之徒以戈斫公而死之，而立其弟景公。（《韩非子·奸劫弑臣》）

（24）见汤，汤坐床上，丞史遇买臣弗为礼。买臣楚士，深怨，常欲死之。（《史记·酷吏列传》）

这里的"死之"就是"使之死"，即害死他。《汉书》的记载更加清楚：

（25）买臣见汤，坐床上弗为礼。买臣怨，常欲死之。后遂告汤阴事，汤自杀。（《汉书·朱买臣传》）

"常欲死之"后面紧接着说"遂告汤阴事，汤自杀"，说明"死之"是"使之死"。虽然颜师古注："致死以害之"，但这确实是使动。

而"卒"确实是没有用作使动的。"死"和"卒"意义相同，为什么句法功能不同？仔细比较一下，可以看到，"死"和"卒"的语义成分是有所不同的。"卒"通常表示自然死亡，终其天年，如"晋文公卒"等都是如此。"死"就不同了，除了自然死亡外，很多表示被杀、被害而死。笔者统计了先秦十三种文献中的"而卒"和"而死"，具体情况如下：

"而卒"29例。只有2例是非自然死亡：

（26）（子反战败想自杀，）王使止之，弗及而卒。（《左传·成公十六年》）

（27）公孙翩逐而射之，入于家人而卒。（《左传·哀公

四年》）

还有 1 例似乎是非正常死亡，但巫师早就预言晋侯要死，所以是命中注定的死亡，即：

(28) 将食，张（胀），如厕，陷而卒。（《左传·成公十年》）

"而死" 102 例。虽然也有自然死亡的，如："今君无疾而死"，但绝大多数是非正常死亡，如"谏而死""缢而死""斗而死""断肘而死""中目而死""以杙抉其伤而死"等，都是外因而使之死亡。也就是说，"卒"有一个语义成分：[－可操控]或[－caused]；"死"有一个语义成分：[＋可操控]或[＋caused]。正是这两个不同的语义成分，决定了它们句法功能的不同。使动是表示由于外力操纵或外因影响而造成产生某种状态变化或进行某种动作，"卒"是不可操控的，所以不能用作使动。

梅广（2015）所举的"卒""没（殁）""（五谷）熟""（川渊）枯""（鸡）鸣""（狗）吠"等都有[－可操控]的语义成分，所以都不能用作使动。

有一点要说明：语言是变化的。当一个词的词义发生了变化，其语义成分也会发生变化。"鸡鸣"的"鸣"不能用作使动，但当它的词义扩大，变为"事物发声"义以后，就可以用作使动了。如《论语·先进》："小子鸣鼓而攻之。"因为"鼓"是可以被敲击而鸣响的。

而且，语言是发展的。有的动词在先秦没有使动用法，到后来可用作使动。如"泣"，在先秦十三种文献中共有 89 例，没有用作使动的，有"泣之"，都表"向之而泣"义。但苏轼《赤壁赋》："泣孤舟之嫠妇"，则是说音乐使嫠妇哭泣。这是不是因为后代人的感情丰富了？这个问题还需要讨论。

3 作格动词与动词语义成分的关系

我的《上古汉语的作格动词》(2017)一文是讨论作格动词的,其中说到哪一类动词可以是作格动词,哪一类动词不是作格动词,也关系到动词的语义类别。但重点不是讨论这个问题,所以本文把这个问题再做进一步的讨论。

3.1 作格动词和动词的语义类别。

什么是作格动词,在上述那篇文章中已经说过。这里简单地重复一下:

如果同一个动词可以有两种句法表现:"X＋V"和"Y＋V＋X",在语义关系上,在"X＋V"中,V是X的状态,在"Y＋V＋X"中,V表示使X产生V的状态,这两种句法表现称为"使役交替"(causative alternation),如英语的"The window broke/The boy broke the window"和汉语的"门开/开门"。能有使役交替的动词就是作格动词。如英语的"break"和汉语的"开"。

作格动词和动词的语义类别有关。和作格动词有关的动词有三大类:

(一)状态动词:表状态变化。如:兴、亡、饥、饱、劳、逸、枯、盈等。这类动词可以是作格动词。

(二)动作动词:表动作过程。如:击、射、战、乘、视、听、学、知等。这类动词不是作格动词。

(三)动作-状态动词:这类动词的语义构成是"动作＋(致使)＋结果/状态",有动作过程又有状态变化,状态变化是动作产生的结果。这类动词又分为两小类:[16]

(A)突出动作过程。如:斩、杀、弑、戮等。

(B)突出状态变化。如:灭、开、毁、破等。

突出状态变化的是作格动词,突出动作过程的不是作格动词。

上述第(一)(二)两类比较容易区分,比较复杂的是第(三)类的(A)(B)两小类。本文着重讨论两个问题:一是(A)(B)两类的区分有什么标准？二是为什么(A)类不是作格动词,(B)类是作格动词？

3.2 动作-状态动词(A)(B)两类的区分有什么标准？

"斩、杀、弑、戮"和"灭、开、毁、破"的语义构成都是"动作＋(致使)＋结果/状态",都是有[致使],还有[动作]和[状态],不同的只是突出动作还是突出状态。两类的语义成分可以这样表示:⑰

(A)<u>动作</u>＋(致使)＋结果/状态

(B)动作＋(致使)＋<u>结果/状态</u>

这两者如何区分？是全凭主观的印象,还是有比较客观的标准？我认为,下面两个方面可以作为区分的客观标准。

3.2.1 首先是看这个动词是否能用作被动。只有表动作的动词才能用作被动,表状态的动词不能用作被动。因此,如果动作-状态类的动词主要出现在被动格式中,就应该是突出动作的(A)类。

上古汉语中被动没有很明显的标记,主要的是一个"见"字。梅广(2015)把"见"字句称为"受动句",认为还不是被动句。这个观点有道理,很多"见＋V"格式只是表示遭遇到某种动作,还不是严格意义的被动。但不管是称为"被动"还是称为"受动", "见＋V"格式中的V一定是动作性强的,或是动作动词,或是动作-状态动词的(A)类。

笔者对先秦十三种文献中的"见＋V"做了全面的调查和统计,"见＋V"约有 120 例,出现 54 个动词。[18]其中"杀、污、刭、弑、劫、侵、害"等都是动作-状态动词,既然出现在"见＋V"中,应该断定为是动作-状态动词的(A)类。上古汉语中"为 N 所 V"或"为 V"格式也可以表被动,这种格式也可以用作判断是否是动作-状态动词的(A)类的办法。不过,这种格式用得不多,有较大的局限。上古汉语中"所 V"格式主要是构成名词,与被动无关。但"所 V"中的 V 一定是个动作性较强的动词,所以,也可以用"所 V"格式来判断是否是动作-状态动词的(A)类。下面把本文提到的"斩、杀、弑、戮、灭、开、毁、破"8 个动作-状态动词拿这些格式加以检验,并列成表格,相关的例句列在下面的表格里。

表 1

	见 V	为 N 所 V/为 V	所 V
斩	×	×	√
杀	√	×	√
弑	√	√	×
戮	×	√	√
灭	×	×	×
开	×	×	×
毁	×	×	×
破	×	×	×

第一,"见 V"的用例。

(29)盆成括见杀。门人问曰:"夫子何以知其将见杀?"(《孟子·尽心下》)

(30)子胥见杀百里徙。(《荀子·成相》)

(31)称比干、子胥之忠而见杀。(《韩非子·饰邪》)

(32)此简公失德而田常用之也,故简公见弑。(《韩非子·二柄》)

第二,"为 N 所 V/为 V"的用例。

(33)为秦将王翦所戮者也。(《史记·项羽本纪》)

(34)周幽王淫乱,为犬戎所弑。(《史记·燕召公世家》)

(35)故国家残亡,身为刑戮,宗庙破灭。(《墨子·所染》)

(36)是以国为虚戾,身为刑戮也。(《墨子·鲁问》)

(37)昔者尧攻丛枝、胥敖,禹攻有扈,国为虚厉,身为刑戮。(《庄子·人间世》)

(38)吴王夫差、智伯瑶知必国为丘墟,身为刑戮。(《吕氏春秋·禁塞》)

第三,"所 V"的用例。

(39)暗君之所赏,明君之所杀也。(《韩非子·臣道》)

(40)所杀者不可胜数。(《吕氏春秋·不屈》)

(41)寡人所杀戮者众矣。(《吕氏春秋·淫辞》)

(42)所杀七人。(《晏子春秋·杂上》)

(43)所斩伐不避贵戚。(《史记·酷吏列传》)

(44)所斩捕功已多大将军。(《史记·卫将军骠骑列传》)

从上表可以看得很清楚,"斩、杀、弑、戮"都可以进入这几种格式中的一种或几种,所以是(A)类的。"灭、开、毁、破"都不能进入这几种格式的任何一种,所以是(B)类的。

附带说明一点:在先秦文献中有"所毁"的用例,如例(45)—例(47)3 例,但这个"毁"的意义是"毁谤",而本文所说的"毁"是"毁坏"。"毁谤"的"毁"是动作动词,"毁坏"的"毁"是动作-状态动词的(B)类。上面说过,词义发生了变化,词的语义成分和语义类别也会发生变化。所以,下列例句没有反映在上面的表格中。

(45)此上之所罚,而百姓所毁也。(《墨子·尚同》)

(46)人臣之所毁者,人主之所非也。(《韩非子·奸劫弑臣》)

(47)此六民者,世之所毁也。(《韩非子·六反》)

3.2.2 有些动词的使动用法比较特殊,表示的是"使N被V"。这些动词虽然没有表被动的标记,但是表示被动意义。所以,这些动词或是动作动词,或是动作-状态动词的(A)类。

(48)大王诚能听臣,燕必致毡裘狗马之地,齐必致海隅鱼盐之地,楚必致橘柚云梦之地,韩、魏皆可使致封地汤沐之邑,贵戚父兄皆可以受封侯。夫割地效实,五伯之所以覆军禽将而求也;封侯贵戚,汤、武之所以放杀而争也。(《战国策·赵策二》)⑲

例(48)中"覆军禽将"的"禽",显然是个动作动词,而且通常是带受事宾语的,但这里也用作使动。不过,其意思是"使将被禽"。"禽"表被动,这就消失了及物性,所以后面的"将"不是受事宾语,而是役事。这种情况比较少见,但不是绝无仅有。下面还可以举出一例:

(49)是不祥人也。是夭子蛮,杀御叔,弑灵侯,戮夏南,出孔、仪,丧陈国。(《左传·成公二年》)

例(49)中"是(此人)"指的是夏姬,陈国的一个美妇人。句中的"杀、弑、戮"都是动作-状态类动词,但在这里都是表被动,意思是说,是夏姬使这些人被杀、被弑、被戮。这就说明,"杀、弑、戮"是动作-状态动词的(A)类。这种动词用作使动而又表被动的

情况,可以和用"见 V"格式结合起来看。下面是《孟子》中的一个段落:

> (50)盆成括仕于齐。孟子曰:"死矣盆成括!"盆成括<u>见杀</u>。门人问曰:"夫子何以知其将<u>见杀</u>?"曰:"其为人也小有才,未闻君子之大道也,则足以<u>杀其躯</u>而已矣。"(《孟子·尽心下》)

例(50)中的"杀其躯"和例(49)中的"杀御叔,弑灵侯,戮夏南"是一个类型的句子,不是说"杀死其躯",而是说"使其躯被杀"。这可以和同一段中的"盆成括见杀"相互参看。很显然,这里的"杀"是表被动,因此也就可以判断"杀"是动作-状态动词的(A)类。

3.3 为什么上述(A)类不是作格动词,(B)类是作格动词?

回答了第一个问题,第二个问题就比较好回答。动作-状态动词的(A)(B)两类,都可以有"X+V"和"Y+V+X"两种句法表现,但两者的性质是不一样的。例如:

(A)a. 昔者龙逢斩。(《庄子·胠箧》)(X+V)
    魏绛斩其仆。(《国语·晋语七》)(Y+V+X)
   b. 三月,厉公弑。(《国语·晋语四》)(X+V)
    栾书弑厉公。(《国语·晋语六》)(Y+V+X)
(B)a. 陈已灭矣。(《公羊传·昭公九年》)(X+V)
    楚师灭陈。(《左传·昭公八年》)(Y+V+X)
   b. 卵破子死。(《荀子·劝学》)(X+V)
    焚符破玺。(《庄子·胠箧》)(Y+V+X)

不难看出,(A)类动词在"X+V"中是表示被动,在"Y+V+X"中,V 是对 X 施加的动作,X 是受事宾语。(B)类动词在"X+V"中是表示 X 的状态变化,在"Y+V+X"中,V 是使动,使 X

出现状态变化。

作格动词在"X＋V"和"Y＋V＋X"中必须形成使役交替：在"X＋V"中表示事物的状态变化,在"Y＋V＋X"中是使役关系。(A)类动词不符合这种条件,因而不是作格动词。只有(B)类动词符合这种条件,因而是作格动词。

为什么会有这种差别呢？这是因为这两类动词的语义构成不同。前面说过,这两类动词的语义构成都是"动作＋(致使)＋结果/状态",但(A)类突出动作过程,(B)类突出状态变化。突出动作过程的(A)类和动作动词相近,通常要带受事宾语;如果没有宾语,而受事跑到了动词前面,这就形成了所谓的"反宾为主",或者称为"意念被动"。突出状态变化的(B)类和状态动词相近,放在名词后面时表示状态变化,而后面跟名词时就是使动。可见,是不是作格动词,和动词的语义类别有关。

4 名词和动词的转化与语义成分的关系

4.1 名动转化及其分类。

本文的名动转化包括名词转化为动词和动词转化为名词。一个词既有名词义项又有动词义项的很多,这些不全是我们所说的名动转化。我们所说的名动转化是词的语义成分基本不变而形成的名动转化。它有两种情况：

(一)源词和转化词[①]的语义成分不变,但是语义成分之间的结构关系变了,因此词义有变化,词性也发生了改变。如"令","上级指示下级"→"上级对下级的指示",这种变化方式不是"引申",而是"转化",这有点类似英语的动词"hit"和名词

"hit",这两个词在英语中不属于 derivation(引申),而属于 conversion(转化)。但英语中的 conversion(转化)是没有添加词缀而改变词类,而汉语这一类"转化"是没有添加语义成分而改变词类。两者有类似之处,但性质是不同的。下文的第一类属于这种情况。

(二)在源词语义成分的基础上,增加了表动作或名物的语义成分,形成转化词,改变了词性。如:"鱼"(生活在水中的脊椎动物)+语义成分"捕捉"→"鱼"(捕鱼),"磨"(磨碎)+语义成分"工具"→"磨"(石磨)。下文的第二类属于这种情况。这种演变途径和通常所说的"引申"也不一样。这一类"转化",只增加了一个关系到词性的语义成分,结果导致词性的改变。而通常所说的"引申",词的语义成分发生了较大的变化,如"道",由"道路"引申为"引导他人行路",[①]增加了不止一个语义成分;后来进一步引申为抽象的"引导",[②]就连源词的语义成分"道路"也消失了,但即使词性改变,也都不是名动转化。

名动转化在甲骨文时代就有不少,到春秋战国时期变得更加能产,大约到东汉以后逐渐衰微。传世文献中的名动转化,在一般的古代汉语语法书中已举了不少例子,下面主要举甲骨文中的例子,可以从中窥见远古时期人们对名动的看法。[③]下面按上面的两种情况来谈。

4.2 名动转化用例分析。

4.2.1 第一类。源词和转化词的语义成分不变,但语义结构不同,词性也不同。又分为两小类:一类是名动一体,一类是两个词分属名词和动词。

(一)有些词(主要是一些表示自然现象的)在甲骨文中是名

动一体,后代分属名动。如:

【雨】甲骨文作𠕲,上面一短横表示天,下面是从天而降的小水点。在甲骨文中,有"今日其雨","雨"是动词。有"兹雨佳我祸","雨"是名词。

【风】甲骨文作𩙿,为凤凰之形,是借音。在甲骨文中,有"今日不风","风"是动词。有"大风","风"是名词。

【雪】甲骨文作𩆝,用得不多,在甲骨文中,有"甲辰卜,雪","雪"是动词。传世文献中"雪"多用作名词,如《孟子·告子上》:"白羽之白也,犹白雪之白。"

【电】甲骨文作𢑚,字形象电光闪耀之状,甲骨文中均用作干支字"申",赵诚《甲骨文简明词典》认为这就是"电"字。在传世文献中,"电"有的是名词,如《周易·噬嗑》:"雷电合而章。"有的是动词,如《尚书·金縢》:"天大雷电以风。"《诗经·小雅·十月之交》:"烨烨震电,不宁不令。"郑笺:"烨烨,震电貌。"

这些词到后代都分成了两个词,其中动词的"雨""风"还有了与名词不同的读音,这就不能说是名动一体,而要说分属名动了。

(二)在甲骨文中是两个词,一是名词,一是动词,两者是转化的关系。有的是名转动,有的是动转名。如:

【田】甲骨文作田,象田中有阡陌之形。"田"有名词"田地",如:"土方侵我田。"有动词"耕种",如:"令𠭰田于先侯。"这个例子比较特殊,名词"田"和动词"田"是同时出现的,不好说是名转动还是动转名。

【食】甲骨文作𠊧,象事物在器皿中。甲骨文未见名词"食物"的"食",也未见动词"食用"的"食",但有表示时间的"大食"

"小食",指上午和下午的食时(古人一天两餐),又有"日食""月食"之"食",可见在当时已有表"食用"的动词,只是卜辞没有记录而已。而且,根据"食"的字形推断,当时也已有表"食物"的名词。动词"食"应该早于名词"食","食"应该是由动词转化为名词。㉔

【衣】甲骨文作✿,象交襟之衣。甲骨文"衣"只用作祭名。但从"衣"字之形可推断当时已有名词"衣"。有了衣服,就必定有穿衣的动作,但这一动作当时是否用"衣"来表达,则无法断定。如果甲骨文时代还没有动词"衣",那么后来的动词"衣"就是由名词"衣"转化而成的。传世文献中名词"衣"和动词"衣"都很常见,无须举例。后来动词"衣"读去声,说明当时人们已清楚地把名动看作两类词,而且认为动词"衣"是后起的。

【网】甲骨文作✿,象捕兽之网。甲骨文用作动词,如:"网雉,隻(获)八。"虽然在卜辞中未见名词,但从字形可以推断,当时已有名词"网"。而且,动词是由名词转化而成的。

【言】甲骨文作✿,短横之下为"舌"。甲骨文"言""音"同字,用作祭名,即后代的"歆",未见用于表"言说"和"言辞"之义。从字形推断,"言"既然是"舌"上加短横,又与"音"同字,应该是表示"言说"义的动词。言说是人类最基本的动作之一,当时应该已经产生,也只是卜辞未记载而已。言说的话语就是言辞,因此应该是动词"言"转化为名词"言"。

【令】甲骨文作✿。用作动词,如:"帝令雨。"在甲骨文中,也有"受令于□三牢函一牛",此"令"是动词还是名词不好判断。我认为应该是动词"令"转化为名词"令"。

4.2.2 第二类。由添加语义成分而转化为不同词性的词。又分为两小类,其转化方式是一样的,只是第一小类形成了固定的词义,第二小类是临时的用法。

(一)由源词添加语义成分而形成固定的词义。如:

【鱼】甲骨文作🐟。多用作动词,如:"贞,不其鱼。""鱼"也写作"渔"。于省吾认为甲骨文也有名词"鱼"。从"鱼"的字形推断,名词的"鱼"当时已经产生。应该是先有名词"鱼",然后把捕鱼的动作也叫"鱼"。

【水】甲骨文作🌊,象水流。用作名词,例略。也可用作动词,有二义。1.洒扫。如:"今日王其水寝。"(寝:寝庙。)2.水淹。如:"在先不水。"(先:地名。)

【目】甲骨文作👁。用作名词,例略。也用作动词,如:"乎目吾方。"("乎"即"呼",命令。)"吾方"为商之敌国,"目"为"监视"之义。

【郭】甲骨文作🏯,象城郭之形。用作名词,例略。也用作动词,如"我郭于西"。

【俘】甲骨文作🙇。用作名词,俘获之人,俘虏。如"用🙇俘"(用🙇方之俘虏)。也用作动词,俘获。如:"俘人十有六人。"于省吾说,"俘"字从子,是因为俘虏中的小孩可以得到收养。㉗据此,则"俘"的基本意义是俘虏,是名词。动词"俘"是由名词转化而来的。抓获俘虏的动作,甲骨文多用"获"。

【夋】甲骨文作👤,即后来的"鞭"字。甲骨文中是动词,如:"戊午卜,夋🏃。"㉘《说文》:"鞭,驱也。"是把动词"鞭"看作本义的。后来"鞭"产生了名词义,《左传》中"鞭"用作动词、名词的都有。应该是动词转名词。

这些甲骨文名动转化的例子,究竟是转化成了新义,还是临时的转化？由于甲骨卜辞资料有限，不好判断。姑且都放在这一类，如果能确定是临时的转化，则应放到下一类。

以上的名动转化多数是名转动。其实，后代动转名的也不少，而且是一种颇为能产的新词产生方式。如：

【磨】动词，摩擦，磨碎。转化为名词，磨谷物的工具，石磨。石磨最早写作"䃺"，《说文》："䃺（mò），石硙也。"如果不拘泥于字形，就可以说动词"磨"在汉代就已经转化为名词"磨"。用作名词的"磨"字出现稍晚一点，大约是在晋代。如《晋书·天文志上》："天旁转如推磨而左行。"

【研】动词，研磨。转化为名词，研磨的工具，砚台。砚台最初就写作"研"，但为了与动词区别，读作去声。《后汉书·班超传》："大丈夫无它志略，犹当效傅介子、张骞立功异域，以取封侯，安能久事笔研间乎？"注："研音砚。"《释名》中即出现了"砚"，《释名》："砚，研也。研墨使和濡也。"说明了"砚"和动词"研"的关系。后来名词都写作"砚"。如《文心雕龙·养气》："至如仲任置砚以综述，叔通怀笔以专业。"

【张】动词，张挂。转化为名词，张挂着的帷幕，读作去声。如《史记·高祖本纪》："高祖复留止，张饮三日。"《集解》："张晏曰：'张，帷帐。'"《正义》："音张亮反（zhàng）。"《说文》中有"帐"字，《说文》："帐，张也。"《释名》："帐，张也，张施于床上也。"这些解释都说明名词"帐"是从动词"张"转化而来的。

【倚】动词，依靠。转化为名词，椅子。如圆仁《入唐求法巡礼行记》卷一："即俱坐椅子啜茶。""椅"最初写作"倚"。黄朝英《靖康缃素杂记》卷三："盖人所倚者为倚，卓之在前为卓。"很清楚地说明了是动词转化为名词。

"砚""帐""椅"和"磨"一样，都是从动词转化而来的名词，但是由于字形改变，就使得这种转化关系模糊了。这种动名转化，通常都是为一种新的人造物(artificiality)命名，根据这种人造物的性能或特征为之命名，是一种最常用的方法。不但动词可以此来命名，形容词甚至象声词也可以此来命名，不但古代如此，现代也如此。比如梳子和篦子，疏者为梳，密者为篦(本作"比")。摩托车叫"蹦蹦车"，有轨电车叫"铛铛车"，都是这种命名方式。

（二）由源词添加语义成分而产生新义，词性也发生改变，但没有成为固定的词义，而只是临时用法，也就是通常所说的"词类活用"。下面举的都是传世文献的例子，因为甲骨文例句太少，往往难以确定是固定的词义还是临时的用法。传世文献资料较多，容易确定是固定的词义还是临时的用法。[①]如：

【君】统治。如：吾以南面而君天下。（《庄子·德充符》）

【蹄】踢。如：驴不胜怒，蹄之。（柳宗元《三戒》）

【城】筑城墙。如：城朔方城。（《汉书·武帝纪》）

【穴】挖洞。如：狐兔穴其中。（桓谭《新论·琴道》）

【刃】用刀杀。如：左右欲刃相如。（《史记·廉颇蔺相如列传》）

【觞】用觞敬酒。如：仲尼之楚，楚王觞之。（《庄子·徐无鬼》）

【馆】住在客舍。如：师还，馆于虞。（《左传·僖公五年》）

【席】坐在席上。如：大夫辞洗如宾礼，席于尊东。（《仪礼·乡射礼》）

临时的转化，大都是名词转化为动词，如上所举。动词转化为名词的不多，仅举 2 例。

【饮】喝的水。如：丑父使公下，如华泉取饮。(《左传·成公二年》)

【烹】菜肴。如：我昔在田间，寒庖有珍烹。(苏轼《狄韶州煮蔓菁芦菔羹》诗)

2例都是用动词来指称与此动作有关的名词。

4.3 名动转化和词的语义成分是否有关？

名动转化在讲古代汉语语法时都会讲到，一般都是对这种现象的描写或分类。本文要讨论的问题是：名动转化和词的语义成分是否有关？

首先我们要问：是否所有名词和所有动词都能互相转化？回答是否定的。那么，哪些词能转化，哪些词不能？比如，同样是表示天象的词，"雨雪风电"可以表动作，但"日月星云"不可以。为什么？因为"雨雪风电"这些本身就是自然现象运动的形态，远古的人们是根据它们的运动(下雨，下雪，刮风，闪电)而认识它们的。它们作为名词，其语义成分中就包含着动的成分，所以能兼作名动。而"日月星云"只是在天空运行，本身不是运动的形态，所以不能。[⑱]可以这样说：名词"雨"是"天上落下的小水滴"，动词"雨"是"天上小水滴下落"。名词"风"是"天上刮着的气流"，动词"风"是"天上气流刮着"。如果参考 Saeed(2000)所介绍的 J. Katz 的词汇语义成分的表达法，[⑲]我们可以这样来表达"雨"和"风"的语义构成：[⑳]

【雨】{名}(自然现象)[落下的][小水滴]

【雨】{动}(自然变化)[小水滴][落下]

【风】{名}(自然现象)[刮着的][气流]

【风】{动}(自然变化)[气流][刮着]

可以看出,"雨"和"风"不论是名是动,语义成分没有变,只是语义成分的结构变了,所以是名动转化。而"云""月"等不是这样。尽管月有圆缺,云有舒卷,但这不是它们的语义成分;它们的语义成分中没有动的因素,所以没有名动转化。"田"和"食"可以有名动转化,为什么"地"和"粟"不能有名动转化?因为名词"田"的语义成分包括"耕种",不能耕种的土地不叫田,所以名词"田"可以转化为动词"田"。名词"食"的语义成分包括"食用",不能食用的物品不叫食,所以名词"食"可以从动词"食"转化而来。"田"和"食"的转化可以这样表示:

【田】{名}→【田】{动}
(农业用地)[耕种的]+[土地]→(农业劳作)[耕种]+[田地]

【食】{动}→【食】{名}
(人的行为)[食用]+[食品]→(人的用品)[食用的]+[物品]

而"地"和"粟"的语义成分都不包括动的因素,所以不能转化为动词,也不能从动词转化而来。

上面第一类的转化都可以这样分析:不论是名转动还是动转名,名词的语义成分中必须有动作的因素,这样才能有名动转化。

上面第二类的情况有所不同。在第二类中,作为源词的名词,有的有表动作的语义成分,如"俘(俘获的人)";多数没有表动作的语义成分,如"鱼、水、[31]目、郭"以及临时用法中所举的那些词"君、蹄、城、穴、刃、觞、馆、席"。但作为转化词的动词,其语义成分中都有源词的名词因素。所以,名动转化和词的语义成分还是密切相关的。

现在要讨论的是:源词是转化的起点,既然作为源词的名没有表动作的语义成分,为什么能转化为动词?为什么能从这些事物联想到某种动作?本文的回答是:人们的生活经验把某些事物和某些动作联系在一起。分析这些名词和其所转化的动词之间的关系,主要可分为三类:

(一)名词所代表的实体②是动词所代表的动作的发出者。如:君、目、蹄、水。

(二)名词所代表的实体是动词所代表的动作的对象。如:鱼、郭、城、穴、饮、烹。

(三)名词所代表的实体是动词所代表的动作的工具或凭借。工具的如:刃、觞。凭借的如:馆、席。③

实体和动作之间可以有很多关系,但概括起来,主要是这样三种:实体发出动作,动作施及实体,实体是动作的工具或凭借。这三种关系都是人们生活中熟知的,说到某个实体,就会联想到相关的动作,反过来,说到某种动作,就会联想到相关的实体。试看上面对这些活用名词的释义:城:筑城墙;穴:挖洞;刃:用刀杀;觞:用觞敬酒;馆:住在馆舍;席:坐在席上。这些释义都把名词、动词及其关系说得很清楚。动词"君"和"蹄"的释义中没有出现名词,但实际上,"君"的释义也可以是"君临","蹄"的释义准确地说应是"蹄踢",因为如果是脚踢,是不能叫"蹄"的。

但问题是:首先,一个实体名词可以是动作的发出者,也可以是动作的对象或工具,如"君"既可以发出"统治"的动作,也可以是动作"弑"的对象。既然如此,当"君"用作动词时,为什么一定会理解成他发出的动作"统治",而不会理解成施及他的动作"弑"?其次,一个实体可以发出很多动作,也可以有很多动作可以施及,为什么在名动转化中,只和某一个动作联系?如"君"发出的动作可以是统治，也可以是赏或罚，为什么用作动词的"君"一定是表示"统治"？同样，对"鱼"施及的动作可以是"捕"，也可以是"食"，为什么用作动词的"鱼"一定是捕鱼？

这牵涉到了认知语言学所说的"突显"。虽然实体和动作有很多种交叉的相互关系，但联系最紧密的、在人们的认知中突显的只有少数几种。和"君"联系最紧密的是"统治"，这不用解释。"鱼"联系最紧密的是"捕"，这是因为远古时期是"鱼猎时代"，捕鱼和狩猎是人们重要的生活来源，特别在农业发达之前更是如此。《周易·系辞下》记载："古者包牺氏之王天下也，……作结绳而为罔罟，以佃以渔。"又如，用作"杀"的工具有多种，可以用戈，用矛，用刀。为什么名动转化不用"戈""矛"，也不用"刀"，而要用"刃"？因为在人们的认知中，刀用来宰杀、砍杀的主要部分是"刃"。如《庄子·养生主》："刀刃若新发于硎。"屈原《九歌·国殇》："左骖殪兮右刃伤。"《荀子·议兵》："兵不血刃。"都说明人们认为"刃"和"杀"有紧密联系。而且，语言运用是一种社会规约行为，名动转化，哪一个名词表示哪一种动作，一般都有固定的规约，多数是一对一的。也有同一个名词在不同的句子中表示不同的动作的情况，如上引甲骨文里的"今日王其水寝"和"在先不水"，前一个"水"是动作的工具，后一个"水"是动作的发出者；又如《左传》中的"门"，用作动词时，有的表示攻门，有的表示守门。但这种情况不会太多。

5　结语

从上面的讨论可以看到，动词的语义成分和动词的语法功能是有关系的,对此应该给予足够的重视,进行深入的研究。当然,不能把这种关系简单化,因为影响动词的句法功能的,除了动词的语义成分外,还有别的因素,需要综合考虑。

词的语义成分和词的句法功能的关系是一个相当复杂的问题,有很多问题还研究得很不够。比如:究竟怎样分析和确定词的语义成分?有没有一种在较大范围内普遍适用的语义成分分析法?这个问题,我现在还不能回答。本文所做的只是就某些案例做了一点分析,只是一种初步的尝试。不当之处,请专家和读者指正。

附注

① 详见下文论述。
② 详见 Saeed《*Semantics*》第六章"Meaning Components"(外语教学与研究出版社,2000)。
③ 下面例句前加*号的表示这个例句不能成立。Middle、Conative、Body part ascension 是英语的三种句法结构,在此不详细解释,我们只需注意动词和宾语之间是否有 at 和 on。
④ 具体例子此处不再详细列出。
⑤ 《牛津高阶英汉双解词典》(第四版增补本)第 248—249 页(商务印书馆,2002)。
⑥ 此例不能表示从 crate 里移除什么东西。
⑦ 以上均见 Saeed(2000)第九章,但根据 B. Levin& Rappaport(1991)有些改动。
⑧ 见 Saeed《*Semantics*》第 240 页(外语教学与研究出版社,2000)。
⑨ 这里的"之"代表 NP。
⑩ 详见梅广《上古汉语语法纲要》第 352 页(三民书局,2015)。
⑪ Z. Vendler 根据时间结构把动词分为四类:state、activity、accomplishment、achievement,一般译为状态、活动、结束、达成(梅广译为"瞬成")。M. B. Olsen 认为这四类动词包含的普遍性语义特征是:telici-

ty,dynamicity,durativity,一般译为终结性、动态性、持续性。本文涉及的主要是 state 和 activity 两大语义类别,译为"状态动词"和"动作动词"。

⑫　参见蒋绍愚《词汇、语法和认知的表达》(《语言教学与研究》2011 年第 4 期)。

⑬　后代情况有改变,"战"后面可以是受事宾语,如《元刊杂剧》中有"虎牢关酣战温侯"。

⑭⑮　见梅广《上古汉语语法纲要》第 399 页、第 276—277 页(三民书局,2015)。

⑯　详见蒋绍愚《上古汉语的作格动词》(《历史语言学研究》2017 年第 11 辑)。

⑰　加横线表示突出。

⑱　重复的算一个。

⑲　《史记·苏秦列传》有一段文字与此相仿,"五伯……求也"一句全同。

⑳　"源词"指在名动转化中作为转化起点的词,"转化词"指转化而成的词。名转动,则名词是源词,动词是转化词。动转名,则动词是源词,名词是转化词。

㉑　如屈原《离骚》:"来吾道夫先路。"

㉒　如《论语·为政》:"道之以德,齐之以礼。"

㉓　为排印方便,下面引甲骨卜辞时用楷书。

㉔　果腹(吃)和蔽体(穿)是人类两项很基本的生活要求,从有了语言以后,肯定就有这两个相关的动词。吃的东西,最初会很杂,《韩非子·五蠹》:"上古之世……民食果蓏蚌蛤。"食物是后来的事。穿的东西,最初是兽皮树叶,衣服更是进入文明时期的事。这两种动作,最初用什么词表达?我们不得而知。汉语的语言资料只能追溯到甲骨文为止,汉藏语的研究给我们提示了很宝贵的、更早的线索,但还不是很确定的结论。从甲骨文看,已有了󰀀和󰀀,从字形看,肯定是表示食物和衣服。甲骨文的"食"还可以表示"吃"的动作。动词"食"和名词"食"哪一个早?根据上面的分析,可以肯定,在把食物放在器皿中之前,动词"食"早就有了(除非有资料可以证明:在此以前"吃"的动作不用"食"来表达,而用另一个词)。所以,我们说"食"是动词转化为名词。

㉕ 见于省吾《甲骨文字诂林》第543页(中华书局,1996)。
㉖ 𢦏是甲骨文中掘坑以陷麋的专用字。这句话的意思是:鞭驱麋进入陷阱。
㉗ 当然,固定的词义和临时的用法之间也没有绝对的界线,有的词典也把下面的某些用法列为义项,这里不讨论。
㉘ "日"有"占卜"义,但这是引申,不是转化。
㉙ 参见 Saeed《Semantics》第235页(外语教学与研究出版社,2000)。
㉚ { }中是词性,( )中是语义范畴,[ ]中是区别性的语义成分,下面加＿＿＿的是基本的语义成分,不加＿＿＿的是修饰性的语义成分。
㉛ 尽管水是流动的,但这种动作的特性不构成它的语义成分,也和"洒扫、淹没"没有直接关系。
㉜ 名动转化中的名词,一般代表一种有形的东西,包括生物、生物身体的一部分,非生物,我们称之为"实体"。代表无形的(抽象的)事物的名词,如"思、情、理、法"等,有的也会有动词用法,如"思"表示"想","法"表示"效法",这不在本文讨论的名动转化的范围之内。
㉝ "馆"是凭借馆而居住,"席"是凭借席而坐着。

【今按】本文第137页说"地"不能名动转化,这是不对的。名词"地"转化为动词的例子见任荷《"名词动用"与上古汉语名词和动词的语义属性》(中国社会科学出版社,2020)又:本文关于名动转化的论述不全面。有关名动转化问题,应当参看宋作艳、任荷、袁健惠等的论著。

参考文献

蒋绍愚　2011　《词汇、语法和认知的表达》,《语言教学与研究》第4期。

蒋绍愚　2013　《先秦汉语的动宾关系和及物性》,《语言研究集刊》第七卷第二期。

蒋绍愚　2015　《词义演变与句法演变的相互关系》,《汉语史学报》第15辑,上海教育出版社。

蒋绍愚　2017　《上古汉语的作格动词》,《历史语言学研究》第11辑,商务印书馆。

梅　广　2015　《上古汉语语法纲要》,三民书局。

沈　园　2007　《句法-语义界面研究》,上海教育出版社。

宋作艳　2011　《生成词库理论的最新发展》,《语言学论丛》第 44 辑,商务印书馆。
于省吾　1996　《甲骨文字诂林》,中华书局。
张秀松、张爱玲　2009　《生成词库论简介》,《当代语言学》第 3 期。
赵　诚　1988　《甲骨文简明词典》,中华书局。
Levin,Beth　1993　*English Verb Classes and Alternation*,Chicago:University of Chicago Press.
Levin,Beth & Rappaport,M.　1991　*Wiping the Slate Clean:A Lexical Semantic Exploration*,In Levin,Beth & Pinker,S.(eds.) *Lexical and Conceptual Semantics*. Cambridge,MA:Blackwell.
Pustejovsky,J.　1995　*Generative Lexicon*. Cambridge:MIT Press.
Pustejovsky,J.　2001　*Type Construction and the Logic of Concepts*. In P. Bouillon&F. Busa(eds.)*The Syntax of Word Meanings*. Cambridge:Cambridge University Press.
Saeed,J.　2000　*Semantics*. 北京:外语教学与研究出版社.
Z. Vendler　1967　*Linguistics in Philosophy*. Ithaca,NewYork:Cornell University Press.

(原载《语文研究》2017 年第 4 期)

动词的情状类型与句法格式

在汉语语法史的研究中,一些句法格式受到大家的关注。如:"反宾为主",动结式等格式。但与这些格式相关的词汇问题,却关注得不够。如:哪些类的动词可以用作"反宾为主"式的谓语?哪些类的动词可以充当动结式的补语?

这些问题,很难用一句话来回答。首先是因为研究得不够,同时也因为问题比较复杂。本文只讨论一个小问题,说明在汉语史研究中要把词义和句法结合起来。

1

1.1 有一个现象值得注意:一些作反宾为主式谓语的动词,和一些作动结式中补语的动词,大体上呈现一种对立的趋势。如"斩""杀"可用于"反宾为主"格式,就不能作动结式的补语。反之,"破""开"能作动结式的补语,就不能进入"反宾为主"格式。

这种对立似乎很好解释:能进入"反宾为主"格式的必须是及物动词,能充当动结式补语的必须是不及物动词。"斩""杀"是及物动词,所以能进入"反宾为主"格式,而不能作动结式的补语。"破""开"是不及物动词,所以能作动结式的补语,而不能进入"反宾为主"格式。但这样的解释并不充分。首先,"斩""杀"

是及物动词应无问题;但"破""开"是及物还是不及物还不好说。其次,"击""食"是典型的及物动词,但不能进入"反宾为主"的格式;"泣""叹"是典型的不及物动词,但不能作动结式的补语。可见,用传统的"及物""不及物"的观念来解释这种对立是不够的。

本文不想全面讨论动词分类的问题。本文只是说,为解释这种对立,应该从另一个角度来考虑动词的类别。

1.2 Z. Vendler(1957)根据动词时间结构(time schemata),把动词分为四种情状类型(situation type):state(状态),activity(动作),accomplishment(达成),achievement(瞬成)。[①]其中最主要的是"状态"和"动作"两类。我认为还有一类是兼有"动作-状态"的,即动作发生后,会产生某种结果,呈现某种状态。上面所说的"斩""杀""破""开"都是这种"动作-状态动词"。但"动作-状态动词"还可以分为两小类:A. 动作-状态动词,突出动作过程。B. 动作-状态动词,突出状态变化。下面分别称为"动作-状态动词(A)"和"动作-状态动词(B)"。

动作-状态动词(A):突出动作过程。如"斩""杀""弑""戮"等。

动作-状态动词(B):突出结果状态。如"灭""开""毁""破"等。[②]

(A)类动词有两种句法表现:1."(Y)+V+X",如"斩龙逢","龙逢"是"斩"的受事。2."X+V"。如"龙逢斩",这是"反宾为主",或称"意念被动"。这两种句式中"斩"的动作性都是较强的,而对这种动作产生"首身分离"的状态并不强调。(B)类动词也有两种句法表现:1."X+V"。如"卵破子死","破"是"卵"的状态。2."(Y)+V+X",如"伯牙破琴",表示伯牙使

"琴"产生"破"的状态。③这两种句式中"破"的状态性都是较强的,而对这种状态产生的动作并不强调,没有说明究竟是什么动作。到述补结构产生后,动作才明确了,是"捶破"还是"撞破"。

至于怎样确定一个"动作-状态动词"是突出动作过程还是突出状态变化,在蒋绍愚(2017)中已经说到,可以从句法方面入手,考虑几个方面,这里不再重复。

1.3 这样就可以回答刚才的问题。反宾为主式的谓语动作性较强,动结式的补语状态性较强,所以,"动作-状态动词(A)"类("斩""杀")只能进入反宾为主式,不能进入动结式;"动作-状态动词(B)"类("破""开")只能进入动结式,不能进入反宾为主式。

但这只是一个大致的说法,实际情况要更为复杂。也有这样的情况:有的词在上古时期能作反宾为主式的谓语,到中古时期又能作动结式的补语。本文不打算对这个问题做全面的研究,而只是选择了三个词做一些具体的考察,看看它们的情状类型在历史发展中有无变化,它们能进入哪一种句法格式,并在此基础上简单地谈谈做这种研究需要注意的问题。④

2

本文讨论三个词:"断""破""伤"。

(一) 断

2.1.1 根据现代汉语的语感,也许会觉得"断"是个状态动词。因为"断"只能说"这根绳子断了",而不能带受事宾语("断了一根绳子"是当事宾语);在"割断""砍断"等动结式中,"断"表示的是动作的结果(状态)。

但是,往上追溯到先秦两汉,情况就很不一样。

《说文》:"断,截也。"《说文》:"截,断也。"两字互训。

如果说"断"等同于"截",我们就不会觉得它是属于状态动词。因为通常觉得"截"是表动作而不表状态的。

但两个字互训不一定说明两个词的情状和语义完全相同。我们还要根据实际的语言材料来分析"断"在历史上是什么情状。我查检了先秦十三部著作(《尚书》《周易》《诗经》《论语》《左传》《国语》《老子》《墨子》《孟子》《庄子》《荀子》《韩非子》《吕氏春秋》)以及《史记》《汉书》《世说新语》中的全部"断"字,逐一做了分析和统计,其结果如下:

尚书		周易		诗经		左传		国语		墨子	
断+N	N+断	断+N	N+断	断+N	N+断	断+N	N+断	断+N	N+断	断+N	N+断
2	0	2	0	3	0	13	0	3	0	10	0

庄子		荀子		韩非子		吕氏春秋		史记		汉书		世说新语	
断+N	N+断	断+N	N+断	断+N	N+断	断+N	N+断	断+N	N+断	断+N	N+断	断+N	N+断
3	0	6	4	15	4	7	0	25	1	44	7	8	1

【说明】表中列出"断+N"和"N+断"的统计数("断"不包括"决断、判断"义)。"N+断"包括主语+状态式和反宾为主式。《论语》《老子》中无"断"字,《孟子》中只有两处"龙断",因此,在表中不列。在下面把所有"N+断"的用例全部列出。

延则若莫邪之长刃,婴之者断;兑则若莫邪之利锋,当之者溃。(《荀子·议兵》)

如是,则齐必断而为四、三,国若假城然耳。(《荀子·强国》)

147

拔戟加乎首,则十指不辞断;非不以此为务也,疾养缓急之有相先者也。(《荀子·强国》)

至亲以期断。(《荀子·礼论》)

援砺砥刀,利犹干将也,切肉肉断而发不断,臣之罪一也。(《韩非子·内储说下》)

臣刀之利,风靡骨断而发不断,是臣之一死也。(《韩非子·内储说下》)

王一兴兵而攻荥阳,则其国断而为三。(《史记·范雎蔡泽列传》)⑤

昭帝时,上林苑中大柳树断仆地。(《汉书·五行志中之下》)

京房《易传》曰:"弃正作淫,厥妖木断自属。"(《汉书·五行志中之下》)

妃后有颛,木仆反立,断枯复生。(《汉书·五行志中之下》)

天下常备匈奴而不忧百越者,以其水绝壤断也。(《汉书·沟洫志》)

故书之所起远矣,至孔子纂焉,上断于尧,下讫于秦。(《汉书·艺文志》)

上(继)〔断〕唐尧,下讫秦缪。(《汉书·司马迁传赞》)

又上林苑中大柳树断枯卧地。(《汉书·眭弘传》)

破视其腹中,肠皆寸断。(《世说新语·术解》)⑥

从上述统计来看,在上古汉语中,"断"以"断+N"为主,共89例,说明其动作性很强。"N+断"数量不多,共9例,而且是在战国晚期才出现的。从语义看,《荀子·强国》的"十指不辞断"有可能是反宾为主式,但无法从形式上加以确证;其他"N+断"的"断"都是表状态的。

"断"在"断+N"中表示动作,在"N+断"中表示状态,这一点,唐代的张守节和清代的段玉裁都已说到了,而且他们都认为两者有不同读音(两人对"N+V"的"断"注音不同,本文不讨论)。张守节《史记正义·发字例》:"断端管反,有物割截也。又段绥反,自相分也。又端乱反,断疑事也。"段玉裁《说文》"断"字注:"今人断物读上声,物已断读去声。引申之义为决断,读丁贯切。"

2.1.2 但是仅凭语料的数量统计不能说明问题。我们还要对语料进行分析。

《左传》的一个例句很值得注意:

> 武城人塞其前,断其后之木而弗殊,邾师过之,乃推而蹷之,遂取邾师。(《左传·昭公二十三年》)

这句话,就如同"砍树木而不断""剪绳子而不断"一样,"砍"和"剪"都只是一种动作,实施这些动作的目的是为了把东西弄成两段,但动词本身未必包含"东西成为两段"的结果。"断其后之木而弗殊"的"断"也一样,是施及对象的动作,而不是状态动词的使动用法,如果是用作使动,"使后之木断而弗殊",这话就前后矛盾。而且,《荀子》以前"N+断"的格式还没有产生,"断"还不是一个状态动词,不可能有状态动词的使动用法。

不过,动词"断"和"砍""剪"还是有所不同。"砍树木""剪绳子"并没有表明树木、绳子断了没有,而上古汉语中很多"断"带宾语的句子,除了上述"断其后之木而弗殊"以外,其后面的宾语都是分成两段了。如:

> 宾孟适郊,见雄鸡自断其尾。(《左传·昭公二十二年》)

苑子刺林雍,断其足,鬖而乘于他车以归。(《左传·昭公二十六年》)

太子闻之,惧,下石乞、盂黡敌子路,以戈击之,断缨。子路曰:"君子死,冠不免。"结缨而死。(《左传·哀公十五年》)

所以,"断"的词义主要是动作,但包含[断裂]的语义成分(状态),其情状类型是"动作-状态动词(A)"。正因为如此,所以到后来"断"可以出现在"N+断"中,动作性减弱,表示"自相分也"或"物已断",是一种状态。

2.1.3 那么,到动结式兴起之后,"断"又是怎样成为动结式中的补语的呢？从历史资料看,这是经过这样一个过程:

首先,是在连动结构"V_1+V_2"中充当 V_2。这样的结构出现得很晚。在先秦的十三种文献中,只有《荀子·正论》有一例"斩断枯磔",这是四个词并列。连动结构"V_1+断"是汉代出现的,《史记》《汉书》例全部排列如下:

击断子路之缨。(《史记·仲尼弟子列传》)

分断其军为二,士卒离心。(《史记·廉颇蔺相如列传》)

京房《易传》曰:"有始无终,厥妖雄鸡自啮断其尾。"(《汉书·五行志中之上》)

吏伐断之,其夜树复立其故处。(《汉书·五行志中之下》)

已捕斩断信二子谷乡侯章、德广侯鲔,义母练、兄宣、亲属二十四人皆磔暴于长安都市四通之衢。(《汉书·翟方进传》)(按:此例"斩断"不好懂,姑且存疑。)

遂掘断墓后,以坏其势。(《世说新语·术解》)

得一柏树,截断如公长,置床上常寝处,灾可消矣。(《世说新语·术解》)

《史记》《汉书》中的"V_1＋断"还是连动式，《世说新语》中的"V_1＋断"大概可以看作动结式了。《汉书》中的一例，可用来和《左传》中的一例做比较：

宾孟适郊，见雄鸡自断其尾，问之，侍者曰："惮其牺也。"(《左传·昭公二十二年》)

京房《易传》曰："有始无终，厥妖雄鸡自啮断其尾。"(《汉书·五行志中之上》)

《左传》例只用了一个"断"字，是"动作-状态动词（A）"。《汉书》引京房《易传》用了"啮断"两个字，可能还是两个动词的连用，而不是动结式。但既然前面有了"啮"这个动词，这样，后面的"断"的动作义就可能减轻一些，而侧重表状态义。到后来连动式演变为动结式，《世说新语》中的"掘断"，就由"掘"表示动作，由"断"表示结果（状态）了。[⑦]

（二）破

2.2.1 关于"破"字，已经研究得很多了。动结式"V＋破"的"破"表示状态，这是没有问题的。蒋绍愚（2017）认为"破"是"动作-状态动词（B）类"，是作格动词。如：

风至苕折，卵破子死。(《荀子·劝学》)这是"N＋V"。

疾雷破山。(《庄子·齐物论》)这是"Y＋V＋X"。

两者是"使役交替"。

"动作-状态动词（B）类"可以作动结式的补语。所以，大家引用得很多的"打破头"和"打头破"（均见《百喻经》）都是动结式，"破"是很典型的补语。

2.2.2 但下面《史记》中一些例句的"破"，[⑧]是否同样可以看作"动作-状态动词(B)类"？下面两例是不是"使役交替"？

> 今项梁军破,士卒恐。(《史记·项羽本纪》)
> 章邯已破项梁军。(《史记·项羽本纪》)

《史记》中"破＋N"很多,"破"的宾语"N"可以是"(×)军""(×)兵",也可以是人名、国名、地名,各举一例如下：

> 赵奢破秦军阏与下。(《史记·廉颇蔺相如列传》)
> 后九月,破代兵,禽夏说阏与。(《史记·淮阴侯列传》)
> 韩信为齐王,引兵诣陈,与汉王共破项羽。(《史记·曹相国世家》)
> 北破齐于徐州。(《史记·越王句践世家》)
> 又闻沛公已破咸阳,项羽大怒,使当阳君等击关。(《史记·项羽本纪》)

这些"破"是否都是使动？特别是"破咸阳",说成使动很难说通。

在《史记》中有很多"V＋破",如："击破""攻破""袭破""伐破"等：

> 旦日飨士卒,为击破沛公军！(《史记·项羽本纪》)
> 及冒顿立,攻破月氏。(《史记·大宛列传》)
> 袭破齐历下军,因入临淄。(《史记·田儋列传》)
> 与燕共伐破齐。(《史记·孟尝君列传》)

这些"V破"是不是动结式？在《史记》中肯定不是,而是连动。因为还有这样的句子：

> 章邯遂击破杀周市等军,围临济。(《史记·魏豹彭越列传》)
> 归而袭破走东胡,东胡却千余里。(《史记·匈奴列传》)

这里的"击破杀""袭破走"是三个动词连用。

152

击李由军,破之,杀李由,虏秦候一人。(《史记·曹相国世家》)

赵乃以李牧为大将军,击秦军于宜安,大破秦军,走秦将桓齮。(《史记·廉颇蔺相如列传》)

这也说明"击""破""杀""走"等是相继发生的动作。

和"破+N"相应,《史记》中还有不少"N(已)破","破"是否表示 N 的状态?

赵忽军破,颜聚亡去。(《史记·赵世家》)

秦破,为布衣,贫,种瓜于长安城东。(《史记·萧相国世家》)

楚兵已破于定陶。(《史记·项羽本纪》)

七国兵已尽破,封婴为魏其侯。(《史记·魏其武安侯列传》)

秦已破,计功割地,分土而王之,以休士卒。(《史记·淮阴侯列传》)

项羽已破,高祖袭夺齐王军。(《史记·淮阴侯列传》)

这些"N+破"是"反宾为主"的句式。这可以用下面的例句来证明:

魏惠王兵数破于齐秦。(《史记·商君列传》)

单于怒浑邪王居西方数为汉所破,亡数万人。(《史记·卫将军骠骑列传》)

六国为一,并力西乡而攻秦,秦必破矣。……夫破人之与破于人也,臣人之与臣于人也,岂可同日而论哉!(《史记·苏秦列传》)

2.2.3 所以,先秦的"破",是"动作-状态动词(B)类",这种

"破"到后来可以作动结式的补语。但《史记》中与战争有关的"破",可用于"反宾为主",是"动作-状态动词（A）类"。⑨

本文一开始就说,"反宾为主"式中作谓词的动词,和动结式中作补语的动词,大体上呈现一种对立的趋势。那么,为什么《史记》中的这些"破"却例外呢？

这不是同一个动词的情状类型在历史上发生了变化,而是动词"破"在历史演变中产生了一个新的义位。早期的"破",只有一个义位:"破碎,破损"。到战国晚期,"破"用于战争,产生了一个新的义位:"击溃,攻破"。

《史记》中有这样的句子:

> 燕王卢绾反,勃以相国代樊哙将,……破绾军上兰,复击破绾军沮阳。（《史记·绛侯周勃世家》）

前一句说"破",后一句说"击破",可以说"破"的意义和"击破"差不多,都是"击溃"义。"破碎义"的"破"和"击溃"义的"破"是一个词的两个义位。《王力古汉语字典》:"破①破坏,破碎。……引申为攻破。"《汉语大词典》:"破 1.破坏；损坏；使碎裂。……4.击溃；攻破。"都是概括得对的。⑩

同一个词的不同义位,虽然意义有引申关系,但其情状类型是不同的。"破"的"破碎,破坏"义是"动作-状态动词（B）类","破"的"击溃,攻破"义是"动作-状态动词（A）类"。这种情况很多。"毁坏"的"毁"是"动作-状态动词（B）类","毁谤"的"毁",是动作动词。⑪ 吴福祥（2000）认为《论衡》中"烧杀""溺杀"的"杀"的词义已发生了变化,义近于"死",所以不是表动作而是表状态。这都属于这种情况。这是我们在分析词的情状类型时必须注意的。

"击破"在后代一直有两个意思,两种结构。以《明史》和《喻世明言》为例:

"击溃"义:

> 徐达率诸将出塞,至北黄河,击破元兵。(《明史·太祖纪二》)
>
> 击破贺思贤。(《明史·张伯鲸传》)
>
> 敌出精卒搏战,奋击破之。(《明史·常遇春传》)
>
> 张良臣兵骤薄义营,义坚壁不为动。俟其懈,力击破之。(《明史·袁义传》)
>
> 七日遁走,追击破之。(《明史·罗通传》)
>
> 韩信乘其无备,袭击破之。(《喻世明言·闹阴司司马貌断狱》)

"破碎"义:

> 雷击破密云城铺楼,所贮炮木皆碎。(《明史·五行志一》)
>
> 姑射真人宴紫府,双成击破琼苞。(《喻世明言·张古老种瓜娶文女》)

"击溃"义的"击破"是连动结构,不能转换成"击元兵破""击贺思贤破";有些句子应读作"奋击/破之""力击/破之""追击/破之""袭击/破之"。这些"破"都是"动作-状态动词(A)类"。

"破碎"义的"击破"是述补结构,可以转换成"击铺楼破""击琼苞破"。这些"破"是"动作-状态动词(B)类"。

(三)伤

2.3.1 "伤"在蒋绍愚(2017)分析过。但本文有些看法和蒋绍愚(2017)有所不同。

"伤"最初的意义是指由于自身原因而造成的身体的创伤或损伤,是个状态动词。

《尚书》《诗经》《周易》中都有"伤":

《尚书》4例(另有《泰誓中》之例,为古文《尚书》,不引):

> 若跣弗视地,厥足用伤。(《尚书·说命上》)
>
> 杜乃擭,敜乃阱,无敢伤牿。牿之伤,汝则有常刑。(《尚书·费誓》)
>
> 民罔不盡伤心。(《尚书·酒诰》)
>
> 子弗祗服厥父事,大伤厥考心。(《尚书·康诰》)

《尚书·说命上》虽是古文《尚书》,但这几句话见于《国语·越语上》,可以相信是早期的文献。这里的"伤",应该是状态动词。《尚书·费誓》"牿之伤"的"伤"也是状态动词,而"伤牿"则是状态动词的使动,使牛马伤。《酒诰》和《康诰》的"伤心"也是使动,使心伤;不过"伤"已引申为心理的伤害了。

"厥足用伤"和"牿之伤"的"伤"是本义,指身体因自身的原因而有创伤或损伤。《说文》:"伤,创也。"希麟《一切经音义》卷八注引《切韵》:"伤,损伤。"这样的例句先秦很多,只是多出现于"伤+N"的形式,有的表示N损伤,有的用作使动:

> 公惧,队于车。伤足,丧屦。(《左传·庄公八年》)
>
> 乐正子春下堂而伤足,瘳而数月不出。(《吕氏春秋·孝行》)
>
> 吾行却曲,无伤吾足!(《庄子·人间世》)
>
> 门中有敛陷,新妇曰:"塞之,将伤人之足。"(《吕氏春秋·不屈》)

使动用法都处于"伤+N"的结构中,用得多了,就会使人觉

得是一个动作动词;既然是动作动词,就可以用于"所"字结构。如《周易》的"所伤":

晋者,进也。进必有所伤,故受之以明夷。夷者,伤也。伤于外者必反于家。(《周易·序卦》)

2.3.2 如果由于外部的原因而受到损伤,就成为"伤害"义,这是"伤"的引申义,也是另一个义位。既然是来自外部的伤害,其动作性就会比较强。往后的先秦文献中,这种引申义用得较多,如:

厩焚,子退朝。曰:"伤人乎?"不问马。(《论语·乡党》)

郤克伤于矢,流血及屦。(《左传·成公二年》)

左骖殪兮右刃伤。(屈原《九歌·国殇》)

楚之边邑曰卑梁,其处女与吴之边邑处女桑于境上,戏而伤卑梁之处女。卑梁人操其伤子以让吴人。(《吕氏春秋·察微》)

这里有两种格式:"伤+N"和"N+伤"。前者是"伤"带受事宾语,后者的"伤"都不是表状态,而是表意念被动。[12]在"N+V"中,如果 V 有工具出现,一定是动作而不是状态。[13]《吕氏春秋》例"伤卑梁之处女"的"伤"是吴之处女施加于卑梁之处女的动作,"伤子"的"伤"作定语,但不是表状态,而是"被伤"之意。这些例句说明"伤"的引申义属于"动作-状态动词(A)类"。

但"伤"的本义作为状态动词还在继续使用,用于"N+伤"格式。如:

咶其叶,则口烂而为伤。(《庄子·人间世》)

匠石运斤成风,听而斫之,尽垩而鼻不伤。(《庄子·徐无鬼》)

2.3.3 在汉魏六朝的文献中,有一些"V+伤+N"。如:

射伤郤克,流血至履。(《史记·齐世家》)

乃击伤大将军。(《史记·李将军列传》)

太子与饮,以刃刺伤王后兄。(《史记·淮南衡山列传》)

奴乘涉气与屠争言,斫伤屠者。(《史记·游侠列传》)

羽怒,伏弩射伤汉王。(《汉书·项籍传》)

遣缇骑侯海等五百人殴伤市丞。(《后汉书·张酺传》)

树木参天憼有折伤。(《六度集经》卷二)

单骑自出,客刺伤之。(袁宏《后汉纪》卷二十九)

从者与津吏诤,打伤。(《水经注·漾水》)

焚征西将军张彝第,殴伤彝。(《魏书·肃宗纪》)

这些"V+伤+N",可以有两种分析:(1)是"V_1+V_2+O","V+伤"是连动式;这时"伤"是"动作-状态动词(A)"。(2)是"V+C+O","V+伤"是动结式;这时"伤"是状态动词。

这可以与下面的例句比较:

更相击刺,伤我手端。……为矢所射,伤我胸臆。(焦延寿《易林》卷一)

这里的"击刺"和"射"都是单独的动作,后面的"伤"虽然事理上是"击刺"和"射"的结果,但在句法上仍是单独的动词。参照这个例句,大概可以说东汉时的"V+伤"是连动式。不过,"V+伤"对"伤"的情状类型还是有影响的。像前面所说的"断其尾"和"啮断其尾"一样,把几个例句对照着看,对我们有启发:

郤克伤于矢,流血及屦。(《左传·成公二年》)

射伤郤克,流血至履。(《史记·齐世家》)

《左传》的"郤克伤于矢",前面已经说过,"伤"是"动作-状态动词(A)类"。《史记》的"射伤郤克",虽然还是连动共宾,但"伤"前面已经有了一个动词"射",这就会减轻"伤"的动作性,而侧重其状态性。这样,到六朝动结式进一步成熟的时候,"V伤"的"伤"作为状态动词充当动结式的补语就是水到渠成的了。[14]

3　小结

　　动词能处于什么句法格式是和动词的情状类型有关的。大体说来,能作反宾为主式的谓语的只能是"动作-状态动词(A)"如"斩""杀""弑""戮"等;能作动结式的补语的只能是"动作-状态动词(B)"如"灭""开""毁""破"等。但是,有些问题还需要更细致的考察和更深入的分析。一是动词要区分不同的义位,义位不同,情状类型就可能不同,如"破(破碎,破损)"和"破(击溃,攻破)"。二是动词的同一个义位,其情状类型也可能发生变化。如"断",最初是"动作-状态动词(A)",只能带受事宾语,偶尔可以作反宾为主式的谓语;后来动作义减轻,演变为状态动词,就可以作动结式的补语。对这些问题都需要深入考察。

　　不过,还有不少问题尚需深入研究。大的问题,如反宾为主式的谓语,究竟可由哪些情状类型的动词充当?动结式的补语,究竟可由哪些情状类型的动词充当?小的问题,如反宾为主式的动词和上古汉语中有标记的被动式(如"见V""V于""为NV"等)中的动词是否完全相同?(比如,可以说"见笑于大方之家",但不能在反宾为主式中说"N+笑"。)为什么"怒"可以作动结式的补语,而"喜"却不能?这些都还有待于研究。在汉语史研究中,怎样把动词情状的研究和句法格式的研究结合起来,这是值得我们注意的。本文只是抛砖引玉,期待各位做出更多更好的成果。

附 注

① 中译名根据梅广(2015)。

② 杨荣祥(2017)对这种"结果自足动词"做了很好的研究。不过,他说的"结果自足动词"大致相当于本文所说的"动作-状态动词(B)类",而不包括本文所说的"动作-状态动词(A)类"。

③ (B)类的这两种句法表现就是所谓"使役交替"(causative alternation),(B)类动词是作格动词(ergative verb)。

④ 至于"食""击"为什么不能进入反宾为主式,"泣""叹"为什么不能进入动结式,这个问题不大好回答。总的说来,反宾为主式表达的语义通常是某个人遭受到一种动作并出现某种状态,所以由突出动作过程的"动作-状态动词(A)"作为谓语。动结式表达的语义是一个动作产生了某种结果,所以要由突出状态变化的"动作-状态动词(B)"作为补语。"击""食"是动作动词而没有状态(结果),所以不能进入反宾为主式;"泣""叹"也是动作动词而没有终结性(-telicity),不表示结果,所以不能进入动结式。但这只是大致的说法。《左传·庄公二十八年》:"骊姬嬖,欲立其子。""嬖"不是"动作-状态动词(A)",但也可以进入反宾为主式。《魏书·胡泪渠蒙逊传》:"蒙逊欲激怒其众。""怒"没有终结性,但也可以作动结式的补语。哪些动词能作反宾为主式的谓语?哪些动词能作动结式的补语?这个问题还需要做深入的研究才能回答,本文不加讨论。

⑤ 这句话来自《战国策·秦策三》:"一举而攻荥阳,则其国断而为三。"

⑥ 《墨子·节用上》中有一句:"古者圣人为猛禽狡兽暴人害民,于是教民以兵行,日带剑,为刺则入,击则断,旁击而不拆,此剑之利也。"这句话中"刺则入、击则断"连用,两相对照,这个"入"是"入之(指所刺之物)","断"也应是"断之(指所刺之物)",所以,"断"的宾语虽没有出现,还应该认为是"断+(N)"。又:本文对《史记》《汉书》《世说新语》中"断"的统计数字和梁银峰(2006)有很大出入,可能梁银峰(2006)是把"断"的"决断、判断"义放在一起统计的。

⑦　但在《荀子》以前的语料中没有"啮断"这样的连动式,所以无从证明《荀子》《韩非子》中"N+断"的"断"也是从连动式的后一动词因减轻了动作义而演变为表状态的。这种"断"如何演变而成,尚待研究。

⑧　《史记》中也有先秦那种表"破损"的"破"(如《项羽本纪》"皆沉船,破釜甑"),本文不讨论。下面只讨论《史记》中与战争有关的"破"。

⑨　其实,《史记》中的这种状况在战国晚期已经出现。如:"荆军破。"(《韩非子·有度》)"遂破吴军。"(《韩非子·说林下》)在《战国策》中也多次出现。但因为《战国策》的成书时代不好确定,所以其例句就不引了。

⑩　蒋绍愚(2003)在分析"打头破"一类述补结构的形成过程时,未能区分"破"的这两个义位,这是需要纠正的。

⑪　参见蒋绍愚(2017)。

⑫　梅广(2015)把反宾为主式称为"受动",所以,《左传》例和《国殇》例中的"伤"也可以理解为"受伤"。

⑬　参见顾阳(1996)引 Levin & Rappaport "Unaccusativity"。顾阳说:动词的被动形式是在词汇句法表达式这个界面上形成的,是以物动词的身份进入词汇句法表达式,"其域外论元受抑制后仍可在句子的其他成分中有所反映","如允许带有施事意愿或行为方式的修饰语、目的短语等出现在句中"。

"Unaccusativity"所举的例子为:

(1) The window was broken by Pat.

　　The window was broken to rescue the child.

(2) *The window broke by Pat.

　　*The window broke to rescue the child.

⑭　本文所说的由连动式"V+断""V+伤"而发展成动结式(动词1+动作-状态动词A→动结式),和通常所说的由使动发展成动结式(动词1+形容词/内动词→动结式),其演变途径有所不同。这个问题可以进一步研究。

参考文献

陈前瑞　2008　《汉语体貌研究的类型学视野》,商务印书馆。
大西克也　2004　《施受同辞刍议——〈史记〉中的"中性动词"和"作格动

词"》,《意义与形式——古代汉语语法论文集》,Lincom Europa。

顾　阳	1996	《生成语法及词库中动词的一些特性》,《国外语言学》第3期。
蒋绍愚	2003	《魏晋南北朝的"述宾补"式述补结构》,《国学研究》第12辑。
蒋绍愚	2017	《上古汉语的作格动词》,《历史语言学研究》第11辑。
梁银峰	2006	《汉语动补结构的产生与演变》,学林出版社。
梅　广	2015	《上古汉语语法纲要》,三民书局。
吴福祥	2000	《关于动补结构"V死O"的来源》,《古汉语研究》第3期。
谢质彬	1996	《古代汉语反宾为主的句法及外动词的被动用法》,《古汉语研究》第2期。
杨荣祥	2017	《上古汉语结果自足动词的语义句法特征》,《语文研究》第1期。
姚振武	1999	《先秦汉语受事主语句系统》,《中国语文》第1期。

Levin, B. and M. Rappaport　1995　*Unaccusativity:At the Syntax-Lexical Semantics Interface*. Cambridge,Mass.:MIT Press.

(原载《汉语史学报》第21辑,2020年6月)

近代汉语研究的新进展

从20世纪80年代起,近代汉语研究有很大的进展,当时曾被称为"异军突起"。在那以后,其发展的势头长盛不衰,研究得越来越深入。近十多年来,近代汉语研究又有不少新进展。本文主要谈近代汉语语法和词汇研究方面的进展。

方一新《中古近代汉语词汇学》和孙锡信主编、杨永龙副主编《中古近代汉语语法研究述要》两部专著,总结了中古和近代的汉语词汇、语法方面的研究,也谈到了这两方面近年来的进展。

1 研究领域的拓宽

近代汉语的研究,原先主要根据域内的资料。域外的资料也是研究的,如韩国的《老乞大谚解》《朴通事谚解》很早就用于汉语研究,在20世纪末,一些学者对藏于日本的《卢宗迈切韵》的发现和研究,对日僧圆仁《入唐求法巡礼行记》的研究等,这些都很有价值。但总的来说,对域外的汉语研究资料系统的收集和整理还做得不够。近十年来,一些学者对域外的汉语研究资料相当重视,做了许多系统的发掘整理工作。

1.1 对东亚有关资料的收集整理和研究

日本和朝鲜自古就跟中国有密切的文化交往,在近代汉语

时期,也有很多和汉语有关的重要资料。近十年中,学者们做的收集整理工作有这样一些:

汪维辉《朝鲜时代汉语教科书丛刊》,包括《老乞大》《朴通事》系列和《训世评话》等十种,中华书局 2005 年出版。《训世评话》为朝鲜李朝成宗时期李边所撰,由 65 则古代故事组成,每个故事先以文言叙述,然后译为白话,可以见到文白的对应关系。

汪维辉、远藤光晓、朴在渊、竹越孝《朝鲜时代汉语教科书丛刊续编》,包括《象院题语》《中华正音》等六种九个文本。中华书局 2010 年出版。《丛刊续编》的第一种《象院题语》成书约在 1567—1636 年之间。最后一种《汉谈官话》成书在 1902 年前。

《官话指南》,是日本学习汉语的教科书,1881 年初版,1893 年改编,方言译本作于 1889—1930 年。张美兰《〈官话指南〉汇校与语言研究》,上海教育出版社 2008 年出版。

《日本明治时期汉语教科书汇刊(26 册)》,张美兰主编,广西师范大学出版社 2011 年出版。

《美国哈佛大学哈佛燕京图书馆藏晚清民国间新教传教士中文译著目录提要》,张美兰编,广西师范大学出版社 2013 年出版。

《清文指要》,是满汉对照的满语教学资料,有七个版本(1789—1921 年),其中两个版本是日本人改编,一个版本是韩国人编撰。张美兰、刘曼《〈清文指要〉汇校与语言研究》上篇把七个版本汇集在一起,逐句对照汇校;下篇是七个版本的异文汇编("异文"指反映同一概念的不同词语,如"阿妈""父亲""老子"等),以及七个版本中常用词替换和地域差异的研究。

1.2 对西方有关资料的整理研究

16 世纪中叶到 17 世纪,西方传教士开始接触汉语,写了一

些研究汉语的著作。其中有些是研究文言的,著名的如德国甲柏连孜《汉文经纬》(1881),有些是研究官话的,如:

瓦罗,1703,《华语官话语法》(F. Varo,"*Arte de la Lengua Mandarinna*")

马礼逊,1815,《通用汉言之法》(R. Morrison,"*Grammar of the Chinese Language*")

艾约瑟,1853,《上海方言口语语法》(J. Edkins,"*A Grammar of Colloquial Chinese as Exhibited in Shanghai Dialect*")

艾约瑟,1857,《官话口语语法》(J. Edkins,"*A Grammar of Colloquial Chinese Commonly Called the Mandarin Dialect*")

上述著作近年来大都已翻译成中文,收入姚小平主编的《海外汉语研究丛书》。

张美兰《明清域外官话文献语言研究》(东北师范大学出版社,2011),是综合性的研究,介绍了19世纪欧洲、美国、日本、朝鲜的汉语官话资料,并根据这些域外资料对明清时期的汉语官话(包括北方官话和南方官话)词汇和语法进行了研究。

1.3 域外汉语研究资料对近代汉语研究的价值的

一方面,这些资料都是在和中国交往的过程中,为学习汉语而编撰的,所以要尽量接近口语。《老乞大》《朴事事》作于元末,到1480年曾加以修改,原因是"'此乃元朝时语也,与今华语顿异,多有未解处。'即以时语改数节,皆可解读。请令能汉语者尽改之"。(见朝鲜《李朝实录》成宗十一年)在1515年左右,朝鲜著名学者崔世珍奉敕谚解《老乞大》《朴通事》。后来又有1761年的《老乞大新释》,1765年的《朴通事新释》。这样多次修改就是为了跟上汉语的发展变化。所以,这些资料能比较可靠地反映当时汉语口语的面貌。当然,既然是域外资料,就可能有域外语言的影响,但这种因素正是研究语言接触的好材料,这一点在下面还要讲到。

另一方面,这些域外资料能反映出编者对汉语的看法。如:瓦罗《华语官话语法》:

"汉语有三种说话的语体(mood of speaking)。

第一种是高雅、优美的语体,很少使用复合词,怎么写就怎么说。这种语体只是在受过教育的人们中间使用,也只有他们才能使用。

第二种语体处于高雅和粗俗之间的中间位置。它能够被大多数人所理解,也使用一些复合词;但在凭上下文能够确定意思的时候,就不用复合词。

第三种是粗俗的语体,可以用来向妇人和农夫布道。"(p.11)

这使我们想起利玛窦《中国札记》(1608—1615)中的一段话:

"事实上常常发生这样的事:几个人在一起谈话,即使说得很清楚、很简洁,彼此也不能全部准确地理解对方的意思。有时候不得不把说的话重复一次或几次,或甚至得把它写出来才行。如果手边没有纸笔,他们就蘸水把符号写在什么东西上,或者用手指在空中划,或者甚至写在对方的手上。这样的情况更经常地发生在有文化的上流阶级谈话的时候,因为他们说的话更纯正、更文绉绉并且更接近于文言。"

这些看法在本土资料中是不容易看到的,因为以汉语为母语的人"身在庐山中",对这些情况习以为常,反倒是异国人,对此会非常敏感。

再晚一点的是艾约瑟《汉语官话口语语法》中的看法:"南京

官话在更大的范围被理解,尽管后者更为时髦;那些想说帝国宫廷语言的人一定要学北京话,而净化了它的土音的北京话,就是公认的'帝国官话'。"

　　这段话在研究近代汉语共同语的基础音系时,经常被引用,用以说明基础音系从南京话到北京话的改变。为什么艾约瑟的话能被看重?因为这位传教士到过中国许多地方,和各种人有广泛的接触,所以他能做出这样的判断。

　　对汉语域外资料的收集、整理和研究是近代汉语研究的一个重要方面,这方面的工作是大有可为的。

2　研究视野的拓展

　　近代汉语研究是一个新兴的学科,如果从黎锦熙《中国近代语研究提议》(1928)算起,至今也不到一百年。这个学科的研究是逐步发展的。在开始的时候,视野不够广阔,看问题比较单一,注意的只是时代的差异,好像在整个近代汉语时期,汉语都是单线的发展,内部没有地域的差异,外部也没有受其他语言的影响。这种观念逐步得到改变。近年来,研究视野有了较大的拓展,注意了近代汉语发展中的地域差异和语言接触的影响。

　　2.1　地域差异

　　近代汉语的地域差异,在词汇和语法方面都是存在的。

　　2.1.1　词汇方面的地域差异

　　汪维辉《论词的时代性和地域性》明确提出了词汇的地域性。文章说:"每一个词都有其时代性和地域性。时代性是指词只在一定的时段内使用,地域性是指词只在一定的地域内通行。

揭示词的时代性和地域性是词汇史学科的基本任务之一,也是正确训释词义的一个重要因素。……论证词的时代性和地域性都是难度很大的工作,地域性比时代性更难。我们应该承认,由于文献有限,汉语史上有相当多的词的时代性和地域性已经无法阐明,但是这并不妨碍这一工作的开展。能够大致确定其时代性和地域性的词还是数量众多的。对于这样的词,我们应该力求从使用时段和通行地域两个角度给它以一个定位。"

"词的时代性和地域性表现在多个方面。一是有些词只在一定的时段内使用,有些词只在一定的地域内使用,也有些词只在一定时段的一定地域内使用。""二是有些词在不同的时代或地域有不同的义位或组合关系。""三是同一个义位在不同时代或不同地域用不同的词来表示。"

汪维辉、秋谷裕幸《汉语"站立"义词的现状与历史》很细致地讨论了汉语"站立"义词的时代性和地域性。文章说:从地域方面看,上古、中古时期(唐以前)"立""徛"南北对立,长江以北说"立",长江以南说"徛","徛"的北域至少抵达长江流域。唐宋以后,"立"往南挤压,占据了"徛"的部分地域,同时"站"开始兴起;"站"很可能是所谓的"长江型"词,即兴起于江淮流域而后往北往西扩散。明代以后"站"快速扩散,在广大的北方地区逐步取代了"立"(尚未彻底完成),在南方部分地区取代了"徛"。

张美兰《明清域外官话文献语言研究》第三章第二节《清末汉语官话南北地域特征研究》对《官话指南》和《官话类编》中的19世纪汉语南北官话词汇做了系统的整理和研究。从《官话指南》中整理出北方和南方不同的词语126组,如"大夫—郎中、医生""街坊—邻舍""沏茶—泡茶""晚—晏";从《官话类编》中整理出 140 余组,如"姑爷—女婿""老爷—外公""捎—带""折—断"等(两部书中有的词语有重复)。

张美兰、刘曼《〈清文指要〉汇校与语言研究》归纳了各版本中词汇的"北方官话地域倾向"和"南方话特征"。前者共 23 组,后者共 17 组。如:

知道—晓得

"知道"是通语,南北官话都用。清代北方官话更多用"知道",南方官话偏重于用"晓得"。《官话类编》注:"知道 is rarely heard in Nanking or the South;晓得 is also used in the North, but somewhat sparingly."

2.1.2 语法方面的地域差异

李崇兴《元代北方汉语中的语气词》提出:事态助词"了"的成熟,有地域的差别。他认为,"了"作为事态助词,确认事态变化,"在元代北方汉语中还没有发育成熟"。他的理由是:在《古本老乞大》和《元刊杂剧三十种》里面,"处于句末的'了'后面常常加个'也'字来对事态变化加以确认。"

　　这弓和弦都买了也。(《古本老乞大》)

　　妹子,我和你哥哥厮认得了也!(《拜月亭》四折,[胡十八]白)

　　这早晚小千户敢来家了也。(《调风月》二折白)

　　那个老宰相不肯躲那火,抱着黄芦树,现今烧死了也!(《介子推》四折,[紫花儿序]白)

而且,两种材料里都没有"动+了+宾+了",但有"动+了+宾+也",如:

　　这店里都闭了门子也。(《古本老乞大》)

我虽有这罪过,如今赦了我也!(《气英布》一折,[寄生草]白)

咱媳妇儿去时,有三个月身子,经今去了十七年也。(《汗衫记》三折,[上小楼,幺篇]白)

黄晓雪《南北官话中"了$_2$"的来源及语法化路径》赞同李崇兴的看法,并明确提出:"'了$_2$'是否发育成熟,可以用两条标准来加以检验:一是'了'摆脱对语气词'也'的依赖,能用以足句;二是'动+了+宾+了'格式的出现。"

她也强调地域差别:"(在南方)'了$_2$'从北宋开始能用于句末,有成句作用,南宋普遍使用,这个时间要比北方早。""在北方,'了$_2$'发育成熟及其大量使用的时间是在明代。"而且认为南方和北方"了$_2$"的来源和语法化路径不同。

但杨永龙《不同的完成貌构式和早期的"了"》举出一些宋代北方的"了$_2$"的例句:

问:"一树还开华也无?"师曰:"开来久矣!"僧曰:"未审还结子也无?"师曰:"昨夜遭霜了。"(《景德传灯录》卷十三)

问:"敬还用意否?""其始安得不用意?若能不用意,却是都无事了。"(《二程遗书》卷十八)

二程是北方人。《景德传灯录》的例句是汝州首山省念禅师的答话,省念禅师是莱州人,所以也是北方的语料。

这样,问题就比较复杂:宋代北方有"了$_2$",元代北方汉语中没有,明代北方又有。

其实,这种现象已有学者注意到。曹广顺《试说"快"和"就"在宋代的及有关的断代问题》(1987)曾说到:《朱子语类》中"动+了+宾+了"的句式不少于 8 例,元代这种句式少见,到明代又重新发展起来。文中指出,像这样的反复现象不止一个,如:"就—便—就","快—疾—快","们—每—们"都是。他把这种反复现象归之于政权更迭所造成的政治、权力中心的两次转移对官话系统的影响。"在从南宋到明初的三百余年时间里,随政权的易手,造成了政治、权力中心的两次转移。""这种政治、权力中心从南到北,再从北到南的转移,肯定会对三代流行的官话系统造成一定的影响。"在曹广顺《汉语语法史研究中的地域视角》(2003/2006)中再次说到这个问题,认为政治中心的改变会影响到官话的基础方言的改变。吕叔湘《释您、俺、咱、喒,附论们字》(1940/1984)已经提到了官话系统的南北两种方言之"伸绌",在《近代汉语指代词》中更明确地说:"现代的官话区方言,大体可以分成北方(黄河流域及东北)和南方(长江流域及西南)两系。我们或许可以假定在宋、元时代这两系已经有相当分别,北系方言用'每'而南系方言用'们'。北宋的时候,中原的方言还是属于南方系;现在的北系官话的前身只是燕京一带的一个小区域的方言。到了金、元两代入主中原,人民大量迁徙,北方系官话才通行到大河南北,而南方系官话更向南引退。"(p.58)

这个问题,对宋、元、明三个时期语言发展的关系很大,是值得深入研究的。

2.2 语言接触

汉语史上有三次大的语言接触:1.东汉佛教传入中国,在东汉到六朝的汉译佛典中可以清楚地看到梵文的影响。2.南北朝时期非汉族在北方建立政权,辽金时期宋和契丹族、女真族的交往,元代蒙古族统治中国,清代满族统治中国,这些民族都是阿尔泰语系,都给汉语带来影响。3.19世纪后西学东渐,汉语受到西方语言的影响。第 2、3 方面是和近代汉语有关的。

2.2.1 关于阿尔泰语对汉语的影响,日本著名汉学家太田辰夫写过《关于汉儿言语》(写于 1953 年,收入《汉语史通考》),后来江蓝生《也说"汉儿言语"》有进一步的论述,特别提到"西北方言就是'汉儿言语'的活化石"。近年来在阿尔泰语对汉语的影响方面的研究相当深入。下面在词汇和语法方面各举一例。

(A)对近代汉语词汇的影响,原来对蒙古语注意得比较多,对满语注意得不够。近年来,对满语的影响研究得比较深入。

有些受满语影响而产生的词汇,从表面上不容易识别。如"来着"一词,现代汉语中还很常用,其实是受满语影响而产生的。常瀛生《北京土话中的满语》已经指出:'来着'是满语 bihe 动词过去完成进行时态,表示曾经如何。"祖生利《清代旗人汉语的满语干扰特征初探——以〈清文启蒙〉等三种兼汉满语会话教材为研究的中心》进一步指出:

"'来着'是三种兼汉满语会话教材所反映的旗人汉语里使用十分频繁的一个时体助词,它用于句末,主要表示相对于说话的时刻,动作行为或事件是过去发生的。

'来着'主要是对应满语特殊动词 bi-的语句过去时终止形 bi-he 及相关的时体构式的结果。从三种兼汉满语会话教材来看,'来着'所对应的满语成分主要有:

①bi-he,其中 bi 是实义动词,表示领有、存在、判断,在句中做主要动词,bi-he 是它的陈述式过去时终止形。

②-me bihe 或-mbihe,其中 bi 作助动词,-me 是并列副动词词尾,-me bihe 或-mbihe 均表示动作行为或事件是过去某个时间里正在进行的。

③-ra/-re/-ro bi-he 或-ha/-he/-ho bi-he,其中 bi 作助动词,用于动词现将时形式后,-ra/-re/-ro bihe 构式表示过去某个时候尚未完成的动作;用于动词过去时形式后,-ha/-he/-ho bihe 构式表示过去完成的动作。

……………

要之,清代旗人汉语里习用的句末时体助词'来着',主要是对应满语特殊动词 bi-的陈述式过去时终止形 bi-he 及由其构成的相关时体构式的结果。这与元代蒙式汉语里主要对应于中古蒙古语特殊动词 a-/bü-(有、是、在、存在)陈述式过去时终止形的句末时体助词'有来'性质是完全一样的。……所不同的是,元代蒙古人采用了 a-/bü-基本义项之一的'有',加上元代汉语表示过去曾经发生的时态助词'来'('来'同时也与蒙古语过去时后缀形式之一的-laiˑai 读音十分接近)来对应,而旗人汉语则选择了'来着'的形式(有关'来着'的满语来源和得名之由,及与元代'有来'的关系,我们另有专文详细讨论)。"

(B)对近代汉语语法的影响。语法比词汇稳固性更强一些,但也会受语言接触的影响。

比如,元明时期放在句末的"是"或"有"是蒙古语的影响,这在过去就已注意到。但近年来还注意到一些更为深入的问题,如:张赪《近代汉语使役句役事缺省现象研究——兼谈语言接触对结构形式和语义的不同影响》分析了元代一种特殊的使役句。

汉语使役句最常见的形式是:"致事+使役动词+役事+动词"。致事可以不出现,但役事一般要出现。如"教人拾红萼"。但元代有些使役句很特殊:

> 须是你药杀他男儿交 Ø 带累他妻,嗨!(《新校元刊杂剧三十种·魔合罗·第四折》)
>
> 投至奏的九重禁阙君王准,交 Ø 烧与掌恶丰都地藏神。(《新校元刊杂剧三十种·东窗事犯·第四折》)
>
> 咱却且尽教 Ø 伴呆着休劝,请夫人更等三年。(《新校元刊杂剧三十种·拜月亭·第四折》)

这些句子不但在使令动词后面没有役事(愚按:我在例句中用 Ø 表示),而且役事无法补出,整个句子也没有使役义。这一类句子在宋代没有,明代也很罕见。可见是受蒙古语影响而产生的。文章通过汉语和蒙古语的比较,对这类句子产生的原因做了深入的分析:

"汉语使役句以使役动词作标记,标记在役事上,因此役事、致事的语义角色在使役句中得到突显,使役句重在表达某个致事导致某个役事变化,表达重点在致事与役事的关系,一般情况下汉语使役句必须出现役事,只在上下文非常明确的情况下才允许役事缺省。蒙古语以使动缀作标记,标记在动词上,强调了动作是受影响所致、非自动发出,役事、致事没有突显,可以不明确出现。汉语使役句更强调'谁/什么使得谁/什么怎么样'的意思,蒙古语使役句更强调'受影响而发生',当蒙古语的致使表达对译为汉语的'教+动词'时,汉语母语者对其表达的动作'受影响性'并不敏感,会滤掉这层语义。缺省役事的'使役动词+动词'结构从形式上说与蒙古语的使役表达最接近,又是汉语已有的格式,因而作为中介语常用于蒙汉交际中,使用中汉语二语习得者淡化了这种结构在汉语里所强调的致事与役事的关系,使该结构出现了语境扩大,致事、役事关系不明确或不突出时也会使用,而汉语母语者又未完全接受作为中介语的'使役动词+动词'结构所带有蒙古语使役句的'动作行为是受影响所致'的语义,结果使得元代的'使役动词+动词'句义偏离使役义,一定程度上用得如普通主动句,表示发生了什么。需要注意的是这种语义既非汉语使役句的语义也非蒙古语使役句的语义,是语言接触中发展出的新义。"

例如《蒙古秘史》卷七:

额薛 塔剌兀_(勒) 罢。
不曾 教虏 了

"中古蒙古语以'动词+使动缀'表达致使,表示使动态的附缀为-ul-、-lG-,在《蒙古秘史》中用汉字'兀_(勒)''温_(勒)'记音表示。""塔剌"是动词,意思是"虏","兀_(勒)"是表示使动态的附缀,表示"虏"这个动作是受影响而发生的;在蒙古语中不出现致事和役事。汉译把"兀_(勒)"译为"教(使)","教虏了"是汉语直译的使役句,也没有致事和役事出现。这和汉语一般的使役句"教之虏"是不同的。上引《元刊杂剧》中特殊的使役句就是这样产生的。

2.2.2 西学东渐对汉语的影响,主要是在19世纪后半到20世纪的汉语中。首先表现在西方新词的吸收。这些新词,有些是直接从西方到汉语的,比如,"民主"一词,中国古代就有,但指的是"民之主宰",《尚书·多方》:"天惟时求民主,乃大降显休命于成汤,刑殄有夏。"到1864年美国传教士丁韪良翻译的《万国公法》中首次以"民主"来翻译 democracy,以"人民治国"的意义来使用此词。后来传到日本,有人误认为是日源词。更多的西方外来词是来自西方,经过日本到汉语的。

沈国威《近代中日词汇交流研究——汉字新词的创制、容受与共享》对此做了深入研究。此书根据大量文献资料讨论了19世纪末至20世纪初中日词汇交流的历史，提出了研究汉语中日源外来词的课题。这些交流的词都是"来自西方，至于东亚"，有的是"中日流向词"，如"几何"，源自拉丁语 geomaria，明代徐光启译为"几何"，后来进入日语；有的是"日中流向词"，如"俱乐部"，源自英语 club，在明治中期（19世纪80年代）日语中首先译成"俱乐部"，然后进入汉语。要确定这些词的"流向"，需要收集大量资料，做细致的研究。

西方语言（主要是英语）对汉语语法的影响也有人论及，如王力《汉语史稿》就讲到"五四以后新兴的句法"，但近年来这方面的进展似乎不大。

3 研究方法的更新

近年来，在近代汉语研究中，研究方法有较大进展。

3.1 以概念场（或语义场）为背景研究常用词的演变

常用词演变的研究是近代汉语词汇研究的一个重要问题。近年来有不少博士论文采用了以概念场（语义场）为背景的研究方法。

为什么要以概念场为背景呢？蒋绍愚《汉语历史词汇学概要》说：

"因为，汉语发展不同时期词汇系统的面貌是不同的，成员不同，分布不同，从而结构也有所不同。怎样把两个或几个不同历史时期的词汇系统加以比较呢？打一个比方，两块花样不同的地毯，怎样比较？最好的办法是把它们铺在同一块有地板砖的地面上，以地板砖的格子为坐标，就能很清楚地显示两块地毯

的不同。要比较不同时期的汉语词汇词义系统,最好把它们覆盖在同一概念场上。"(p.390—391)

这就是说,以概念场为背景所做的研究,关注的不仅仅是一个一个的词,而是这些词之间的相互关系,是它们构成的系统。以概念场为背景,可以较清楚地反映出不同历史时期词汇系统的变化。

如谭代龙《义净译经身体运动概念场词汇系统及其演变研究》考察了义净译经中与睡眠概念场有关的词,把初唐时期的睡眠概念场的结构以及相应的指称成员做了如下图示:

卧	眠	睡
睡眠动作	睡眠过程	睡眠状态

然后,在对这个概念场做历史考察的基础上,分析了战国前期、战国后期、西汉、东汉魏晋南北朝、晚唐五代、宋元明清的睡眠概念场:

战国前期:只有"寝""寐"指称本概念场。其结构为:

寝		寐
睡眠动作	睡眠过程	睡眠状态

战国后期:出现了"卧眠睡"三个新成员,开始时和"寐"一起表示睡眠状态,后来"卧"侵入了"寝"的领域,其结构为:

寝、卧	寝、卧	卧、眠、寐、睡
睡眠动作	睡眠过程	睡眠状态

(西汉和东汉魏晋南北朝略)

到晚唐五代,"睡"逐渐向过程部分扩展覆盖域,占据了"眠"的领域。而"眠"则向"卧"的领域移动,把"卧"排挤出本概念场。其结构图为:

| 眠 | 睡 | 睡 |

睡眠动作　睡眠过程　睡眠状态

到宋元明清时期,"睡"进一步扩展覆盖域,把"眠"排挤出去,形成一统天下的局面,直到如今。

这样,就清楚地显示出常用词的历史演变不是单个进行的。处于同一概念场中的若干词分布在不同位置,相互联系,相互影响。在语言发展的历史过程中,不仅有新成员的加入和旧成员的退出,而且它们在概念场中的地位也会发生变化。这才是词汇历史演变的完整的图景。如果仅仅是把一组处于同一概念场的词放在一起,分别描写它们的演变情况,而不注意它们的相互关系,就没有起到以概念场为背景的作用。

3.2　常用词演变的研究有一个新视角:利用版本异文加以考察

张美兰《汉语常用词历时演变的新视角——以版本异文为视角》指出:同义异文是汉语常用词历时研究重要的旁证资料,同义异文包括文言与白话语体异文、注疏体注文、原本与改写本或引证异文、同一文献不同时代不同文本异文、同一文献同一时期不同文本异文等诸种形式,通过同义异文的比较来研究汉语常用词演变,这是一个新的视角。

文章举了如下例子:(下面加"—"的是常用词的替换)

《淮南子·说林》:"绳之与<u>矢</u>,孰先直也?"——高诱注:

"矢,箭也。"

《孝经·卿大夫章第四》:"非先王之法服不敢服。"——贯云石《孝经直解·卿大夫章第四》:"不识在先圣人制下有法度的衣服不敢穿有。"

《训世评话》第十七则:文言作"王后知见欺,怒甚。"——白话作"王后头知道哄的意思,十分恼起来。"

《世说新语·任诞》:"时戴在剡,即便夜乘小舟就之。经宿方至,造门不前而返。"——《晋书·王徽之传》:"逮时在剡,便夜乘小船诣之,经宿方至,造门不前而反。"

《左传·昭公二十六年》:"叔孙昭子求纳其君,无疾而死。"——《史记·鲁周公世家》:"叔孙昭子求内其君,无病而死。"

《西游记》:你把口张三张儿。——车王府鼓词曲本《西游记》:你把嘴张开我好出去。

《老乞大》四种:

旧:那般者,肚里好生饥也,咱每去来。

翻:那般着,肚里好生饥了,咱们去来。

新:那么狠好,肚里也饿了,咱们去。

重:那么狠好,肚里也饿了,咱们去。

《清文指要》五种版本:

A. 另日特来,坐着说一天的话儿罢。

B. 另日再特来,坐着说一整天的话儿罢。

C. 改日再来,坐着说一日话儿罢。

D. 改日再来,咱们坐着说一天的话儿。今儿实在没空儿,告假了!

E. 改天我再来，咱们坐着说一天的话儿罢。

这样的研究较早的是李泰洙《〈老乞大〉四种版本语言研究》(2003)。后来有汪维辉《〈老乞大〉诸版本所反映的基本词历时更替》(2005)，张美兰《从〈训世评话〉文白对照看明初汉语常用动词的兴替变化》(2012)，张美兰、周滢照《明清常用词的历时替换——以鼓词曲本〈西游记〉为例》(2014)，刘宝霞《程高本〈红楼梦〉异文与词汇研究》(2012a)，刘宝霞《从〈红楼梦〉异文看明清常用词的历时演变和地域分布——以"诵读"义动词和"挂念"义动词为例》(2012b)等论文。这些论著都是从这一视角来研究常用词演变的，把常用词的演变推进了一步。

通过同义异文来研究常用词演变，可以把演变看得更清楚，是研究常用词演变的一种有效的途径。当然，这不是研究常用词演变的唯一途径；常用词的演变也并不都是产生在同义异文中。如果要研究新旧词替换的起始和终结的时代，就需要做更多的综合性研究。

4 理论思考的深入

近代汉语研究需要根据充分的语言材料做出分析和综合，把语言事实和演变脉络描写清楚，也需要做一些理论思考。理论思考可以使我们站得更高，看得更深。这方面近年来也有不少进展。下面举两例。

4.1 "也"是上古汉语中很常见的一个语气词，通常认为其功能是表示判断。但到中古时期，语气词"也"的功能发生了变化，由静态(表判断)变为动态(表完成，相当于"矣")。最先注意到这种变化的是日本汉学家太田辰夫。他在《中国语历史文法》中说:"叙实语气在唐五代用'也'。""也"表达"动作、状态的到达或实现"。举的例句是:

> 新妇向房卧去也。(《游仙窟》)
>
> 低声向道人知也。(冯衮诗)
>
> 阿与,我死也。(《旧唐书·安禄山传》)

他认为,"这种'也'恐怕是从古代汉语的'矣'或者助词'已'变来的吧。即大概是[i]后面附加了[a]这个具有很宽泛的语气的助词,成了[ia],在口语中使用,为了表达它,就用了'也'这个字。"(中译本,352—353页)

太田辰夫《汉语史通考·中古语法概说》(1988):"也(2)'矣'的变化了的词,相当于现代汉语的'了'。"举了中古时期的例子:

> (孙敬)尝入市,市人见之,皆曰:"闭户先生来也。"(晋·张方《楚国先贤传》,《蒙求》注引)
>
> 未死之间曰:"我有大罪。"语讫而死也。(《宣验记》,钩沉443)
>
> 人曰:"石贤者来也,一别二十余年。"(《幽明录》,钩沉321)
>
> 处处逃走,作如是言:"我今败也,我今坏也。"(《佛本行集经》50,大3,886中)(中译本,61页)

志村良治(1967)也说:"我觉得它不是上古语一直用来表示断定的'也'的继续,而是在当时存在一个相当于语气助词的形态素ia,便假借'也'这一字形表现之。"(中译本,98页)

孙锡信《近代汉语语气词》(1999)说:"'也'字功能扩大的另一表现是'也'用如'矣',表示业已变化的事实或将要发生的情况。"(31页)"从中古以后'矣'渐少用,'也'的使用扩大了范围,不仅表示判断和当然的情况，而且也表示已变动的或将然的事实。……'也'字用如'矣''耶'的趋势到唐五代愈益明显。"（46—47页）书中举了中古的和唐五代的若干例证。

李崇兴《元代北方汉语中的语气词》谈到元代口语文献中的"也"，可用于叙述句、疑问句、祈使句、称呼句、感叹句。用于叙述句的例子如：

兀的灯来也。（《古本老乞大》）

这店里都闭了门子也。（《老生儿》三折白）

这早晚小千户敢来家了也！（《调风月》二折白）

文章说："这种用法大约明代以后便开始消退，逐渐被'了'取而代之了。"（黄晓雪2002）

可见，"也"的动态用法持续了很长时间，这是一个不容忽视的事实。

"也"为什么在中古以后可以用如"矣"？这有不同的看法。太田辰夫认为是"矣"（或"已"）的[i]后面加上[a]，志村良治认为是口语中有一个 ia。孙锡信则认为是"也"的功能扩大。但"也"本来是表静态的，为什么会功能扩大而表动态？这需要加以回答。

陈前瑞《句末"也"体貌用法的演变》对此做了回答。文章从体貌类型学加以说明：

"体貌的类型学研究（本文简称为体貌类型学）或许能为我们分析上述问题提供有益的启发。体貌类型学的研究发现，完成类体标记的一个主要来源就是'是、有'之类的助动词。这类助动词经由结果体（resultative）发展为先时体（anterior）或完成体（perfect），再发展成完整体（perfective）或过去时（Bybee *et al*., 1994: 105）。英语中类似于结果体的意义由'be+-ed'构成,如 He is gone,表示状态还存在(他此刻不在这里)。而'have+-ed'构成的完成体就是从'be+-ed'构成的结果体发展而来的(Bybee *et al*.,1994:63)。上古汉语'也'的典型用法为判断用法,与英语'be'的词汇源头意义非常接近。可见,'也'的动态用法跟英语完成体在语法化的词汇源头和路径两方面有着惊人的相似。"

文章认为,"至少在最典型的判断句中,'也'的语义功能相当于现代汉语的'是'或英语的 be。""根据情状类型理论(如Smith,1991),判断动词及其主要论元组成的基本小句的情状类型是状态情状(stative situation)。"文章分析了上古汉语中表静态的"也"的几种用法,把第一类中"说某物即某物"这些表典型判断语气的"也"看作词汇性状态(lexical stative),把用作解释的和表坚决语气的"也"看作表示状态体的标记。广义的结果体包括状态体(states)。

文章认为,上古汉语"也"类似于"矣"的动态用法一直存在。"也"的变化和"也"所在小句谓词的情状类型有关。"死"类动词和"闻"类感知动词在"也"由静态意义向动态意义的转变过程中起到重要作用,会使结果体发展为完成体。如:

秋,雨螽于宋,队而死也。(《左传·文公三年》)

夏六月庚申,卒。鬻拳葬诸夕室。亦自杀也,而葬于绖皇。(《左传·庄公十九年》)

王闻群公子之死也,自投于车下,曰:"人之爱其子也,亦如余乎?"(《左传·昭公十三年》)

仲尼闻魏子之举也,以为义,曰:"近不失亲,远不失举,可谓义矣。"(《左传·昭公二十八年》)

文章认为,这些"也""可以确定为完成体用法。所缺乏的只是足够的频率,因而不足以撼动上古汉语'也'与'矣'的系统对立。"

文章接着分析了中古和近代"也"的动态用法,此处从略。

4.2 从"给予"到"被动",是近代汉语研究中经常讨论的一个问题。

对演变的路径有不同的看法。

蒋绍愚(2002)认为其路径是:[给予]往常老太太又给他酒吃。(红8回)＞[使役]贾母忙拿出几个小杌子来,给赖大母亲等几个高年有体面的妈妈坐了。(红43回)＞[被动]就是天,也是给气运使唤着。(儿3回)

李炜(2002)认为这是南方方言的路径,北京话中"给"表被动是受南方方言的影响。

木村英树(2005)认为是:[给予]小红给小王看照片。＞[受益]小红给小王梳头发。＞[被动]小王给她咳嗽醒了。

潘秋平《从语义地图看给予动词的语法化:兼论语义地图和多项语法化的关系》对这个问题做了理论上的探讨。

文章说,对于其演变途径,有两种意见。一种认为是多项语法化,如曹茜蕾、贝罗贝(2001,2006):

给予动词＞与格标记

给予动词＞使役标记＞被动标记(原文是英文,这里改用中文)

另一种认为是单项语法化,如张敏(2000)认为是:

给予动词＞(广义)与格标记＞使役标记＞被动标记

木村英树(2005)的看法与之相近:

给予动词＞受益者标记＞被动标记

哪一种看法更符合实际呢？

文章认为,对语法化研究的人文阐释可有多种结果,不容易证伪,而"语义地图模型"注重逻辑演算,可容证伪。张敏(2008)根据大量语料,制作了一幅"以处置和被动为核心的语义地图",在这幅语义地图上,"方向/接受者"和"受益者"的节点相连,但不和"使役"的节点直接相连。所以,"给予动词＞(广义)与格标记＞使役标记＞被动标记"的单项语法化链无法成立。而给予动词在语义地图上可以分别和"受益者"以及"使役—被动"相连,这就和"语义地图连续性假说"一致。如下图：

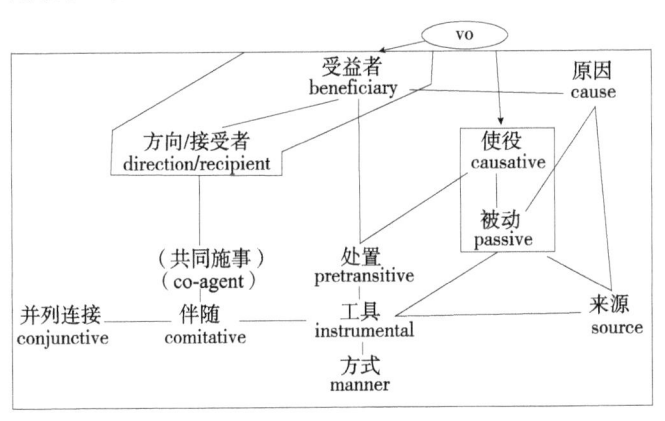

图9 多项语法化中的途径1和途径2

那么,是否可以在语义地图上把受益者和使役两个节点之间加一条线呢？不可以,因为"两个节点之间要相连,就必须保证在人类的众多语言中至少找到一个语言证明某个语法形式确实是同时具有这两个节点的功能"。但"这样的例子在迄今的语言材料中是没有的"。(275页)

文章进一步认为,"多项语法化中的两条路径不能在同一个语言里启动",也就是说,"多项语法化的两条不同的路径在某个特定的语言中呈现互补分布,因此一个语言只能启动一条。"(p.280)就给予动词的多项语法化来说,在汉语南方方言里启动的是"给予动词＞使役标记＞被动标记",在客家话、闽语、吴语、粤语等南方方言里,使役和被动标记都来自给予动词(把,俾,乞,互),而受益标记都不和使役、被动标记同形。在汉语北方方言里启动的是"给予动词＞受益标记",受益标记几乎毫无例外地都是由给予动词(给)发展过来的。在狄考文(Calvin Wilson Matter)《官话类编》(1900)中说:"给……is largely used in Southern Mandarin in a causative sense,… It is never so used in Central and Northern Mandarin."在一百年以前的北京话里,"给"不表示被动;在《红楼梦》和《儿女英雄传》里"给"有使役和被动用法,现代北京话里"给"表示被动,是受南方方言的影响。

文章还用Croft(1991)的"致使顺序假说"(Causal Order Hypothesis)来支持自己的两个语法化链条互补的论点,此处从略。

有一个问题值得注意。文章在第275页说:找不到一个语言证明某个语法形式同时具有使役和受益标记的功能。但在后面说,有人提出,"在东南亚语言中的使役和受益标记经常同形"。(p.284)作者解释说,这是语言接触的结果。这个问题是可以讨论的。"在东南亚语言中的使役和受益标记经常同形"是一个不争的语言事实,对这个语言事实可以有不同的解释:有人认为这是东南亚语言固有的属性,有人认为是语言接触的结果。当然,这两种解释都需要用更多的语言事实来证明,最后会看到,有一种对,有一种不对。这就说明,在语言研究中,人文阐释也还是需要的,而人文阐释也是可以证伪的。实际上,语义地图的制作也离不开语言材料的收集和分析,归根到底,语言材料的收集和分析是整个语言研究的基础。

参考文献

曹广顺　1987　《试说"快"和"就"在宋代的及有关的断代问题》,《中国语文》第 4 期。

曹广顺　2003/2006　《汉语语法史研究中的地域视角》,曹广顺、遇笑容《中古汉语语法史研究》,巴蜀书社。

常瀛生(爱新觉罗·瀛生)　1993　《北京土话中的满语》,北京燕山出版社。

陈前瑞　2008　《句末"也"体貌用法的演变》,《中国语文》第 1 期。

方一新　2010　《中古近代汉语词汇学》,商务印书馆。

黄晓雪　2015　《南北官话中"了₂"的来源及语法化路径》,Journal of Chinese Linguistics 43。

江蓝生　2013　《也说"汉儿言语"》,《近代汉语研究新论(增订本)》,商务印书馆。

蒋绍愚　2002　《"给字句""教字句"表被动的来源》,《语言学论丛》第 26 辑。

蒋绍愚　2015　《汉语历史词汇学概要》,商务印书馆。

蒋绍愚　2017　《近代汉语研究概要(修订本)》,北京大学出版社。

李崇兴　2008　《元代北方汉语中的语气词》,《历史语言学研究》第 1 辑。

李　炜　2002　《清中叶以来使役"给"的历时考察与分析》,《中山大学学报》第 3 期。

吕叔湘　1940/1984　《释您、俺、咱、喒,附论们字》,《汉语语法论文集》,商务印书馆。

吕叔湘著,江蓝生补　1985　《近代汉语指代词》,学林出版社。

木村英树　2005　《北京话"给"字扩展为被动句的语义动因》,《汉语学报》第 2 期。

潘秋平　2013　《从语义地图看给予动词的语法化:兼论语义地图和多项语法化的关系》,《语法化与语法研究(六)》,商务印书馆。

沈国威　2010　《近代中日词汇交流研究——汉字新词的创制、容受与共享》,中华书局。

孙锡信　1999　《近代汉语语气词》,语文出版社。

孙锡信主编,杨永龙副主编　2014　《中古近代汉语语法研究述要》,复旦大学出版社。
太田辰夫　1958/2003　《中国语历史文法(修订译本)》,蒋绍愚、徐昌华译,北京大学出版社。
太田辰夫　1991　《汉语史通考》,江蓝生、白维国译,重庆出版社。
谭代龙　2008　《义净译经身体运动概念场词汇系统及其演变研究》,语文出版社。
汪维辉　2005　《朝鲜时代汉语教科书丛刊》,中华书局。
汪维辉　2006　《论词的时代性和地域性》,《语言研究》第2期。
汪维辉、远藤光晓、朴在渊、竹越孝　2010　《朝鲜时代汉语教科书丛刊续编》,中华书局。
汪维辉、秋谷裕幸　2010　《汉语"站立"义词的现状与历史》,《中国语文》第4期。
杨永龙　2003　《不同的完成貌构式和早期的"了"》,《历史语言学研究》第2辑。
姚小平主编　2003　《海外汉语研究丛书》,外语教学与研究出版社。
张　赪　2014　《近代汉语使役句役事缺省现象研究——兼谈语言接触对结构形式和语义的不同影响》,《中国语文》第3期。
张美兰　2011　《明清域外官话文献语言研究》,东北师范大学出版社。
张美兰　2013　《汉语常用词历时演变的新视角——以版本异文为视角》,《合肥师范学院学报》第2期。
张美兰、刘曼　2013　《〈清文指要〉汇校与语言研究》,上海教育出版社。
张美兰　2018　《〈官话指南〉汇校与语言研究》,上海教育出版社。
志村良治　1967　《中国中世纪语法史研究》,江蓝生、白维国译,中华书局。
志村良治　1983/1995　《中国中世语法史研究》,江蓝生、白维国译,中华书局。
祖生利　2013　《清代旗人汉语的满语干扰特征初探——以〈清文启蒙〉等三种兼汉满语会话教材为研究的中心》,《历史语言学研究》第6辑。

(原载《陕西师大学报》2018年第3期)

先秦汉语的动宾关系和及物性

1 引言

一般把动词分为及物动词和不及物动词两大类，这主要是根据动词能否带宾语来区分的。近来也有人主张三分，即在上述两类之外再加上一类"作格动词"或"非宾格动词"。但深入考察一下就会发现，实际上，所谓"及物动词"只是能够带宾语，而不是在任何场合都带宾语；而所谓"不及物动词"却常常带使动宾语。

大概是因为有鉴于此，所以李佐丰(2004)把古代汉语的动词分为四类：一、真自动词；二、准自动词；三、真他动词；四、准他动词。但这四类没有明确的分类标准，而且"真他动词"也不是必须带宾语。宋亚云(2005)对上古汉语动词持三分的意见，又把"及物动词"分为两类："黏宾动词"(宾语不可以悬空的动词)和"中性动词"(宾语可以悬空的动词)。"黏宾动词"数量不多，有"犹""如""为""谓""曰"等。他举了10个"中性动词"和12个李佐丰所认定的"自动词"，根据先秦的10部古籍对它们带宾语和不带宾语的情况一一做了调查，调查得相当细致。但他的论文主要是研究作格动词，所以对及物动词和不及物动词没有展开谈。

　　这些问题是应该深入讨论的。讨论的第一步,应该是对语料做细致的调查,弄清各个时期一些主要动词带宾语的实际情况,在此基础上再进行分析研究。这样的调查工作量很大,显然不是短时所能完成的。本文对作格动词和不及物动词的问题不拟涉及,只讨论及物动词带宾语的问题。什么叫"及物动词"?本文的标准是:凡能带受事宾语、对象宾语、处所宾语的动词,不论其带宾语的比例是高是低,都看作及物动词;但一般所说的"作格动词",以及动词和宾语构成使动、意动还有所谓"为动"等关系的(其宾语不是动词的域内论元),都不看作及物动词。本文选择了四种不同类型的及物动词共 16 个,从语料的调查分析做起,以先秦有代表性的 10 部著作为依据,对这 16 个动词带宾语的情况进行调查、分析。然后,在此基础上讨论几个问题:一、这些词在什么情况下带宾语,在什么情况下不带宾语?二、带宾语的情况和这些词的词义是否有关系?三、带宾语的情况在后代有无变化?

　　本文选择的 16 个动词是:

　　　　一、动作动词:击、杀、执、举;食、衣、耕、织。

　　　　二、感知动词:听、闻、学、知。

　　　　三、位移动词:登、至。

　　　　四、感情动词:畏、惧。

　　本文选择的 10 种先秦语料是:

《论语》

《左传》

《国语》

《老子》

《墨子》

《孟子》

《庄子》

《荀子》

《韩非子》

《吕氏春秋》

此外,还参考了《尚书》《诗经》《周易》。

先看一个总表:

表 1

	带宾语次数	不带宾语次数	不带宾语占总数的百分比
击	138	32	19%
杀	900	148	14%
执	380	8	2%
举	45	6	12%
食	181	382	68%
衣	79	55	41%
耕	6	170	97%
织	12	26	68%
听	118	96	45%
闻	1131	208	15%
学	81	288	78%
知	1868	759	29%
登	69	37	33%
至	57	412	88%
畏	187	31	14%
惧	163	361	69%

对这些统计资料要有一个说明:这些语料中有些部分(如《庄子》的"杂篇")时代存在问题,但统计时不做严格区分。这些

词有些是多义词,统计时尽量把与本文讨论的词义无关的例句(如"杀"的"衰微"义,"至"的"极、最"义)排除在外,但有的不易区分(如"知道"的"知"和"智慧、知识"的"知"),只能放在一起统计。所以,上述统计资料不是很精确的。

不过,尽管如此,这些数据还是显示了一个大致倾向。这16个词一般都会看作是及物动词,但从统计资料来看,这些词都有时不带宾语,而且不同的词之间带宾语和不带宾语的比例出入很大。"耕"不带宾语的比例高达97%,"学"不带宾语的比例也达到78%。而"执"不带宾语的仅占2%。为什么同是"及物动词",但不带宾语的比例出入如此悬殊呢?这些是"及物动词",却有时不带宾语,这又是为什么?这和什么因素相关?这正是我们要讨论的。下面分类进行讨论。

2 动作动词:"击""杀""执""举"

动作动词分两组讨论。第一组是"击""杀""执""举"四个词。这四个词都是很典型的动作动词,其语义都是:人发出一个动作,直接涉及一个客体。既然这些动词都有明确的涉及对象,那么,按理,这个对象是应该在句中出现的,而且大多应该作为动词的宾语出现。果然,在总表中,这四个动词大多是带宾语的。但在总表中也可以看到,这四个动词都有不带宾语的例句。下面对四个动词分别讨论。

2.1 "击"

先秦10种文献里"击"不带宾语的共32例,可以分为如下

8类。下面把这32个例句按类一一列出。

一、连动共宾

例(1)是"击毁"两个动词连用,后边跟宾语"其器",虽然宾语没有紧跟在"击"之后,但实际上"击"还是有宾语的。

（1）孔子闻之,使子贡往覆其饭,击毁其器。（《韩非子·外储说右上》）

二、"自/相"＋"击"

实际上"击"的对象是自己或对方,这是很明确的。

（2）此以其能苦其生者也,故不终其天年而中道夭,自掊击于世俗者也。（《庄子·人间世》）

（3）昔赵文王喜剑,剑士夹门,而客三千余人;日夜相击于前,死伤者岁百余人,好之不厌。（《庄子·说剑》）

（4）庶人之剑,蓬头、突鬓、垂冠,曼胡之缨,短后之衣,瞋目而语难,相击于前,上斩颈领,下决肝肺。（《庄子·说剑》）

（5）严令使民无敢欢嚣……举手相探、相指、相呼、相麾、相踵、相投、相击、相靡以身及衣。（《墨子·号令》）

三、否定副词"不""弗"＋"击"（有的认为"弗＝不＋之",本文不采取这种看法。）

在先秦,如果是肯定句,在动词"击"后面要有"之",但是在否定句中,在动词后面都不带宾语。这在例(13)、例(14)中看得很清楚:在同一句中,"击"表肯定的后面有宾语"之",表否定的后面没有"之"。我们查检了先秦的语料,没有看到"不击之""弗击之""毋击之"之类的用法。

（6）敌至不击,将何俟焉？（《左传·文公十二年》）

（7）杨朱之弟杨布衣素衣而出。天雨,解素衣,衣缁衣

而反,其狗不知而吠之。杨布怒,将击之。杨朱曰:子毋击也。(《韩非子·说林下》)

(8)叔孙为丙铸钟,钟成,丙不敢击,使竖牛请之叔孙。(《韩非子·内储说上》)

(9)殖绰伐茅氏,杀晋戍三百人。孙蒯追之,弗敢击。(《左传·襄公二十六年》)

(10)夫刺之不入,击之不中,此犹辱也。臣有道于此,使人虽有勇弗敢刺,虽有力不敢击。(《吕氏春秋·顺说》)

(11)夫不敢刺、不敢击,非无其志也。(《吕氏春秋·顺说》)

(12)今王公大人,唯毋处高台厚榭之上而视之,钟犹是延鼎也,弗撞击将何乐得焉哉?(《墨子·非乐》)

(13)又曰:"君子若钟,击之则鸣,弗击不鸣。"(《墨子·非儒下》)

(14)应之曰:"夫仁人事上竭忠,事亲得孝,务善则美,有过则谏,此为人臣之道也。今击之则鸣,弗击不鸣,……是夫大乱之贼也!"(《墨子·非儒下》)

(15)王者有诛而无战,城守不攻,兵格不击,上下相喜则庆之,不屠城,不潜军,不留众,师不越时。(《荀子·议兵》)

四、"可"+"击"

"击"的受事出现在主语的位置上,"可击"后面不带宾语"之"。这也是上古汉语的规律,在先秦的语料中没有"可击之"的用法。

(16)子孔曰:"晋师可击也,师老而劳,且有归志,必大克之。"(《左传·襄公九年》)

(17)若使先济者知免,后者慕之,蔑有斗心矣。半济而后可击也。(《左传·定公四年》)

(18)先轸言于襄公,曰:"秦师不可不击也,臣请击之。"(《吕氏春秋·悔过》)

五、动词表类(type)

"击"不表示某一个发生在某时某地的具体的打击动作,而是表示这一类打击动作,它没有具体的时间地点,也没有明确的打击对象,因此在句中就没有宾语。这种动词,我们把它称为"动词表类(type)"。

(19)古者圣人为猛禽狡兽暴人害民,于是教民以兵行,日带剑,为刺则入,击则断,旁击而不拆,此剑之利也。(《墨子·节用中》)

(20)所以不受命于主有三:可杀而不可使处不完,可杀而不可使击不胜,可杀而不可使欺百姓:夫是之谓三至。(《荀子·议兵》)

(21)于是焉桀纣群居,而盗贼击夺以危上矣。(《荀子·正论》)

(22)夫韩,小国也,而以应天下四击,主辱臣苦,上下相与同忧久矣。(《韩非子·存韩》)

(23)天下无道,攻击不休,相守数年不已,甲胄生虮虱,燕雀处帷幄,而兵不归。(《韩非子·喻老》)

(24)今有利剑于此,以刺则不中,以击则不及,与恶剑无择。(《吕氏春秋·简选》)

(25)勇则能决断,能决断则能若雷电飘风暴雨,能若崩山破溃,别辨賫坠;若鸷鸟之击也,搏攫则殪,中木则碎。

(《吕氏春秋·决胜》)

(26)于是乎聚群多之徒,以深山广泽林薮,扑击遏夺。(《吕氏春秋·安死》)

六、动词指称化

指称化的动词后面没有宾语。

(27)齐人隆技击,其技也,得一首者,则赐赎锱金,无本赏矣。(《荀子·议兵》)

(28)故齐之技击,不可以遇魏氏之武卒;魏氏之武卒,不可以遇秦之锐士。(《荀子·议兵》)

七、省略宾语

(29)昔君之不纳公子重耳而纳晋君,是君之不置德而置服也。置而不遂,击而不胜,其若为诸侯笑何?(《国语·晋语三》)

(30)襄公曰:"先君薨,尸在堂,见秦师利而因击之,无乃非为人子之道欤?"先轸曰:"不吊吾丧,不忧吾哀,是死吾君而弱其孤也。若是而击,可大强。臣请击之。"(《吕氏春秋·悔过》)

例(29)"置而不遂,击而不胜"指的是秦穆公置晋惠公而没有达到自己的目的,如今晋惠公又率师前来,如果秦击之而不胜,将被诸侯耻笑。"置"和"击"的对象都是晋惠公。在一般情况下,"置"和"击"后面都应该有宾语"之",但句中没有。可能"置"的宾语是承上省略,而"击"的宾语是因为排比对偶之故,和"置"的宾语一样省略。例(30)"若是而击","击"的对象是明确的,即"秦师"。按照先秦的语法规则,后面应该有宾语"之";上文"见秦师利而因击之"和下文"臣请击之","击"后面都有"之"。

但"若是而击"后面没有"之"。一个可能是版本有误,毕沅注:"旧本注:一作'若是而弗击,不可大强'。""若是而弗击,不可大强"是合乎先秦语法的。另一个可能是承上文而省去宾语"之"。总之,像今本这样缺乏任何条件而不用宾语,在先秦是很少见的。下面的统计表中暂且把这一例归为"省略宾语"。

八、其他

"击"不是"打击"之义,见两例后面引的注。在下面统计表中这两例归入"其他",其实,这两例不应包括在"击(打击)"不带宾语的统计数中。

(31)鹏之徙于南冥也,水击三千里,抟扶摇而上者九万里,去以六月息者也。(《庄子·逍遥游》)王叔岷《庄子校释》:"《一切经音义》七八、《御览》九二七引'击'并作'激'。"

(32)仲尼曰:"若夫人者,目击而道存矣,亦不可以容声矣。"(《庄子·田子方》)宣云:"目触之而知道在其身。"

2.2 "杀"

"杀"在10种文献中共1048例,不带宾语的也有148例。但其类型大体和"击"一样,只是多了"表被动"一类。下面,前面的几类各举两例,表被动、省略宾语和其他多举几例,并略加讨论。

一、连动共宾

(33)及将归,杀而与之食之。(《左传·昭公二十三年》)

(34)施伯对曰:"杀而以其尸授之。"(《国语·齐语一》)

二、"自/相"+"杀"

(35)二子皆自杀。(《左传·昭公十三年》)

(36)若以天为不爱天下之百姓,则何故以人与人相杀,而天予之不祥?(《墨子·天志上》)

三、否定副词+"杀"

(37)入以告王,且曰:"必杀之。不戚而愿大,视躁而足高,心在他矣。不杀必害。"(《左传·襄公三十年》)

(38)吾有逸子,而弗能杀,吾又不死。(《左传·昭公二十一年》)

四、"可/宜"+"杀"

(39)左右皆曰可杀,勿听;诸大夫皆曰可杀,勿听;国人皆曰可杀,然后察之;见可杀焉,然后杀之。(《孟子·梁惠王下》)

(40)夫宜杀而不杀,桃李冬实。(《韩非子·内储说上》)

五、动词表类

(41)子曰:"不教而杀谓之虐;不戒视成谓之暴;慢令致期谓之贼。"(《论语·尧曰》)

(42)昔者舜使吏决鸿水,先令有功而舜杀之;禹朝诸侯之君会稽之上,防风之君后至而禹斩之。以此观之,先令者杀,后令者斩,则古者先贵如令矣。(《韩非子·饰邪》)

六、动词指称化

(43)子曰:"善人为邦百年,亦可以胜残去杀矣。"(《论语·子路》)

(44)怨恩取与谏教生杀,八者,正之器也;唯循大变无所湮者为能用之。(《庄子·天运》)

七、动词表被动

(45)八年,陈侯杀于夏氏。(《国语·周语中》)

(46)盆成括见杀,门人问曰:"夫子何以知其将见杀?"(《孟子·尽心下》)

(47)勇于敢则杀,勇于不敢则活。(《老子·七十三章》)

(48)故周威公身杀,国分为二。郑子阳身杀,国分为三。陈灵公身死于夏征舒氏;荆灵王死于干溪之上。(《韩非子·说疑》)

(49)成、齐庄不自知而杀,吴王、智伯不自知而亡,宋、中山不自知而灭,晋惠公、赵括不自知而虏,钻荼、庞涓、太子申不自知而死,败莫大于不自知。(《吕氏春秋·自知》)

(50)今昭公见恶稽罪而不诛,使渠弥含憎惧死以徼幸,故不免于杀,是昭公之报恶不甚也。(《韩非子·难四》)

八、省略宾语

(51)不谋而谏者,冀芮也;不图而杀者,君也。(《国语·晋语三》)注:言不与人谋而杀里克者,君之过也。

(52)虎之与人异类而媚养己者,顺也;故其杀者,逆也。(《庄子·人间世》)注:虎逆之则杀人。

(53)因令人告曹君曰:悬叔瞻而出之,我且杀而以为大戮。(《韩非子·十过》)

(54)中江,拔剑以刺王子庆忌,王子庆忌捽之,投之于江,浮则又取而投之,如八此者三。……要离曰:"……夫捽而浮乎江,三入三出,特王子庆忌为之赐而不杀耳。"(《吕氏春秋·忠廉》)

九、其他("杀"不带宾语的一些特殊用法)

(55)厉公田,与妇人先杀而饮酒,后使大夫杀。(《左传·成公十七年》)杀:指射猎。

(56)今梦黄熊入于寝门,不知人杀乎,抑厉鬼邪!(《国语·晋语八》)注:人杀,主杀人。

(57)毛以示物,血以告杀,接诚拨取以献具,为齐敬也。(《国语·楚语下》)注:明不因故也。杀:指新杀。

(58)盖杀者非周人,因殷人也。(《荀子·儒效》)杀者:所杀者。

(59)丈人智惑于似其子者,而杀于真子。(《吕氏春秋·疑似》)杀于真子:杀真子。

(60)叔孙有病,竖牛因独养之而去左右,不内人,曰:"叔孙不欲闻人声。"因不食而饿杀。(《韩非子·内上》)一本作"饿死"。

2.3 "执"

"执"在10种文献中共388例,不带宾语的共8例,全部列举如下:

一、动词表类

(61)天下神器,不可为。为者败之,执者失之。(《老子·二十九章》)

(62)为者败之,执者失之。是以圣人无为故无败,无执故无失。(《老子·六十四章》)

(63)如是,百姓劫则致畏,嬴则敖上,执拘则最(冣),得间则散,敌中则夺,非劫之以形执,非振之以诛杀,则无以有其下,夫是之谓暴察之威。(《荀子·强国》)

(64)始卒,沐浴、鬠体、饭唅,象生执也。(《荀子·礼论》)注:象生时所执持之事。

二、省略宾语

（65）若是若非，执而圆机；独成而意，与道徘徊。（《庄子·盗跖》）成云："圆机，犹环中也。执环中之道以应是非。"

（66）及臣得罪，近王者不见臣，县令者迎臣执缚，候吏者追臣至境上，不及而止。（《韩非子·外储说左下》）

三、其他

（67）吾相狗也，下之质，执饱而止，是狸德也；中之质，若视日；上之质，若亡其一。（《庄子·徐无鬼》）疏：执守情志，唯贪饱食。

（68）五听修领，莫不理续主执持。（《荀子·成相》）王念孙云：当为"孰主持"。

2.4 "举"

"举"（不包括"荐举、举用"的"举"）共51例，不带宾语仅6例，全部列举如下：

一、连动共宾

（69）盖上世尝有不葬其亲者，其亲死，则举而委之于壑。（《孟子·滕文公上》）

二、"自"+"举"

（70）魏王贻我大瓠之种，我树之成而实五石，以盛水浆，其坚不能自举也。（《庄子·逍遥游》）

三、否定副词+"举"

（71）然则一羽之不举，为不用力焉；舆薪之不见，为不用明焉；百姓之不见保，为不用恩焉。（《孟子·梁惠王上》）

(72)夫蹄马也者,举后而任前,肿膝不可任也,故后不举。(《韩非子·说林下》)

(73)天下有信数三:一曰智有所不能立,二曰力有所不能举,三曰强有所不能胜。(《韩非子·观行》)

四、动词表类

(74)诗曰:"将欲毁之,必重累之;将欲踣之,必高举之",其此之谓乎?累矣而不毁,举矣而不踣,其唯有道者乎!(《吕氏春秋·行论》)

2.5 动词不带宾语的情况

下面把这一组词不带宾语的情况列表如下:

表2

		击	杀	执	举
1	连动共宾	1	8		1
2	自/相+V	4	23		1
3	否定副词+V	10	22		3
4	可+V	3	8		
5	动词表类	8	38	4	1
6	动词指称化	2	24		
7	被动	0	15		
8	省略宾语	2	4	2	
9	其他	2	6	2	
	共计	32	148	8	6

及物动词在某些情况下可以不带宾语,这一点,在宋亚云(2005:47—48)中已经提到。他分析了上古汉语10个及物动词,把这些动词不带宾语的情况加以归纳,说:

上古汉语有些及物动词在下列条件之下,可以不带宾语,或者说宾语悬空:

（一）否定的施事主语句中，及物动词的宾语经常省略。

（二）连动式中，及物宾语经常省略。

1 狭义连动式中，动词宾语经常省略。

2 用连词"而""则""以"来连接两个及物动词的句子，其中一个动词的宾语常常省略。

（三）及物动词前面有"以"字介宾短语或"为"字介宾短语修饰，宾语常常省略。

（四）及物动词前面加"自""相""能""欲"，宾语常常省略。

（五）对偶句、排比句中，动词宾语常常省略。

（六）受事宾语提前形成受事主语句，此时及物动词可以悬空。

（七）动词作主宾语时，经常不带宾语。

他还分析了这些及物动词不带宾语的原因（宋亚云 2005：72—73）：

一、有的动词属于"施事动词"，主要用来陈述施事的行为和状态，对受事并不关注。如"胜"和"克"。（下略）

二、有的动词，所联系的宾语固定而单一，即使不说出来，也不会有歧义，比如"卜"。（下略）

三、有的动词在上古汉语时期词义具有综合性。……"食、耕、鼓、驾、发"之类……其词义结构中本身已包含其动作涉及的对象。（下略）

他的看法和本文大体相近。有些问题还可以进一步讨论。

2.6 关于"及物性"(Transitivity)

在进一步讨论前，先介绍一下 Hopper and Thompson(1980)

"Transitivity in Grammar and Discourse"关于"及物性"(Transitivity)的一些观点。这篇文章用了许多种语言的材料来加以论证,在学术界影响很大。

两位作者认为:"及物性……关系到整个小句的语法,而不仅仅是动词及其宾语之间的关系。"(Transitivity……is a matter of the grammar of the entire clause, rather than just the relationship between a verb and its object.)这是在两位作者的2001年的另一篇论文"Transitivity, Clause Structure, and Argument Structure: Evidence from Conversation"(Thompson and Hopper 2001:28)中说的,但可以概括"Transitivity in Grammar and Discourse"一文的观点。"及物性"是一个连续统(continuum),及物性有高低之分。

文章列出了"及物性"的10个参数(Hopper and Thompson 1980:252):

	HIGH	LOW
A. PARTICIPATS	2 or more participants, A and O	1 participant
B. KINESIS	action	non-action
C. ASPECT	telic	atelic
D. PUNCTUALITY	punctual	non-punctual
E. VOLITIONALITY	volitional	non-volitional
F. AFFIRMATION	affirmative	negative
G. MODE	realis	irrealis
H. AGENCY	A high in potency	A low in potency
I. AFFECTEDNESS OF O	O totally affected	O not affected
J. INDIVIDUATION OF O	O highly individuated	O non-individuated

这对本文的讨论很有参考价值。一方面,如文章所说,及物性不仅仅是动词和宾语的关系,及物性牵涉到句子的多种因素,文章所列的 10 个参数,有的和动词的情况有关,有的和宾语的情况有关,有的和主语(施事)的情况有关。我们不能简单地说是及物动词就有及物性,因为,不同的及物动词,会有"动作、状态"的不同(参数 B),有"有界、无界"的不同(参数 C),有"瞬间、持续"的不同(参数 D),有"自主、非自主"的不同(参数 E);即使是同一个动词,在不同的句子中,也会有"肯定、否定"的不同(参数 F),有"现实、非现实"的不同(参数 G),还会有施事"有生、无生"的不同(参数 H),有宾语情况的不同(参数 I,J)。这些都会使句子有或强或弱的及物性。所以,我们不能把所有能带宾语的"及物动词"同等看待,而要进一步分析。另一方面,我们可以看到,这些参数(包括动词本身的参数和其他方面的参数)会影响到动词所在的句子的"及物性"的强弱,而这对动词带宾语或不带宾语,会有很大的影响。本文所讨论的及物动词不带宾语的情况,很多可以从这个角度加以分析。

2.7 及物的动作动词不带宾语的情况

先看及物的动作动词不带宾语的情况。表 2 概括了"击""杀""执""举"四个动作动词不带宾语的情况。这些动作动词的语义是一个有生的主体(大多是人)发出一个有形(在时间空间中发生的、可以看得见的)的动作,传递和影响到对象,按说,这个对象应该在语言表述中出现,所以,在多数情况下,这些动词是带宾语的。那么,为什么这些动词有时不带宾语呢?我们按表 2 的类别分类讨论。

一、连动共宾

这是上古汉语中很常见的现象。第一个动词实际上有宾语，只不过被第二个动词（有时还被"而"等虚词）隔开了。这种情况无须多加解释。

二、"自/相"＋动词

这种情况动作的对象也是明确的。这也无须多加解释。

三、否定副词＋动词

"否定副词＋动词"后面不带宾语，这在先秦是很普遍的。魏培泉(2004:63)说："先秦否定句宾语用 Ø 是远比用'之'为常见的。"根据参数 F. AFFIRMATION:negative，否定句的及物性较低，因为其中的动词是未发生的，所以"否定副词＋动词"后面可以不带宾语。"否定副词＋动词"很多出现在受事主语句中，和肯定的受事主语句中动词带宾语的情况不同。肯定的受事主语句中，尽管受事主语在句首已经出现，但按照先秦的语法，动词后面总还是要有一个回指代词（resumptive pronoun，处在宾语位置而和主语同指的代词）"之"。而在否定句的受事主语句中，如果受事主语在句首已经出现，那么，动词后面就没有"之"（如:《墨子·非儒下》："君子若钟，击之则鸣，弗击不鸣。"），而且不能有"之"。我们调查了先秦的语料，无论是在受事主语句中，还是在施事主语句中，都没有发现"不击之""不杀之""不执之""不举之"的用法。(《韩非子·外储说左上》："中牟有士曰中章、胥己者，其身甚修，其学甚博，君何不举之?"是"何不/举之"。)

四、"可/宜"＋动词

情态动词后面的动词表示的是可以发生而尚未发生的动

作,是"非现实性"的,属于参数 G. MODE:irrealis。而且,情态动词"可"表示的不是施事可以怎样做,而是受事可被如何处置,所以,受事也都是作为主语出现在句首,而不出现在动词后面。"宜"有时也是如此,所以动词后面没有宾语。(但"宜"有时也表示施事该如何做,这时动词后面有宾语,如《吕氏春秋·悔过》:"过天子之城,宜橐甲束兵。")

五、动词表类

"表类"是动词不是表示在某个时间地点发生的、有特定对象的具体动作,而是表示可以发生在任何时间地点的、并无特定对象的这一类动作。和"表类"相对,如果一个动词表示在某个时间地点发生的具体动作,我们称之为"动词表例(token)"。

"动词表类"和"动词表例"的区别,可以从例(42)看得很清楚:

(42)昔者舜使吏决鸿水,先令有功而舜杀之;禹朝诸侯之君会稽之上,防风之君后至而禹斩之。以此观之,先令者杀,后令者斩,则古者先贵如令矣。(《韩非子·饰邪》)

前面的"舜杀之""禹斩之",动词"杀""斩"都是"表例",指一个发生在某个时间地点的、以"先令有功"之"吏"和"防风之君"为对象的具体动作。后面"先令者杀,后令者斩"的"杀""斩"都是"表类",指没有具体时间、地点和对象的一类动作("杀"的对象是"先令者","斩"的对象是"后令者",均已在句首出现,但这对象都是一类人,而不是具体的某个人)。

这里的"杀"和"斩"是不是表被动呢?不是。这可以比较《尚书·胤政》:"先时者杀无赦,不及时者杀无赦。"句中"杀无赦"连在一起,表明"杀"是施事(在句中没有出现)发出的动作,

"杀"的对象"先时者"已在句首出现,"杀"后面没有宾语。《胤政》虽是伪《古文尚书》,但《荀子·君道》引《书》曰:"先时者杀无赦,不逮时者杀无赦。"可见"杀"表类时不带宾语的用法是很早就有的。

"先令者杀,后令者斩"可以看作受事主语句或受事话题句。宋亚云(2005:48)说,"受事宾语提前形成受事主语句,此时及物动词可以悬空。"这个问题还需要进一步说明。受事主语句中的充当谓语的及物动词带不带宾语不能一概而论。如果及物动词是表例,绝大多数必须带回指宾语"之"。这可以说是上古汉语语法的一条规律(规律也有极少数例外,即宾语有时可以省略,见下第八段"省略宾语")。如:

(75)汤使亳众往为之耕,老弱馈食。葛伯率其民,要其有酒食黍稻者夺之,不授者杀之。(《孟子·滕文公下》)

如果是表类,那么,不带宾语的就比较常见。如"先令者杀,后令者斩"就是这样。这种不带宾语的情况在下面讨论动词"学"的时候可以见得更多。

表类的及物动作动词不带宾语,不但可以用在受事主语句中,还可以用在施事主语句中(例76),可以单独作为一个小句,用"然后"和另一个小句连接(例77)。

(76)子为善,谁敢不勉?多杀何为?(《左传·襄公二十一年》)

(77)夺然后义,杀然后仁,上下易位然后贞。(《荀子·臣道》)

表类的及物动作动词不是都不能带宾语,带宾语的情况也是有的。如以下例(78)、例(79)中的"杀"是表类,但带了宾语

"人";而例(80)更有意思,前面说"杀人"后面说"杀",说明表类的"杀"带宾语和不带都可以。不过,表类的"杀"如果带宾语,也是集体名词"人",不会是一个专有名词(如果是专有名词,"杀"就是表例而不是表类)。

(78)周书有之:"乃大明服。"己则不明,而杀人以逞,不亦难乎。(《左传·僖公二十三年》)

(79)杀人者死,伤人者刑,是百王之所同也。(《荀子·正论》)

(80)兵者不祥之器,非君子之器,不得已而用之,恬惔为上,故不美;若美之,是乐杀人。夫乐杀者,不可得意于天下。(《老子·三十一章》)

表类的"杀"是指没有具体时间、地点的一类动作,属于参数 C. ASPECT:atelic 和 G. MODE:irrealis;其对象不是某一个或某几个人,而是表类的"人",属于参数 J. INDIVIDUATION OF O:O non-individuated(对象是集体名词),所以,其所在的小句及物性是很弱的。正因为如此,所以表类的"杀"常常不带宾语。

除了上述表类的"杀"以外,表类的"杀"不带宾语还有一种很常见的形态:出现在"杀戮、杀伐、杀伤、斩杀、劫杀、囚杀"等双音词组中。据先秦10种文献的统计,"杀戮"共13次,其中9次不带宾语,4次带宾语,而其宾语都是集体名词:

(81)为刑罚威狱,使民畏忌,以类其震曜杀戮;为温慈惠和,以效天之生殖长育。(《左传·昭公二十五年》)

(82)故无攻战之乱,无杀戮之刑者,由此道也。(《庄子·达生》)

(83)纣刳比干,囚箕子,为炮烙刑,杀戮无时,臣下懔然

莫必其命。(《荀子·议兵》)

(84)杀戮之谓刑,庆赏之谓德。(《韩非子·二柄》)

(85)杀戮刑罚者,民之所恶也,臣请当之。(《韩非子·二柄》)

(86)释仪的而妄发,虽中小不巧;释法制而妄怒,虽杀戮而奸人不恐。(《韩非子·用人》)

(87)杀戮诛罚,民之所恶也,臣请当之。(《韩非子·外储说右下》)

(88)诛罚杀戮者,民之所恶也,臣当之。(《韩非子·外储说右下》)

(89)故居处饮食如此其不节也,制刑杀戮如此其无度也。(《韩非子·说疑》)

(90)故虽杀戮奸臣,不能使韩复强。(《韩非子·存韩》)

(91)简侮大臣,无礼父兄,劳苦百姓,杀戮不辜者,可亡也。(《韩非子·亡征》)

(92)简公在上位,罚重而诛严,厚赋敛而杀戮民。(《韩非子·外储说右下》)

(93)宋王谓其相唐鞅曰:"寡人所杀戮者众矣,而群臣愈不畏,其故何也?"(《吕氏春秋·淫辞》)

"劫杀"共8次,全都不带宾语(例略)。

这种双音词组,占了表2所统计的38例不带宾语的表类的"杀"的大部分。

在现代汉语中,如果一个单音及物动词比较常用的话,那么,这个动词和另一个同义动词构成的双音词,通常也只能带集体名词的宾语,不能带个体名词的宾语。比如:可以说

"读《红楼梦》""阅读小说",但不能说"阅读《红楼梦》"。可以说"找一根针""寻找针线",但不能说"寻找一根针"。也就是说,两个同义语素构成的双音动词往往是表类的。这种现象值得注意。不过,先秦汉语中双音及物动词词组也有表例的,见下 7.1.1。

六、动词指称化

指称化和表类的不同在于:表类还是在时间过程中展开的动作,指称化则是对某种动作的一个名称。指称化的及物动作动词都不具备带宾语的功能。

七、动词表被动

在上古汉语中,及物动词表被动可以用"V 于""见 V"等形式表示(如例 45、例 46),也可以单用一个动词表示(如例 47—例 50)。及物动词用于表被动时,动作的对象必然出现在动词前,动词后面不会有宾语。这无须多说。

需要讨论的是,是否所有及物动词都可以单用表被动?在上面一组动词中,只有"杀"有表被动的用法。这是为什么?是否可以说,动词单用表被动不能光表示受事遭受到某种动作,还要表示受事遭受某种动作后受事本身产生了某种变化。"杀"的词义包含了受事本身的变化(死),所以能单用表被动,"击、执、举"的词义不包含受事本身的变化,所以不能单用表被动。

说"杀"的词义包含受事本身的变化(死),这可以从例(48)、例(49)得到证明:这些例句中的"杀"在排比句中和"死""亡"处于相同的句法位置,其意义突显的是这个动作所造成的受事的变化"死"。

八、省略宾语

这指的是:在通常情况下,这些句子中的动词是应该带宾语的,至少要带一个"之"。但在这些句子中,没有带宾语(不过,宾语都可以补出)。所以,我们认为是宾语省略。这种省略的条件是什么?现在还找不出普遍使用的条件。大体说来,可以说是承上省略,如例(30)、例(52)—例(54);有时,在排比、对偶句中也容易形成省略。例见下。

2.8 小结

这里做一个小结:及物的动作动词其对象通常要在句中出现,所以,多数要带宾语。不带宾语的情况可以概括为以上八种。其中一、二两种,其实动作的对象已在前面出现。第三至五类不带宾语,都和句子的及物性较弱有关。第六类动词既已指称化,就丧失了带宾语的功能。第七类表被动,不带宾语是正常的。第八类省略宾语,条件还不太清楚。这几条不但适用于及物的动作动词,也适合于其他类及物动词。下面分析其他类动词时,与此相同的就略去不说,着重讨论别的问题。

3 动作动词:"食""衣""耕""织"

下面讨论及物的动作动词的另一类。本文选了四个动词加以讨论:"食""衣""耕""织"。

这一类和上一类的最大不同是:这些动词动作的对象已经包含在动词本身的语义构成之中,正因为如此,所以在句法组合中,其对象通常不作为宾语出现。这4个动词带宾语、不带宾语的次数和不带宾语的比例见表1。

3.1 "食"和"衣"

先重复一下表1的数字：

食：（不包括"祥吏切"的"食"）带宾语181例，不带宾语382例。不带宾语的占68%。

衣：带宾语79例，不带宾语55例。不带宾语的占41%。

关于"食"和"衣"带宾语和不带宾语的情况，在拙文《词汇、语法和认知的表达》(2011)中已经做了分析。简单地说就是：当"食"的语义构成中包含了其对象"饭"，"衣"的语义构成中包含了其对象"衣服"的时候，它们不带宾语。当人们要表达吃的是饭以外的什么东西的时候，要表达穿的是什么质料、什么颜色、什么样式的衣服的时候，它们要带宾语。这个问题此处不重复。这里要讨论的是：从表1的统计来看，"衣"带宾语的比例要比"食"高，这是为什么？我认为这是可以解释的。

"食"带宾语大致有这几类：

宾语是食物的种类（"饭食"以外的各种食物）共96例，如：食肉、食鱼、食粟、食粥。宾语是"之"（共71例）。宾语是"食"的凭借(11例)，如：食禄，食其征。（"靠俸禄吃饭""靠赋税吃饭"，这一类"食"的对象"饭"实际上仍然包含在"食"的语义构成中。）

"衣"带宾语大致有这几类：

宾语是衣服的质料（共33例），如：衣裘、衣锦、衣丝、衣褐。宾语是衣服的颜色（共24例），如：衣紫、衣素、衣缁衣。宾语是衣服的种类（共18例），如：衣偏衣、衣王服、衣甲。宾语是"之"（共3例）。

从语言的表达来看,"食"的情况是:说吃普通饭食的时候,"饭食"包含在动词"食"的语义构成中,所以"食"不带宾语;说吃饭食以外食物的时候,要用宾语表示饭食以外的食物。人们表达吃普通饭食的多,吃普通饭食以外食物的少,所以,不带宾语:带宾语=382:96。不带宾语的远多于带宾语的。

而"衣"的情况是:只说穿衣服的时候,"衣服"包含在动词"衣"的语义构成中,所以"衣"不带宾语;而要说出穿什么质料、什么颜色、什么式样的衣服的时候,要用宾语表达。人们只表达穿衣服的较少,而表达穿什么质料、什么颜色、什么样式的衣服的较多,所以,不带宾语:带宾语=55:75(33+24+18)。不带宾语的少于带宾语的。

但是,为什么"食之"那么多(71例),"衣之"那么少(3例),这还不好解释。

3.2 "耕"和"织"

先重复一下表1的数字:

耕:带宾语6例,不带宾语170例。不带宾语的占97%。

织:带宾语12例,不带宾语26例。不带宾语的占68%。

为什么"耕"不带宾语的比例那么高?这是因为"耕"的对象很单纯,只能是"田/地",它已包含在动词"耕"的语义构成中,所以不再带宾语。至于10种文献中出现的几处"耕田",都是可以解释的:

(94)万章问曰:"舜往于田,号泣于旻天,何为其号泣也?"孟子曰:"怨慕也。"万章曰:"父母爱之,喜而不忘;父母恶之,劳而不怨。然则舜怨乎?"曰:"长息问于公明高曰:

'舜往于田,则吾既得闻命矣;号泣于旻天,于父母,则吾不知也。'公明高曰:'是非尔所知也。'夫公明高以孝子之心,为不若是恝,我竭力耕田,共为子职而已矣,父母之不我爱,于我何哉?"(《孟子·万章上》)

(95)故泽人足乎木,山人足乎鱼,农夫不斲削、不陶冶而足械用,工贾不耕田而足菽粟。(《荀子·王制》)

(96)今上急耕田垦草以厚民产也,而以上为酷。(《韩非子·显学》)

(97)宋人有耕田者,田中有株,兔走,触株折颈而死。(《韩非子·五蠹》)

例(94)是为了照应上文的"舜往于田",例(95)、例(96)是为了韵律("斲削""陶冶""垦草"都是双音节)。例(97)旧本有"田"字,但《艺文类聚》《太平御览》所引均无,所以应删。

(98)是故天子亲率诸侯耕帝籍田。(《吕氏春秋·孟春纪》)

(99)百亩之田,匹夫耕之,八口之家足以无饥矣。(《孟子·尽心上》)

(100)王耕一墢,班三之,庶民终于千亩。(《国语·周语》)

例(98)"耕"的对象是"籍田",所以必须说出来。例(99)的宾语"之"是回指。例(100)的"一墢"是数量宾语,实际上"耕"的对象"田"仍然包含在动词"耕"的语义构成中。

"织"带宾语的为什么比"耕"多?这是因为"织"的对象不仅仅是"布",还可以是其他对象,这时就要用宾语说出。略举几例如下:

(101)妾织蒲。(《左传·文公二年》)

(102)其徒数十人,皆衣褐,捆屦,织席以为食。(《孟子·滕文公上》)

(103)鲁人身善织屦,妻善织缟,而欲徙于越。(《韩非子·说林上》)

4 感知动词:"听""闻""学""知"

下面讨论一组感知动词(表感受和认识的动词):"听""闻""学""知"。

感知动词和动作动词不同,动作动词是主体发出动作直接施加于对象,对对象产生影响,通常会使对象发生变化。而感知动词是主体去感受或认识对象,对象本身不发生变化,只是主体的感受或认识发生变化。按理说,表达这种活动的句子,及物性是较低的(参数 I. AFFECTEDNESS OF O:O not affected)。但在语言表达时,这种对象一般还是要用宾语说出,所以,这组动词除了"学"以外,带宾语的都高于不带宾语的。下面把表1中有关的统计重复一下:

	带宾语	不带宾语	不带宾语的比例
听	118	96	45%
闻	1131	208	15%
学	81	288	78%
知	1868	759	29%

4.1 "听"和"闻"

"听"和"闻"有关。"听"是主体发出的感官动作,去感受外界的声音。"闻"是"听"的结果,主体感受到了外界的声音。如果从"主观性"的参数 B. KINESIS 和 E. VOLITIONALITY 来说,似乎用"听"的句子比用"闻"的句子及物性要高,"听"应该比"闻"更多地带宾语。但从统计数来看,"闻"不带宾语的比例为15%,而"听"不带宾语的比例高达45%,这是为什么?

要回答这个问题,就必须深入地看一看,"听"和"闻"不带宾语的各有多少小类,每个小类有多少例句,并把两者做一比较。请看表3:

表3

	听	闻
连动共宾	1	24
自/相+动词	0	12
否定副词+动词	7	67
可+动词	0	15
动词表类	70	41
动词指称化	2	14
动词表被动	0	27
宾语省略	2	0
其他	14(听言、听政)	8(使之闻、报告)
共计	96	208

如果进一步分析语料,就可以看到,"听"不带宾语的96次中,动词表类70次,占全部"听"(214例)的33%。也就是说,在"听"不带宾语的比例45%中,有33%的比例是由"听"的表类造成的。表类的"听"例句如下:

(104)子曰:"道听而涂说,德之弃也!"(《论语·阳货》)

(105)一耳之听也,不若二耳之听也。(《墨子·尚同下》)

(106)天之处高而听卑。(《吕氏春秋·制乐》)

(107)故人主之听者与士之学者,不可不博。(《吕氏春

秋·似顺》)

表类的"听"常与"视"并用,共有 35 次。举 2 例如下:

(108)视思明,听思聪。(《论语·季氏》)

(109)立无跛,视无还,听无耸,言无远。(《国语·周语下》)

表类的"听"只表示一种抽象的感官动作:"感受外界的声音",动作本身就隐含泛指的对象"外界的声音",而没有具体的对象,所以不带宾语,而且不能加上宾语"之"。这种感官动作在语言表达中是常常说到的。正因为表类的"听"很多,所以"听"不带宾语的比例很高。

而"闻"表类的远不如"听"多,在 10 种文献中共 41 次,只占全部"闻"(1339 例)的 3%。如:

(110)多闻阙疑,慎言其余,则寡尤;多见阙殆,慎行其余,则寡悔。(《论语·为政》)

(111)凡耳之闻以声也,今不闻其声,而以其容与臂,是东郭牙不以耳听而闻也。(《吕氏春秋·重言》)

(112)闻而审则为福矣,闻而不审,不若无闻矣。(《吕氏春秋·察传》)

(113)君臣不定,耳虽闻不可以听,目虽见不可以视,心虽知不可以举,势使之也。(《吕氏春秋·任数》)

为什么表类的"闻"出现频率很低?这是因为"闻"作为"听"的结果,通常要说出听到了什么声音,也就是说,"闻"的对象通常要出现。表 3 显示,"否定副词+闻"的数量较多(67 例),但这种句子中"闻"的对象多数是出现了的,只是作为前置的受事出现,而不作为宾语出现。

可以和表类的"闻"对比的是"闻之"。"闻之"的"之"有的是不定指(non-referential),多数是"前指(anaphoric)"或"后指(cataphoric)",例如:

(114)不闻不若闻之,闻之不若见之,见之不若知之,知之不若行之。(《荀子·儒效》)

(115)或曰:"孰谓鄹人之子知礼乎?入大庙,每事问。"子闻之曰:"是礼也。"(《论语·八佾》)

(116)吾闻之:国将兴,听于民;将亡,听于神。(《左传·庄公三十二年》)

(117)吾闻之曰:"忠信,礼之器也;卑让,礼之宗也。"(《左传·昭公二年》)

(118)对曰:"吾闻之先姑曰:'君子能劳,后世有继。'"(《国语·鲁语下》)

(119)曰:"子闻之也,舍馆定,然后求见长者乎?"(《孟子·离娄上》)

例(114)的"之"是不定指。这种"闻之"很少(关于"不定指"和这个例句的分析,将在下一节谈到)。例(115)的"之"是前指,指前面有人说的那句话。这种"闻之"最多。例(116)—例(119)的"之"是后指,指后面所引的那句话。这种"闻之"也不少。不论是前指还是后指,"闻"的对象都是具体的,"闻"是表例。在先秦10种文献中,"闻之"共452例,是表类的"闻"(不带宾语,41例)的11倍。

与此相反,在先秦10种文献中,"听之"50次,是表类的"听"(不带宾语,70例)的71%。

可见,"听"用于表类多,因此不带宾语多。"闻"用于表例多,因此不带宾语少。这两个动词虽然语义相关,但带宾语的情况却不一样。

4.2 "学"和"知"

"学"和"知"的关系类似于"听"和"闻"。前者是人的感知动作,后者是这种动作的结果。"听"的结果是"闻","学"的结果是"知"。同样的,"学"不带宾语的比例高,"知"不带宾语的比例低。

4.2.1 "学"

特别是"学",不带宾语的比例高达 78%。为什么"学"不带宾语的比例那么高?这是值得讨论的。我认为,可能有两个原因。

首先,"学"是人的一种基本的认识活动:获得原先没有的知识或本领。这种认识活动当然是有对象的,但当人们表达这种基本活动时,常常已经把对象隐含在内,所以"学"用作表类或指称时不带宾语。人们用表类或指称的"学"来表达这种基本活动的概率很高,所以"学"不带宾语的比例会很高。这一点,是和"听"相同的。

我们还可以用一个与"学"意义相近的动词"习"来做比较。动词"习"在先秦 10 种文献里共 40 例,其中带宾语的 30 例,不带宾语的 10 例,不带宾语的占总数的比例为 25%。不带宾语的 10 例里,包括"否定副词+习"3 例,"习于××"1 例。在"否定副词+习"的句子中,"习"的对象实际上是作为前置的受事而出现的;"习于××"里的"××"就是"习"的对象,只不过是以补语的形式出现。剩下的 6 例,主要是"习"用于表类。"习"用于表类的少,不带宾语的就少。为什么"习"很少用于表类?因为在表达"学习"这种基本的认识活动时,绝大多数用"学"不用

"习"。可以这样说:一个感知动词,用于表类的多,不带宾语的就多;用于表类的少,不带宾语的就少。

其次,这可能与我们选择的文本有关。我们选择的先秦10种文献,大多是讲哲理的,常常把"学"作为一种基本的认识活动来谈论,所以常常用表类或指称的"学"。如:

(120)学而不思则罔,思而不学则殆。(《论语·为政》)

(121)君子必学。(《墨子·公孟》)

(122)君子曰:学不可以已。(《荀子·劝学》)

(123)能全天之所生而勿败之,是谓善学。(《吕氏春秋·尊师》)

而在叙事性的文献中,这种表类或指称的"学"就会减少,从而不带宾语的比例降低。如:

《左传》:动词"学"23例。其中带宾语10例,不带宾语13例(包括"否定副词+学"4例,表类和指称9例)。不带宾语的比例为57%,表类和指称的比例为39%。

《史记》:动词"学"119例。其中带宾语58例,不带宾语61例(包括"否定副词+学"6例,表类和指称55例)。不带宾语的比例为51%,表类和指称的比例为46%。

4.2.2 "知"

"知"不带宾语的占总数的29%,和"学"相比少得多。这种情形与"闻"和"听"一样,在此不必赘述。

这里要讨论的问题是:在上古汉语中,"知"在什么情况下必须带宾语,在什么情况下不带宾语?

在《论语》中,动词"知"带宾语与不带宾语的比例为67:16,在不带宾语的16次中,"不知"8次,"可知"8次。也就是说,除了"不知"和"可知"外,其余的"知"全都带宾语。(这个统计排除表"知识"的"知"和读作"智"的"知"。)带宾语和不带宾语的区分是很清楚的。

但是在《论语》中,有些问题还需要讨论。

在《论语》中,有些动词"知"后面带宾语"之",但"之"的所指不很清楚,用今天的眼光来看,似乎这个宾语"之"是多余的。比如:(《论语》原文后面是杨伯峻《论语译注》的译文。)

(124)子曰:"由,诲女知之乎?知之为知之,不知为不知,是知也。"(为政)

孔子说:"由!教给你对待知或不知的正确态度吧!知道就是知道,不知道就是不知道,这就是聪明智慧。"

(125)子曰:"知之者不如好之者,好之者不如乐之者。"(雍也)

孔子说:"[对于任何学问和事业]懂得它的人不如喜爱它的人,喜爱它的人又不如以它为乐的人。"

(126)子曰:"我非生而知之者,好古,敏以求之者也。"(述而)

孔子说:"我不是生来就有知识的人,而是爱好古代文化,勤奋敏捷去求得来的人。"

(127)孔子曰:"生而知之者,上也;学而知之者,次也;困而学之,又其次也。"(季氏)

孔子说:"生来就知道的是上等,学习然后知道的是次一等,实践中遇见困难,再去学它,又是再次一等。"

这些"之",译文有的译出(如例125),有些没有译出(如其余3例),没有译出的句子中,似乎"之"是多余的。这个问题该怎样看呢?

例(125)把"之"译为"它"是对的,因为这一句里"知之"和"好之""乐之"并提,显然"之"是有所指的。不过"之"指代的对象并没有在句中出现,所以译文又在前面加上了[对于任何学问和事业],这样理解是正确的。准确地说,这种"之"应该是"不定指(non-referential)",指某一类事物中的任何一个,至于究竟是哪一类事物,那是由上下文来决定的;而且这种"之"所指的对象,无法用一个实词或代词来表示,也不会在句首出现,也就是说,这种"之"是没有先行语(antecedent)的(参见Harbsmeier 2012)。

其实,其余3例中那些没有译出来的"之"多数也是这种性质的不定指。仔细观察一下,例(126)中的"知之"也是和下文的"求之"并提的,"求之"的"之"显然有所指,不过也是不定指,指知识中的任何一种;那么,"知之"的"之"应该和"求之"的"之"相同,也是指知识的任何一种。例(127)"生而知之者"的"之"也是一样。例(124)"知之为知之"的理解,也应该和例(125)一样,在前面加上[对于任何事情],"知之"的"之"指的就是"任何一件事情"。这种不定指在现代汉语中比较少见,所以,对上古汉语中的这种不定指的"之"不容易理解,粗略地看,就会认为这种"之"没有意义,认为这种"知之"就等于"知"。这是不对的。

其他文献中也有这类句子。如:

(128)彼学者,行之,曰士也;敦慕焉,君子也;知之,圣人也。(《荀子·儒效》)注:知之谓通于学也。

(129)法后王,一制度,隆礼义而杀诗书;其言行已有大法矣,然而明不能齐法教之所不及,闻见之所未至,则知不能

类也;知之曰知之,不知曰不知,内不自以诬,外不自以欺,以是尊贤畏法而不敢怠傲:是雅儒者也。(《荀子·儒效》)

(130)不闻不若闻之,闻之不若见之,见之不若知之,知之不若行之。……故闻之而不见,虽博必谬;见之而不知,虽识必妄;知之而不行,虽敦必困。(《荀子·儒效》)

(131)孔子曰:"由志之!吾语汝:奋于言者华,奋于行者伐,色知而有能者,小人也。故君子知之曰知之,不知曰不知,言之要也;能之曰能之,不能曰不能,行之至也。(《荀子·子道》)

例(128)也应该在整个"行之……圣人也"前面加上[对于任何事情和道理],"行之""知之"的"之"指的就是"任何一件事情和道理"。例(129)也一样。例句中的"知不能类也"是说其知识不足以类推,所以有的事情就知道,有的事情就不知道。"知之曰知之,不知曰不知",是说知道某件事情就说知道,不知道某件事情就说不知道。例(130)"知之"和"闻之""见之""行之"的"之"都指某件事情,是不定指。例(131)说"知之曰知之,不知曰不知,言之要也",可见"知之曰知之,不知曰不知"是君子的言谈,在言谈中说到"知之"和"不知",总是对某一件事情而言,所以"之"是有所指的,只不过所指的对象在句中没有出现,"之"既不是"前指",也不是"后指",而是"不定指"。

在上古汉语中,"知"后面的回指宾语"之"通常是不可少的。如下面的例句:

(132)天子为政于三公诸侯士庶人,天下之士君子固明知。(《墨子·天志上》)毕沅云:"当云'明知之'也。"俞樾云:"'固明知'句文气未足。"孙诒让云:"案:'固明知'下,当有'之'字。"

三位学者一致认为"明知"后面还应该有个"之"字。虽然他们没有从句法的角度加以分析,但他们的语感无疑是正确的。

上古汉语中"知"不带宾语的情况,也有表2中所列的8类。《论语》中只有"不知""可知"两类,其余6类在其他文献中都能找到,此处不一一列举。下面着重讨论几种情况。

一、"知"为表类

(133)无始曰:"不知,深矣;知之,浅矣;弗知内矣,知之外矣。"于是泰清卬而叹曰:"弗知,乃知乎?知,乃不知乎?孰知不知之知?"(《庄子·知北游》)

(134)今夫惑者,非知反性命之情,其次非知观于五帝、三王之所以成也,则奚自知其世之不可也?奚自知其身之不逮也?太上知之,其次知其不知。不知则问,不能则学。周箴曰:"夫自念斯,学德未暮。"学贤问,三代之所以昌也。不知而自以为知,百祸之宗也。(《吕氏春秋·谨听》)

(135)故天子不视而见,不听而聪,不虑而知,不动而功。(《荀子·君道》)

(136)道在不可见,用在不可知。虚静无事,以暗见疵。见而不见,闻而不闻,知而不知。(《韩非子·主道》)

(137)君臣不定,耳虽闻不可以听,目虽见不可以视,心虽知不可以举,势使之也。凡耳之闻也藉于静,目之见也藉于昭,心之知也藉于理。君臣易操,则上之三官者废矣。亡国之主,其耳非不可以闻也,其目非不可以见也,其心非不可以知也,君臣扰乱,上下不分别,虽闻曷闻,虽见曷见,虽知曷知,驰骋而因耳矣,此愚者之所不至也。(《吕氏春秋·

任数》)

(138)臣闻:"不知而言,不智;知而不言,不忠。"(《韩非子·初见秦》)

(139)申子曰:"治不逾官,虽知不言。"治不逾官,谓之守职也可;知而弗言,是谓过也。人主以一国目视,故视莫明焉;以一国耳听,故听莫聪焉。今知而弗言,则人主尚安假借矣?(《韩非子·定法》)

(140)问而不诏,知而不为,和而不矜,成而不处。(《吕氏春秋·审分》)

例(133)前面"无始曰"的两次带"之"的"知"是表例,"之"是不定指,"知"是对某个事物的认识;后面"泰清曰"的不带"之"的"知"是表类,是抽象的认知功能。这句是由对某个事物的"知"与"不知"谈到什么是抽象的"知"(认知功能),表例和表类的区分很清楚。例(134)也是这样,前面带宾语的几个"知"是表例,是说对某一事物的"知";后面"不知而自以为知"是总结,"知"是表人的认知功能的"知"。例(135)—例(137)的"知"和"见""闻"等并提,表达的是人的一种认知功能,而不是一个具体的动作。例(138)—例(140)的"知"也不是对某一事物的"知",而是对任何事物的"知"。这种"知"后面都不能带宾语"之",如果加了"之",就变成对某一事物的"知"了,所以都是表类。

二、"知"表被动

既然表被动,"知"的后面就没有宾语。这和前面讨论过的单个的"杀""闻"表被动一样,都出现在战国末期的文献中。

(141)明君使人无私,以诈而食者禁;力尽于事,归利于上者必闻,闻者必赏;污秽为私者必知,知者必诛。

(《韩非子·难三》)

(142)夫奸必知则备,必诛则止;不知则肆,不诛则行。……不知,则曾、史可疑于幽隐;必知,则大盗不取悬金于市。(《韩非子·六反》)

(143)此其臣有奸者必知,知者必诛。(《韩非子·八说》)

三、宾语省略

宾语省略在前面讨论的一些动词的用法中也曾见到。但"知"的宾语省略比较多。如:

(144)以公命取车于道,及耏,众知而东之。(《左传·哀公十四年》)杨伯峻注:"知其假公命取车。"

(145)对曰:"公家之利,知无不为,忠也;送往事居,耦俱无猜,贞也。"(《左传·僖公九年》)

(146)知道易,勿言难。知而不言,所以之天也;知而言之,所以之人也;古之人,天而不人。(《庄子·列御寇》)

(147)宋无罪而攻之,不可谓仁;知而不争,不可谓忠;争而不得,不可谓强。(《墨子·公输》)

(148)人何以知道?曰心。心何以知?(《荀子·解蔽》)

(149)日者大王欲破齐,诸天下之士,其欲破齐者,大王尽养之;知齐之险阻要塞臣之际者,大王尽养之;虽知而弗欲破者,大王犹若弗养;其卒果破齐以为功。(《吕氏春秋·应言》)

(150)陈侯不知其不可使,是不知也;知而使之,是侮也。(《吕氏春秋·遇合》)

(151)攻伐之与救守一实也,而取舍人异,以辩说去之,终无所定论。固不知,悖也;知而欺心,诬也。(《吕氏春秋·振乱》)

这些例句中很多是"知而××",似乎和上面说的"表类"中的一些例句一样;为什么这里说它们是宾语省略呢?因为这些例句中前面都已出现过带宾语的"知",后面不带宾语的"知"显然和前面带宾语的"知"是同一个,所以,我们把它们看作宾语承上省略。如例(144)说的是"知其假公命取车",所以使车东行(参见杨伯峻注)。例(145)"知"的是"公家之利"。例(146)"知"的宾语是"道"。例(147)"知"的是"宋无罪"。例(148)"知"的宾语是"道"。例(149)"知"的是"齐之险阻要塞臣之际"。例(150)"知"的是"其不可使",例(151)"知"的是"攻伐之与救守一实也"。这些句子中"知"的对象在上文已经出现,所以"知"后面的宾语承上省略了。

这样的宾语省略在《诗经》中就已能见到。如:

(152)夫也不良,国人知之。知而不已,谁昔然矣。(《诗经·陈风·墓门》)

这两个"知"的对象都是"夫也不良",但前面说"知之",后面说"知"。其实,后面说"知之而不已"也是可以的,但因为不符合诗歌的四字格式,所以把宾语"之"承上省去。

有的句子,究竟是宾语承上省略,还是因为版本的关系而宾语脱文,尚难以确定。如:

(153)有相与讼者,子产离之而毋得使通辞,到其言以告而知也。(《韩非子·外储说左上》)

"知"后无"之"。但在《韩非子》另一篇中,"知"后有"之":

(154)有相与讼者,子产离之而无使得通辞,倒其言以告而知之。(《韩非子·内储说上》)

下面的例(155),就不能看作宾语承上省略了。按照上古汉语的句法,这种受事主语句在句末要有一个回指代词"之",应该说成"疏贱者知之,亲习者不知"。而在《吕氏春秋》里,这个受事主语句句末没有"之"。这是一种句法的历史变化,说明这种句法规则到战国后期开始松动了。

(155) 季成,弟也,翟璜,友也,而犹不能知,何由知乐腾与王孙苟端哉? 疏贱者知,亲习者不知,理无自然。(《吕氏春秋·举难》)

5 位移动词:"登"和"至"

下面讨论两个位移动词:"登"和"至"。

这两个位移动作有终点,终点可以用处所宾语表示。但处所宾语的及物性不强(参见及物性的参数 I. AFFECTEDNESS OF O)。而且,终点可以不一定用宾语表达,所以不带宾语的比较多。但两个词又各有自己的个性,不带宾语的比例相差很多。

先把表1的有关资料重复一下:

	带宾语次数	不带宾语次数	不带宾语占总数的百分比
登	69	37	33%
至	57	412	88%

5.1 "登"

动词"登"表示人体(或动物)从低处上到高处。低处是位移的出发点,高处是位移的终点。动词"登"可以带宾语,也可以不带宾语。从先秦10部文献看,带宾语的多于不带宾语的。

"登"带宾语 69 次,宾语表示"登"的终点:高于地面的自然

物或建筑物。在先秦 10 部文献中,有如下一些:

山 11、台 10、天 5、高 5、车 5、丘 4、城 4、陴 3、屋 3、床 2、轼 2、之 2、山陵、虚、隅、库、观、极、席(各 1)、地名 6。

举两个例句:

(156)公既视朔,遂登观台以望。(《左传·僖公五年》)

(157)孔子登东山而小鲁,登泰山而小天下。(《孟子·尽心上》)

不带宾语 37 次。不带宾语时,"登"的终点如何表示?可分为三种情况:

一、"登"的终点用介词"乎/于"引进(终点为山、丘、明堂)。4 次。如:

(158)《周志》有之:"勇则害上,不登于明堂。"(《左传·文公二年》)

(159)黄帝游乎赤水之北,登乎昆仑之丘而南望,还归,遗其玄珠。(《庄子·天地》)

二、"登"的终点在前面出现。2 次。如:

(160)三尺之岸而虚车不能登也,百仞之山任负车登焉,何则?(《荀子·宥坐》)

(161)乃下令曰:明日且攻亭,有能先登者,仕之国大夫,赐之上田宅。(《韩非子·内储说上》)

三、"登"的终点在上下文中不出现,但根据整个语境可以知道。32 次。

在先秦 10 部文献中,主要有两种语境:一是战争的语境,"登"的终点必然是"城"。一是礼仪的语境,"登"的终点必然是"堂"。各举两例:

(162)颖考叔取郑伯之旗蝥弧以先登。(《左传·隐公十一年》)

(163)或献诸子占,子占使师夜缒而登。(《左传·昭公十九年》)

(164)其右提弥明知之,趋登,曰:"臣侍君宴,过三爵,非礼也。"(《左传·宣公二年》)

(165)卫孙文子聘于鲁,公登亦登。(《左传·襄公七年》)

也有"登"表示"登车"的,如:

(166)狐突适下国,遇大子。大子使登,仆,而告之曰:……(《左传·僖公九年》)

这也是根据"适下国,遇大子"和"仆(驾车)"的语境而知其终点为"车"的。

5.2 "至"

"至"表示位移后到达终点。"至"带宾语的57次,不带宾语的412次。

"至"的宾语表示到达的终点。这种形式,在较早的文献中不多,《春秋经》1例、《国语》1例、《墨子》2例、《庄子》6例、《荀子》3例,其余均见于《韩非子》和《吕氏春秋》。如:

(167)公如晋,至河,乃复。(《春秋经·昭公二年》)

(168)内史过从至虢,虢公亦使祝、史请土焉。(《国语·周语上》)

(169)天根游于殷阳,至蓼水之上,适遭无名人而问焉,曰:"请问为天下。"(《庄子·大宗师》)

(170)古者尧治天下,南抚交趾,北降幽都,东西至日所

出入,莫不宾服。(《墨子·节用中》)

(171)昔者江出于岷山,其始出也,其源可以滥觞,及其至江之津也,不放舟,不避风,则不可涉也。(《荀子·子道》)

"至"不带宾语时,其终点如何表达?有几种情况:

一、用介词"于"引进。这一类数量很多,共 109 例。在较早的文献中,表达"至"的终点大多用这种形式。如:

(172)夫子至于是邦也,必闻其政。(《论语·学而》)

(173)赐我先君履,东至于海,西至于河,南至于穆陵,北至于无棣。(《左传·僖公四年》)

为什么在早期要用介词"于",后来有很多可以不用,这个问题还有待于研究。

二、终点在前面已经出现。如:

(174)南宫万奔陈,以乘车辇其母,一日而至。(《左传·庄公十二年》)

(175)如秦者立而至,有车也;适越者坐而至,有舟也。(《吕氏春秋·贵因》)

但用"至焉"来回指前面出现的终点的不多。如:

(176)是故质的张,而弓矢至焉;林木茂,而斧斤至焉;树成荫,而众鸟息焉。(《荀子·劝学》)

三、终点虽然在前面没有明确出现,但根据前文的叙事可以知道。

(177)明日,子路行,以告。子曰:"隐者也。"使子路反见之。至则行矣。(《论语·微子》)

(178)靡笄之役,韩献子将斩人,却献子闻之,驾往救之,比至,则已斩之矣。(《韩非子·难一》)

四、在一些常见的语境中,终点可以确知。

如：在会盟的语境中，"至"的终点为会盟之处；在外交的语境中，"至"的终点是本国。

(179)天子七月而葬，同轨毕至；诸侯五月，同盟至；大夫三月，同位至；士逾月，外姻至。(《左传·隐公元年》)

(180)秋，叔孙侨如如齐逆女。……九月，侨如以夫人妇姜氏至自齐。(《左传·成公十四年》)

五、有时"至"的施事是任指的人，终点也是任指的处所，指施事希望达到的任一处所。如：

(181)古之民未知为舟车时，重任不移，远道不至。(《墨子·辞过》)

(182)行衢道者不至，事两君者不容。(《荀子·劝学》)

六、终点是说话者或叙事主角所在的处所。

这时"至"可以理解为"到来"，"来"的终点是不言而喻的，所以无须说出。这种类型的数量最多。

(183)潘党望其尘，使骋而告曰："晋师至矣！"(《左传·宣公十二年》)

(184)叔孙将沐，闻君至，喜。(《左传·僖公二十八年》)

正因为"至"的终点可以用多种方式表达，而且第六类的数量很多，所以"至"不带宾语的比例达到了88%，远比"登"多。

6 感情动词："畏"和"惧"

下面讨论两个表感情的动词："畏"和"惧"。

上古汉语中表达感情的动词，从是否带宾语来看，可以分为两类。第一类是很少带宾语的，如"喜""怒"。第二类是很少不带宾语的,如"爱""憎"。这和词义有关:第一类表达的是人的主观情绪,所以通常不说"喜谁""怒谁"。第二类是表达人对他人(或事)的态度,所以通常都要说"爱谁""憎谁"。"畏"和"惧"用现代汉语来翻译,都可以翻译为"怕",似乎词义差不多。但仔细分析,两者的词义是不同的(见下)。从带宾语的情况来看,两者差别很大:"畏"绝大多数带宾语,"惧"多数不带宾语。带不带宾语的差别,和它们词义的区别有关。

先把表1的有关部分抄在下面:

	带宾语	不带宾语	不带宾语占总数的百分比
畏	187	31	14%
惧	164	361	69%

6.1 "畏"

"有威而可畏谓之威,有仪而可象谓之仪。"(《左传·襄公三十一年》)这句话很好地说明了"畏"最典型的词义:"畏"是对有威之人、国或事物感到的震慑、惶恐。"畏"的对象通常是作为宾语表达出来的,先秦10种文献中的"畏"共出现218次,带宾语的就有187次,占总数的86%。

"畏"的宾语最典型的是人名或国名,也可以是抽象的事物,如:天、法、令、刑、势,以及指称化的众、强、罚、死等。这些都是有威势、使人害怕的。如:

(185) 君子有三畏:畏天命,畏大人,畏圣人之言。(《论语·季氏》)

(186) 昔诸侯远我而畏晋。(《左传·昭公十二年》)

有时,"畏"的宾语可以是谓词性的,这时"畏"的词义有所改变,不是对某人某事物的"惧怕",而是对某事件的"担心","畏"的宾语不是"畏"的对象,而是"畏"的内容。这时"畏"的词义和"惧"相同(见下)。不过,这种例句很少。

(187)敝邑之往,则畏执事其谓寡君而固有外心;其不往,则宋之盟云。(《左传·昭公三年》)

(188)故无度而应之,则辩士繁说;设度而持之,虽知者犹畏失也不敢妄言。(《韩非子·外储说左上》)

"畏"不带宾语的次数很少。《论语·先进》:"子畏于匡。"朱熹注:"畏者,有戒心之谓。"杨伯峻注:"囚禁。"本文从杨注,把它看作另一个义项。除去这种"畏",先秦10种文献中"畏"不带宾语的31例。但是,尽管不带宾语,"畏"的对象多数还是很清楚的。

(189)凡诸侯小国,晋、楚所以兵威之,畏而后上下慈和,慈和而后能安靖其国家,以事大国,所以存也。(《左传·襄公二十七年》)

(190)武王之伐殷也,革车三百两,虎贲三千人。王曰:"无畏!宁尔也,非敌百姓也。"(《孟子·尽心下》)

(191)昔尧治天下,不赏而民劝,不罚而民畏。(《庄子·天地》)

(192)彼信贤,境内将服,敌国且畏,夫谁暇笑哉?(《吕氏春秋·慎人》)

例(189)的"畏"是"威之"的结果,"畏"指畏惧晋楚。例(190)是让百姓不要畏惧自己。例(191)是民畏惧尧。例(192)是敌国将畏惧本国。因为这些"畏"实际上都隐含对象,所以不能换成"惧"。那么,这些"畏"既然是隐含对象的,为什么不能把对象说出来，说成"畏之""畏余"呢？例(189)突显的是一种惧怕的精神状态，而不是其对象。例(190)是个祈使句，说的是不要有这种精神状态，所以不能加上"之/余"。例(191)、例(192)如果在"畏"后面加上"之"，句子是可以成立的，不加"之"也许是为了和上一句的"劝"和"服"对称："劝"和"服"都没有宾语，所以"畏"也没有宾语。

不带宾语的"畏"后面有时可以用介词"乎"引出对象，"畏"的对象仍然是出现的。如：

(193)故以众勇无畏乎孟贲矣，以众力无畏乎乌获矣，以众视无畏乎离娄矣，以众知无畏乎尧、舜矣。(《吕氏春秋·用众》)

还有的是"可畏"，"畏"的对象出现在前面：

(194)物之已至者，人袄则可畏也。(《荀子·天论》)

总起来说，"畏"不带宾语的很少，即使不带宾语，但仍然是有对象的，所以不同于"惧"。至于有少数"畏"和"惧"词义相同，留到下面说。

6.2 "惧"

"惧"典型的词义是心中惊恐，担心有灾难或不好的事情发生会危及自己。外界的事件是引起这种感觉的原因，不是这种感觉的对象。在句子中，外界的事件常常出现在前一个小句中，或者作为一个修饰语放在"惧"的前面，如例(195)、例(196)。"惧"后面通常不带宾语，所担忧的事情是无须说出的。在10种先秦文献中，不带宾语的"惧"有361次，占总数的69%。如：

(195)公怒，督惧，遂弑殇公。(《左传·桓公二年》)

(196)为楚师既败而惧,使子人九行成于晋。(《左传·僖公二十八年》)

"惧"带宾语的数量不算少,在先秦10种文献中共163次。但深入分析一下,带宾语有几种不同的情况:

一、"惧"以名词和人称代词为宾语很少,以名词和人称代词为受事宾语的更少,在先秦10种文献中仅6次。

(197)蔡侯、郑伯会于邓,始惧楚也。(《左传·桓公二年》)

(198)叔骈曰:"使者目动而言肆,惧我也,将遁矣。"(《左传·文公十八年》)

(199)城西郛,惧齐也。(《左传·襄公十九年》)

(200)楚子惧吴,使沈尹射待命于巢。(《左传·昭公五年》)

(201)今吴是惧,而城于郢,守已小矣。(《左传·昭公二十三年》)

(202)今释越而伐齐,譬之犹惧虎而刺猏,虽胜之,其后患未央。(《吕氏春秋·知化》)

二、较多的是以名词和人称代词为使动宾语,"惧"实际上还是宾语所代表的人或国家的心理活动。共18次,举4例如下:

(203)鲜虞曰:"一与一,谁能惧我?"(《左传·襄公二十五年》)

(204)公执戈以惧之,乃走。(《左传·昭公二十五年》)

(205)晋范鞅贪而弃礼,以大国惧敝邑,故敝邑十一牢之。(《左传·哀公七年》)

(206)堕党崇雠,而惧诸侯,或者难以霸乎!(《左传·哀公十二年》)

三、"惧"带指示代词"之""是""何"的较多,这些指示代词和疑问代词可以是体词性的,但多数是谓词性的。如:

(207)栾氏之力臣曰督戎,国人惧之。(《左传·襄公二十三年》)

(208)君之未入,寡人惧之。(《左传·僖公十五年》)

(209)有令名矣,而终之以耻,午也是惧,吾子其不可以不戒。(《左传·昭公元年》)

(210)孺子惧乎?衣躬之偏,而握金玦,令不偷矣。孺子何惧!夫为人子者,惧不孝,不惧不得。(《国语·晋语一》)

例(207)的"之"指代"督戎",是体词性的。但例(208)的"之"指代"君之未入",例(209)的"是"指代"有令名矣,而终之以耻",都是谓词性的。例(210)的"何",与下文的"惧不孝,不惧不得"相应,是谓词性的。在先秦文献中,以谓词性的居多。

四、还有一些以抽象名词和指称化的动词为宾语,数量也很少。如:

(211)老夫罪戾是惧,焉能恤远?(《左传·昭公元年》)

(212)子以叔孙氏之甲出,有司若诛之,群臣惧死。(《左传·定公十年》)

(213)君有大臣在西南隅,弗去,惧害。(《左传·哀公十六年》)

(214)若未尝登车射御,则败绩厌覆是惧,何暇思获?(《左传·襄公三十一年》)

五、除了以上四类外,"惧"常见的宾语是动词词组,或一个主谓词组,最多的是"N+之+VP"或"其+VP"。

从语义上看,这种宾语表示一个事件,这事件是可能发生的,"惧"不是对此事件畏惧,而是担心此事件的发生会危及自己。也就是说,这种宾语不是"惧"的对象,而是"惧(担心)"的内容。这是"惧"和"畏"最大的区别。

(215)夫大国,难测也,惧有伏焉。(《左传·庄公十年》)

(216)楚人亦惧王之入晋军也,遂出陈。(《左传·宣公十二年》)

(217)郑伯御之,患戎师,曰:"彼徒我车,惧其侵轶我也。"(《左传·隐公九年》)

(218)臣惧右领与左史有二俘之贱而无其令德也。(《左传·哀公十七年》)

6.3 "畏"和"惧"的异同

现在,比较一下"畏"和"惧"的异同。

作为表感情的词,"畏"和"惧"都是表达一种惊恐的感觉,这是它们共同的地方。正因为有这种共同之处,再加上这两个上古汉语的词后来都被"怕"替换,所以,在现代人的语感中,"畏"和"惧"似乎没有什么不同。

但是,"畏"的词义是表示对某人、某国或某事物的畏惧,"畏"的对象一般要出现,所以,以带宾语为常,"畏"的宾语通常是人名、国名或某种抽象的事物;即使不带宾语,也往往在上下文中出现其对象。"惧"的词义是表示对可能出现的某种情况的担忧,担忧的内容一般无须出现,所以,以不带宾语为常;如果出现,就是"惧"的宾语;"惧"的宾语多数是谓词性的。这是两者的区别。如果仔细考察,就可以看到,在上古汉语中,"畏"和"惧"的差别是很大的。

拿不带宾语的"畏"(很少)和不带宾语的"惧"(很多)相比，两者的差别很明显。如前面举过的例(189)和例(219)，两例的"畏"和"惧"不能互换。

(189)凡诸侯小国，晋、楚所以兵威之，畏而后上下慈和，慈和而后能安靖其国家，以事大国，所以存也。(《左传·襄公二十七年》)

(219)贵而知惧，惧而思降，乃得其阶。(《左传·襄公二十四年》)

拿带宾语的"畏"和带宾语的"惧"的典型例句相比，两者的差别更是明显。如例(220)和上面举过的例(216)，两例的"畏"和"惧"不能互换。

(220)宫妇左右莫不畏王。(《战国策·齐策一》)

(216)楚人亦惧王之入晋军也，遂出陈。(《左传·宣公十二年》)

粗看起来，有些"惧"带简单宾语的，"惧"可以换成"畏"。但仔细分析，有时和"畏"还是有区别的。比如，例(199)"城西郭，惧齐也"，说的不是畏惧齐国，而是担心齐国进攻。例(212)"子以叔孙氏之甲出，有司若诛之，群臣惧死"，说的也不是对死感到畏惧，而是担心被杀死。上面所说"惧"带谓词性宾语时的那种语义(表示对可能发生的情况的担心)，在这些句子中仍然是存在的。

反过来说，一些不带宾语的"畏"，如果用"惧"替换，似乎句子也能成立。如下面例(221)中的"畏"似乎能换成"惧"。

(221)宋王谓其相唐鞅曰："寡人所杀戮者众矣，而群臣愈不畏，其故何也？"唐鞅对曰："王之所罪，尽不善者也。罪不善，善者故为不畏。王欲群臣之畏也，不若无辨其善与不

善而时罪之,若此则群臣畏矣。"(《吕氏春秋·淫辞》)

但是,这是按照现代人的语感,"畏"和"惧"的意思都是"怕"。如果和例(222)比较一下,就可以知道,"畏"和"惧"的意思是不同的,在上古汉语中,两者不能互换。

(222)有宠于蔑子者八人,皆无禄而多马。他日朝,与申叔豫言,弗应而退。从之,入于人中。又从之,遂归。退朝见之,曰:"子三困我于朝,吾惧,不敢不见。吾过,子姑告我,何疾我也?"对曰:"吾不免是惧,何敢告子?"曰:"何故?"对曰:"昔观起有宠于子南,子南得罪,观起车裂。何故不惧?"(《左传·襄公二十二年》)

例(221)"畏"说的是对王畏惧,"畏"的是某人,即畏王。例(222)"惧"说的是心中忧虑,惧的是将发生的某事,蔑子说"吾惧",是担心自己有过错,会有不好的后果,申叔豫说的"惧",是担心会受牵连而不免于祸。

当然,由于"畏"和"惧"有共同之处,所以在上古的文献中,也会看到"畏"和"惧"可以互换的例子。"畏"带谓词性宾语而和"惧"用法相同的例子,上面已经举过。下面再举一个不带宾语的例子,这个例子中的"惧""恐""畏"确实没有区别:

(223)冉叔誓必死于田侯,而齐国皆惧;豫让必死于襄子,而赵氏皆恐;成荆致死于韩主,而周人皆畏;又况乎万乘之国,而有所诚必乎,则何敌之有矣?刃未接而欲已得矣。敌人之悼惧悼恐,单荡精神尽矣。(《吕氏春秋·论威》)

6.4 "恐"

顺便说一说"恐"。

"恐"的用法和"畏"很不同：在先秦 10 种文献中只有一例带名词宾语。而且其宾语"罪"也可以理解为"获罪"：

(224)寡君其罪之恐，敢与知鲁国之难？(《左传·昭公三十一年》)

"畏恐"连用 4 次，都不带宾语：

(225)人有祸，则心畏恐。心畏恐，则行端直。(《韩非子·解老》)

其余的用法，都和"惧"相近：或是不带宾语，或是带谓词性宾语。如：

(226)郑人恐，乃行成。(《左传·襄公九年》)

(227)恐宗庙之不扫除，社稷之不血食。(《国语·齐语一》)

这些例句中的"恐"可以换成"惧"。"恐惧"连用也不少，都不带宾语。例略。

但"恐"和"惧"有时还是有区别的。

一、词义上，"恐"可以不是为某事会危及自己而惧怕，而是担心可能出现自己不期望的某事。如：

(228)吾恐季孙之忧，不在颛臾，而在萧墙之内也。(《论语·季氏》)

(229)今王亦一怒而安天下之民，民惟恐王之不好勇也。(《孟子·梁惠王下》)

(230)公叔恐王之相公仲也，使齐、韩约而攻魏。(《韩非子·内储说下》)

(231)昭侯闻堂溪公之言，自此之后，欲发天下之大事，未尝不独寝，恐梦言而使人知其谋也。(《韩非子·外储说右上》)

二、句法上,"恐"可以不是主语的心理活动,而是说话人的心理活动。

如:例(232)不是"吾民恐",例(235)也不是"先生恐","恐"是说话人或叙述者的担心。

(232)若越闻愈章,吾民恐叛。(《国语·吴语》)

(233)天无以清将恐裂,地无以宁将恐发,神无以灵将恐歇,谷无以盈将恐竭,万物无以生将恐灭,侯王无以贵高将恐蹶。(《老子·三十九章》)

(234)如此而行葬,民必甚疾之,官费又恐不给。(《吕氏春秋·开春》)

(235)请欲固置五升之饭足矣,先生恐不得饱。(《庄子·天下》)

7 动词和宾语关系的古今变化

下面讨论另一个问题:上面所说的这些动词和宾语的关系,从古到今有没有变化?这是一个有待深入考察的问题。本文只能在上述动词中选几个词和《敦煌变文校注》中的用法做一比较和讨论。

7.1 "击"和"打"

7.1.1 "击"

动作动词"击"在先秦一般是要带宾语的,在先秦10种文献中,"击"共170次,不带宾语32次,占总数的19%。《敦煌变文校注》中"击"共34次,其中带宾语19次,不带宾语15次,占总数的44%。显然,和先秦相比,不带宾语的比例增加了。

更重要的是,先秦不带宾语大多是有条件的(见2.1)。而敦煌变文中,不带宾语大多是没有先秦那些条件的。

《敦煌变文校注》中不带宾语的15例,可以分为两类:

一、"受事+击"

7例,只有1例条件和先秦相同:例(236)"击"前面有"不"。

(236)神钟天乐,不奏击而常鸣。(《降魔变文》)

其余2例是在肯定句中而不带宾语:

(237)于是中军举华(画)角,连击铮铮。(《张议潮变文》)

(238)钲鼙闹里纷纷击,戛戛声齐电不容。(《张淮深变文》)

还有1例"击"的后面是时间词,1例是"一击",2例是"击……之声"。这更是先秦没有的。

(239)若逢五虎拟山之阵,须排三十六万人伦枪之阵,击十日十夜,胜败由未知。(《韩擒虎话本》)

(240)此阵一击,当时瓦解。(《韩擒虎话本》)

(241)螺钹击琤摐之声,音乐奏嘈囋之曲。(《维摩诘经讲经文》一)

(242)螺钹系(击)琤摐之声,音乐奏嘈囋之曲。(《维摩诘经讲经文》七)

二、"施事+击"

8例,其中3例是"相击"或"相殴击",这和先秦时相同。4例是组成双音结构,如"讨击""鼓击""击拂""击逐",是表例而后面没有宾语;1例是"一击",这都是先秦没有的。如:

(243)昭王统领勇夫,遂与吴军相击。(《伍子胥变文》)

(244)父子数人,共相殴击,燕子被打,伤毛堕翮。(《燕子赋》)

(245)每每将兵来讨击,时时领众践沙场。(《李陵变文》)

(246)不知衾虎兵士到来一击,当时瓦解,当下擒将。(《韩擒虎话本》)

总的看来,在敦煌变文中,"击"的及物性减弱了,不论是受事主语句还是施事主语句,有不少句子可以不带宾语。

7.1.2 "打"

在晚唐五代的口语中,"击"被"打"所替换。我们也可以分析一下"打"这个动作动词带宾语的情况。

在《敦煌变文校注》中表"打击"的"打"共70次,其中不带宾语26次,占39%。其中有几类是先秦就有的,共12例。如:

一、相打

二、不打

三、须打

四、双音动词表类(打劫)

有几类是先秦没有的,共14例:

一、单个"打"作谓语

1例,是在诗句的句末。可能与诗歌的格律有关。

(247)或为奴婢偿他力,衣饭何曾得具全。夜头早去阿郎嗔,日午斋时娘子打。(《佛说阿弥陀经讲经文》二)

二、"打"+补语。6例。

(248)本性齴齳,打煞也不改。(《齴齳新妇文》)

(249)便令从人拖出,数人一时打决。(《维摩诘经讲经文》三)

(250)难陀恶发不添,尽打破。(《难陀出家缘起》)

(251)积聚微尘成世界,将来打碎作成尘。(《金刚般若波罗蜜经讲经文》)

(252)人执一根车辐棒,打着从头面掩沙。(《李陵变文》)

(253)买(卖)却田地庄园,学得甚鬼祸术魅,大杖打又【不】杀!(《舜子变》)

三、"打"+动量。5例。

(254)校尉缘检校疏唯(遗),李陵嗔打五下。(《李陵变文》)

(255)若打一下,诸坊布鼓自鸣;若打两下,江河腾沸;若打三下,天地昏暗。(《前汉刘家太子传》)

(256)于是打其三声,天地昏暗,都无所见。(《前汉刘家太子传》)

(257)既将铁棒,直至墓所,寻得死尸,且乱打一千铁棒。(《譬喻经变文》)

(258)尽头呵责死尸了,铁棒高台打一场。(《譬喻经变文》)

四、"被打"。2例。例略。

总起来看,述补结构的出现对动词"打"后面不带宾语的影响很大。"打"加上补语后,状态性增加,动作性相对减弱,所以后面可以不带补语。

7.2 "耕"和"织"

7.2.1 "耕"

《敦煌变文校注》中"耕"37例,其中作定语(耕夫、耕者)11

例。不带宾语21例。带宾语5例,宾语有:田2、舌2、地、垄土。

"铁犁耕舌"是佛教故事中的说法。除去"耕舌","耕"的用法和先秦相比,差别不大。

但是,在汉译佛经中,却透漏出一点"耕→耕田"的消息。

《杂阿含经98》(大正藏第2册)

尔时,世尊着衣持钵入一陀罗聚落乞食,而作是念:今日大早,今且可过耕田婆罗豆婆遮婆罗门作饮食处。

尔时,耕田婆罗豆婆遮婆罗门五百具犁耕田,为作饮食。时耕田婆罗豆婆遮婆罗门遥见世尊,白言:"瞿昙,我今耕田下种,以供饮食。沙门瞿昙亦应耕田下种,以供饮食。"

佛告婆罗门:"我亦耕田下种,以供饮食。"

婆罗门白佛:"我都不见沙门瞿昙若犁、若轭、若鞅、若縻、若镵、若鞭。而今瞿昙说言:'我亦耕田下种,以供饮食。'"

尔时,耕田婆罗豆婆遮婆罗门即说偈言:

  自说耕田者 而不见其耕
  为我说耕田 令我知耕法

尔时世尊说偈答言:

  信心为种子 苦行为时雨
  智慧为时轭 惭愧心为辕
  正念自守护 是则善御者
  包藏身口业 知食处内藏
  真实为真乘 乐住为懈息
  精进为废荒 安隐而速进
  直往不转还 得到无忧处

>　　如是耕田者　　逮得甘露果
>　　如是耕田者　　不还受诸有

时耕田婆罗豆婆遮婆罗门白佛言:"善耕田,瞿昙!极善耕田,瞿昙!"于是耕田婆罗豆婆遮婆罗门闻世尊说偈,心转增信,以满钵香美饮食以奉世尊。

除去人名"耕田婆罗豆婆遮婆罗门"不算,在叙述言辞中,"耕"用了2次,"耕田"用了11次。虽然用"耕"还是用"耕田"有韵律的因素,但仍然可以反映出口语中"耕田"超过了"耕"。

7.2.2 "织"

《敦煌变文校注》中"织"38例,其中作定语(耕夫、耕者)10例。不带宾语12例。带宾语16例,宾语有:

绢3、文章3、锦2、经2、绮罗2、毛、履、网罗各1。

"织"的用法和先秦相比,有较大差别:"织"的对象很多作为宾语出现了。

7.3 "知"

《敦煌变文校注》中"知"共695例。其中带宾语512例。不带宾语182例,占总数的26%。单从比例看,是比先秦(29%)下降了。但深入分析《敦煌变文校注》中"知"不带宾语的例句,可以看到,和先秦相比有较大的变化。

在不带宾语的182例中,属于先秦那些类别的很少。先秦及物动词不带宾语的类别如表1所示。而《敦煌变文校注》中"知"不带宾语的这几类数量都很少:

1.连动共宾。0例。连动共宾到这时已经衰落。

2."相/自"+动词。5例。

3. 否定副词+动词。33 例。

4. 可+动词。9 例。

5. 动词表类。10 例。

6. 动词指称化。4 例。

7. 动词表被动。1 例。

8. 承上省略宾语。0 例。

共 62 例。这和先秦是一个很大的不同。

182 例中除去上述 62 例,还有 120 例,都是不属于先秦那些类型的(这些例句中"知"前面都没有"不",有"不"的已统计在上述第 3 类 33 例中)。可分为两类:

一、施事+知(肯定句)

88 例。通常是"知"前面加一副词,构成双音词组;或者用"知"构成双音复合词。单用"知"的,较多的是用于兼语式,单独作谓语的不多。如:

(259) 本是我大王上祖大王所居之处,臣亦尽知。(《李陵变文》)

(260) 如来天耳遥闻,他心即知。(《降魔变文》)

(261) 养育全因水草肥,深宫太子也应知。(《双恩记》)

(262) 人间短促,弟子当知。(《欢喜国王缘》)

(263) 美人昏似醉,都不觉知。(《叶净能诗》)

(264) 我昨日商量之时,并无人得知。(《庐山远公话》)

(265) 于是众僧闻知,心怀惊怖。(《庐山远公话》)

(266) 汉将得脱,归报帝知。(《李陵变文》)

(267) 却便充为养男,不放人知。(《前汉刘家太子传》)

(268) 父母及儿三人知,余人不知。(《太子成道经》)

(269)莫向人说,恐怕人知。(《庐山远公话》)

二、"知"作受事主语句的谓语

32例。通常也是"知"前面加一副词,构成双音词组;或者用"知"构成双音复合词。有两小类:

A. 受事+"知"

(270)世间之事,尽总皆之(知)。(《庐山远公话》)

(271)佛有他心尽见伊,若干心数总皆知。(《金刚般若波罗蜜经讲经文》)

(272)自家身上割些吃,有罪无罪便应知。(《佛说阿弥陀经讲经文》二)

(273)慈母作咒,冥道早知。(《目连缘起》)

(274)本性齵齵处处知,阿婆何用事悲悲。(《齵齵新妇文》)

(275)菩提微妙难知故,莫将有所得心求。(《维摩诘经讲经文》四)

(276)阴阳五运皆知委,造化三才并总闲。(《十吉祥》)

B. 受事+施事+"知"

(277)其妻容貌众皆知,更能端正甚希其(奇)。(《难陀出家缘起》)

(278)净明上足最慈悲,性行温和众共知。(《妙法莲华经讲经文》二)

不论是A类还是B类,先秦都是没有的。如果按照先秦的语法规则,上述例句在"知"后都应加上"之"字。但在《敦煌变文校注》中,这些"知"后面都没有"之"。而且,很值得注意的是,在整部《敦煌变文校注》中,"知之"共只有4次:

(279)舜子心自知之。(《舜子变》)

(280)舜闻涛(淘)井,心里知之。(《舜子变》)

(281)净能于观内早知之。(《叶净能诗》)

(282)若要知佛,莫越是亲抱养姨母即合知之。(《悉达太子修道因缘》)

魏培泉(2004:57—68)指出,在汉语发展过程中,大约从东汉开始,"之"就衰落了,包括动词后面作宾语的"之",东汉以后很多被零形式代替。魏培泉(2003:83—84)也谈到上古汉语中用作回指的"之",到中古汉语中被零形式取代。这个观察是正确的。但这种动词后面表回指的"之"的衰落,是语法演变的结果而不是语法演变的原因。语法演变的原因是什么?这是值得深入讨论的。我认为一个重要原因应该是"知"这一类及物动词及物性的减弱。及物性的减弱使这些动词在对象已经在前面出现时,不用带宾语"之"来回指,于是后面的"之"就逐渐衰落了。

7.4 "登"

在《敦煌变文校注》中,"登"共52次(不包括"登时""登途"的"登"),只有1次不带宾语。

(283)此是平王之境,未曾谙悉山川,险隘先登。(《伍子胥变文》)

这和本文5.1第二种情况所说的大体上是同一种类型:"登"的对象在前面已经出现,后面的"登"可以不带宾语。

其余都带宾语,宾语表达"登"的对象。显然,像本文5.1第三种情况所说的那种用一个不带宾语的"登"就可以表示"登城""登堂"或"登车"的用法,在晚唐五代是消失了。

7.5 "畏""惧"和"怕"

从《敦煌变文校注》的资料可以看到，在晚唐五代，"畏"和"惧"的意义和用法已经和先秦很不一样。在口语中用得更多的是"怕"。

7.5.1 "畏"

《敦煌变文校注》中"畏"共 22 例，其中带宾语 6 例，不带宾语 16 例。

带宾语的 6 例中，带名词宾语仅 1 例（例 284），带谓词宾语 3 例，还有"恐畏"2 例，都带谓词宾语。

(284) 如秋叶之逢霜，似轻冰之畏日。(《维摩诘经讲经文》四)

(285) 正欲收之，畏倒社墙，鼠得保命长。(《刘家太子变》)

(286) 恐畏中途生进退，缘兹忧惧乃频眉。(《降魔变文》)

(287) 恐畏狱主更将别处受苦，所以不敢应狱主。(《目连缘起》)

不带宾语 16 例，"畏"不单独作谓语，多用"不畏"和"无畏"。还有的组成双音词组。如：

(288) 陵母称言道："不畏，应是我儿斫他营。"(《汉将王陵变》)

(289) 帝曰："赐卿无畏，与朕读之。"(《唐太宗入冥记》)

(290) 当时坚意誓心贞，顾岭嵯峨不畏惊。(《八相变》)

(291) 舍利弗虽见此山，心里都无畏难。(《降魔变文》)

(292) 头脑异种丑尸骸，惊恐四边令怖畏。(《降魔变文》)

7.5.2 "惧"

《敦煌变文校注》中"惧"共 37 例,其中带宾语 9 例,不带宾语 28 例。

一、带宾语

宾语 7 例是名词,2 例是谓词。

(293)臣惧子胥手中剑,子胥怕臣俱总休。(《伍子胥变文》)

(294)心雄燥烈,不惧千兵。(《伍子胥变文》)

(295)其时为法违情,不惧亡躯丧命。(《降魔变文》)

(296)赐罪任随刀下丧,诛家何惧失(火)中焚。(《双恩记》)

二、不带宾语

"惧"单用仅 2 例,其余均构成双音词。如:

(297)郑王怕惧,乃出城迎拜子胥。(《伍子胥变文》)

(298)中军家将士答:"里示合惧!"(《汉将王陵变》)

(299)州官县宰皆忧惧,良田胜土并荒臻(榛)。(《捉季布传文》)

(300)惭愧刀而未举,鬼将惊忙;智慧剑而未轮,波旬怯惧。(《破魔变》)

7.5.3 "怕"

《敦煌变文校注》中"怕"共 102 例,其中带宾语 62 例,不带宾语 40 例。

一、带宾语

单用"怕"的 48 例,宾语可以是名词和名词词组,也可以是动词词组和主谓词组。如:

(301)煞鬼岂曾饶富贵,无常未肯怕公卿。(《妙法莲华经讲经文》三)

(302)为此经冬隐,不是怕饥寒。(《燕子赋》二)

(303)只拟辞退于筵中,又怕逆如来之语。(《维摩诘经讲经文》七)

(304)便拟送佛世尊,又怕家中妻怪。(《难陀出家缘起》)

也可以组成"恐怕"(13例)或"怕惧"(1例)。"恐怕"的宾语都是动词词组或主谓词组,没有名词宾语。如:

(305)皆言怕惧维摩,不敢过他方丈。(《维摩诘经讲经文》四)

(306)欢喜巡还正饮杯,恐怕师兄乞饭来。(《难陀出家缘起》)

(307)门前过往人多,恐怕惊他驴□。(《金刚丑女因缘》)

二、不带宾语

单用"怕"的10例,组成双音词的30例。双音的有:惊怕9、怕惧8、怕急5、怕怖5、惧怕1、愁怕1、惶怕1。如:

(308)未降孩儿慈母怕,及乎生了似屠羊。(《父母恩重经讲经文》)

(309)胡菟(狐兔)怕而争奔,龙蛇惊而竞窜。(《伍子胥变文》)

(310)郑王怕惧,乃出城迎拜子胥。(《伍子胥变文》)

(311)摩陁心中惊怕,今日又逢作者。(《韩朋赋》)

总起来说,"怕"取代了"畏"和"惧",同时兼有了"畏"和"惧"两者的词义和句法功能。"怕+名词"(怕公卿)是"畏"的词义和功能,"怕+主谓词组"(怕家中妻怪)和"主语+怕"(慈母怕)是

"惧"的词义和功能。这种现象,在研究汉语词汇的历史替换时和研究汉语语法的历史演变时都未曾充分注意,其实是很值得研究的。

8 小结

通过对先秦四组动词的动宾关系的考察,我们注意到:动词是否带宾语,和动词的词义和用法有关,和及物性有关。不同类型的动词的动宾关系有所不同,同一类型的不同动词的动宾关系也可能不同。但是,总的来说,及物动词不带宾语不是任意的,是有一定条件限制的。

同一个动词的动宾关系在不同时代是不同的。这分两种情况:一、有些动作动词和感知动词不带宾语的在后代比先秦增加了,这和汉语动词的及物性减弱的趋势有关。二、有些动作动词的对象先秦包含在动词中,后来分离出来;有些位移动词的终点先秦可以从语境推知,后来单独呈现出来。这和汉语从综合到分析的趋势有关。

本文只是对一些动词的动宾关系的个案考察。应该对更多的动词做深入考察,并在考察的基础上进行分析和思考,才能对动词的动宾关系有全面深入的了解。

参考文献

蒋绍愚　2011　《词汇、语法和认知的表达》,《语言教学与研究》第 4 期,20—27。

李佐丰　2004　《古代汉语语法学》,商务印书馆。

宋亚云	2005	《汉语作格动词的历史演变及相关问题研究》,北京大学博士学位论文。
魏培泉	2003	《上古汉语到中古汉语语法的重要发展》,何大安主编《古今通塞:汉语的历史与发展》,75—106,"中研院"历史语言研究所。
魏培泉	2004	《汉魏六朝称代词研究》,"中研院"语言学研究所。
杨伯峻	1980	《论语译注》,中华书局。
杨伯峻	1990	《春秋左传注》,中华书局。

Harbsmeier, Christoph 2012 Anaphora, Cataphora and Exophora in Classical Chinese. Presentation at China Seminar, Leiden University.

Hopper, Paul J., and Sandra A. Thompson 1980 Transitivity in Grammar and Discourse, *Language* 56.2:251—299.

Thompson, Sandra A., and Paul J. Hopper 2001 Transitivity, Clause Structure, and Argument Structure: Evidence from Conversation. In Joan Bybee, and Paul Happer (eds.) *Frequency and the Emergence of Linguistic Structure*, 27—60. Amsterdam and Philadelphia: John Benjamins.

(原载《中国语言学集刊》第七卷
第二期,2013年12月)

上古汉语的作格动词

作格动词的问题,和词类、句法都有很大关系,在国外有很多讨论。上古汉语有没有作格动词?什么是上古汉语中的作格动词?这个问题,Cikoski(1978)、大西克也(2004)都有过讨论,宋亚云(2014)做了详细的讨论。Levin & Rappaport(1995)和孙志阳(2006)也和这问题有关。本文在此基础上谈我自己的一些看法。

1 什么是作格动词

1.1 什么是作格动词(ergative verb)?"作格"本是一种格标记,在有的语言中,及物动词的宾语和不及物动词的主语的格相同,这种语言被称为"作格语言"。但后来也用来称呼具有某种句法特点的一类动词,简单地说,如果同一个动词可以有两种句法表现:"X+V"和"Y+V+X",在语义关系上,在"X+V"中,V 是 X 的状态,在"Y+V+X"中,V 表示使 X 产生 V 的状态,这样的动词就是作格动词。

要说明一点:国外的研究者有的把作格动词包括在非宾格动词(unaccusative verb)中,有的把作格动词和非宾格动词分开。如在英语中,非宾格动词有 be、appear、arise、occur、happen、disappear、vanish、emerge、elapse、exist、remain、erupt、ensue、arrive、thrive、flourish 等，作格动词有 break、crack、crash、crush、shatter、split、tear、abate、alter、burn、dry、sink、change、close、decrease、diminish 等。确实，这两者在句法表现上是有区别的，非宾格动词不能用作使动。本文采取后一种说法。

"X+V"和"Y+V+X"这种交替关系，称为"使役交替"（causative alternation）。通常认为，如果一个动词可以出现在使役交替中，那么，这个动词就是作格动词。

如英语中的例子：

N+V   Y+V+X

The window broke.   The tree broke the window.

在上古汉语中有这样的句子：

N+V

《晏子春秋·杂下》："门开，公召而入。"

《左传·成公十六年》："国蹙王伤。"

Y+V+X

《吕氏春秋·举难》："桓公……夜开门。"

《左传·成公十六年》："伤国君有刑。"

"开"和"伤"都有"X+V"和"Y+V+X"两种句法表现，X 都是名词性成分，在"X+V"中，V 是 X 的状态，在"Y+V+X"中，V 是使 X 具有 V 这种状态。这些 V 就是作格动词。

1.2 那么，在上古汉语中的作格动词是否可以用"X+V"和"Y+V+X"作为鉴定式来确定呢？从语料看，同一个词具有"X+V"和"Y+V+X"两种句法位置的，有以下几种，但情况是不一样的。（以下 a 例为"X+V"，b 例为"Y+V+X"）

(1a)《庄子·胠箧》:"昔者龙逢斩,比干剖,苌弘胞,子胥靡。"

(1b)《左传·文公二年》:"狼瞫取戈以斩囚。"

(2a)《左传·襄公二十八年》:"士皆释甲束马而饮酒。"

(2b)《左传·宣公二年》:"晋侯饮赵盾酒。"

(3a)《国语·晋语九》:"君出在外。"

(3b)《左传·昭公三十二年》:"季氏出其君。"

(4a)《荀子·劝学》:"卵破子死。"

(4b)《庄子·胠箧》:"焚符破玺。"

(5a)《左传·僖公四年》:"姬泣,曰:贼由大子。"

(5b)《左传·襄公二十二年》:"君三泣臣矣。敢问谁之罪也?"

(6a)《吕氏春秋·劝学》:"所求尽得,所欲尽成。"

(6b)《左传·昭公三年》:"朝夕得所求,小人之利也。"

(7a)《管子·形势解》:"衣冠正,则臣下肃。"

(7b)《论语·尧曰》:"君子正其衣冠。"

(8a)《逸周书·文传》:"土多民少,非其土也;土少人多,非其人也。"

(8b)《国语·晋语一》:"(晋国)少族而多敌,不可谓天。"

哪一种是作格动词?

(1)不是。"(狼瞫)斩囚"的"斩"表过程而不表状态,"龙逢斩"是意念的被动。

(2)不是。"(士)饮酒"的"饮"表过程而不表状态,"晋侯饮赵盾酒"是使动,使赵盾施行"饮"这个动作。

(3)是。"君出在外"的"出"表状态,"谁能出君"是使动,使

"君"处于"出"的状态。

(4)是。"卵破子死"的"破"表状态,"焚符破玺"的"破玺"有使役关系(详后)。

(5)不是。"姬泣"的"泣"表过程而不表状态,"君三泣臣"是"泣"带与事(dative)宾语。这不是"使役交替"。

(6)不是。"所求尽得"是受事话题句,"得所求"是一般动宾结构。

(7)不是。"衣冠正"的"正"是形容词,"正其衣冠"是形容词用作使动。

(8)"多"是形容词,也可以有两种句法位置:"X多"和"Y多X"。"土多民少"是对"X('土'和'民')"的说明,"(晋国)少族而多敌"是对"Y(晋国)"的说明。在《山海经》中,全都是说某处"多N",不说某处"N多"。这也和作格动词的情况不同。

可见,不能笼统地说有"X+V"和"Y+V+X"交替的词就是作格动词。作格动词必须具备这样的句法条件:

1. 这种在"X+V"和"Y+V+X"位置的V必须都是动词,而且是同一动词的同一义项或两个紧密相关的义项。

2. 这种"X+V"和"Y+V+X"的关系必须是"使役交替",即:V在"X+V"中必须表示状态,"X+V"表示"X具有V这种状态";V在"Y+V+X"中必须表使役意义,"Y+V+X"表示"使X具有V这种状态"。

为什么V在"X+V"中必须表示状态?因为在"X+V"中V不表示状态,就是表示意念被动,而表示意念被动不是作格动词的功能。这在下面2.3.2会进一步说明。

为什么V在"Y+V+X"中必须表使役意义?因为作格动

词所处的"X+V"和"Y+V+X"中,"X+V"和"V+X"的意义必须一样。如在"上海队败广州队"(Y+V+X)中,"败广州队"(V+X)和"广州队败"(X+V)的意思一样。而在"上海队胜广州队"(Y+V+X)中,"胜广州队"(V+X)和"广州队胜"(X+V)的意思不一样。怎样才能使"败广州队"和"广州队败"的意思一样呢?这就必须是"败广州队"中的"败"表使役意义,"败广州队"表示"使广州队败"之意,这样,"败广州队"和"广州队败"的意思就一样了。而"上海队胜广州队"中的"胜"没有使役意义,这句话不表示"使广州队胜",这样,"上海队胜广州队"和"广州队胜"的意思就不一样了。可以图示如下:

$$败广州队＝使广州队败≈广州队败$$
$$胜广州队≠使广州队胜≠广州队胜$$

(参见吕叔湘1987)

这样的条件,把上述例(7)和例(8)排除了,因为它们是形容词。其他的例(1)(2)(5)(6)中的是动词,但也不是作格动词。因为例(1a)(2a)(5a)(6a)中的V不是表状态,而(1b)(5b)(6b)中的V不是使动。

不过,这是很粗略的说法,进一步的论述要看下文。

2 作格动词的语义特征

上面是从句法表现来确定作格动词。一个更深层的问题是:为什么作格动词能有这样的句法表现?也就是说,作格动词具有什么语义特征?

以往的研究,通常是各自根据自己的标准,确定上古汉语中哪些是作格动词。但作格动词的语义特征是什么？这个问题讨论得不充分。

2.1 动词的语义分类是一个复杂的问题。杨伯峻、何乐士(1992)把上古汉语的动词分为四大类：1.多少带些动作行为或有形活动的动词；2.表示意念的动词；3.表示存在的动词；4.在主语和宾语之间起联系、判断作用的动词。李佐丰(2004)是把语法和语义结合起来分类的，分出的类比较繁复。何乐士(2012)是在及物、不及物的大框架下再做语义分类，分类也比较繁复。梅广(2015)没有动词的明确分类，但书中经常提到的有"行为动词""感知动词"（包括"知觉类""认识类""感觉类"）和"状态动词"。

本文的目的不是给动词分类，而是讨论哪些类别的动词可以是作格动词。杨伯峻、何乐士(1992)所说的第3、4两类，和作格动词无关，我们不加讨论。和作格动词有关的动词，我们分为三大类：

（一）状态动词。表状态变化（兴、亡、饥、饱、劳、逸、枯、盈等），包括梅广(2015)所说的"感知动词"中的"感觉类（喜、怒、惊、惧等）"。梅广(2015:275)把"出""走"等表移动的动词称为"动态的状态动词"，我同意他的分类。这类动词及物性较弱，通常不带宾语，也就是通常所说的"不及物动词"。

（二）动作动词。表动作过程（击、射、战、乘），包括梅广(2015)所说"感知动词"中的"知觉类（视、听、见、闻）"和"认识类（学、知）"。这类动词及物性较强，通常有动作的对象跟着出现，即有宾语跟着，也就是通常所说的"及物动词"。

(三)动作-状态动词。这类动词的语义构成是"动作＋(致使)＋结果/状态",有动作过程又有状态变化,状态变化是动作产生的结果。这类动词通常带宾语,也就是通常所说的"及物动词"。

这类动词分为两小类:

(1)突出动作过程。如"斩""杀""弑""戮"等。

(2)突出状态变化。如"灭""开""毁""破"等。

(本文在讨论词的语义分析时,多用"状态动词/动作动词/动作-状态动词";而在谈到语法关系时,会用"不及物/及物动词")

2.2 上面说了,作格动词必须有"X＋V"和"Y＋V＋X"的使役交替,在"X＋V"中 V 表示 X 的状态变化,在"Y＋V＋X"中 V 和 X 是使役意义。那么,哪一类语义构成的动词可以进入这两种句式?

下面列一个表,看哪些动词可以进入表中的"X＋V"和"Y＋V＋X",哪些是作格动词,哪些不是。为了便于和这个表的分析说明相对照,在有些栏目中标了数码。

表1

动词语义特征类别	动词举例	X＋V	Y＋V＋X	是否使役交替	是否作格动词
(一)状态动词	来,出,亡,劳	①表状态变化(君出)	②使动(出君)	是	是
(二)动作动词	击,言,学,听,战,斗,朝,乘	③表动作过程(公将战)	④多数不用作使动。有些可作使动(战民)	否	否

263

(续表)

（三）动作-状态动词	（1）突出动作过程	斩,杀,弑,戮	⑤意念被动（龙逢斩）	⑥非使动（斩龙逢）	否	否
	（2）突出状态变化	灭,开,毁,破	⑦演变为状态变化（齐破）	⑧有使役关系（破齐）	是	是

下面做一个简单的说明。

（一）状态动词（如"来,出,亡,劳"）在"X＋V"中表状态变化（表1①），在"Y＋V＋X"中多数是使动用法（表1②）。可以构成"X＋V"和"Y＋V＋X"的使役交替。所以是作格动词。

（二）动作动词在"X＋V"中表动作过程（表1③），在"Y＋V＋X"中，有的（如"击,言,学,听"）不能有使动用法，有的（如"战,斗,朝,乘"）有使动用法，但表示的是使对象施行某种动作过程，而不是使对象发生状态变化（表1④）。所以不是作格动词。

（三）动作-状态动词之（1）：突出动作过程（如"斩,杀,弑、戮"），在"X＋V"格式中时，不是表状态，而是表意念被动（表1⑤），出现在"Y＋V＋X"格式时，通常带的是受事宾语，而不是役事宾语（表1⑥）。（也有带役事宾语的，但很少见，而且性质有所不同。这到下面再细说。）所以不是作格动词。

动作-状态动词之（2）：突出状态变化（如"灭,开,毁,破"），在"Y＋V＋X"格式时，具有词义使役的关系（表1⑧）。在"X＋V"中时，可能演化为表状态变化（表1⑦）。所以是作格动词。关于"词义的使役"和"演化为表状态变化"，在下面2.4中结合"灭"的分析来讨论。

2.3 使役关系和作格动词。

作格动词在"Y+V+X"格式中必须是使役关系,所以,作格动词和动词的使动用法关系很密切。但作格动词和动词使动不能划等号:可用作使动的不一定都是作格动词,作格动词不一定都是动词使动。这可以从下面的讨论中看到。

上古汉语中,不仅有动词的使动,还有形容词和名词(临时用作动词)的使动。后两类与作格动词无关,我们只讨论动词的使动。

2.3.1 从一般的印象说,似乎上古时期任何动词都可以有使动用法。但事实并非如此。杨伯峻、何乐士(1992)的3、4两类动词,显然不能有使动用法。本文所说的"状态动词""动作动词"和"动作-状态动词"也有很多不能有使动用法。这个问题,李佐丰(2004)和梅广(2015)都谈到。李佐丰(2004)只是列举,说哪一类动词可以带使动宾语,哪一类动词不能带使动宾语。不能带使动宾语的有:真他动词,只带直接宾语(103页);及物运动动词,只带处所宾语(116页);支配动词,只带受事宾语(126页);真自动状态动词,通常不带使动宾语(131页)。梅广(2015)说得比较概括,他说:"行为动词不能产生致动用法。"(362页)"及物感知动词没有致动词。"(365页)"有一类不及物状态动词没有致事用法(如:卒、熟等)。"(276页)"大致说来,施动与受动相应,致动与内动相应。"(285页)

我认为,从上古汉语的语料来看,我们所说的"状态动词""动作动词"和"动作-状态动词"三大类中,是否能用作使动有如下几种情况:

(一)状态动词(包括感觉动词和移动动词)大多能用作使

动,表示使对象产生某种状态。但有一小类不能用作使动。这就是梅广(2015:276—277)所说的表生理变化的"卒、没(殁)、病(病重)、恸"和表事物自然变化或事物特性的"(五谷)熟、(川渊)枯、(日月)逝、(鸡)鸣、(狗)吠"等状态动词。这些也就是李佐丰(2004)所说的一些"真自动状态动词",所谓"真自动",就是不带任何宾语,包括受事宾语和役事宾语。

(二)动作动词分几种情况:

动作动词大多不能用作使动。一些及物性很强的动作动词是不能用作使动的,不论是身体动作(如"击""执""射"),还是言语动作(如"言""告""问"),还是感知动作(如"听""学""知"),它们的宾语只能是受事宾语,"V+O"只能表示动作施加于对象,不能是使对象施行一个动作。

这类动词中有三个动词是特殊的,可以用作使动:"食(sì)""饮(yìn)""衣(yì)":

《左传·宣公二年》:"晋侯饮赵盾酒。"

《左传·昭公十三年》:"寒者衣之,饥者食之。"

这是因为,这几个动词后面如果是物,就是受事宾语;如果是人,就是役事宾语,两者不会混淆。梅广(2015)根据宋玉珂说把它们称为"供动"(给某人食、饮、穿衣),而不看作使动。

但动作动词有些可以用作使动。如:"战""斗""朝""乘"。和上一类相比,这些动作动词及物性稍弱,后面的宾语可以不是受事而是役事。但用作使动不是使役事具有某种状态变化,而是使役事施行某个动作。

①战

《韩非子·外储说右上》:"晋文公问于狐偃曰:'寡人甘

肥周于堂,卮酒豆肉集于宫,壶酒不清,生肉不布,杀一牛遍于国中,一岁之功尽以衣士卒,其足以战民乎?'狐子曰:'不足。'文公曰:'吾弛关市之征而缓刑罚,其足以战民乎?'狐子曰:'不足。'文公曰:'吾民之有丧资者,寡人亲使郎中视事;有罪者赦之;贫穷不足者与之;其足以战民乎?'狐子对曰:'不足。此皆所以慎产也。而战之者,杀之也。民之从公也,为慎产也,公因而迎杀之,失所以为从公矣。'曰:'然则何如足以战民乎?'狐子对曰:'令无得不战。'"

《韩非子·解老》:"是以智士俭用其财则家富,圣人爱宝其神则精盛,人君重战其卒则民众。"

《吕氏春秋·简选》:"驱市人而战之。"

《商君书·外内》:"故欲战其民者,必以重法。"

② 斗

《战国策·楚策四》:"若越赵、魏而斗兵于燕,则岂楚之任也哉?"

《吕氏春秋·察微》:"鲁季氏与郈氏斗鸡。"

③ 朝

《国语·齐语》:"(桓公)大朝诸侯于阳榖。"

《孟子·公孙丑上》:"武丁朝诸侯,有天下,犹运之掌也。"

《韩非子·饰邪》:"禹朝诸侯之君会稽之上。"

④ 乘

《左传·哀公二年》:"大子惧,自投于车下。子良授大子绥而乘之。"

《公羊传·宣公六年》:"有起于甲中者,抱赵盾而乘之。"

《吕氏春秋·贵生》:"王子搜不肯出,越人熏之以艾,乘之以王舆。"

(三)动作-状态动词分两类:

(1)突出动作过程的(如"斩""杀""弑""戮"等),通常不用作使动,因为这些动词后面带宾语,通常就是动作的受事。但在比较特殊的情况下可用作使动,如:

《左传·成公二年》:"是(指夏姬)不祥人也。是夭子蛮,杀御叔,弑灵侯,戮夏南,出孔、仪,丧陈国。"(转引自梅广 2015)

这句话的意思中的六个动词"夭,杀,弑,戮,出,丧"都是使动。"杀御叔,弑灵侯,戮夏南",不是说夏姬杀了御叔,弑了灵侯,戮了夏南,而是说夏姬使御叔被杀,灵侯被弑,夏南被戮。这和一般的使动用法是不一样的,一般的使动,或是使对象(役事)产生某种状态(如"夭""出""丧"),或是使对象(役事)施行某种动作(如"战""朝""乘"),而这种使动,是使对象(役事)遭受某种动作(被杀,被弑,被戮)。

《吕氏春秋·察传》:"有闻而传之者曰:'丁氏穿井得一人。'国人道之,闻之于宋君。"

"闻之于宋君"即"使之闻于宋君",使这件事被宋君听到(意思就是报告给宋君)。"闻"和上例的"杀、弑、戮"一样,在用作使动时表示使对象(役事)遭受某种动作(被闻)。

(2)突出状态变化的(如"灭""开""毁""破"等)。这类动词能不能用作使动?应该说不能。根据现代汉语的语感,"破釜沉舟"的"破"可以看作使动,因为现代汉语中"破"表示状态,"破釜"可以是"使釜破碎"。但在上古汉语中,"破"是一个突出状态变化的动作-状态动词,"破釜"应该是"动词+受事宾语","破"

不是用作使动。"开门"更不是使动。就是在现代汉语中,"开门"也是动宾而不是使动,"开门"不能说成"使门开"。既然这类动词不能用作使动,为什么在表1中说,当这类动词在"Y+V+X"的句式中时"有使役关系"呢？这个问题到下面2.4讨论"灭"的时候再回答。

2.3.2 但是,我们不能反过来说,凡是能作使动的动词都是作格动词。是不是作格动词,还要看这个动词在"X+V"中的情况。作格动词在"X+V"中,必须表示状态,而不是动作,也不是意念被动。

上面几类动词在"X+V"中的情况如下（不能用作使动的不再讨论,只讨论能用作使动的几类）：

（一）状态动词在"X+V"中都表示状态。

综合"Y+V+X"和"X+V"的情况看,这一类动词除一小类外都是作格动词。

（二）动作动词尽管有一些（如"战、斗、朝、乘"）可以用作使动,但在"X+V"中出现时,都表示动作而不表示状态。如《左传》中有下列例句：

《左传·庄公九年》："师及齐师战于干时。"

《左传·襄公十一年》："秦、晋战于栎。"

《左传·庄公十年》："战于长勺。"

《左传·庄公十年》："公将战。"

《左传·昭公十九年》："郑大水,龙斗于时门之外洧渊。"

《韩非子·外储说左上》："问者大怒……遂与之斗。"

《吕氏春秋·长攻》："舞者操兵以斗。"

《左传·僖公二十五年》："晋侯朝王。"

《左传·成公三年》:"诸侯朝晋,卫成公不朝。"("不朝"的宾语承上省略)

《左传·隐公七年》:"戎朝于周。"

《左传·庄公十年》:"公与之乘。"(实际上"乘"已包含"车")

《左传·襄公二十四年》:"使御广车而行,己皆乘乘车。"

《左传·僖公三年》:"齐侯与蔡姬乘舟于囿。"

"战"和"斗"是动作而不是状态。"朝"和"乘"更是如此,当它们出现在"X+V"中时,其宾语通常要出现。

综合"Y+V+X"和"X+V"的情况看,这一类动词不是作格动词。

(三)动作-状态动词分两类:

(1)突出动作过程的有少数可用作使动(如上面说的"杀御叔,弑灵侯,戮夏南"),但表示的是"使 X 被 V"。而当它们出现在"X+V"中时,表示的不是状态,而是意念被动。如:

《庄子·胠箧》:"昔者龙逢斩,比干剖,苌弘胣。"

《韩非子·说疑》:"故周威公身杀,国分为二;郑子阳身杀,国分为三。"

《韩非子·二柄》:"田常徒用德而简公弑,子罕徒用刑而宋君劫。"

《吕氏春秋·必己》:"故龙逢诛,比干戮。"

综合"Y+V+X"和"X+V"的情况看,这一类动词也不是作格动词。

(2)突出状态变化的在"X+V"中可以演变为表状态变化,这到下面 2.4 讨论"灭"的时候细说。

综合"Y+V+X"和"X+V"的情况看,这一类动词是作格动词。

2.3.3 状态变化和意念被动。

上面说了,"动作-状态动词"分为两类,当它出现在"X+V"格式中时,(1)类(如"斩,杀,弑,戮")表意念被动,(2)类(如"灭,开,毁,破")表状态变化。这两者除了从语义上加以区别外,还有没有其他的区别办法?这可以从下面几个方面来看。

(一)"X+V"中的 V,能受行为方式状语修饰的,是表意念被动而不是表状态变化。

这里,我们介绍顾阳(1996)的看法。文章认为:"按照 L & R 的分析,从使役动词到非宾格动词这中间经历了一个非使役化(de-causativization)的过程。所谓非使役化就是使本来的二元谓词(two place predicate)变成一元谓词(one place predicate),也就是在原来使役动词的基础上除去了一个表示外因的域外论元。"这是"在词库内进行的一个过程"。这里所说的"使役动词"就是我们说的使动用法,"非宾格动词"就是本文所说处于"X+V"中的表状态的作格动词。也就是说,作格动词在进入句法层面以前,其域外论元就被抑制住,无法在句法层面出现。而动词的被动形式是在词汇句法表达式这个界面上形成的,是以及物动词的身份进入词汇句法表达式,"其域外论元受抑制后仍可在句子的其他成分中有所反映","如允许带有施事意愿或行为方式的修饰语、目的短语等出现在句中"。这是概括了 Levin & Rappaport(1995)第 3 章 3.2.4 的意思,但顾阳说得更清楚。下面是 Levin & Rappaport(1995:109)的例子:

(1) The window was broken by pat.

The window was broken to rescue the child.

(2)* The window broke by pat.

*The window broke to rescue the child.

这一论述的前提是:作格动词是由使役动词衍生而来的。我们不一定要接受这个前提。但是,我们仍然可以以此来区别"X+V"的 V 是表状态还是表意念被动。因为,行为方式状语或目的短语只能用于被动表达(不论是有标记的被动还是意念被动)而不能用于状态的表达,这是没有疑问的。所以,在"X+V"中,如果 V 有行为方式状语,就是意念被动,而不是表状态。如:

《史记·吴王濞列传》:"错衣朝衣<u>斩</u>东市。"

屈原《九歌·国殇》:"左骖殪兮右<u>刃伤</u>。"

这说明句中的"斩"和"伤"都是意念被动,而不是表状态。所以,"斩"不是作格动词,"伤"在这个句子中也并不是作格动词。但"伤"的情况比较复杂,并非所有的"伤"都不是作格动词。详下文 3.4.4.3.1。

(二)"X+V"如果能换成"X+见 V",就说明 V 是意念被动而不是状态变化。

请看下面一段话:

《韩非子·二柄》:"此简公失德而田常用之也,故简公见弑。……宋君失刑而子罕用之,故宋君见劫。田常徒用德而简公弑,子罕徒用刑而宋君劫。"

这说明"X+弑"就是"X 见弑","X+劫"就是"X 见劫",但"X+弑"和"X+劫"没有被动标记,所以是意念被动。

梅广(2015:285)把这种"见+V"的结构称为"受动",并说:

"大致说来,施动与受动相应,致动与内动相应。"说"施动与受动相应"是对的。这类动词,用在施动句中就是"斩龙逢""杀周威公""弑简公""戮比干",这些动词的动作性是很强的。

值得注意的是:在先秦和西汉的文献中,"X+见灭""X+见开""X+见破"都没有出现,"X+见毁"只有表示受到毁谤之意。这或许可以说明上古汉语中"灭""开""毁""破"一类词在"X+V"中不表意念被动,而表状态变化。当然,这只是一个参考。我们不能把文献中有无"X+见 V"作为一个绝对的检验标准,因为上古汉语文献中也没有"X+见斩",不能因此就认为"X+见斩"就是表状态变化。但是,这一类的"灭""开""毁""破"全都没有"见+V"的说法,多少还是说明一点问题的。

(三)状态变化和意念被动在施动者方面有一些差异。表意念被动的"X+斩/杀/弑/戮"等,其动作都有施动者,而且是有意施行动作的人(volitional agent),虽然隐含而未出现,但都可以指出。而表状态变化的"X+灭/开/毁/破",有的施动者无法说出,因为这种状态变化不是人有意造成的,而是在某种情况下,事物自己发生的。如:

《论语·季氏》:"龟玉毁于椟中。"

《荀子·劝学》:"风至苕折,卵破子死。"

"卵破子死"的"破"和"国破家亡"的"破"还有些不同。"国破"的"破"还有动作的因素,其施动者是可以说出的。而"卵破"的"破"就只剩下状态变化了。这种演变过程,将在下面说到。

2.4 下面集中讨论突出状态变化的"动作-状态动词"(如"灭""开""毁""破")等是不是作格动词。这个问题比较复杂,我们用"灭"为例,加以讨论。

2.4.1 先把"亡"和"灭"两个词做一些比较。粗略地看,好像"国灭"="国亡","灭国"="亡国"。所以,两者的分析应该一样。在"X+V"中就都是状态动词,在"Y+V+X"中就应该都是使动,"灭"和"亡"没有区别。真是这样吗?

先看下面的例句:

《左传·哀公六年》:"今失其行,乱其纪纲,乃灭而亡。"

《左传·襄公二十七年》:"无威则骄,骄则乱生,乱生必灭,所以亡也。"

这里的"灭"和"亡"都处于"X+V"的句式中,如果"灭"和"亡"的词义和功能都一样,那么,两句中先用"灭"接着用"亡"就无法解释。

《公羊传·僖公元年》:"齐师、宋师、曹师次于聂北,救邢。救不言次。此其言次何?不及事也。不及事者何?邢已亡矣。孰亡之?盖狄灭之。曷为不言狄灭之?为桓公讳也。"

这一句中的"亡之"和"灭之"都处于"Y+V+X"的句式中,但"亡"和"灭"也是有区别的。

区别在哪里?

《左传·襄公十三年》:"凡书'取',言易也。用大师焉曰'灭'。"

这虽然是解释《春秋》书法,但也可以看作对"灭"词义的说明:"灭"是一个用军队施加于对象的动作。"灭"不是一个状态动词,而是一个突出状态的动作-状态动词,及物性是较强的。从语法上说,"亡"是不及物动词,"灭"是及物动词。这可以用下面的方法来检验:在上古文献中有"为N所灭":

《史记·乐毅列传》:"赵且为秦所灭。"

《史记·屈原贾生列传》:"数十年竟为秦所灭。"

但没有"为 N 所亡"。下面"所亡"的"亡"是"丢失"义,不是"灭亡"义。

《战国策·魏策三》:"所亡乎秦者,山北、河外、河内,大县数百,名都数十。"

《史记·刺客列传》:"曹沫三战所亡地尽复予鲁。"

那么,怎样看待"Y+V+X"中的"灭"和"X+V"中的"灭"呢?

2.4.2 先说"Y+V+X"中的"灭"。这个"灭"是及物动词带受事宾语,不是一般所说的"使动"。既然"灭+X"是及物动词带受事宾语,那么"Y+灭+X"是不是包含使役关系(表1⑧)?

这里要插进去一段话,讨论什么是"使役"。

使役结构(causative construction)从形式上一般分为三种:(1)形态型;(2)词汇型;(3)句法型。一般认为,汉语的"食(去声)"是形态型,"退之(使动)"是词汇型,"使之退"是句法型。

但是,使役还可以在词义结构中表达出来。Levin & Rappaport(1995:83)把那些参与使役交替的使役动词(causative verb)的词汇语义表达式(lexical semantic representation)写作:(以"break"为例)

break:[[x DO-SOMETHING]CAUSE[y BECOME BROKEN]]

同样,kill 的词汇语义表达式可以写作:

kill:[[x DO-SOMETHING]CAUSE[y BECOME DIED]]

所以,有人把 kill 这样的动词叫作"词汇致使动词"(见程明霞 2008)。汉语的"杀"和英语的 kill 大致相当。如果把"使役"的范畴放宽一点,那么,最好把汉语的"杀之"称作"词义的使役",而把"退之(使动)"称作"构式的使役"。

"词义的使役"和"构式的使役"是有区别的。

"构式的使役"就是通常所说的"使动"。"(君)欲战其民"和"武丁朝诸侯"都是"构式的使役","战"和"朝"的语义构成不包含使因和结果(状态变化),使役义是由构式产生的,是属于句法层面的(见蒋绍愚 2015)。

"词义的使役"的使役意义不产生在句法层面上,而是包含在 V 的词义中。"狄灭邢"的"灭"是词义的使役,"灭"的词义中包含使因、致使和结果(状态变化),其语义构成是:

灭:[[x 施行动作(武力攻击)]致使[y 出现结果/状态(亡)]]

这在汉语语法中不叫"使动"。这和"杀"一样,在汉语语法中,从来没有人说"杀人"的"杀"是"使动"。

构式的使役(使动)往往可以在句法层面加一个使令动词"使"来表达,即"Y+V+X"是使动,那么其意义应是"Y 使 X+V"。如上面说过的"(君)欲战其民"即"君欲使其民战","武丁朝诸侯"即"武丁使诸侯朝"。但词义的使役不能这样变换,如果把"狄灭邢"变化成"狄使邢灭"(=狄使邢施行武力攻击,结果亡),这是说不通的。

所以,说 V 在"Y+V+X"中具有使役意义,应包括两种情况:(1)V 是构式的使役(即使动),如"秦亡郑"的"亡"。(2)V 是词义的使役,如"狄灭邢"的"灭"。"灭"不是使动用法,而是施加于"邢"的动作,但"灭"的词义构成中包含使役,所以整个"Y

+V+X(狄灭邢)"还是具有使役关系。

"灭"也有使动用法。"灭"的使动词是"威"。"灭"和"威"有语音交替,这是形态的使役:

> 威,《广韵》:"许悦切。"

梅祖麟(2000:385)把"灭"构拟为 *mjiat＞mjat,把"威"构拟为 *smjiat＞xjwat,认为"威是灭的使动词"。

"威"很少见,只在《诗经》中有一例:

> 《诗经·小雅·正月》:"赫赫宗周,褒姒威之。"

"褒姒威之"不是褒姒用武力灭了宗周,而是褒姒使得宗周被(犬戎)灭。这和"狄灭邢"是不一样的。"褒姒威之"的"威"是构式的使役(使动),"狄灭邢"的"灭"不是构式的使役(使动),是词义的使役。

2.4.3 再看"X+V"中的"灭"。

根据上面所说,"狄灭邢"也包含使役义。至于它和"邢灭"是否构成使役交替,那还要看"邢灭"是什么情况。

先秦文献中"X+V"的"灭"有两种情况。

(一)在《左传》中有一个例句:

> 《左传·文公四年》:"楚人灭江。秦伯为之降服,出次,不举。过数。大夫谏。公曰:'同盟灭,虽不能救,敢不矜乎?'"

这两个"灭",应该是一样的,只是前面用在"Y+V+X"中,后面用在"X+V"中,两个"灭"都是动作-状态动词而突出状态变化的。"同盟灭"的"灭"不是状态动词,它不同于"亡"。正因为如此,《左传》中还有"乃灭而亡"和"乱生必灭,所以亡也"(俱见上引),其中的"灭"和"亡"不一样。

但这种"X+灭"和"X+斩""X+杀""X+戮"等也不一样,

即：它不是一个状态动词，但也不能完全看作意念被动，而是表示 X 遭受攻击动作而状态发生变化，变化的结果就是"亡"。从突出状态来看，它和状态动词比较接近。

而"楚人灭江"的"灭"（"Y＋V＋X"中的 V），上面说过，是一种词义的使役，词义中包含使因和结果（状态变化）。"楚人灭江"和"同盟灭"构成使役交替，这种突出状态的动作-状态动词"灭"是作格动词。

（二）"X＋灭"还有另一种情况。在先秦文献中，有的"X＋灭"中的"灭"是状态动词，词义和功能都跟"亡"相同。

全面考察先秦文献中的"灭"，可以看到，在《左传》以后的先秦文献中，多次出现"灭亡"连用，《墨子》2 例，《庄子》1 例，《荀子》13 例，《吕氏春秋》1 例，《礼记》1 例，共 18 例，都是"X 灭亡"，"灭"和"亡"已无区别。略举几例如下：

《墨子·天志下》："使之父子离散，国家灭亡。"

《荀子·王制》："好用其籍敛矣，而忘其本务，如是者灭亡。"

《吕氏春秋·贵信》："不听臣之言，国必灭亡。"

在《左传》《国语》和《论语》中都没有"灭亡"，说明"灭亡"是后起的。"灭亡"中的"灭"肯定不是意念被动，而是状态动词。

但在《左传》中，有些"灭"的用法也值得注意：

《左传·文公九年》："楚子越椒来聘，执币傲。叔仲惠伯曰：'是必灭若敖氏之宗。'"

《左传·宣公四年》："初，楚司马子良生子越椒。子文曰：'必杀之。是子也，熊虎之状而豺狼之声；弗杀，必灭若敖氏矣。'"

《左传·定公四年》:"灭宗废祀,非孝也。"
这些"灭+X"是指某个子孙使家族亡,所以,不是动作-状态动词"灭"带宾语(像"狄灭邢"一样),而是状态动词"灭"(≈"亡")作使动,即"Y 使 X 灭亡"。这说明在历史发展过程中,"X 灭"的"灭"由突出状态的动作-状态动词演变为状态动词。

到《吕氏春秋》中,有这样的例句:

　　《吕氏春秋·处方》:"故百里奚处乎虞而虞亡,处乎秦而秦霸;向挚处乎商而商灭,处乎周而周王。"
　　《吕氏春秋·简选》:"中山亡邢,狄人灭卫。"

在"X+V"和"Y+V+X"中都是"灭"和"亡"并用,看不出"灭"和"亡"的差别。这时,应该说"灭"已演变为状态动词,在"X+V"中表示 X 的状态,在"Y+V+X"中是状态动词的使动了。

我们可以这样来说明其演变:动作-状态动词"灭"的语义构成是"动作[武力攻击]+(致使)+结果/状态[亡]",而且是突出状态的。其中的"动作"的因素,在"X+灭"中已经弱化,再进一步弱化而至于消失,就剩下了"结果/状态",所以成为一个状态动词,其意义和"亡"相同。

2.4.4 所以,全面考察春秋战国时期的"X+灭",其中的"灭"有突出状态的动作-状态动词和状态动词两种情况。这两种情况都可以和相应的"Y+灭+X"构成使役交替。所以,"灭"是作格动词。

"X+灭"的这两种情况是一个逐步演变的过程,至于在文献中哪些"X+灭"属于第一种,哪些"X+灭"属于第二种,有时不容易清楚地区分。比如,下面的例句中,"X+灭"的"灭"究竟是包含状态变化的意念被动还是状态变化,就不容易确定:

《吕氏春秋·自知》:"荆成、齐庄不自知而杀,吴王、智伯不自知而亡,宋、中山不自知而灭,晋惠公、赵括不自知而虏,钻荼、庞涓、太子申不自知而死,败莫大于不自知。"

"杀""虏"是意念被动,"亡""死"是状态变化。"灭"和它们并列,究竟是表示包含状态变化的意念被动还是状态变化?仅仅根据这段文字,就难以做出肯定的回答。我们只能从整个发展过程来看,既然从《墨子》开始就有"灭亡"连用,那么,《吕氏春秋》的这段话中的"灭",应该和"亡"一样,是表状态变化的了。

下面在说到"败""破""毁"时,把它们和"灭"放在一起看,有些问题可以看得更清楚。

2.5 从上面的论述来看,包含动作-状态动词的(1)(2)两类,对于确定作格动词非常重要。这里就有一个问题:同样是动作-状态动词,哪些属于(1)类,哪些属于(2)类?

从词义构成来看,这两类都是"动作+(致使)+结果/状态",都包含"动作"和"结果/状态"两个语义成分,只是(1)类突出"动作过程",(2)类突出"状态变化"。一个动作-状态动词究竟是突出动作过程还是突出状态变化,如果从语义成分来确定,会有较大的主观性。有没有比较客观的办法?

我们试着从句法方面着手。可以考虑以下几点:

(1)用在"X+V"时,如果 V 是表意念被动,这个动词就属于(1)类。表意念被动的鉴定方法,前面 2.3.3 已经说过。

(2)用在"Y+V+X"中时,如果 V 表示"使某某被 V",这个动词就是属于(1)类。如上面说的"杀御叔,弑灵侯,戮夏南"之类。又如:

《孟子·尽心下》:"盆成括见杀。门人问曰:'夫子何以知其将见杀?'曰:'其为人也小有才,未闻君子之大道也,则足以杀其躯而已矣。'"

"杀其躯"表示"使其躯被杀",这和上文的"盆成括见杀"相应。上面2.3.3《韩非子》的"简公弑"也和"简公见弑"相应。把两者联系起来,我们也可以说,"动作-状态动词"如果能构成"见+V"的,就是突出动作过程的。

(3)突出状态变化的动作-状态动词,容易演变为状态动词。所以,当一个动作-状态动词和一个状态动词并列而构成一个词组时,这个动作-状态动词就是突出状态的。如"灭亡"的"灭","毁坏"的"毁",都是突出状态变化的。

(4)在后来出现的述补结构VC中,(1)类的"斩""杀""弑""戮"都没有用作后一字C的。而(2)类的"灭""开""毁""破"之类,用作后一字C很常见。这虽然是后来的发展,但也和它们在上古的性质有关,多少也能说明上古汉语中"斩""杀""弑""戮"突出动作过程,而"灭""开""毁""破"之类突出状态变化。

最后,还应当指出,有的词在历史上是有变化的。如"伤",下面将会看到,最初是一个状态动词;可以用作使动,由此演变为突出动作的动作-状态动词,在上述《国殇》例"刃伤"中无疑是意念被动。但后来很多"X伤"仍表状态变化。表意念被动的"伤"不是作格动词,表状态的"伤"是作格动词。像这样的动词,就不能简单地对待。

这只是一些初步的想法,是仅就本文讨论的一些动词提出的看法。这个问题还需要深入研究,要对一批较常见的上古汉语动词进行全面的调查和分析,才能得出更全面的结论。

3 作格动词两种句法表现的关系

3.1 作格动词都有"X+V"和"Y+V+X"两种句法表现,哪一种是基本式(basic form)? 哪一种是派生式(derived form)? 这个问题比较复杂,需要深入研究。

历来汉语的研究者都把"使动"看作"活用",意思是说,非使动用法"X+V"是"本用",是基本的;使动用法"Y+V+X"是"活用",所以是派生的。但作格动词中只有状态动词和"使动"有关,而动作-状态动词之(2)类(如上面讨论的"灭",以及下面要讨论的"开""毁""破"),就和"使动"无关。所以,这样的说法不能概括所有的作格动词。

Levin & Rappaport(1995:85—86)提出一种相反的看法:"动词的使役形是基本的,非宾格形式是派生的。"书中列举了下列例句:

(1) a. Antonia broke the vase/the window/the bowl/the radio/the toaster.

b. The vase/The window/The bowl/The radio/The toaster broke.

(2) a. He broke his promise/the contract/the world record.

b. * His promise/The contract/The world record broke.

(3) a. Jean opened the door/the window.

b. The door/The window opened.

(4) a. This book will open your mind.

b. * Your mind will open from this book.

(5)a. The wind cleaned the sky.

b. The sky cleaned.

(6)a. The waiter cleaned the table.

b. * The table cleaned.

在例(1)(3)(5)中,同一个动词都有及物用法(即使役形)和不及物用法(即非宾格形式),但在例(2)(4)(6)中,只有及物用法(即使役形)而没有不及物用法(即非宾格形式)。这说明对于使役形和非宾格形式有不同的选择性限制(selectional restrictions),受限较少的应该是基本式。

我认为,这个问题牵涉到动词的不同义项(semantic senses),上面例句中同一个词(break、open、clean)属于两个不同的义项。有些动词的不同义项,情况是不同的。如上古汉语中的"损毁"义的"毁",有"X+V"和"Y+V+X"这样的使役交替,肯定是一个作格动词。但"毁谤"的"毁",只有"叔孙武叔毁仲尼"和"仲尼不可毁也"(均见《论语·子张》),而没有"仲尼毁"。这说明"毁谤"的"毁"不是作格动词,不能因为没有"仲尼毁",就得出作格动词中"Y+V+X"是基本式的结论。

顾阳(1996)还说:"有相当一部分看来是使役动词的词没有相应的非宾格动词",以此来论证使役动词是基本式。她举的是made、wrote、built三个词(见顾阳1996:7)。按:Levin & Rappaport(1995)是在第三章的3.2.3"when can externally caused verbs'detransitivize'"一节中谈到这个问题的,说cut、kill、write、build等动词没有"detransitivize"。这些动词,在我看来是本文所说的"突出动作过程的动作-状态动词"或"动作动词",不是作格动词,所以,这和作格动词的基本式与派生式的问题无关。

3.2　那么,这个问题究竟应该怎样看?本文打算从汉语的历史发展来考察一些动词的两种形式孰先孰后,先的是基本的,后的是派生的。

这能不能根据文献的资料调查来确定?孙志阳(2006)和宋亚云(2014)都对一些作格动词两种形式在先秦的共时分布做了详细统计。我也做了一些。下面把10个作格动词在先秦十种文献中或《左传》中的分布列成表:

(这里首先要说明,做统计时首先是要把一个多义词分成不同义项,只统计有使役交替的那个义项,其他无关的义项应当排除。如:"出"要统计的是"君出"和"出君"的"出",而"陈厉公,蔡出也"的"出"应当排除。"毁"要统计的是"龟玉毁"和"毁龟玉"的"毁","毁誉"的"毁"应当排除。)

表2

	X+V	Y+V+X	统计依据
来	400多	2	《左传》
出	327	44	十种文献
亡	136	25	《左传》
伤	63	136	十种文献
败	134	387	十种文献
破	15	43	十种文献
毁	13	72	十种文献
灭	74	154	十种文献
开	8	25	十种文献
启	4	58	十种文献

("来"用孙志阳的数据)

有了这样的统计,是不是问题就解决了?是否可以说,文献中用于"X+V"频率高的,就认为非使动用法是基本用法;文献中用于"Y＋V＋X"频率高的,就认为使动用法是基本用法。如:"来"就是由"X＋V"派生出"Y＋V＋X",相反,"灭"就是由"Y＋V＋X"派生出"X＋V"。这样的论证方法行吗?不行。因为我们谈的是两种形式之间的派生关系,而文献统计所表示的,只是两种形式的共时分布。

3.3 从汉语的历史发展来考察一些作格动词的两种形式孰先孰后,有三个方面值得注意:

(1)四声别义。不少作格动词的两种形式都有两种不同的读音,一是非去声,一是去声;一般认为,读去声的是后起的。或者一是清声母,一是浊声母;一般认为是从清声母变为浊声母。如:

饮:歠也,于锦切(上声);使之饮曰饮,于禁切(去声)。《左传·桓公十六年》:"及行,饮以酒。"《释文》:"饮以酒:于鸩反。"

见:视也,古甸反(清声母);使见曰见,胡甸切(浊声母)。《论语·微子》:"见其二子焉。"《释文》:"见其:贤遍反。"

从读音来看,"X＋饮""X＋见"是基本的,"Y＋饮＋X""Y＋见＋X"是派生的。

四声别义的时间层次是一个复杂的问题。有些四声别义的时代可能很早,有人认为四声别义的去声源于原始汉语中的后缀 *-s,浊声源于原始汉语中的前缀 *s-;但有的四声别义可能是晋宋以后产生的。要确定四声别义的时代很不容易。但从下文可以看到,如果结合具体例子从四声别义的角度加以分析,对于确定作格动词的基本式和派生式还是有帮助的。

(2)词义演变的方向。有些作格动词在两种形式中的意义有联系又有区别。可以根据词义演变的方向来考虑两者的先后。如上述两个动词的两种用法,"X+饮""X+见"是一般动词,"Y+饮+X""Y+见+X"是使动,从词义演变来看,也应该前者是基本的,后者是派生的。

同源关系也是重要的参考。如:"伤",根据同源关系,可以确定其基本式是"X+伤"(见下)。

(3)春秋战国以前的语言资料。一般的统计资料,都是春秋战国时期的资料,同一个历史阶段,不容易看出先后关系。如果在甲骨文、金文中有相关资料,可能有助于问题的分析。如果在甲骨文、金文中只有"X+V"而没有"Y+V+X",那么,前者是基本的,后者是派生的。

这三个方面要综合起来考察。

这三个方面,看起来好像简单明了,但实际处理起来,情况还可能相当复杂。这在下面将会看到。

3.4 下面试着分析一些例子。

3.4.1 表2上端的三个词"来""出""亡",用于"X+V"的大大多于用于"Y+V+X"的(下面,为了叙述的方便,我们把用于"X+V"的动词标作 V_1,用于"Y+V+X"的动词标作 V_2),在春秋战国时期,V_1 应是状态动词,V_2 应是状态动词的使动用法。这是合乎上古汉语的用法规律的:上古汉语使动用法很普遍,不论是状态动词、动作动词,还是形容词、名词,都可以用作使动。如:

《左传·僖公三十年》:"公曰:'吾不能早用子,今急而求子,是寡人之过也。然郑亡,子亦有不利焉。'许之,夜缒而出,见秦伯曰:'秦晋围郑,郑既知亡矣。若亡郑而有益于君,敢以烦执事。'"

"郑亡",是"X＋亡","亡"表示"郑"的状态变化。

"亡郑",是"Y＋亡＋X","亡"是使动,表示使郑产生"亡"的状态变化。所以,亡₁是基本的,亡₂是派生的。

这样的分析似乎可以同样用于表2底端的三个词"灭""开""启",即:认为"灭""开""启"的 V_1 是状态动词,是基本的;V_2 是状态动词的使动用法,是派生的。

这样的分析倒可以使得对作格动词的分析"一以贯之":作格动词的 V_1 都是状态动词,V_2 都是状态动词的使动。尽管在春秋战国时期,"来""出""亡"的 V_1 多于 V_2,而"灭""启""开"则反过来,V_1 少于 V_2,但无论多于还是少于,V_1 都是基本的,V_2 都是派生的。

这样分析似乎很漂亮,但会遇到一些困难。

3.4.2 首先,前面说过,"灭"不能和"亡"一样分析。

3.4.3 再看"启"和"开"。

3.4.3.1 先说"启"。在甲骨文中,甲骨文中有"其𣆶𡩗(庭)西户"(邺三下四一六),是属于"Y＋V＋X"式的。甲骨文不见"户启",但有"今日𣆶","𣆶"为天晴、天开之义,是属于"X＋V"式的;《说文》:"启,日出天㫛也。"就是这个字。既然甲骨文中"𣆶户"和"今日𣆶"都写作同一个字,那就说明这两个意义之间是有联系的,连接这两者的应该是"户𣆶"的"𣆶",是一种状态,虽然此用法不见于甲骨文。

这三者孰为基本式,孰为派生式,可以参考"开"字。虽然"开"比"启"出现得晚,但其词义的发展路径可能是一样的。"开"是"开 t"→"开 i",所以"启"也可能是"启 t"→"启 i"→"启 i"。

3.4.3.2 再说"开"。甲骨文和金文无"开",《尚书》《诗经》

中有"启"和"开"。《说文》"开"的古文作"開"。金文中有一个"辟"字,作"開",像两手反方向推门。"開"和"開"字形非常相近,只是"開"在两手和门之间多了一横。商承祚云:"案開为辟,是门已开。闩示门闭,廾示两手开门也。"(转引自李圃主编《古文字诂林》)按照商说,"辟"是表状态的,"开"是表动作的。所以,"开"的"Y+V+X"式是基本式,"开"的"X+V"是派生式。

但是,"取"和"开"由动作-状态演变为状态,和"灭"由动作-状态演变为状态有点不一样:"灭"的演变有一个中间环节"包含状态变化的被动","取"和"开"看不到这个中间环节,似乎是直接由动作-状态演变为状态。为什么能有这种演变呢?这有点类似 Levin & Rappaport(1995)所说的"非使役化(decausativization)"。准确地说,"取/开"是一个突出状态的动作-状态动词,其语义构成是"动作+(致使)+结果/变化",其中包含表示变化和使役的因素。使役是一个复杂事件,包括使因(动作)和结果(状态)。如果不强调使因(动作),而强调结果(状态),那么,包含使役因素的动作-状态动词就变成状态动词。"非使役化"是在词库里进行的,是一个构词规则。由"取/开+X"的"取/开 t"(动作-状态动词)演变为"X+取/开"的"取/开 i"(状态动词),就是由这个构词规则形成的。

3.4.4 再讨论表 2 中间的四个词"伤""败""破""毁"。

从十种文献的调查看,这四个词用于"X+V"和"Y+V+X"的都有。后者多于前者,但比例不很悬殊。仅仅根据文献的统计资料,似乎难以确定它们是及物动词还是不及物动词。要断定何者为基本的,何者为派生的,更是比较困难。

这里必须考虑四声别义(包括清浊别义)的问题。四个词中,"伤""破"没有四声别义,"败""毁"有。

周法高(1972)把与使谓有关的四声别义分为两类:

1. 去声或浊声母为使谓式。

2. 非去声或清声母为使谓式。

"败"和"毁"都属于第2类:

败:毁他曰败,音拜(清声母,去声)[使谓式];自毁曰败(浊声母,去声)。

毁:坏他曰毁,许委切(上声)[使谓式];自坏曰毁,况伪切(去声)。

这一类,似乎有些矛盾:一般说来,从读音看,非去声或清声母是较早的,去声或浊声母是较晚的;而从意义看,谓词是原有的,使谓是后起的。那么,"毁"和"败"的两种用法,究竟哪一种是基本的,哪一种是派生的呢?这就颇费斟酌。

我们先讨论"毁"。"败"到下面再讨论。

3.4.4.1 毁

《孝经·开宗明义章》:"身体发肤受之父母,不敢毁伤。"《经典释文》:"毁,如字。"即上声。

《周礼·司寇·司厉》:"凡有爵者与七十者与未龀者",郑注:"龀,毁齿也。"《经典释文》:"毁,况伪反。"即去声。

贾昌朝《群经音辨》:"坏他曰毁,许委切;自坏曰毁,况伪切。"

我认为,"自坏"是说这个动词表示事物自身的状态,如《周礼》例的"毁齿",虽然"毁"后面有一个宾语"齿",但"毁"说明的是"齿"的状态,正如"落叶"说的是树叶落下,"脱发"说的是头发脱落。"坏他"的"毁"(即"毁身体发肤"的"毁")未必就是"使谓"(即一般所说的"使动"),而只是说这个动词有动作涉及的对象,如《孝经》例的"毁"其对象就是"身体发肤"。很可能"坏他"的"毁"是像"灭邢"的"灭"一样,"V＋X"是基本用法,但这个词只是词义的使役,而不是一般所说的"使动"。也像"灭"一样,可以演变为表状态的动词,即"毁齿"的"毁"。如果这样看,就和四声别义的规律一致:非去声的"坏他"是基本的,去声的"自坏"是派生的。

这个看法和文献上表现出来的也一致。甲骨文中无"毁"。金文有"毁",其义不明。《诗经》仅一例,是表动作-状态的:

《诗经·豳风·鸱鸮》:"既取我子,无毁我室。"

《论语》一例(不算"毁谤"的"毁"),是表状态的:

《论语·季氏》:"龟玉毁于椟中。"

所以,"毁"的"Y＋V＋X"用法是基本的,"V＋X"用法是派生的。

3.4.4.2 败

"败"比"毁"复杂。

《说文》中有"败",又有"𢿤"。

《说文》:"𢿤,坏也。从攴贝声。《商书》曰:'我兴受其𢿤。'""败,毁也。从攴贝。"其实"𢿤""败"实同一词,但在许慎看来,这个词有时表状态,有时表动作。

上述四个词,在甲骨文中出现的只有"败"字。

"败"在甲骨文里作"🐚",卜辞既有"🐚牛",又有"帝🐚"。于省吾云:"败训毁坏,乃系通诂。而卜辞用法有二:一、'🐚牛'为杀牲,……'自般龟',谓杀自般之龟。一、🐚为灾祸不利之义,降🐚犹言降灾。……'隹帝🐚西',言不利于西也。……不🐚、弗🐚、亡🐚即不败、弗败、亡败也。"李孝定举出甲骨文"王曰侯虎余其败汝事□",并说"金文南疆钲作敗"。

可见,早在甲骨文中,"🐚"就有两种用法。(1)"🐚牛""🐚龟"是"V+X","🐚",表动作,宰杀或毁坏。金文中写作"敗"突出其动作性。(2)"隹帝🐚西"是"X+V","🐚"表状态,不利。表"灾祸"义很常见,应是"不利"义的引申。

那么,这两种用法的读音是否有区别?能不能根据其读音的区别来判断基本和派生?

> 陆德明《经典释文·序》:"及夫自败(薄迈反)败他(补败反)之殊,自坏(呼怪反)坏撤(音怪)之异。"

> 贾昌朝《群经音辨》:"毁他曰败,音拜。自毁曰败,薄迈切。"

据此,"败他"是清声母,"自败"是浊声母。似乎"败他"是基本的。

但是,《经典释文》中出音的都是"必迈反"或"补迈反",没有"薄迈反"。如:

> 《左传·隐公元年》:"败宋师于黄。"《释文》:"败,必迈反,败他也。"

而《左传·庄公十一年》"京师败曰王师败绩于某"、《左传·成公二年》"师徒桡败"等处,《经典释文》均不出音。只有一处:《穀梁传·庄公十年》"中国不言败"注"'……晋师败绩',不言败晋师",《经典释文》注:"败绩,如字。"

这说明浊声母的"薄迈反"是基本读法,无须注音。而清声母的"必迈反"是少见的,需要注音。

> 《颜氏家训·音辞》:"江南学士读《左传》,口相传述,自为凡例:军自败曰败,打破人军曰败(原注:败,补败反)。诸

记传未见补败反。徐仙民读《左传》,唯一处有此音,又不言自败败人之别。此为穿凿尔。"

这也说明清声母的"补败反"是少见的。

周祖谟(1946/1966):"案败有二音,亦起自晋宋以后,经典释文分析甚详。"

于省吾说甲骨文的"㪣"从贝声。"贝"是浊声母,所以,甲骨文的"㪣",不论是"㪣牛""㪣龟"的"㪣",还是"隹帝㪣西"的"㪣",可能都是浊声母的。甲骨文的"㪣"虽有"X+V"和"V+X"的不同,但表"宰杀"的"㪣"和表"不利"的"㪣"在词义上没有很紧密的联系,还没有构成作格动词。到《左传》以后"败"用于战争的胜负,具有"宋师败"和"败宋师"两种句法位置,而两者的词义联系很紧密,这才发展为作格动词。从历史演变看,应该是原先浊声母的"败"(毁坏)演变为"宋师败"的"败"(战败),然后再产生"败宋师"的"败"(打败,使……败),而且,为了区分两者,把后者读为清声母。也就是说,对于作格动词的"败"来说,应该说"X+V"是基本的,"V+X"是派生的。

这和一般的清浊别义不同。一般的清浊别义,如:

折(折断,动作),之舌切(清)——折(断了,状态),市列切(浊)

解(解剖,解开,动作),古买切(清)——解(解开了,松懈,状态),胡买切(浊)

都是由清变浊,清声母(Y+V+X)是基本的,浊声母(X+V)是派生的。

可见,根据读音来判断基本的和派生的,也要具体分析,不能一概而论。

3.4.4.3 "伤"和"破"都没有四声别义,也不见于甲骨文。

3.4.4.3.1 伤

"伤"最初的意义是指身体的创伤,是个状态动词(不及物)。这从下面的材料可以得到说明:

《说文》:"伤,创也。"又:"刅(即'创'),伤也。""伤""创"互训。虽然我们不能相信《说文》的"本义"就是一个词最初的意义,但《说文》提供的"伤"和"创"的关系是值得考虑的。《礼记·月令》:"命理瞻伤察创视折。"郑玄注:"创之浅者曰伤。"郑注也把"伤"和"创"放在一起。王力《同源字典》:"伤,惕,殇:创(刅),怆,疮(审初邻纽,迭韵)",六字同源。这些同源词大都是表状态的。

"伤"文献中的用法也可以证明这一点。

《尚书》《诗经》《周易》中都有"伤":

《尚书》4例(另有《泰誓中》之例,为古文《尚书》,不引):

《尚书·说命上》:"若跣弗视地,厥足用伤。"

《尚书·费誓》:"杜乃擭,敜乃阱,无敢伤牿。牿之伤,汝则有常刑。"

《尚书·酒诰》:"民罔不盡伤心。"

《尚书·康诰》:"子弗祗服厥父事,大伤厥考心。"

《尚书·说命上》虽是古文《尚书》,但这几句话见于《国语·越语上》,可以相信是早期的文献。这里的"伤",应该是状态动词。而《尚书·费誓》的"伤牿"则是状态动词的使动,使牛马伤。《酒诰》和《康诰》的"伤心"也是使动,使心伤;不过"伤"已引申为心理的伤害了。

《诗经》一例(《诗经》其余例为"忧伤"之"伤",不引):

《诗经·郑风·大叔于田》:"将叔无狃,戒其伤女。"
"伤"也是状态动词的使动用法。

《周易》一例(《周易》其余的"伤"为"损害",是"伤害"的引申义,均不引):

> 《周易·序卦》:"晋者,进也。进必有所伤,故受之以明夷。夷者,伤也。伤于外者必反于家。"

"所伤"的"伤"是突出动作的动作-状态动词(及物),及物动词才有被动用法。这是由状态动词的使动用法演变而来的。"伤于外"是意念被动。

往后的先秦文献中,"伤"作为突出动作的动词-状态动词(及物)用得较多,如:

> 《论语·乡党》:"厩焚,子退朝。曰:'伤人乎?'"
> 《左传·成公二年》:"郤克伤于矢。"
> 屈原《九歌·国殇》:"左骖殪兮右刃伤。"
> 《吕氏春秋·察微》:"楚之边邑曰卑梁,其处女与吴之边邑处女桑于境上,戏而伤卑梁之处女。卑梁人操其伤子以让吴人。"

《论语》例"伤人"的"伤"似乎不必再看作使动,"伤人"的"人"是受事宾语。《左传》例和《九歌》例中的"X+伤"是意念被动。《吕氏春秋》例"伤卑梁之处女"的"伤"是吴之处女施加于卑梁之处女的动作,"伤子"的"伤"作定语,但不是表状态,而是"被伤"之意。这些例句说明"伤"已发展为突出动作的动作-状态动词(及物)。

但"伤"作为状态动词(不及物)还在继续使用。如:

> 《庄子·人间世》:"咶其叶,则口烂而为伤。"

《庄子·徐无鬼》:"匠石运斤成风,听而斫之,尽垩而鼻不伤。"

在述补结构兴起后,常见到"V+伤","伤"更是状态动词。

总起来看,"伤"的"X+V"是基本的,"Y+V+X"是派生的。在上古汉语中,"伤"由状态动词的使动演变为突出动作的动作-状态动词(及物),而且动作-状态动词(及物)用得更多(见4.1的统计),但状态动词(不及物)的用法依然存在。

3.4.4.3.2 破

《尚书》《周易》无"破"。《诗经》共4例,均和"灭"一样,为突出状态的动作-状态动词,和宾语构成词义使役的关系。

《诗经·豳风·破斧》:"既破我斧,又缺我斨。"(3例)

《诗经·小雅·车攻》:"不失其驰,舍矢如破(之)。"

先秦十种语料"破"共60次,如有如下几类:

(1)破+X　43次

《吕氏春秋·本味》:"伯牙破琴绝弦。"

(2)X+破　15次

《荀子·劝学》:"风至苕折,卵破子死。"

(3)构成受事话题句　1次

《庄子·天地》:"百年之木,破为牺尊,青黄而文之,其断在沟中。"

(4)作定语　1次

《韩非子·五蠹》:"则海内虽有破亡之国,削灭之朝,亦勿怪矣。"

从十种语料看,"Y+破+X"多,"X+破"少,而且相差较大。当然,"Y+破+X"的"破"也不一定是突出状态的动作-状态动词,也可能是状态动词的使动。但既然在《诗经》中"破"都是突出状态的动作-状态动词,所以,说后来的"破+X"的"破"是状态动词的使动就缺乏根据。看来,先秦的"破"主要还是表动作-状态的。《韩非子》中"破亡"并用作定语,"破"还是"被攻破"之意。但《荀子》的"卵破子死"应该是已经演变为表状态。从后来的发展看,"破"在述补结构中都作补语,即只表示状态,动作由前面的动词来表达,说明它逐渐由动作-状态向状态发展。可能"破"的"Y+V+X"是基本的,"X+V"是派生的。

总起来看,大体上可以分为两种情况:(一)如果一个作格动词最初属于"状态动词",那么"X+V"是基本式。(二)如果一个作格动词最初是属于"动作-状态动词(2)",那么"Y+V+X"是基本式。但具体到某一个词,特别是那些在上古文献中及物和不及物用法的比例很接近的动词,如"伤""败""破""毁"等,究竟是属于哪一种情况,却不是一目了然的,所以,必须逐个进行深入分析。

4 作格动词的历史演变

4.1 作格动词在历史上是有变化的。下面列一个从先秦到唐代的统计表:

表3

	X+V:Y+V+X				
	先秦	西汉	东汉	世说新语	敦煌变文
出	327:44	419:67*	371:1*	49:2*	255:1(使动)
亡	136:25	49:22	68:4	10:0	2:3
伤	63:136	77:98**	115:131**	3:5	65:46

(续表)

败	134∶387	84∶48*	71∶40*	21∶2	19∶0
破	15∶43	95∶236*	35∶47*	1∶11	31(+16)∶38
毁	13∶72	0∶2*	17∶24*	4∶5	2∶5
灭	74∶154	12∶59*	348∶81*	1∶2	24∶25
开	8∶25	3∶22	12∶29	11∶9	134∶92

(加*的是宋亚云〔2014〕的数据,西汉用《史记》下。加**是梁银峰〔2006〕的数据。)

表3的8个动词在先秦都是作格动词,表中统计了这些动词在先秦、西汉、东汉、魏晋南北朝、唐代的情况。这些动词的发展情况不完全一样。

4.1.1 "出"发展的总趋势是:"出"的使动用法逐渐减少。据宋亚云(2014)调查,《论衡》中"出"带宾语147例,但很多是"出言""出涕"之类,役事宾语仅53例,而有生名词作役事宾语的仅1例:

> 《论衡·龙虚》:"当鄦丘䜣之杀两蛟也,手把其尾,拽而出之,至渊之外。"

《世说新语》中带宾语72例,带指人役事宾语的仅2例,张永言《世说新语辞典》为之另立一个义项"外调,外放":

> 《世说新语·品藻》:"时人共论晋武帝出齐王之与立惠帝,其失孰多。"
>
> 《世说新语·术解》:"遂出阮为始平太守。"(比较《简傲》:"王平子出为荆州。")

敦煌变文情况也是一样,虽然"出"带宾语的很多(328例),但都是"出家""出门""出言"之类,是熟语,而且宾语绝大部分是处所名词和无生名词,所以不构成使动。可以看作使动的仅1例:

《丑女缘起》:"例皆见女出妻,尽接座筵[同欢]。"这显然是仿古的形式。

4.1.2 "亡"发展的总趋势也相同。《论衡》中"亡"带宾语4例,2例为"亡国",1例为"'亡秦者胡',《河图》之文也",1例为"桀亡夏而纣弃殷"。《世说新语》中"灭亡"义的"亡"共10例,无一例处于"Y+V+X"格式中。敦煌变文中"灭亡"义的"亡"共5例,虽有3例处于"Y+V+X"格式中,但也是仿古:

《王昭君变文》:"存汉室者昭军(君),亡桀纣者妲己。"

《韩擒虎话本》:"败军之将,腰令(领)难存;亡国大夫,罪当难赦。"

《降魔变文》:"亡家丧国,应亦缘卿!"

可见,"出""亡"的使动用法从东汉开始就逐渐衰落,到魏晋南北朝以后,只用于"X+V"格式,发展为一个纯粹的不及物动词,而不再是作格动词了。这可以说是"自动词化"。

4.1.3 "开"和"灭"是另一种情况。这两个词,据上面的分析,是由动作-状态动词(及物动词)演变为状态动词(不及物动词)。(为了醒目,以下在做统计时用 Vi 表示不及物的状态动词,用 Vt 表示及物的动作-状态动词。)在先秦和西汉,Vt 是 Vi 的几倍。后来,两者的比例逐步接近,也就是说,用作 Vi 的越来越多,也就是人们通常所说的"自动词化"了。但这种"自动词化"不应理解为成了纯粹的自动词。直到唐代,"开"和"灭"还可以用作及物的动作-状态动词,所以还是作格动词,只是它们用作及物动词和用作不及物动词的比例发生了较大变化。这和"出""亡"的情况是不一样的。

4.1.4 "伤""败""毁""破"到后来还是作格动词,但发展的情况各不相同。

"伤":先秦时"伤 t"高于"伤 i",后来两者逐步持平,到敦煌变文中反过来,"伤 i"高于"伤 t"。

"败":也是如此。而且,发展的速度更快,到敦煌变文中,"胜败"义的"败",无一例用作及物动词,这也是由于使动用法的衰微。但在现代汉语中还说"广东队大败北京队",所以,"败"一直是作格动词。

这里要做一说明:宋亚云(2014:213):"敦煌变文中,32 例'败'只有 2 例带宾语。"这 2 例大概是:

《伍子胥变文》:"岂缘小事,败我大义。"

《降魔变文》:"败我政法不思议,远请奸邪极下劣。"
这里的"败"是"败坏"义,而本文统计的是"败"的"胜败"义,所以统计数字不同。

"伤""败"的演变是否可以叫作"自动词化"呢?似乎不太合适。因为上面已经说过,"伤""败"的基本形式是不及物的状态动词,及物用法是派生的。只是在上古时期派生的及物形式用得很多,到后来逐渐减少,到敦煌变文中"败"只剩下不及物形式而已,这种曲折的演变不宜简单地称为"自动词化"(由非自动词变为自动词)。

"破":在先秦,"破 t"为"破 i"的三倍。西汉到六朝比例更高。可见,从先秦到六朝,"破"一直以及物动词为主。到了敦煌变文中,情况有了变化,"X+破"为 31 例,"Y+破+X"为 38 例。但加上述补式"V+破"16 例,"破 i"就超过了"破 t"。但"破 t"还相当多,所以也不好说"自动词化"。

"毁":到唐代为止,各时期"X+毁 i"和"Y+毁 t+X"都有,而且都以后者为多。至于这些作格动词发展到现代汉语中情况如何,这是下面要讨论的问题。

4.2 现代汉语中的作格动词。

曾立英(2009)对现代汉语作格动词做了研究,列出了160个作格动词,其中绝大部分是双音词。汉语的作格动词从单音到双音,这是作格动词的一个大变化。这些双音动词在什么时候出现,是否一开始就是作格动词,或者什么时候成为作格动词,都是应该研究的问题。

但本文更关心的是单音作格动词的历史演变:原先有哪些单音的作格动词,到现代汉语中已不是作格动词了?哪些现代汉语中单音的作格动词是古代发展来的?什么时候成为了作格动词?其变化的原因是什么?这是需要做专题研究的。本文只能很粗略地谈一谈。

曾立英(2009)的160个作格动词中,单音的有如下16个:

变 饿 肥 关 化 坏 荒 开 亏 灭 泼 松
退 消 着(zháo) 折(zhé)

其中"开""灭"是本文讨论过的,"关""坏""折"肯定也是自古就存在("关"稍晚一点,汉代以后用作动词)。其他动词,其出现的时间和发展的历史,都需要研究。

其实,现代汉语中单音的作格动词不止这些。李临定(1985)所说的现代汉语中既有动态功能,又有静态功能的动词,也有一些是作格动词。如:

挂 摆 贴 躺 坐 站 绣 画 刻 戴 穿 围
关 开 锁 举 伸 踩 捏 叉

这些词哪些是作格动词,哪些不是,不是的和作格动词有什么区别,都是值得研究的。

4.3 总起来说,汉语单音作格动词的历史发展有三种情况:

（1）上古已产生，一致保留到今天。如上述"开""关""灭""破""坏""折"。还有一些，如："败""断"。

（2）上古的作格动词，今天已没有作格用法。如本文讨论的"出""亡""伤""毁"。现代汉语中，"出""亡""伤"只能用于"X＋V"，"毁"只能用于"Y＋V＋X"。

（3）上古不是作格动词，后来成为作格动词。如上面提到的"消"和"挂"：

"消"，先秦时只用于"X＋V"，西汉可用于"Y＋V＋X"。

《周易·否卦》："小人道长，君子道消也。"《礼记·月令》："时雪不降，冰冻消释。"

《淮南子·本经》："搪蚌蜃，消铜铁。"

"挂"，先秦时只表状态，魏晋南北朝可表动作。

《楚辞·招魂》："砥室翠翘，挂曲琼些。"五臣云："玉钩悬于室中。"

《后汉书·丁鸿传》："乃挂缞绖于冢庐而逃去。"

从现代汉语出发，往上追溯，这也是一种研究方法。

本文的看法不成熟，供大家讨论。

参考文献

程明霞　2008　《致使概念的原型范畴研究》，《湖南科技学院学报》第1期。
大西克也　2004　《施受同辞刍议——〈史记〉中的"中性动词"和"作格动词"》，《意义与形式——古代汉语语法论文集》，Lincom Europa.
顾　阳　1996　《生成语法及词库中动词的一些特性》，《国外语言学》第3期。
何乐士　2012　《〈左传〉语法研究》，河南大学出版社。

蒋绍愚	2014a	《先秦汉语的动宾关系和及物性》,《中国语言学集刊》第七卷第二期。
蒋绍愚	2014b	《从〈左传〉的"P(V/A)＋之"看先秦汉语的述宾关系》,《历史语言学研究》第8辑。
蒋绍愚	2015	《汉语历史词汇学概要》,商务印书馆。
李临定	1985	《动词的动态功能和静态功能》,《汉语学习》第1期。
李 圃主编	2004	《古文字诂林》,上海教育出版社。
李佐丰	2004	《古代汉语语法学》,商务印书馆。
梁银峰	2006	《汉语动补结构的产生与演变》,学林出版社。
吕叔湘	1987	《论"胜"和"败"》,《中国语文》第1期。
梅 广	2015	《上古汉语语法纲要》,三民书局。
梅祖麟	2000	《汉藏语的"岁、越""还(旋)、圜"及其相关问题》,《梅祖麟语言学论文集》,商务印书馆。
宋亚云	2014	《汉语作格动词的历史演变研究》,北京大学出版社。
孙志阳	2006	《〈左传〉中的"使动用法"》,香港科技大学博士学位论文。
杨伯峻、何乐士	1992	《古汉语语法及其发展》,语文出版社。
杨素英	1999	《从非宾格动词现象看语义与句法结构之间的关系》,《当代语言学》第1期。
杨作玲	2012	《上古汉语非宾格动词的判定标准》,《三峡大学学报》第4期。
于省吾主编	1996	《甲骨文字诂林》,中华书局。
曾立英	2009	《现代汉语作格现象研究》,中央民族大学出版社。
周法高	1972	《中国古代语法·构词编》,历史语言研究所专刊之三十九。
周祖谟	1946/1966	《四声别义释例》,《问学集》,中华书局。

Cikoski, John S. 1978 An Outline Sketch of Sentence Structure and Word Classes in Classical Chinese—Three Essays on Classical Chinese Grammar I. *Computational Analysis of Asian & African Languages* 8:17-152.

Levin, B. and M. Rappaport 1995 *Unaccusativity: At the Syntax-Lexical Interface*. Cambridge, Mass.: MIT Press.

(原载《历史语言学研究》第11辑,2017年11月)

从《左传》中的"P(V/A)+之"看先秦汉语的述宾关系

在进入正题之前,先要说一个术语的问题。本文讨论的是"述宾关系",而不是"动宾关系",因为文中所讨论的一些句子,处于宾语之前的不是动词,而是形容词。不过,当本文所涉及的某些类,其述语只是动词(以及名词用作动词)时,本文也会使用"动宾关系"的术语。本文所讨论的问题,以往大多用"动宾关系"来概括,他们所说的"使动""意动""为动""对动"等,也都用一个"动"来概括宾语之前的述语。我们在谈到以往学者的研究时,仍然沿用他们的术语,只是我们应当理解,他们所说的"动",有些实际上不仅仅是动词,而是包括形容词。

1

先秦的述宾关系非常复杂,在古汉语教学和研究中,人们提出"使动""意动""为动"等名称来加以表达,后来这些名称越来越多,王克仲《近年来的古汉语语法研究》说:"除'致动''意动'外,又归纳出'把动''为动''供动''出动''处动''让动''拜动'等近二十种动宾语义关系。"王克仲《古汉语动宾语义关系的分类》没有用"×动"的名称,把古汉语的动宾语义关系分为18类。

杨伯峻、何乐士《古汉语语法及其发展》对先秦的动宾关系做了详细的讨论。书中把先秦的动宾关系分为5大类、20小类：

2.1 受事宾语：

2.1.1 动词+受事宾语。2.1.2 受事+动词。

2.2 关系宾语：

2.2.1 动宾→为宾动。2.2.2 动宾→对(向、与)宾动。2.2.3 动宾→把宾动。2.2.4 动宾→用宾动。2.2.5 动宾→以(表物的名词或用为动词)给与宾。2.2.6 动宾→给(替)宾动。2.2.7 动宾→因宾而动。2.2.8 动宾→动于宾。2.2.9 动宾→比宾动。2.2.10 动宾→动于宾，或"在宾动"。

2.3 施事宾语：

2.3.1 动宾→使宾动。2.3.2 动宾→被宾动，或动于宾。

2.4 主题宾语：

2.4.1 动宾→"视宾(为)动"，或"以宾(为)动"，"认为宾动"(意动用法)。2.4.2 动宾→称宾为……。

2.5 其他宾语：

2.5.1 表示存在。2.5.2 表示判断。2.5.3 表示类似。2.5.4 表示时间。(523—560页)

冯胜利《轻动词移位和古今汉语的动宾关系》(2005)的中心意思是用轻动词来解释汉语复杂的动宾关系，举例性地提到古汉语中动宾关系的很多类。如：

如A有B	功狗	如狗有功
使A如B	戴其手	使手如戴
使A有B	介马	使马有介

为 A 之 B	甲诸第	为诸第之甲
从 NV	逃其师	从其师逃
V 于 N	葬长安	葬于长安
对 NV	誓之	对之誓
向/朝 NV	逃诸侯	向诸侯逃
与 NV	反是	与之反
因/为 NV	饮至	因至而饮
与 A 以 B	百牢我	与我以百牢
为(for) NV	胙之土	为之胙土
以 A 为 B	老之	以之为老

冯胜利《上古汉语轻动词的句法分析优于词法加缀说例证》(2014)一文中提到的古汉语的动宾关系和前一篇文章大体相同,只是把"使 A 如 B"和"使 A 有 B"合成一类,增加了2类:

| 使 A 成/为 B | 肉骨 |
| 使 NV | 劳师 |

这些论著对汉语(特别是古代汉语)的述宾关系做了细致研究,有助于我们了解古汉语复杂的述宾关系。他们的研究为本文提供了很好的基础。

2

本文准备在以往研究的基础上,对先秦汉语的述宾关系做进一步的讨论。

1.以往的研究,研究者都凭借他们深厚的古汉语学养,举出很多不同类型的动宾关系的例句,在此基础上进行分析和归纳,但缺少对某种语料的穷尽性的分析和统计。为了使讨论建立在更加扎实的语料基础上,本文从《左传》中的"P(V/A)+之"谈起。《左传》中的"P(V/A)+之"数量很多,约有 3300 例,虽然不能概括全部述宾关系,但绝大多数述宾关系都在"P(V/A)+之"中得到反映。穷尽性地研究《左传》中的"P(V/A)+之",可以使我们对先秦的述宾关系有一个比较准确的了解。

2. 以往的研究,对古汉语的动宾关系做了很细致的分类,但能不能做进一步的概括?

在以往研究的基础上,并通过对《左传》"P(V/A)+之"的分析,我认为,先秦的述宾关系可以做如下分类:

一、一般的述宾关系。述语都是动词(包括及物动词、不及物动词、名词用作动词、形容词用作动词),都是主语发出的,和宾语构成多种不同语义关系。这又分为两种情况:

1. 动词带各种语义格的宾语:即普通的受事宾语,以及通常所说的"为动""于动""对动"等。

2. 动词是特定的类,宾语是相应的语义格:包括动词表有无、表判断、表像似等。如:"北冥有鱼""子为谁""目若悬珠"等。(即杨、何所说的"其他宾语"[①]。)

二、特殊的述宾关系。包括:

1. 使动。

2. 意动。

在很多古汉语语法研究的论著中,都是把"使动""意动""为动""对动"等并提的,称之为"特殊的述宾(或动宾)关系"。为什么要把"使动""意动""为动""对动"等分开,把后者归为"一般的述宾关系",把前者称为"特殊的述宾关系"呢?

人们把"为动""对动"等称作"一般的述宾(动宾)关系",是因为这类述宾关系在现代汉语中不太常见,而在古汉语中很常见;为了让学生容易理解古汉语中的这些述宾关系,给它们加上"为动""对动"等名目,让学生知道"死之"就是"为之死","泣之"就是"对他哭",这也是一种可行的教学方法。但从根本上说,述语和宾语本来就有多种语义关系,这是因为宾语有不同的语义格,如:"死之"的"之"是受益者(benificiary),"泣之"的"之"是对象(dative),这在现代汉语中也有,只是不太常见而已,如"服务大众"就是"为大众服务","哭坟头"就是"对坟头哭"。这和最常见的"主语+述语(动词)+受事宾语"一样,都是主语发出一个动作,后面带一个宾语,仅仅是宾语的语义格不同而已。所以,我把它们都归为"一般的述宾关系"。

那么,为什么说"使动""意动"是"特殊的述宾关系"呢?其特殊在于:"使动""意动"的述语跟主语、宾语两者都有复杂的关系;述语实际上是宾语发出的动作或宾语具有的性状,但这是主语使宾语发出或具有的(使动),或者是主语认为宾语具有或发出的(意动)。如:"怒之"不是主语怒,而是主语使之怒,"怒"是宾语的动作;从语义角色看,"之"是"怒"的"感事(experiencer)"。"美之"不是主语美,而是主语认为他美,"美"是宾语的性状;从语义角色看,"之"是"美"的当事(theme)。

这是"使动""意动"和"为动""对动"等的根本区别。这一点,杨伯峻、何乐士《古汉语语法及其发展》已经说到。书中认为"关系宾语与施事、主题宾语之间有着重要区别",表现为两点:(按:杨、何所说的"关系宾语"即"为动""对动"等,"施事宾语"即使动,"主题宾语"即意动。原文较长,下面只概括其意。)

（一）如果把关系宾语去掉，不影响主语与动词之间的语义关系。如"君三泣臣"，去掉"臣"是"君三泣"，"泣"的还是"君"。而如果把施事宾语、主题宾语去掉，主语与动词之间的语义关系就发生明显的变化。如"赵穿反赵盾"去掉"赵盾"，就变成"赵穿反"，"孔子小鲁"，去掉"鲁"，就变成"孔子小"，和原来的意思很不一样。

（二）"赵穿反赵盾"可以说成"赵盾反"，"孔子小鲁"可以说成"鲁小"。而"君三泣臣"不能说成"臣三泣"。（553—554页）

杨、何说得很对。归结到一点，就是本文在上面说的：在使动、意动中，述语 P 在语义上不是 S 的动作和性状，而是 O 的动作和性状，从语义角色看，O 是 P 的感事（experiencer）或当事（theme）。杨、何很好地通过形式变换来说明了这一点。这一点，我在《使动、意动与为动》中也曾说过，这里不重复。

3

下面根据《左传》的"P＋之"来讨论这些述宾关系。为了叙述的方便，下面按这样的顺序讨论：（一）使动；（二）意动；（三）一般的述宾关系。

（一）使动

关于使动用法，已经讨论得很多了，这里不再重复。这里要讨论的是：1. 是不是任何一个词都可以进入"S＋P＋O"中 P（述语）的位置而构成使动？2. 人们通常认为，"P＋O"究竟是表使动还是表一般用法主要是由语义决定的，在形式上无法区分。

这种看法对不对？要回答这两个问题，需要对《左传》中表使动的"P＋之"做一分析。

《左传》中表使动的"P＋之"共153例，占"P＋之"3300例的5%。

在这153例中充当P的有这样一些词：（数字表示出现的次数）

归25、出11、复10、免9、饮7、亡6、反6、尽5、耻（受辱）4、毙4、上4，衣4、退3、处3、惧3、丧（亡）3、进3、怒2、下2、壹2、东2、食2、先、来、起、兴、息、殖、醉、窜、迁、还、乘、冠、负、焚、张、深、卑、骄、久、絜（洁）、和、劳、速、昭、丰、明、火、肉、北、饮食2、安定、崇大。

这些词的词性包括如下几类（数字表示词的个数）：

不及物动词20：复、免、尽、亡、毙、退、丧、进、怒、壹、耻、先、来、起、死、兴、息、殖、醉、窜。

及物动词16：归、出、反、上、惧、下、食、饮、处、迁、还、乘、衣、冠、负、饮食。（其中有4个可以带双宾语：饮，衣，负，归。）

形容词15：焚、张、深、卑、骄、久、絜、和、劳、速、昭、丰、明、安定、崇大。

名词（包括方位词）用作动词4：火、肉、北、东。

《左传》中有"作格动词＋之"，作格动词共5个：立47、去3、成2、败、坏。"作格动词＋之"是否看作使动，还是一个需要讨论的问题，所以暂不把它统计在内。

下面把不同词类的词充当述语的使动各举一例：

饮先从者酒，醉之，窃马而献之子常。（定3）

二子在幄,坐射犬于外;既食,而后食之,使御广车而行。(襄 24)

晋侯谓庆郑曰:"寇深矣。若之何?"对曰:"君实深之。可若何?"(僖 15)

虽获归骨于晋,犹子则肉之,敢不尽情?(昭 13)

齐侯执阳虎,将东之。(定 9)

从上面的统计来看,"使动"句中的述语多数是不及物动词和形容词。这样构成的使动很容易理解:如果是"S+Vi/A+O",O 当然不可能是 Vi/A 的受事宾语,整个句子通常表示 S 使得 O 发出 Vi 这种动作,或具有 A 这种性状。

但也有不少"使动"句中的述语是及物动词。在"S+Vt+O"中,O 为什么不可以看作 Vt 的受事宾语?确实,不少表使动的"S+Vt+O"和表一般动作的"S+Vt+O"在形式上是没有区别的。如:

荀罃之在楚也。郑贾人有将寘诸褚中以出。既谋之,未行,而楚人归之。(成 3)

怀子好施,士多归之。(襄 21)

但两个"归"在词义上有区别。使动的"归"是"归去"义,一般动作的"归"是"归附"义。"归附"义的"归"通常是要说出归附的物件(人)的,所以在"S+归归附+之(指人)"中,"之"通常是"归"的对象。"归去"义的"归"是位移动词,位移动词后面的处所宾语是可有可无的,如果没有处所宾语,就表示一种位移的动作。在"S+归位移+之(指人)"中,"之(指人)"不可能是"归"的处所,"归"大体上相当于一个不及物动词,整个句子表示 S 使之发出"归"这个动作,是使动用法。"归归去"的处所宾语也可以和

"之"一起出现,那就是表使动的双宾语。如:

> 向宁欲杀大子。华亥曰:"干君而出,又杀其子,其谁纳我?"且归之有庸。(昭20)

> 郤氏亡,晋人归之施氏。(成11)

据上面的统计,很多用于使动的及物动词都是位移动词,如:归、出、反、上、下、迁、还。这些动词加"之(指人)"都是表示S使之发出一个位移动作,而不可能是一个位移动作到达某个处所,所以只能是使动,不可能是一般用法。

在用于使动的及物动词中,也有动作性很强、动作对象很具体的。如:食、饮、衣、冠、乘、负。但这些动词的对象都是物而不是人,而表使动的"S＋V＋N"中的N(包括"之")一般都是人(因为N要能发出动作),所以,如果"V"的对象不是指物而是指人的时候,这"V＋之"就不会是一般述宾,而一定是使动,"V＋之"表示"使＋之＋V",如:

> 寒者衣之,饥者食之。(昭13)

> 望见郑师众,大子惧,自投于车下。子良授太子绥,而乘之。(哀2)

这里及物动作V的对象("衣服""饭""车")没有出现,这是允许的:先秦时,这些动词的对象可以包含在动词之内,单说"衣"就表示"穿衣",单说"食"就表示"吃饭",单说"乘"就表示"乘车"。

同样的,如果这些动词的受事宾语需要和"之"一起出现,就采用使动双宾语的形式:

> 太子帅师,公衣之偏衣,佩之金玦。(闵2)

> 王弗听,负之斧钺,以徇于诸侯。(昭4)

那么,有没有对象是人的动词用于使动?有的。在《左传》表使动的"V+之"中没有出现这种动词,但在表使动的"V+诸+N"和"V+N"的格式中,"V"可以由对象是人的动词(如"朝")充当。如:

  征东之诸侯,虞、夏、商、周之胤而朝诸秦,则亦既报旧德矣。(成17)

  往年正月,烛之武往,朝夷也。(文17)杨伯峻注:"朝,动词使动用法,谓使夷往朝于晋。"

在这种情况下,使动用法和一般用法确实没有形式上的区别。在《左传》中,"朝+N"很常见,如"朝王""朝晋""朝楚"(还可以说"朝于晋""朝于楚"),通常都是一般用法(朝见某某),在形式上和"朝夷"(使夷朝见)没有区别。也有"晋侯朝王于温"(文10),在形式上和"朝诸秦"没有区别。要区别哪个是使动,哪个是一般用法,只能根据上下文语境。

在先秦其他典籍中,也有使动的"朝+N",如:

  欲辟土地,朝秦楚,莅中国而抚四夷也。(《孟子·梁惠王上》)

  武丁朝诸侯,有天下,犹运之掌也。(《孟子·公孙丑上》)

这些使动用法和一般用法如何区别?一般古汉语教材都说,只能根据上下文的语境。但仔细考察,上述两个例句中的"朝N"在形式上也和一般用法有细微区别。我们调查了先秦和西汉早期30种典籍,其中"朝诸侯"共出现28次,主语不是"天子",就是"禹""武丁""周公""成王"之类,"朝诸侯"无一例外的是使动用法。"朝秦楚"仅此一次,只表使动。为什么"朝诸侯"和"朝秦楚"都只表使动,不是一般用法?那是因为"诸侯"是无法一一朝见的,"秦"和"楚"地理上相去甚远,不会先后去朝见。既然不可能是一般用法,那就只能是使动用法。这告诉我们,即使是以人为对象的动词构成"V+N",有一些使动用法,在形式上也是和一般用法有细微区别的。

通过上面的统计和分析可以看到:1.并不是任何一个词都可以进入"S+P+O"中P(述语)的位置而构成使动的,能充当其中的述语的,多数是不及物动词和形容词,及物动词多数是以物为对象的,以人为对象的及物动词构成使动的不太多(除了"朝"以外还有哪些,还需要深入调查)。2.这就决定了在多数情况下这种"P+O"不可能是一般的述宾结构;在多数情况下,"P+O"究竟是表使动还是一般用法,在形式上就是有区分的。而且,尽管"朝夷"和"朝楚"从形式上无法区分是使动还是一般用法,但是"朝诸侯""朝秦楚"这样的结构,从形式上就可以决定是使动而不是一般用法。语言形式可能有歧义,但歧义不会太多,否则就会影响语言表达的清晰性。语言既要有灵活性,又要有清晰性,这一条原则,对使动用法的构成也会有约束力。所以,通常认为任何一个动词、形容词或用作动词的名词放在宾语前面都可以构成使动,这种看法其实是不全面的。

但是,也应该看到,在上古汉语中,"使动"和"意动"之间、"使动"和"为动"之间,有时没有形式上的区别,只能根据语义来区分。如:"小之",既可以是使动,也可以是意动。"亡之",既可以是使动,也可以是为动。语言的灵活性和清晰性之间如何调节,这在古今汉语中是不大一样的。

(二)意动

《左传》中表意动的"P+之"比表使动的要少得多,共30

例,占全部"P+之"3300的0.01%。

《左传》中用于"P+之"表意动的共15个词:

病10、贵4、耻2、罪2、难2、非、小、嘉、然、美、贱、义、羞、药、臣妾。

这些词的词性是:

形容词10:贵、难、非、小、嘉、然、美、贱、义、羞。

名词5:病、耻、罪、药、臣妾。

"意动"还有以动词为述语的,在杨伯峻、何乐士《古汉语语法及其发展》中有例句。但在《左传》的"P+之"中没有见到,所以本文不讨论。

"形容词+之"表意动,无须多说。要讨论的是"名词+之"的意动。下面先把《左传》中5个"名词+之"的各举一例。

楚人以是咎子重。子重病之,遂遇心疾而卒。(襄3)

季孙使役如阚,公氏将沟焉。荣驾鹅曰:"生不能事,死又离之,以自旌也。纵子忍之,后必或耻之。"乃止。(定1)
杨伯峻注:日后必有以为耻者。

书曰:"北燕伯款出奔齐。"罪之也。(昭3)

不如小决使道,不如吾闻而药之也。(昭31)杜注:以为己药石。

其縢以赐诸侯,使臣妾之,亦唯命。(宣12)

这些名词都用作动词。N→V+N,V可以理解为"为/是","S+P(N→V+N)+之"表示S认为宾语"之"有P(N→V+N)这种性状,即以N为P,或认为N是P。

下面讨论一个问题:"意动"和所谓的"处动"有没有区别。

杨伯峻、何乐士《古汉语语法及其发展》说:"随着语法工作

者对古汉语语法结构认识的深入,'意动'用法的'动宾'又可分为两类;

(一)主语主观上认为宾语具有谓语动词所表示的性质或状态(实际上不一定具备)。这类用法的动词主要有形容词活用,还有少数不及物动词和及物动词。

(二)主语把宾语代表的当作动词用的名词指示的事物来对待。这类动宾中的动词主要由名词活用。与上类不同之处是,这类用法不仅限于主观上的看法,还含有某种处置,某种行动,带来某种事实。因此有的学者主张把这类'动宾'从意动用法中分出,另立一类'处动'用法,即表示处置之意。"

书中说:"两种用法在表示主语的主观认识上有共同之处,都是意动用法,应属于大同小异。因此在意动用法内部分为两类。"

书中在第(二)类下举了 8 个例句:

毋金玉尔音,而有遐心。(《诗经·小雅·白驹》)

华元曰:"过我而不假道,鄙我也。"(《左传·宣公十四年》)

不如小决使道,不如吾闻而药之也。(《左传·昭公三十一年》)

晋人及姜戎败秦于殽。其谓之秦何?夷狄之也。(《公羊传·僖公三十三年》)

秋,七月,禘于大庙,用致夫人。……夫人之,我可以不夫人之乎?(《穀梁传·僖公八年》)

公子乃自骄而功之,窃为公子不取也。(《史记·魏公子列传》)

秦,形胜之国也,带河阻山,县隔千里。(《汉书·高帝本纪》)

倚渤海,墙泰山,堑大河。(杜牧《燕将录》)

下面谈谈本文的看法。

"名词+N"的意动确实有它不同于"形容词+N"的意动的地方。(1)名词不能直接作述语,要作述语必须先要转化为谓词(动词/形容词)。转化为谓词最常见的方法,是变成与该名词关系最密切的动词/形容词,如"火→燃烧""耻→可耻",或者在该名词前面加一个动词"为""有"等,如"药→为药""罪→有罪"。(2)在 N 转化成"为 N"之后,很多"名词+之"的述宾,如"药之""臣妾之"之类,述语和宾语的关系可用"以之为 N"的方式表达,如"以之为药""以之为臣妾"。但在上古汉语中,"以之为 N"有两种意思,一是"视之为 N"(认为它是 N),一是"待之为 N"(把它当作 N 对待)。前者是主观的看法,无疑是意动。后者是实际的处置,要说成是意动就比较困难了。

那么,本文所说的"名词+之"的述宾,究竟是哪一种呢?我们分析一下下面这个例句:

不如吾闻而药之也。(《左传·襄公三十一年》)杜预注:以为己药石。

这个例句大家都很熟悉,"之"指郑人对执政的议论。这是主观认识还是实际处置?杜注并没有给我们一个明确的答案:"以(之)为己药石",这种说法,理解成主观认识和实际处置都是可以的。

其实,进一步分析,我们可以看到,尽管"以之为 N"可以有主观认识和实际处置两种意思,但是,主观认识和实际处置这两种意思往往是密切联系的。子产有视之为药石的主观认识,就会有拿它作为药石的实际处置。反之,如果子产有拿它作为药石的实际处置,则是他一定先有视之为药石的主观认识。另一个例子"臣妾之"也可以做同样的分析。当然,说"往往是",就不等于"全部是"。也有些例句是只表主观认识的,有些例句是只表实际处置的。这在下面就会看到。

不但"名词+之"的述宾是如此,有些"形容词+N"的述宾也是如此[②]。比如"卑+N",在《左传》中有下列例句:

无礼而好陵人,怙富而卑其上。(昭 1)

怀嬴与焉,奉匜沃盥,既而挥之。怒曰:"秦晋匹也,何以卑我?"(僖 23)

士鞅怒曰:"鲍国之位下,其国小。而使鞅从其牢礼,是卑敝邑也。"(昭 21)

齐侯使高张来唁公,称主君。子家子曰:"齐卑君矣。君只辱焉。"(昭 29)

小邾穆公来朝,季武子欲卑之。杜预注:不欲以诸侯礼待之。穆叔曰:"不可。曹滕二邾实不忘我。好敬以逆之,犹惧其贰;又卑一睦焉,逆群好也。"(昭 3)(卑之:卑待之。杜预注说得很清楚。)

逆妇姜于齐,卿不行,非礼也。君子是以知出姜之不允于鲁也。曰:"贵聘而贱逆之,君而卑之,立而废之,弃信而坏其主,在国必乱,在家必亡。"(文 4)(君:指夫人为小君。"卑之"意为"卑待之",指迎接的时候卿不行。)

第一例(昭 1)显然只是主观认识。最后二例(昭 3、文 4)是实际处置。而中间三例(僖 23、昭 21、昭 29)则是既有主观认识,又有实际处置。可见"卑 N"兼有主观认识和实际处置的也不在少数。那些只是主观认识的和兼有主观认识和实际处置的都可以看作意动。但那些只有实际处置的"P+N"(如上面最后二例),就不属于意动了。

在杨、何所举的例句中,例(1)—例(6)是兼有主观认识和实际处置的,可以看作意动。但例(7)、例(8)虽然也可以说成"以河为带,以山为阻",但表示的不是主观认识而只是实际处置,也不应该属于意动。

(三)一般的述宾关系

"一般的述宾关系"中的述语都是动词(包括及物动词、不及物动词、名词和形容词用作动词),所以,也可以称为"一般的动宾关系"。下面分两类讨论。

第 一 类

这一类动宾关系,都是从动词和宾语的语义关系,或宾语的语义格来谈的。动词和宾语的语义关系中,最主要的是动词和受事(accusative)的关系。不过,这种语义关系,在讨论古汉语语法时几乎没有人谈起,因为这种动宾关系太普通了,不需要特别的说明。古汉语语法的教学与研究中经常谈到的是动词和非受事宾语的关系。这些动词多数是不及物的,带的宾语不可能是受事,而只能是其他的语义格;也有的动词是及物的,但带的宾语不是受事,而是其他的语义格。这种动词和非宾格受事的关系还可以分成很多小类,通常使用的名称是"为动""对动"等,后来又有人提出其他名称,如"于动""以动""处动"……还有把这些加以概括,提出"介动"的名称,和"使动""意动"鼎足而三。这些名称的由来,主要是这一类动宾关系(V+O)可以加上一个介词变换成"P＋O＋V"或"V＋P＋O"而意义不变。这种说法有它的道理,加介词可以使动宾关系从隐性的变为显性的,容易使人理解;古代的注疏中就常用加介词的办法来说明一些复杂的动宾关系,孙良明《关于古汉语V—N语义关系问题——兼谈近年来的"特殊动宾意义关系"研究》举出了不少这样的例子。但加介词的办法也有明显的局限性:(1)动宾关系非常复杂,不可能每一种动宾语义关系都加上一个介词来加以说明,也不可能为每一种动宾语义关系立一个"×动"的名称。(2)介词和动宾语义关系不是一一对应的,有的介词可以表达多种动宾语义关系,反之,有的动宾语义关系可以加不同的介词来说明。(见下)(3)这些介词,有的是古汉语的介词,加上介词后还符合古汉语的表达习惯,有的是后起的介词,加上介词后就显得不伦不类。如"醢鬼侯",有人归为"把动",但说成"把鬼侯醢"显然不行,上古汉语的动词"醢"和中古以后产生的介词"把"不能搭配。有人把它归为"以动",加上一个上古汉语中可以表处置的介词"以"来表达,说成"醢以鬼侯",但上古汉语中也没有这种表达法。"泣之"一般说成"对动",但介词"对"大约是东汉才产生的,直到《论衡》中才有"对其母泣",在此以前没有"对之泣"或"对××泣"的说法。先秦文献中的"泣之",如果说成"对之泣",那只是后代对此的解释,不能说先秦时就有"泣之"和"对之泣"两种相应的说法。

所以,从根本上说,先秦这一类动宾语义关系,还应该着眼于宾语的语义格来研究。但为了便于讨论,下面仍用这些惯用的名称来作为小类的类名,来对《左传》的"V＋之"加以分析和讨论。而且,只能讨论其中较常见的几个小类。

先秦的述宾结构中还有一类是动词带施事宾语,如:"忍父而求好人,人孰好之?"(《国语·晋语二》)"好人"即"好于人"或"为人所好"。但这种施事宾语不能用"之"充当,所以本文不讨论。

(1)为动

"为动"宾语的语义格多数是受益者(benificiary),也有一般的所为者(purposive)。在《左传》的"V+之"中,属于这一类的共78例。占全部"P+之"3300例的2%。其中:

动词+单宾语48例,有如下一些动词:

死22、名8、哀3、启3、亡2、讳、祓、请、戒、勤、奔、辞(解说)、敷、歌舞、奔走。

动词+双宾语22例,有如下一些动词:

为16、树2、陈、立、斩、着。

形容词用作动词+单宾语1例:

乐(感到快乐)。

名词用作动词+单宾语7例,有如下一些词:

丧(办丧事)3、基(建基)、物(述其形)、室(娶妇)、臣(为臣)。

举例如下:

故君为社稷死,则死之;为社稷亡,则亡之。(襄25)

大叔完聚,缮甲兵,具卒乘,将袭郑,夫人将启之。(隐1)

齐人归公孙敖之丧。……襄仲欲勿哭。惠伯曰:……襄仲说,帅兄弟以哭之。(文15)

子教寡人和诸戎狄以正诸华,八年之中,九合诸侯,如乐之和,无所不谐,请与子乐之。(襄11)

楚屈建卒,赵文子丧之如同盟,礼也。(襄28)

夫人使谓司城去公。对曰:"臣之而逃其难,若后君何?"(文16)

不如早为之所,无使滋蔓!(隐1)

生大子建。及即位。使伍奢为之师。费无极为少师。(昭19)

天生民而树之君,以利之也。(文13)

在通常所说的"为动"的78例中,有3例宾语表示原因(reason):

楚失东夷,子辛死之,则雍子之为也。(襄26)因此而死。

晋人从之,楚师大败,王夷师熸,子反死之。(襄26)因此而死。

臣有疾,异于人;若见之,君将殼之,是以不敢。杜注:"殼,呕吐也。"(哀25)殼之:因其疾而呕吐。

(2)于动

"于动"这个名称,近年来几次被人提出,指的是有些"P+O"可以说成"P+于/於+O"。不过这是一个很笼统的名称,我们姑且先照此分类,然后再做分析。在《左传》的"P+之"中,属于这一类的共49例。占全部"P+之"3300例的1.5%。其中:

动词+单宾语31例,用如下一些动词:

去7、处5、入4、反3、安3、居2、戍2、降、逃、陈、先、先后。

名词用作动词+单宾语18例,用如下一些词:

城(筑城)7、下(居下位)6、祸(加祸)3、筛(系筛)、门(守门)。

这些动词大部分表位移或停滞，带处所宾语。

还有构成双宾语形式"P＋O₁＋O₂"的，整个结构也可以用"P＋O₁＋于/於＋O₂"来理解，如：

豆、区、釜、钟之数，其取之公也薄，其施之民也厚。（昭 26）

国家之败，失之道也，则祸乱兴。（昭 5）

但是"于/於"是加在 O₂ 前面的，和"P＋之"无关，所以本文不讨论。

这一类句子中的"P＋之"都可以说成"P＋于/於＋之"。但是，在古汉语中，"于/於"是一个多功能的介词，所以，实际上这些句子的 P 和"之"的语义关系并不相同。如果把"于/於"换成后起的一些介词，这些述宾关系的不同就可以看得更清楚。从《左传》的"P＋（于/於）＋之"来看，有如下 6 类（各类介词后面标明其宾语的语义格）：

在(place)：下之，居之，陈之，戍之，处之，城之，莅之，门之。

从(source)：去之。

到(target)：入之，逃之，归之，反之。

给(recipient)：降之，祸之。

对(effectee of action)：安之。

比(comparison)：先之，先后之。

举例如下：

以盾为才，固请于公，以为嫡子，而使其三子下之；以叔隗为内子，而己下之。（僖 24）

与其戍周，不如城之。（昭 32）

难而逃之，将何所入？（定 4）

如是，则神听之，介福降之。（襄 7）

子山处令尹之官,夫概王欲攻之,惧而去之,夫概王入之。(定4)

立其子,民必安之。(文6)

郑群公子以僖公之死也,谋子驷。子驷先之。(襄8)

(3)对动

"对动"的宾语是对象(effectee of action),包括具体动作的对象(某人),和心理活动的对象(某种情况)。在《左传》的"V+之"中,属于这一类的共27例,占全部"P+之"3300例的0.6%。

其中动词+单宾语23例,有如下一些:

怒4、哭3、惑3、谓2、誓、诉、善、敬(严肃认真)、号、挥、颔、利、慎、泣、闭。

名词用作动词2例,有1个词:

礼(行礼)2。

双宾语2例:

属之目、示之弱。

举例如下:

子产朝,过而怒之。(昭18)

召孟明、西乞、白乙,使出师于东门之外。蹇叔哭之曰:……(僖32)

遂寘姜氏于城颍,而誓之曰:……(隐1)

魋惧,将走,公闭门而泣之,目尽肿。(定10)

子为晋国,四邻诸侯不闻令德,而闻重币,侨也惑之。(襄24)

余嘉乃成世,复尔禄次。敬之哉!(哀16)

王使委于三吏,礼之如侯伯克敌使大夫告庆之礼。(成2)

师属之目,越子因而伐之,大败之。(定14)

期年,狄必至,示之弱矣。(僖12)

有一点需要说明:在(2)"于动"中,有一类"于/於"用后起的介词代替"对",例句是"立其子,民必安之"。这个例句和"对动"有什么区别?为什么不归到"对动"这一类来?确实,从宾语的语义格来看,这个例句的宾语也是对象(effectee of action),但是,这个句子可以加上介词"于"(安于××),而本小节的例句不能加上介词"于/於",所以从介词看分为两类。这也说明,介词和语义格有时是不一致的。严格地说,应该根据宾语的语义格分类。

(4)与动

"与动"的宾语是与事(commitative)。在《左传》的"V+之"中,属于这一类的仅3例,占全部"P+之"3300例的0.01%。

用的动词有三个,都是表示人际关系的:

绝、亲、通。

例句全部列举于下:

公怒,归之,未之绝也。(僖3)

亲之以德,皆股肱也,谁敢携贰?(文7)

公子鲍美而艳,襄夫人欲通之。(文16)

从上面4类来看,"为动"中宾语是受益者(benificiary)或所为者(purposive)的用得较广,宾语是其他语义格的都用得不多,而且动词的范围都有一定的限制。

第 二 类

第二类和第一类的不同在于:第一类中,各种动词(包括形容词和名词用作动词)都可以作述语,宾语也可以是各种语义格的,所以述宾关系比较复杂。第二类中,动词是特定的类,如表有无(有,无),表判断(为,非),表像似(如,似)。宾语都是这些动词的对象,不可能有多种不同的语义格。所以,述宾关系也很单纯,在古汉语教学和研究中不为人们注意。《左传》的"P＋之"中,有"有之"和"如之",如：

　　秋,七月,有神降于莘。……虞、夏、商、周皆有之。(庄 32)

　　官有世功,则有官族。邑亦如之。(隐 8)

但表判断"S＋P＋O"中,O 不可能是指示代词"之"。

这一类就不详细讨论了。

4　先秦述宾关系的特点

　　通过上面对《左传》"P(V/A)＋之"的分析,可以看到先秦述宾关系的特点："述语＋宾语"可以有多种语义关系;反过来说,很多述宾之间的复杂语义关系都可以用"述语＋宾语"来表达,而不必有形式标志(如"使……""以为……"以及"为""于"等介词)。有时,同一个动词跟同一个宾语,可以有很不相同的语义,分属不同的小类。这一点,可以用"死"为例来说明。为了更好地说明动宾语义关系,我们不限于"死＋之",而把调查的范围扩大到《左传》中全部"死＋N"。统计结果如下：

　　死＋之　共 22 例。其中"为之而死"20 例,"因之而死"2 例。

　　死＋N　共 20 例。其中"为 N 而死"3 例,"死于 N(处所)"7 例,"因 N 而死"5 例,"使 N 死"(使动)2 例,"认为 N 死"(意动)3例。

下面各举若干例句:

"为之而死":

> 故君为社稷死,则死之;为社稷亡,则亡之。(襄 25)
>
> 令曰:"鲂也以其属死之,楚师继之,尚大克之!吉。"战于长岸。子鱼先死,楚师继之,大败吴师。(昭 17)

"因之而死":

> 楚失东夷,子辛死之。则雍子之为也。(襄 26)
>
> 晋人从之,楚师大败,王夷师熸,子反死之。(襄 26)

"为 N 而死":

> 凡诸侯薨于朝、会,加一等;死王事,加二等。(僖 4)
>
> 公曰:"臣也无罪,父子死余矣!"(襄 27)杨伯峻注:言父子为余而死。

"死于 N(处所)":

> 若不复适楚,必死是宫也。六月,辛巳,公薨于楚宫。(襄 31)
>
> 周内史叔服曰:"不出七年,宋、齐、晋之君皆将死乱。"(文 14)
>
> 死一也,其死雠乎!(哀 6)杨伯峻注:死于仇敌。

"因 N 而死":

> 仲以君命召惠伯,其宰公冉务人止之,曰:"入必死。"叔仲曰:"死君命可也。"(文 18)
>
> 君讨臣,谁敢雠之?君命,天也。若死天命,将谁雠?(定 4)
>
> 诘朝尔射,死艺。(成 16)

"使N死"(使动):

盈将为乱,以范氏为死桓主而专政矣,(襄21)杨伯峻注:"盈以为栾黡之死系出范氏毒手。"

吾父死而益富。死吾父而专于国,有死而已,吾蔑从之矣。(襄21)

"认为N死"(意动):

栾枝曰:"未报秦施,而伐其师,其为死君乎?"杜预注:"言以君死,故忘秦施。"顾炎武《杜解补正》:"死君,谓忘其先君。"(僖33)

谋及子孙,可谓死君乎?(僖33)

文公即世,穆为不吊,蔑死我君,寡我襄公,迭我殽地。(成13)

在《左传》中,上述"死+之"和"死+N"的语义,也可以用介词来表达,不过数量不太多。共16例,其中用"焉"3例,用"于"9例,用"为"2例,用"以""因"各1例。下面举一些例句:

制,岩邑也,虢叔死焉。(隐1)

必死于此,弗得出矣。(襄9)

故君为社稷死,则死之。(襄25)

对曰:"得主而为之死,犹不死也。"(襄23)

二十一年春,天王将铸无射,泠州鸠曰:"王其以心疾死乎!"(昭21)

盈曰:"虽然,因子而死,吾无悔矣。"(襄23)

可见,在《左传》中,用"死+之"和"死+N"来表达各种动宾语义关系,比用介词表达更为常见。

但是,并不是所有动词或形容词都能像"死"一样,构成好几

种述宾语义关系。在上述对《左传》"P＋之"的统计中,同一个动词而表示两种语义关系的不很多,只有9个:

耻:使动4,意动2

亡:使动6,为2

丧:使动3,为3

怒:使动2,对4

反:使动6,到4

下:使动2,在6

处:使动3,在5

先:使动1,比1

死:为20,因2

而且,其中3个动词是不同的义项:"耻之"表使动,"耻"是"蒙受耻辱";"耻之"表意动,"耻"是"为耻辱"。"丧之"表使动,"丧"是"灭亡";"丧之"表"为……","丧"是"办丧事"。"下之"表使动,"下"是"下去";"下之"表"在……","下"是"居……下位"。如:

晋人使阳处父盟公,以耻之。(文2)使之受辱。

纵子忍之,后必或耻之。(定1)杨注:日后必有以为耻者。

知伯贪而愎,故韩、魏反而丧之。(哀27)使之亡。

公丧之如税服终身。(襄27)为之服丧。

与申鲜虞乘而出,鲜虞推而下之。(襄25)使之下车。

以盾为才,固请于公,以为嫡子,而使其三子下之。(僖24)下于赵盾,处于赵盾之下。

当然,如果不限于"P＋之",而扩大到"P＋N",能构成多种述宾语义关系的谓词会多一些。但大致说来,构成"使动"的多数是不及物动词和形容词,构成"意动"的绝大多数是形容词,构成"为动"的多数是表人的动作的动词,构成"于动"的多数是表位移或滞留的动词。哪一些谓词带宾语可以构成哪一种述宾关系,有一个大致倾向,而不是完全任意的。

5 余论

第四节中,我们把《左传》中用"死＋N"表示不同的语义关系和用"介词＋N＋死"(或"死＋介词＋N")表示不同的语义关系做了比较,前者共42例,后者共16例,数量相差较大。这虽然只是和"死"有关的一个案例的调查和统计,但给我们一个启发:是不是可以说:在先秦汉语中,用无标记的形式表达述语和宾语之间的各种语义关系,比用有标记(介词)的形式表示动作和论元之间的各种语义关系更加普遍。而到后来,前者逐渐减少,后者逐渐增多。在现代汉语中,虽然仍然可以用无标记的形式来表示述语和宾语之间的各种语义关系,即"P＋N"仍可表达多种不同的语义关系,但和先秦相比,其类型和数量都大大减少了。

第四节中还说到一点:根据对《左传》"P＋之"的调查,表明哪一些谓词带宾语可以构成哪一种述宾关系,有一个大致倾向,而不是完全任意的。这也和"先秦汉语主要用无标记形式表达述语和宾语之间的不同的语义关系"这个特点有关。语言表达的灵活性与清晰性是两个相互制约的因素,在不同的语言中,或者在同一种语言的不同历史阶段中,灵活性与清晰性有大小强弱之分,但不会有绝对的灵活性或绝对的清晰性。灵活性较大的往往会有别的手段来加以约束,使之不会过分妨碍清晰性。如果先秦汉语中任何一个谓词都可以任意进入任何一种表示不同语义的述宾结构中,那么,可以想象,歧义会非常之多,这就会极大地妨碍语言的清晰性。实际上,先秦汉语中,哪一类谓词可以进入哪一类述宾结构,是有大致倾向的,这就把可能产生的歧义控制在一定范围之内。比如,"使动"和"意动"可能相混的,主要是在 P 是形容词或名词用作动词的情况下,而当 P 是及物动词和不及物动词的时候,绝大多数是使动而不会是意动。"使动"和一般"动词+受事宾语"可能相混的,主要是在 P 是及物动词,而且要求带有生宾语的情况下,当 P 是不及物动词、形容词或要求带无生宾语的及物动词的时候,就只能是"使动",而不会是一般的"动词+受事宾语"。当然,从总体上说,先秦汉语中述宾语义关系的表达比较灵活,因而歧义也比较多,这是和现代汉语不同的,正因为如此,现代的学生要阅读先秦文献,准确地了解其述宾语义关系,就必须经过一个时期的学习和训练。

要证实"先秦汉语主要用无标记形式表达述语和宾语之间的不同的语义关系"这一设想,还需要做更多的调查和分析。如果这一设想能够成立,那么,就可以解释:为什么先秦汉语中"P+N"的语义关系会那么复杂多样(因为先秦主要用无标记的形式来表示各种述宾语义关系),为什么现代的学者会用那么多的"×动"来解释先秦的"P+N"(因为现代人习惯于用有标记的形式来理解述宾语义关系)。如果这一设想能够成立,那么,这无疑是汉语从古到今类型上的一大变化。要证实或证伪这一设想,都需要对先秦文献做大量细致的调查和分析工作,还要做各个历史时期细致的比较。希望有更多的研究者来关注这个问题,使得这个问题的研究逐步深入。

附注

① 杨、何所说的"其他宾语"还有一类"时间宾语"。"时间宾语"其实也是宾语的一种语义格,应该归入第一小类。
② 说"有些",也就是说并非所有的"形容词+N"的述宾都是如此。如"美之""小之"之类,就只表主观认识,不表实际处置。

参考文献

冯胜利　2005　《轻动词移位和古今汉语的动宾关系》,《语言科学》第1期。
冯胜利　2014　《上古汉语轻动词的句法分析优于词法加缀说例证》,何志华、冯胜利主编《继承与拓新:汉语语言文字学研究(下)》,[香港]商务印书馆。
蒋绍愚　2001　《使动、意动与为动》,《语苑集锦》,上海教育出版社。
李新魁　1979　《古汉语词类活用中的诸种述宾关系》,《暨南大学学报》第1期。
孙良明　1993　《关于古汉语V—N语义关系问题——兼谈近年来的"特殊动宾意义关系"研究》,《语文研究》第4期。
王克仲　1987　《近年来的古汉语语法研究》,《中国语文天地》第1期。
王克仲　1989　《古汉语动宾义关系的分类》,《辽宁大学学报》第5期。
杨伯峻、何乐士　1992　《古汉语语法及其发展》,语文出版社。
张　军　1985　《古汉语中的特殊动宾关系》,《辽宁大学学报》第5期。

(原载《历史语言学研究》第8辑,2014年11月)

"来"和"去"小议

1 "来""去"和外部世界的运动

"来"和"去"表示时间,看起来好像很复杂。比如:"来年"是表示将来的,而"老来"表示已经发生的变化;"前年"是表示过去的,而"前景"表示将来。但实际上,这是由于观察的对象不同,观察的角度不同。下面做一个简单的分析。

1.1 表时间本身的运动

来年,来日

往年,往日;去年,去日

前年,前日

后年,后日

这是时间本身的尺度。人和时间做相对运动,可以是时间不动,人在运动(moving ego);也可以是人不动,时间在运动(moving object)。中国人通常的感觉是后者,"光阴似箭,日月如梭",感觉时间在流逝。而且,"弃我去者,昨日之日不可留",好像时间列车迎面而来,向后而去。"来"是未来,"往/去"是过

去;时间列车的"前部"是过去,"后部"是将来。(见下页图1)

1.2 表时间运动的背景

前途,前景,前瞻。

上面说的是时间列车的运动,时间列车是运动的主体(figure)。这说的是人坐在时间列车上观察运动的背景(ground)。人面朝向时间列车行进的方向,背景是不动的。位于时间列车前方的道路是前途,景物是前景,向运动的前方看是前瞻。"前"都是将来。(见下页图2)

1.3 表事物(事件)在时间长河中的运动

"来/去"本是空间运动,以"我"为基点,朝我而来,离我而去。投射为时间运动,以"今"为基点,朝今而来,离今而去;"来"是从过去到现在,"去"是从现在到将来。"万事皆逐东流去。"(岑参《敷水歌》)世上的万事万物都在时间长河中随波流逝,人站在河边,面向源头观察,事物/事件之"来"(老来,愁来,S+来)是从过去到现今,表示已经(曾经)发生变化,是已然的语境中的事件。事物/事件之"去"(老去,病去,S+去)是从现今到将来,表示将要发生变化,是未然语境中的事件。(见下页图3)

不过这只是大致的情况,语言的应用和演变比这复杂。下面要讨论汉语的"来"和"去"表时间的各种用法。

图1　　　图2　　　图3

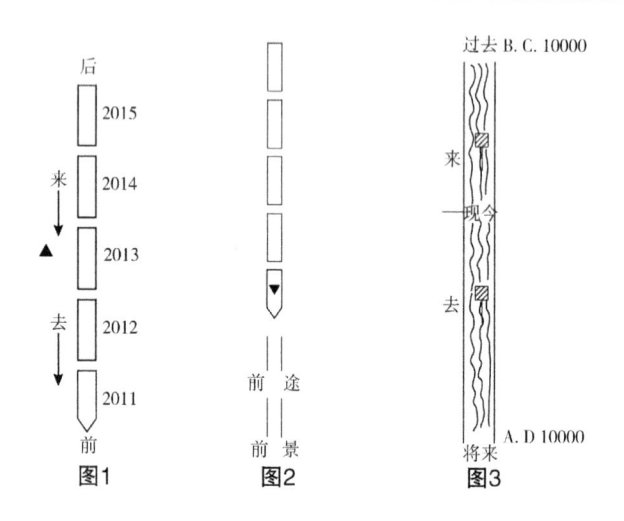

2 "来"和"去"几种用法的分析

2.1 "来"

2.1.1 时间词+"来"

朝来,夜来,春来,秋来。

从"自+时间词+以来"演变而来。

(1)汝于昔来读诵外典亦甚众多。(《大庄严论经》卷1)

(2)往昔已来,有如是法。(《佛本行集经》卷4)

2.1.2 语气词"来"

归去来!

从祈使句"VP+来(≈来+VP)"演变而来。

(3)又趋陈留王曰:"我董卓也,从我抱来。"(《三国志·魏书·董卓传》注引《英雄记》)

上述两类在蒋绍愚(2012)中已有论述,此处从略。

2.1.3 动相补语"来"

动相补语"来"在南北朝的文献中很少见。梁银峰(2004a,2007)找到 2 例:

(4)诸佛之法,不以肉食,吾已食来,不须复办。(《法句譬喻经》)

(5)种种言语,先已闻来。(《正法念处经》)

但究竟是动相补语还是事态助词很难分辨。

到唐诗中大量出现。可用在状态、动作、结束、达成各类动词(形容词)后面。如:

状态:老,愁,醉,饥,贱,满,深,晴

动作:看,饮,语,歌,种,涨,洒,泊

达成:见,闻,觉,悟,死,成,折,废

趋向动词"来"和"去"本是表示空间位移的,也可用来表示时间本身的运动和事物在时间中的运动:

(6)年来岁去成销铄,怀抱心期渐寥落。(骆宾王《畴昔篇》)

(7)人生不得似龟鹤,少去老来同旦暝。(白居易《和微之·和雨中花》)

进一步演变,可以放在动词或形容词后面作动相补语,表示状态和动作已发生的变化。

像"老""愁"一类词,出现在"来/去"前面,既可以是名词(这时"来/去"是趋向动词),也可以是动词(这时"来/去"是动相补语)。在诗人笔下,有时这两种用法不甚区分;今天读来,有时也不易立即区别。如:

(8)醉中惊老去,笑里觉愁来。(包佶《对酒赠故人》)

(9)愁来占吉梦,老去惜良辰。(崔峒《客舍有怀因呈诸在事》)

(10)老去渐知时态薄,愁来唯愿酒杯深。(罗隐《西京道德里》)

(11)老去争由我,愁来欲泥谁。(白居易《新秋》)

"老来"在唐诗中出现最多,共36例。其中有的"来"是趋向动词,有的是动相补语。"老"是人生的一个阶段,人从"不老"到"老",是一种变化。"老+趋向动词'来'"表示"老"这一阶段到来,"老+动相补语'来'"表示这一变化的实现。动相补语"来"的功能和"了$_1$"相似,所以"老来"可以读作"老了"。但"老"又是一个时段,从老的起点算起,后面的岁月都是"老后",在表示这个时段的时候,"老来"可以理解为"老后"。如:

(12)春尽有归日,老来无去时。(刘威《伤春感怀》)

(13)老来多健忘,唯不忘相思。(白居易《偶作寄朗之》)

(14)老来经节腊,乐事甚悠悠。(卢仝《守岁》)

其他的"V+动相补语'来'"也是一样,"V来"可以读作"V了",也可以理解为"V后"。下面举几个例句:

(15)杜诗韩集愁来读,似倩麻姑痒处抓。(杜牧《读韩杜集》)

(16)山简醉来歌一曲,参差笑杀郢中儿。(张谓《春园家宴》)

(17)霞光曙后殿于火,水色晴来嫩似烟。(白居易《早春忆苏州寄梦得》)

(18)余今一日千回看,每度看来眼益明。(胡玢《石

楠树》)

(19)语来江色暮,独自下寒烟。(李白《寻雍尊师隐居》)

(20)涨来知圣泽,清处见天心。(钱起《和范郎中宿直中书》)

(21)行客见来无去意,解帆烟浦为题诗。(崔橹《岸梅》)

(22)孟子死来江树老,烟霞犹在鹿门山。(陈羽《襄阳过孟浩然旧居》)

(23)云影断来峰影出,林花落尽草花生。(卢纶《春日题杜叟山下别业》)

动相补语"来"不是由"以来"演变成的。"V来"的"来"可以表示"以来",但是:(1)"V来"通常与"自/从"配合使用。(2)即使不和"自/从"配合使用,"V来"也不能单独成句,后面总要跟一个时间词。这是和动相补语"来"不同的。例如:

(24)问翁臂折来几年,兼问致折何因缘。……此臂折来六十年,一肢虽废一身全。(白居易《新丰折臂翁》)

这里的"折来"不能简单地理解为"折了",而是表示"折断以来"。

2.1.4 事态助词"来"

事态助词"来"在《祖堂集》中大量使用。但其出现是在南北朝时期,陈前瑞、王继红(2009)统计中古汉译佛经中有 41 例。我在《佛本行集经》里找到 11 例:

(25)释迦牟尼佛,皆悉供养来。(卷 3)

(26)往昔久习来,今示从师学。(卷 11)

(27)人间悉解我试来,定知其胜汝不如。(卷 12)

(28)法行大精进,仁往昔作来。(卷 14)

(29)我以割舍亲爱来,汝今速将干陟去。(卷17)

(30)我妙梵声聪慧之子,汝今将向何处掷来。(卷18)

(31)其龙长寿,经历劫数,曾见往昔多诸佛来。(卷26)

(32)自外诸书,各各是彼诸释种子寄与汝来。(卷26)

(33)是等诸幻我见来,以是意中不贪乐。(卷28)

(34)三世成就是事来,所以今日自度讫。(卷33)

(35)彼人本性,厌离世间,志求解脱,于烦恼中,恒有惊怖,心常寂定。往昔已曾见诸佛来。(卷37)

"VP+事态助词'来'"是从连动结构的"VP+趋向动词'来'"演变来的。演变的过程从下面例句可以看到:

(36)国内金宝一切荡尽除我库中,汝于何处得是钱来。(《大庄严论经》卷3)

(37)我母为我入城求食,未曾一得来。(《杂宝藏经》卷7)

这些例句中的"来",既可以理解为趋向动词,也可以理解为事态助词。

《佛本行集经》中还有一处很值得注意:在讲述太子成道的故事时,《佛本行集经》有这样两段叙述:

(38)作如是言:"其王子者,今在何处?于我国内生大欢喜。今汝何处舍离而来?"(卷18)

(39)"汝今何故忽将我子掷弃旷野,犹如摆木。汝将我子置彼林内,令共种种诸恶虫兽恐怖之中,独自而住。汝弃舍来,不怜我子,而身背乎?"车匿报言:"国大夫人,奴身不敢弃舍太子。夫人,太子自弃舍奴。"(卷19)

这两段讲的是同一件事。卷18的一段说车匿"舍离而来","来"显然是趋向动词。而卷19的一段说车匿"汝弃舍来",这个"来"也可以理解为事态助词。这说明在隋代事态助词"来"已经基本形成,但有的还处于语法化过程中。

连动结构"VP＋趋向动词'来'"之所以能演变为"VP＋事态助词'来'",是因为在连动结构"VP＋趋向动词'来'"中,"来"前面的事件"VP"总是发生在"来"之前,而且是一个已然的时间。所以,当语义重点放在前面的"VP"上,后面的"来"就虚化而逐步演变为表完成的事态助词。

梁银峰(2004b)就已提出这个看法。他认为,由于连动式"V＋NP＋来"中的"V(＋NP)"和"来"有两种语义关系,所以"来"的语法化有两种路径:

1)"V(＋NP)"和"来"是逻辑上的先后关系,如果V是具有[－携带、挟持]语义特点的动词,"来"的趋向意义就变得不甚显著,语义的重心移到"V(＋NP)"上,"来"成为"V(＋NP)"的附属成分,表示"V(＋NP)"是过去曾经发生的。

2)"V(＋NP)"和"来"是目的关系,"V＋NP＋来"可以变换为"来＋V＋NP"。这种格式的语义重心在"V(＋NP)"上,"来"在语义上有所虚化。如果"V＋NP＋来"在时态上是过去时,"来"就会语法化为表过去曾经发生的事态助词。

上述例句及其分析支持他的第一种路径。对于他的第二种路径,我有些疑问:

1)他所举的这种路径可以双重分析的例句,南北朝的例句只有一个,其他都是唐诗的例句:

(40)鹦鹉摩纳多提子往诣佛所,语世尊云:"沙门瞿昙,

今至我家乞食来耶?"世尊答云:"我往至汝家乞食。"(《中阿含经》)

而陈前瑞所收集的例句和《佛本行集经》的例句都不能作目的格式来理解。

2)既然是目的格式,其中的"V+N"应是"来"的目的,"来"是已然的,"V+NP"是未然的(打算要做的)。而"来"作为事态助词,表示的是某事"V+NP"已经发生。这种从未然到已然的变化如何发生?作者没有解释。作者只是说:"'来'初始语法化的语境应是表述过去时的目的格式。"但是,在过去时的目的格式中,只有"来"是过去时,而"V+NP"依旧是未然的("他昨日为乞食而来","乞食"未必就是昨日发生的事);而且这种语境的意义,如何变成"来"的语法意义,也还有待于解释。

事态助词"来"不是由动相补语"来"演变而来的,因为在南北朝时动相补语"来"几乎还没有出现。

事态助词"来"的来源也不可能是表"以来"的"来"。这一点我在《汉魏六朝汉译佛典中"来"的四种虚化用法》中已经说过,此处不赘。

2.2 "去"

2.2.1 动相补语"去"

动相补语"去"在唐诗里较多,但比动相补语"来"少,不但用例少,而且"V+去"中 V 的类型也少。经调查,《全唐诗》中"V+去"中的 V 绝大多数是表状态的形容词和动词,表动作的只有1个"弹"。

状态:老,醉,贫,瘦,衰,大,少,薄,旧,艳,阴,晴,憔悴,消

歇,升平

动作:弹

下面举几例:

(41)老去诗篇浑漫与,春来花鸟莫深愁。(杜甫《江上值水如海势聊短述》)

(42)素琴醉去经宵枕,衰发寒来向日梳。(方干《赠华阴隐者》)

(43)老来诗兴苦,贫去酒肠空。(姚合《赠终南山傅山人》)

(44)瘦去形如鹤,忧来态似狮。(皮日休《江南书情二十韵》)

(45)何处堪投此踪迹,水边晴去上高台。(齐己《静坐》)

(46)莫怪杏园憔悴去,满城多少插花人。(杜牧《杏园》)

粗看起来,这些例句中的"V去"都可以读作"V了",也都可以理解为"V后"。那么,"V去"和上面说过的"V来"有什么不同?

我们从"老去"说起。"老去"的用例最多,在不同的语境中意思也不完全一样。如:

(47)罢归无旧业,老去恋明时。(刘长卿《送李中丞之襄州》)

(48)老去诗魔在,春来酒病深。(李中《赠致仕沈彬郎中》)

(49)醉中惊老去,笑里觉愁来。(包佶《对酒赠故人》)

(50)老去渐知时态薄,愁来唯愿酒杯深。(罗隐《西京道德里》)

(51)冉冉老去过六十,腾腾闲来经七春。(白居易《雪中晏起偶咏所怀》)

(52)一年一年老去,明日后日花开。(韦应物《三台》)

(53)老去不自由,渐被他推斥。(寒山诗《为人常吃用》)

例(47)和例(48)的"老去",都可以读作"老了"或"老后",似乎和"老来"一样。但例(49)中的"惊老去"如果换成"惊老来"意思就不一样:"惊老来"是为老年到来而惊,"惊老去"是为越来越老而惊。例(50)"老去渐知时态薄",如果换成"老来",后面的"渐"就要换成"始","老去渐知时态薄"是说逐渐老去,就逐渐知道世情之薄,而"老来始知时态薄"是说,到了老年才知道世情之薄。例(51)、例(52)不能换成"老来",例(53)更不能。因为这三句不是说"老了",更不是说"老后",而是说一年一年老下去,这种变化是不由自主的。

所以,"老去"的意思是说"老下去",说的是从现今到往后的变化过程。而"老来"意思是"老年到来",说的是从以往到现今已经发生的变化。这样理解,就能看清动相补语"去/来"和趋向动词"去/来"语义上的联系。理解了这一点,回头再看例(47)和例(48),就会觉得其中的"老去"也有"逐渐老去"的意思,而不能简单地读作"老了"或"老后"。

再看其他的"V去"。

(54)本是扬州小家女,嫁得西江大商客。绿鬟富去金钗多,皓腕肥来银钏窄。(白居易《盐商妇》)

"富去"是说越来越富,所以头上的金钗越来越多。"肥来"是说手腕从不肥变肥,所以银钏显得窄了。"去"和"来"的意思是不一样的。

(55)花脸云鬟坐玉楼,十三弦里一时愁。凭君向道休弹去,白尽江州司马头。(白居易《听崔七妓人筝》)

"弹去"是"弹下去"。这个"去"也不能换成"来"。

其他的"V去",V大多是负面的状态,"V去"表示状况越来越不好。如例(41)—例(44)和例(46)都不能换成"来"。

当然,如果把这种变化的时段压缩成一个时点,并且作为另一个事件的背景,那么,"V去+VP"也可以读作"V了"或"V后",如例(47)、例(48)就是这样。而且,在有些诗句里,"V去"和"V来"确实没有区别。如:

(56)交道贱来见,世情贫去知。(孟郊《病起言怀》)

例(45)的"晴去"和例(17)的"晴来"也没有区别。

2.2.2 事态助词"去"

关于事态助词"去"已经讨论得很多,这里简单说一说。

各家对于事态助词"去"的语法功能有如下说法。李崇兴(1990)说:"联系一种事象,把这种事象作为某种变化结果和归宿展示出来。"曹广顺(1995)说:"主要是指明事物或状态已经或将要发生变化。"王锦慧(2004)基本上赞同曹广顺的观点。梁银峰(2007)说:"从事态结构看,'去'表现情状处于某一阶段的特定状态——完成或实现。"陈前瑞(2012)认为,曹广顺所说的"'已经发生变化'即为完成体用法,'将要发生某种变化'即为最近将来时或一般将来时用法"。并从类型学的角度认为是"从完成体向将来时间指称方向演化"。

曹广顺(1995)把事态助词"去"分为四类,现摘引如下:(例句各选一例)

A. 将要

(57)苦哉！苦哉！石头一枝埋没去也。(《祖堂集》2.88)

B. 将要(假设条件)

(58)与摩则学人不礼拜去也。(《祖堂集》2.150)

C. 完成(假设)

(59)任你大悟去,也须淘汰。(《祖堂集》1.179)

D. 完成

(60)庆放身作倒势,师云："这个师僧患疯去也。"(《祖堂集》2.113)

我认为曹广顺对事态助词"去"的语法功能的概括是正确的,但其分类的名称还可斟酌。正如王锦慧(2004)所说："ABC三类表示事态的将然义,此为句末助词'去'的主要用法。"而且,上引三个例句都是表示事态将要发生变化。"存在—埋没","礼拜—不礼拜","不悟—大悟"都不是已然的。例(60)"不疯—疯"也是变化,只是起点是现今,但变化的结果延续到将来。这个问题可以和事态助词形成的途径联系起来考虑。

王锦慧(2004)和梁银峰(2007)认为,事态助词"去"的形成途径有两个:一是由目的格式"V(+NP)+去"的趋向动词"去"演变而来,二是动相补语"去"处于句末时转化而来。我同意他们的看法。

先说由目的格式"V(+NP)+去"演变而来。在唐诗中,有不少目的格式"V(+NP)+去"可以找到其对应的"去+V(+NP)"。如：

(61)吾将学仙去,冀与琴高言。(李白《入彭蠡经松门

观石镜》)

（62）林间踏青去，席上意钱来。（张仲素《春游曲三首》之一）

（63）欲迎天子看花去，下得金阶却悔行。（王建《宫词》）

（64）会逐禅师坐禅去，一时灭尽定中消。（白居易《重到城七绝句·恒寂师》）

（65）鬼谷还成道，天台去学仙。（张九龄《送杨道士往天台》）

（66）十岁去踏青，芙蓉作裙衩。（李商隐《无题二首》）

（67）更无新燕来巢屋，唯有闲人去看花。（朱庆余《过旧宅》）

（68）雪月未忘招速客，云山终待去安禅。（齐己《江居寄关中知己》）

值得注意的是：在"去＋V（＋NP）"中，"V（＋NP）"可以是未然的，也可以是已然的，而在目的格式"V（＋NP）＋去"中，"V（＋NP）"大多是未然的，而且前面有表示将然的词语"将""欲""会"。前面说过，从目的格式"V（＋NP）＋来"演化为表曾经的事态助词有些抵牾，因为其中的"V（＋NP）"是未然的；但从目的格式"V（＋NP）＋去"演化为表将然的事态助词"去"却顺理成章，因为其中的"V（＋NP）"是未然的。

再说从动相补语"去"转化而来。这种句子应是"V＋去"，中间没有"NP"。唐诗中有一个这样的句子：

（69）一树梨花春向暮，雪枝残处怨风来。明朝渐校无多去，看到黄昏不欲回。（徐凝《玩花五首》之一）

这个句子句末的"去"应是事态助词（可比较现代汉语："店

里的货已经不多了。"其中的"了"不是"了$_1$",而是"了$_2$")。徐凝是元和(公元 806—820)时的诗人,如果这句诗不是后人改动的话,则这是现在看到的最早的用动态助词"去"的句子,比《祖堂集》(952 年成书)要早将近 150 年。这句中的"去"是表示将要出现的变化,这应是动态助词"去"较早出现的用法。这里的事态助词"去"应是由唐诗中习见的动相补语"去"演变而来,而这两者之间应有一定的关系。前面说过,"V+动相补语去"表示一种状态随着时间而发展,其起点可以是现今,而其发展是延续到今后;其起点也可以是别的时点,但其发展也总是延续到今后。这和"V+事态助词去"主要表示将要出现的变化,也可表示现今出现但延续到以后的变化,是一致的。

所以,考察事态助词"去"形成的途径,有助于我们了解事态助词"去"的用法。

参考文献

曹广顺　1995　《近代汉语助词》,语文出版社。
陈前瑞　2012　《从完成体到最近将来时》,《世界汉语教学》第 2 期。
陈前瑞、王继红　2009　《句尾"来"礼貌用法的演变》,《语言教学与研究》第 4 期。
蒋绍愚　2012　《汉魏六朝汉译佛典中"来"的四种虚化用法》,《汉语词汇语法史论文续集》,商务印书馆。
李崇兴　1990　《〈祖堂集〉中的助词"去"》,《中国语文》第 1 期。
李　明　2004　《趋向动词"来/去"的用法及其语法化》,《语言学论丛》第 29 辑,商务印书馆。
梁银峰　2004a　《时间方位词"来"对事态助词"来"形成的影响及相关问题》,《语言研究》第 2 期。
梁银峰　2004b　《汉语事态助词"来"的产生时代及其来源》,《中国语文》

第 4 期。
梁银峰 2007 《汉语事态助词"去"的形成过程》,《汉语趋向动词的语法化》,学林出版社。
王锦慧 2004 《往来去历史演变综论》,里仁书局。

(原载《汉语与汉藏语研究前沿——丁邦新先生八秩寿庆论文集》,社会科学文献出版社,2018 年 12 月)

词义和概念化、词化

什么是词义？这是研究词汇的一个基本问题。

按照传统的说法，"词义是对象、现象或者关系在意识中的一定反映"，这个说法不算错。问题在于：是机械的照相式的反映，还是能动的反映，即人们对客观事物的认知？如果是机械的、照相式的反映，那么在不同语言中反映同一事物的词，其词义理应全都相同。确实，有这样一种较普遍的看法：在不同语言中，反映同一事物的词，词义都是相同的，只是词的读音不同；就像各种糖果，里面的糖是一样的，只是包裹的纸不同。比如，汉语的"书（shū）"，英语的"book"，日语的"本（ほん）"，所指的对象相同，因此词义也都相同，不同的只是读音而已。

这种看法对不对？这是本文所要讨论的问题。

1 两次分类

先从"两次分类"说起。"两次分类"关系到什么是词义。我在《两次分类》（1999）一文中，谈到了这个问题。现在更换一些更清楚的例子，简单地谈谈这个问题。

是不是反映同一事物的词，词义都相同？我们来看一些实际的例子。

先看汉语的"书",英语的"book",日语的"ほん"。它们的词义是否相同呢？

汉语"书"的意思大家明白。英语"book"的意义是:"a collection of sheets of paper fastened together as a thing to be read, or to be written in."包括汉语所说的"本子",如:exercise book, note book。日语的"本"包括杂志。这都和汉语的"书"不同。这是词义的不同,而绝不仅仅是语音的不同。

可见,如果拿糖果做比喻,就像各种糖果,不仅仅是包裹的纸不同,里面的糖也有不同。

实际上,所谓"反映"应该是能动的反映,里面包含着人的主观因素。世界上万事万物极其繁多,人们认识世界,给事物命名,不可能一个一个地给予名称,而只能是一类一类地给予名称。这种"类"怎么分？当然有客观事物的依据,只有性质相同或相近的,至少是有某些共同点的,才能成为一类。但分类和人的主观认识也有关系,在很多情况下,事物的类别,不是事物自己分好了,然后反映到人的意识中的,而是人们根据客观事物的性质加以分类的。人们的认识不同,分类就有可能不同。比如上面所举的例子,一本装订好的供人阅读的单行本,一个装订好的供人阅读的连续出版物,一个装订好的供人书写的本册,究竟是分为几类？这不是这些东西自己分好的,而是人们加以分类的,而且,使用不同语言的人分类会有所不同。说汉语的把它们分为三类:书,杂志,本子。说英语的人把它们分为两类:book, magazine。说日语的也分为两类,但和英语的分类不同:本, ノート(参见下页表1)。分类的不同,就形成了词义的不同。

分类有两次,下面依次讨论。

1.1 第一次分类

第一次分类:在各种语言中(或同一种语言的不同历史时期中),把一些事物、动作、性状归为一类,成为一个义元(semantic unit),把另一些归为另一类,成为另一个义元。这种分类,在不同语言中,或同一种语言的不同历史时期中,可以是不同的。上面所说的例子,可以列表如下,其分类的不同可以看得很清楚:

表1

	书	本子	杂志
汉语　　书	√		
英语　book	√	√	
日语　本(ほん)	√		√

(2)颜色词也是分类的一个好例子。阳光透过三棱镜,呈现一个光谱,这个光谱里的各种颜色,其实是有连续性的,它本身没有分类,分类是人为的,而且人们的分类并不相同。古代汉语分为五色,现代汉语一般分为七色,英语一般分为六色,而菲律宾的 Hanunóo 语分为三色:在"赤—橙"区域的是(ma)rara?,在"黄—绿"区域的是(ma)latuy,在"蓝—紫"区域的是(ma)biru。如表2所示。

表2

汉语	赤	橙	黄	绿	青	蓝	紫
英语	red	orange	yellow	green	blue		purple
Hanunóo	(ma)rara?		(ma)latuy		(ma)biru		

(3)其他表事物的词语也有分类问题。如:在上古汉语中,生物表层的东西分为两类,人身上的是"肤",兽和树身上的是"皮"。在英语中也分为两类,但分类不同:人和兽身上都是

"skin"，树上是"bark"。而现代汉语中分为一类，人、兽和树都是"皮"(但在某些场合仍用"肤"，如"润肤露")。如表3所示：

表3

	人皮	兽皮	树皮
古代汉语	肤	皮	
现代汉语	皮①		
英语	skin		bark

(4)表动作的词也有分类问题。如：人们往身上穿戴衣物的动作，上古汉语中分为三类，往头上套叫"冠"(去声)、往身上套叫"衣"(去声)，往脚上套叫"履"②。中古汉语中合为一类，都叫"著/着"。现代汉语又分为两类：头上叫"戴"，身上脚上叫"穿"。

表4

上古	冠	衣	履
中古	著/着		
近现代	戴	穿	

(5)表性状的形容词也有分类的不同：古代汉语中横向的距离用"长—短"，纵向的距离用"高—下/卑"，人的身体和横向的同一类，也用"长—短"。现代汉语中横向的距离用"长—短"，纵向的距离用"高—低/矮"(这是词汇替换)，人的身体和纵向的同一类，用"高—矮"。英语横向的距离用"long—short"，纵向的距离用"high—low"，人的身体矮的和横向的同一类，也用"short"，高的另成一类，用"tall"。

表5

	横向的距离	纵向的距离	人的身高
古代汉语	长—短	高—下/卑	长—短
现代汉语	长—短	高—低/矮	高—矮
英语	long—short	high—low	tall—short

1.2 第二次分类

第一次分类的结果,形成一个一个的义元(semantic unit)。义元有的可以单独成词,或是原生词,如上述"皮""肤""高""卑"等,或是派生词,如上述动词"冠"和"衣"。有的要和别的义元结合而成一个词(多义词),如上述"着"和"穿"。如果是派生词和多义词,在第一次分类之后就要有第二次分类:和原有的哪个词,和哪些别的义元联系在一起?这种联系也源于人们认知中的分类:第一次分类所形成的各个小类(义元),哪些和哪些联系得比较紧密,可以合为一类?事物、动作、性状之间的联系,人们可以从不同的角度去认识,所以第二次分类的结果也是在各种语言中(或同一种语言的不同历史时期中)有所不同的。

(1) 上古汉语中的"冠 v""衣 v"是"冠 n""衣 n"的派生词,说明当时人们的意识中这些有关穿着的动作和动作的对象密切相关。中古汉语中的表穿着的"著/着"和"附着"义的"著/着"结合成一个多音词,说明当时人们意识中把这个穿着动作和"附着"义联系在一起,认为穿着就是把衣帽鞋等附着于身体。在近代、现代汉语中,表穿着的"穿"和"穿过"义的"穿"结合成一个多音词,说明当时人们意识中把这个穿着动作和"穿过"义联系在一起,认为穿着就是把胳膊和腿穿过衣袖和裤腿,或把脚穿到鞋里。人们是从不同角度来看待动作/事物之间的联系的,这就形成了第二次分类;而第二次分类的不同,就形成了词汇系统的不同。穿着义动作第二次分类的不同图示如下:

上古汉语：

　　［衣 n］——［衣 v］　　　［冠 n］——［冠 v］

中古汉语：

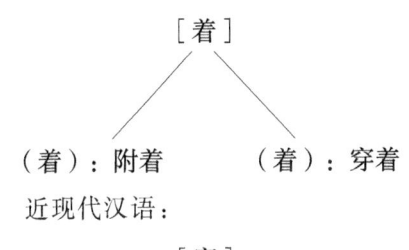

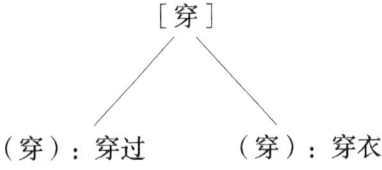

```
            ［着］
           /    \
      （着）：附着   （着）：穿着
```

近现代汉语：

```
            ［穿］
           /    \
      （穿）：穿过   （穿）：穿衣
```

(2)古代汉语一昼夜叫"一日"，现代汉语一昼夜叫"一天"。同样是一昼夜的时间单位，在古代汉语中和"日"（太阳）归为一类，在现代汉语中和"天"（天空/天气）归为一类，图示如下：

```
     ［日］                   ［天］
     /    \                  /    \
（日）：太阳 （日）：一昼夜 （天）：天空 （天）：一昼夜
```

(3)15 分钟是一刻。这个时间单位，在汉语中和"刀刻"的"刻"结合成一个多音词，在英语中和表示"四分之一"的"quarter"结合成一个多音词。这是因为，中国古代是用有刻度的日晷或有刻度的漏壶来计时的，所以人们用刻度的"刻"来表示这个时间单位。英语中一刻是一小时的四分之一，所以用表示四分之一的"quarter"来表示这个时间单位。（中国古代一天分为十二时辰，一天是一百刻，所以，古代的"刻"不等于 15 分钟，和时辰没有很清楚的分数关系。)

```
        [刻]                      [quarter]
       /    \                    /        \
```

(刻):刻画　(刻):十五分　(quarter): one-forth　(quarter): 15 minutes

(4)建造房屋,在不同时期的汉语用不同的词。最早用"筑(室)",秦汉以后来用"盖(屋)",用"起(屋)",用"造(房)"。这是从不同的角度为这一过程命名。"筑"是用杵把土夯实,这是古代黄河流域建造房屋的基础工作。"盖"是着眼于建造房屋的最后一道工序:把屋顶盖上。"起"是着眼于从平地起屋。"造"本是一个泛义动词,很多器物的制作都叫"造",很晚才用于建造房屋,而且开始是"筑造""建造"连用。英语建造房屋叫"build",其解释为:"make or construct sth by putting parts or material together."可以是 build a house,build a ship。正因为这些词的词义在理据上就有差别,所以它们的第二次分类也有不同。"筑室"的"筑"和"用杵夯土"的"筑"构成一个词的两个义位,"盖房"的"盖"和"覆盖"的"盖"构成一个词的两个义位,"起屋"的"起"和"兴起"的"起"构成一个词的两个义位,"build a house,build a ship"的"build"和"build a business,build a new society"的"build"(创建)构成一个词的两个义位。

```
         [筑]                          [盖]
        /    \                        /    \
```

(筑):夯土　(筑):建造　　(盖):覆盖　(盖):建造

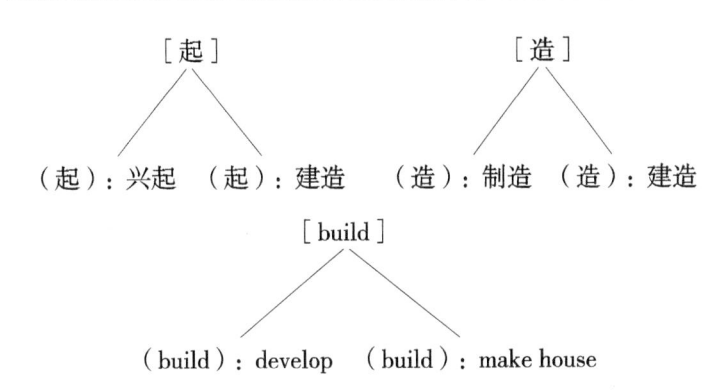

```
          [起]                      [造]
         /    \                    /    \
   (起):兴起  (起):建造      (造):制造  (造):建造
                    [build]
                    /     \
          (build): develop  (build): make house
```

(5) Cruse, A. D. 的"*Lexical Semantics*"(1986/2009:85)一书比较了英语和法语中与感觉(视觉、听觉、味觉、嗅觉、触觉)有关的一些词,讲述了这些词的关系的异同。这也是一个两次分类的例子。为了看得更清楚,我们可以为之列表如下:

表 6

have experience	pay attention to	have experience	pay attention to
	英语		法语
see	look at, watch	voir	regarder
hear	listen to	entendre	écouter
$taste_1$	$taste_2$		goûter
$smell_1$	$smell_2$	$sentir_1$	$sentir_2$
$feel_1$	$feel_2$		toucher

人们在认知过程中,每种感官都有向外界发出的动作(pay attention to)和从外界得到的感觉(have experience)。但英语和法语中,这些方面的词汇分布却有所不同。在视觉领域里,英语发出的动作有"look at"和"watch"2 类,法语只有"regarder"1 类。在味觉、嗅觉、触觉领域里,英语的感觉分为"taste""smell""feel"3 类,法语只有"sentir"1 类,即尝到、嗅到、触到都叫"sentir"。这是第一次分类的不同。英语的"taste""smell""feel"三

个词都兼表动作(尝、嗅、触)和感觉(尝到、嗅到、触到),即"taste""smell""feel"三个词都有2个义项。而法语表示"嗅"这个动作的 sentir 和兼包"尝到""嗅到""触到"3 种感觉的"sentir"是同一个词,即"sentir"有2个义项,一个是表示"嗅"这个动作,一个是表示兼包"尝到""嗅到""触到"的感觉。这是第二次分类的不同。

第一次分类后,总会给事物一个名称,这种命名有的是音义的任意结合,有的是有理据的。有理据的命名就和第二次分类有关。穿着的动作,着眼于衣物附在身上而称之为"著/着",由此就产生表穿着的"著/着"和表附着的"著/着"在第二次分类中同属一类;着眼于手足穿过衣袖、裤腿而称之为"穿",由此就产生表穿着的"穿"和表附着的"穿"在第二次分类中同属一类。表建造房屋的动作,着眼于夯土而称之为"筑",由此就产生表建造房屋的"筑"和表夯土的"筑"在第二次分类中同属一类;着眼于覆盖屋顶而称之为"盖",由此就产生表建造房屋的"盖"和表覆盖的"盖"在第二次分类中同属一类。

两次分类,第一次分类形成了不同语言中各个所指大体相同而又有差异的义元(表现为词的义位的差异),第二次分类形成了各个词的义位结合关系的差异。这两个方面,都构成了各种语言(或同一种语言的不同历史时期)的不同的词汇系统。研究汉语历史词汇学,就是要研究汉语不同历史时期词汇系统的不同。

1.3 语言学家的有关论述

"两次分类"的说法是我提出的,但这种思想,却不是我的首创,有不少语言学家已经说过。

索绪尔《普通语言学教程》:"思想离开了词的表达,只是一团没有定形的、模糊不清的浑然之物。"(157页)"如果词的任务是在表现预先规定的概念,那么,不管在哪种语言里,每个词都会有完全相对等的意义;可是情况并不是这样。法语对'租入'和'租出'都说 louer,没有什么分别,而德语却用 mieten'租入'和 vermieten'租出'两个要素,可见它们没有完全对等的价值。"(162—163页)

洪堡特《论人类语言结构的差异及其对人类精神发展的影响》:"词不是事物本身的模印(abdruck),而是事物在心灵中造成的图像的反映。"(166页)

布龙菲尔德《语言论》:"不同语言的信号的最小单位,也就是语素,实际价值可以有很大的悬殊,这是很明显的事实。即使在系属上很亲近的语言也是如此。德国人用 reiten 表示骑在动物上,而用 fahren 表示骑在其他东西上,如乘车。而英语只用一个词 ride 来表示。……甚至很容易确定和分类的事物在不同语言里也会有十分不同的处理。"(如称谓词,数词)。(350—351页)

"虽然所有语言都有转义,但是具体的意义的转移,在具体语言里决不可以随便乱套。无论在法语或德语里都不能说 the eye of a needle 或者 an ear of grain。所谓 the foot of a mountain 在任何欧洲语言里都很自然,可是在美诺米尼语里,而且无疑在其他许多语言里,却是荒谬的。"(180页)

艾奇逊《现代语言学入门》:"每种语言都以不同的方式对世界万物进行分类,这是显而易见的。"(118页)

2 概念化

概念化(conceptualization),指的是客观世界的万事万物及其关系在人的意识中形成一个一个的概念。概念的形成过程是人们能动地认知客观世界的过程,词义是反映概念的,所以 R. W. Langacker 说:"Meaning is equated with conceptualization."(意义等于概念化。)"*The MIT Encyclopaedia of Cognitive Sciences*"说:"Meaning is characterized as conceptualization: The meaning of an expression is the concepts that are activated in the speaker or hearer's mind."(意义可以被描述为概念化:词所表达的意义是被激活了的存在于说话者或听话者心中的概念。)这里所说的"意义"指的是语段、句子、词组和词语的意义,但主要是词语的意义。可见,概念化和词义的关系十分密切。

关于"概念化",一个首先要讨论的问题是:概念化形成的结果——概念是不是全人类共同的?

有一种较普遍的看法,认为概念是全人类共同的,只是人们用语言反映概念的方式不同。这种看法对不对呢?

戴浩一(2002)说:"每一个语言有不同的概念化。"我基本上同意他的看法。不过,我认为这样说会更准确一点:"每一个语言的概念化是不完全相同的。"这样的表述,意思是:作为概念化的结果,人们在意识中形成了一个一个的概念,这些概念又属于若干不同的概念范畴(或概念场)。其中一些重要的概念和重要的概念范畴(概念场)确实是全人类共同的。但是:(1)有一些概念是只有某个民族或某个时代才有的。(2)不同民族、不同时代,概念的形成方式和形成的概念可能是不同的,一些概念在概念场中的分布也可能不同。(3)一些概念的层级结构,也不是全人类完全一样的。下面对这三点分别加以说明。

2.1 有些概念只有某个民族或某个时代才有

有些概念不是人类共同的。概念是人们在能动地认知客观世界(包括人的主观心理和感情,对于认知活动来说,这些也是认知的客体)的过程中形成的,如果在某个民族的生存环境或某个时代里,某种事物不存在,那么,该民族或该时代的人们的意识中就不会有相应的概念。这个道理是很清楚的。

古代中国的生活中有某种打击动作,因此就有相应的概念[③],表现为相应的词。如:

笞 《说文》:"击也。"《新唐书·刑法志》:"汉用竹。"

挟 《说文》:"挟,以车鞅击也。"

在现代生活中没有这种动作了,当然也就没有这些概念和词。我们还可以想象,在那些没有见过竹子、没有见过车鞅的民族的意识中,也不会有这些概念。

有一些打击动作从古到今都存在,但存在某种动作,却不一定有相应的概念。如:

挨 《说文》:"挨,击背也。"

在古代汉语中有"挨"这个词表达这种"击背"的动作,说明古人意识中有这个概念。而在现代,尽管这个动作还存在,但它和"打后脑勺""打肩膀""打膝盖""打眼睛""打鼻子"一样,只是一种动作,而没有成为一个概念。概念都是概括的,不可能每一个具体的打击动作都成为一个概念。也许有人会说:"'打后脑勺'已经有了一定程度的概括(指打击的对象是所有人的后脑勺),为什么不是一个概念?要概括到什么程度才能成为一个概念?"这个问题不能一概而论,同一种动作,在某个时代的某个语言社团中可以是一个概念,而在另一个时代或另一个语言社团中就可能不是一个概念。大体上说,如果一种动作在某个时代的某个语言社团中比较常见,引起了人们的注意,因而用一个词或一个固定词组(如"打屁股")来表达它,那么,这就是一个概念;反之,就不是一个概念。

反过来说,在现代汉语中的一些概念,在古代也可能没有。如:

现代汉语:掴,抽,捅。

这都是对人体某种特定部位或用某种特定方式的打击动作。这种打击动作,古代也是有的,但很晚才成为一种概念。(比如,"掴"始见于唐代,稍后有"批颊"的说法,更早没有。)道理和上面所说的现代没有"击背"的概念一样。

英语中一些打击概念,在说汉语的人的意识中没有。如:

birch(用桦树条打)

truncheon(用警棍打)

conk(打头)

spank(用手掌打屁股)

说汉语的人群的生活环境中也有桦树条,也可能有用桦树条打人的事发生,但那是很少见的,"用桦树条打"不是一个概念。警察用警棍打人的动作会有,但没有形成一个概念。"打头"也一样。"打屁股"在汉语中是一个概念,但那是作为一种刑罚,是用棍棒打,和 spank 的概念不同;"用手掌打屁股"的动作有,但没有形成一个概念。

2.2 不同民族、不同时代的概念及其形成方式和在概念场中的分布可能不同

上面说的一些动作有些可能比较特殊,所以在不同民族或不同时代,有的形成概念,有的不成为概念。那么,一些相当普遍的事物、动作、性状,在不同民族、不同时代是否会形成同样的概念呢?

应该说,这些事物、动作、性状形成的概念,有不少确实是全人类共同的;但也有不少是不同民族、不同时代所不同的。上面"两次分类"中所说的就是很好的例证,它们不是概念的有无问题,而是概念的异同问题。

为什么这些很常见的事物、动作、性状,在不同民族、不同时代会形成不同的概念,从而有不同的词义呢?这是因为:即使面对同一对象,但人们认知的角度不同,概念形成的方式不同,所以形成的概念也会有所不同。

前面我们说,词义是客观世界在人们意识中的反映,但这种反映不是机械的、照相式的反映。用"照相式"一词,是强调没有人的主观意识在起作用。但是,严格地说,照相也是有人的主观意识的,同样是给某一个人拍半身照,因为照相师选择的角度不同,摄影的技术不同,拍出来的照片也可能很不一样。概念的形成也是这个道理:人们认知的角度不同,概念形成的方式不同,所以形成的概念也会有所不同。

R. W. Langacker 说得好:

"概念化的过程可以理解为一个搭积木的过程:选择不同的

积木,有次序的分步搭建在一起,形成一个整体。选择的积木不同或者搭建的顺序不同,最后的整体外观自然不同。"(Langacker R. W. 2001, "*Dynamicity in Grammar*",译文转引自李福印 2008:348)

概念形成有哪些不同的方式?这个问题是需要深入研究的。就我们现在所看到的,有如下两种不同的方式。下面先从具体事例的分析出发,然后再加以概括。

2.2.1 先看在"打击物体使之发声"这个概念场中,现代汉语、上古汉语、英语有哪些概念,它们在概念场中怎样分布:

表7

现代汉语	敲[门/窗/钟/鼓]				
古代汉语	考/敂(叩) [门/关/钟/金石]				击/伐 [鼓]
英语	tap [door/window]	knock [door/window]	bang [door/window]	strike [bell]	beat [drum]

从上表可以看出,在"打击物体使之发声"这个概念场中,现代汉语、上古汉语、英语的概念不同,它们在概念场中的分布也不同。

上古汉语表达这种动作不用"敲"这个词,《说文》:"敲,横擿也。""毃,击头也。"上古汉语用来表达"打击物体使之发声"这种动作的是"敂"(常写作"叩"或"扣")或"考(攷)"。《说文》:"考,敂也。""敂,击也。"如"叩门""叩关""叩钟""考钟""考金石"等。

上古汉语中绝不说"叩鼓"或"考鼓",而只说"击鼓""伐鼓",或者单说一个"鼓"。(《诗经·唐风·山有枢》:"子有钟鼓,弗鼓弗考。"这应当理解为"弗鼓鼓,弗考钟"。)

英语中，如果对象是门窗等，一般的敲击是"knock"，轻叩是"tap"，重击是"bang"：

He knocked the window.

He tapped the window with a stick.

He banged on the door until it was open.

如果对象是钟，所用的词是"strike"；如果对象是鼓，所用的词是"beat"。

To strike the bell.

To beat the drum.

在现代汉语中，上述古代汉语和英语中表达各种不同的敲击的概念都不存在，只有一个统一的概念"敲"。上述各种不同的敲，要用"敲"这个词加上不同的修饰语或宾语来表达。

这些词（概念）实际上只涉及了"打击"和"力度""对象""结果（发声）"四个要素，打击动作的其他要素（如：工具、方式、速度等）并没有涉及。如果把其他的各个要素都考虑在内，"打击物体使之发声"还可以分成很多小类，在客观世界中其发出的声音都不会相同，如果人们把每一个发出不同声音的打击动作都看作独立的一类，每一类都形成一个独立的概念，那么，仅就"打击物体使之发声"这一大类而言，其中就会包含多得数不清的概念，也就需要用多得数不清的词来表达，这么庞大的一个概念系统和词汇系统，这对于人类的思维和语言交际会是一个不堪负荷的沉重负担。只能分得粗一点，分成两类、三类或一类；在这种比较粗的分类过程（或者说"认知过程"）中，就只能考虑某些维度，而其他的维度就必须忽略不计。但是，究竟哪些维度应该考虑，哪些维度应该忽略不计，这却没有一定之规，而是各个语言社团约定俗成的。上古汉语中考虑的是打击的对象这个维度,英语中考虑的是打击对象和力度这两个维度,现代汉语中对象和力度都不考虑。正因为如此,所以,在上古汉语、现代汉语和英语中表示"打击物体使之发声"的概念各不相同,它们在概念场中的分布也不相同。

这种概念的形成方式是:把同一个范畴中的相近或相关的事物/动作/性状放在一起,分为一类,从而形成一个概念;把另一些相近或相关的事物、动作、性状放在一起,分为另一类,从而形成另一个概念。在不同的语言中,或在同一语言的不同历史时期中,其分类可能是不同的,因而形成的概念也就不同。我们称之为概念形成方式(A)。

上面说的"第一次分类",从概念形成的方式来看,属于这一类。

2.2.2 下面是另一种概念形成的方式。

(1)古代汉语中有这样一些词:

犡,騜。

《说文》:"犡,牛之白也。""騜,一曰马白额。"这一组词的概念形成方式都是把"物(牛/马)"和"色(白色)"两个对象的构成因素结合在一起,形成一个概念。到现代,这些白色的牛、白额的马依然存在,但犡、騜这些概念不存在了,人们在指称这些鸟兽时都用"白的牛""白额的马"这样的方式,也就是说,把"物(牛/马)"和"色(白色)"两个对象的构成因素分开,分别作为不同的概念,然后放在一起说。这是古今概念形成方式的不同,以此形成的概念也不同。

羔，驹，狗，豞，犊。

《说文》："羔，羊子也。""驹，马二岁曰驹。"《尔雅》："未成豪，狗。"《玉篇》："豞，熊虎之子也。"《尔雅》："牛，其子犊。"郭璞注："今青州呼犊为豞。"

这一组的概念形成方式和上一组相同，是把"物（羊/马/犬/熊虎/牛）"和"性状（幼小）"这两个构成因素结合在一起，形成一个概念。其中"豞"现代不用了，"狗"的词义改变了，古代的"豞"要说成"小熊/小虎"，古代的"狗"要说成"小狗"。"羔""驹"和"犊"还保留到现代，但一般不单说，而说成"羊羔""马驹""牛犊"。这说明在现代人的意识里，已经习惯于把物和性状分开，作为不同的概念。在指称这些幼小的动物时，尽管"羔/驹/犊"已经包含了物，但还要把"羊/马/牛"作为单独的概念，加在前面重复地说。这也很好地说明古今概念形成方式的不同。

这两组词还牵涉到音义关系，此处不赘。

古代汉语中像这样把"物"和"形"结合在一起形成一个概念的情况很多。《尔雅·释畜》："膝上皆白，惟。四骹皆白，騯。前足皆白，騱。后足皆白，翑。前右足白，啟。左白，踦。后右足白，驤。左白，馵。"这一段话是人们常引的，说明古代命名的特点，实际上也是概念形成的特点。把马的名称分得这样细，有人认为和古人游牧的生活方式有关。但是，像这样的概念形成方式，在《尔雅》的其他部分也常见到。

《尔雅·释山》："山高而大，嵩。山小而高，岑。锐而高，峤。卑而大，扈。小而众，岿。……大山宫小山，霍。小山别大山，鲜。……多小石，磝。多大石，礐。多草木，岵。

无草木,峐。……石戴土谓之崔嵬,土戴石谓之砠。"

如果像现代那样,把"物"和"形"分开,作两个概念,然后用"形"+"山"来指称各种各样的山,就不会有这么多的山的名称(或者用《荀子》的术语,称为山的"小别名")。但古代的概念形成方式就是把"形"和"物(山)"结合在一起,形成一个一个的概念,那样,山的名称(小别名)就必然很多。这是由古代概念形成的方式决定的。

这是另一种概念形成的方式:在两个不同的范畴中,把两个不同而又有关联的认知因素(事物和性状,或动作和对象)或是放在一起,形成一个概念;或是拆成两份,形成两个概念。我们称之为概念形成方式(B)。

前面说过,R. W. Langacker 把概念化(概念形成)的过程比喻为搭积木,"选择的积木不同或者搭建的顺序不同,最后的整体外观自然不同"。上述两种不同的概念形成方式,是两种不同的"搭积木"的方法:方式(A)是把同一范畴的"积木"分成不同的类加以集合,因分类的不同而形成不同的概念。方式(B)是把不同范畴的"积木"或分或合,因分合的不同而形成不同的概念。除此以外还有没有别的概念形成方式?这是需要深入研究的。下一节将会看到,L. Talmy 所说的"词化",实际上是又一种不同的概念形成方式。

概念形成的过程和方式,是概念化研究的核心。认知语言学的"conceptualization",谈的主要是这个问题。

2.3 不同语言概念系统的层级结构不完全相同

戴浩一(2002)说:"英语要用全然不同的词语来表达基本词

汇",如 bicycle,bus,car,truck;trout(鳕鱼),salmon(鲑鱼),flounder(比目鱼),eel(鳗鱼)。而中文的基本层次词汇如'汽车'、'鲑鱼',是以高层次词汇(车、鱼)为中心(head)创造出来的复合词。"但他说的是现代汉语。"车"类和"鱼"类,古代汉语和英语基本一样:

表8

古代汉语		英语	
车	鱼	vehicle	fish
轩、轺、辇、辐	鲲、鲂、鲤、鲔	bicycle,bus,car,truck	trout,salmon,flounder,eel

不过,有一点不同:古代汉语中"轩、轺、辇、辐"可以单说,也可以加上个"车"字;"鲲、鲂、鲤、鲔"可以单说,也可以加上个"鱼"字。而英语是只能单说,不能加类名的。

汉语和英语概念结构层次的不同有更好的例子:

表"书写工具(笔)"的概念场,汉语分为两层:上位是"笔",下位是"毛笔、铅笔、钢笔、圆珠笔、粉笔"等。英语分为三层,上位缺项,中间一层是"writing brush,pen,pencil,chalk"等,最下一层 pen 又分为 fountain pen、ballpoint、quill 等。

表9

汉语	英语
笔	∅
毛笔、铅笔、钢笔、圆珠笔、粉笔	writing brush,pen,pencil,chalk
	fountain pen,ballpoint,quill

表"桌子"的概念场,汉语和英语都分为两层。但相当于汉语"桌子"的一层,英语缺项。汉语可以说:"屋子里有两张桌子,一张是书桌,一张是餐桌。"这句话要翻译成英语就无法表达:"There are two _____ in the room,one is a desk,the other is a

367

table."在＿＿＿处填不上一个词。

表 10

汉语	英语
桌子	Ø
书桌,餐桌	desk,table

在上面两个表中,英语用"Ø"表示的地方,叫作"lexical gap",我把它译成"缺项"。"缺项"是各种语言里都存在的,但不同语言缺项的情况不一样。这反映了不同语言的概念系统层级结构的不同。

3 词化

词化是"lexiconization"。Lexicalization 有两个意思:(1)某种语言形式其理据消失,结构凝固,最后变成一个词的过程。(2)由不同的语义要素(semantic elements)构成不同的词。前者习惯上把它译为"词汇化",为了与之区别,我们把后者叫作"词化"。后者是本节要讨论的内容。

3.1 词化理论简介

提出"词化"理论的是美国语言学家 L. Talmy。他在(1985,2000a,2000b)的论著中都谈到这个问题。下面做一简单的介绍。

L. Talmy(1985:57)说:

This chapter addresses the systematic relations in language between meaning and surface expression. Our approach to this has several aspects. First, we assume we can isolate elements separately within the domain of meaning and within the domain of surface expression. These are semantic elements like 'Motion', 'Path', 'Figure', 'Ground', 'Manner', and 'Cause', and surface elements like 'verb', 'adposition', 'subordinate clause' and what we will characterize as 'satellite'. Second, we examine which semantic elements are expressed by which surface elements. This relationship is largely not one-to-one. A combination of semantic elements can be expressed by a single surface element, or a single semantic element by a combination of surface elements. Or again, semantic elements of different types can be expressed by same type of surface element, as well as the same type by several different ones. We find here a range of typological patterns and universal principles.

L. Talmy 把"位移事件(motion event)"分解为 6 种"语义要素(semantic elements)"："位移(Motion)""路径(Path)""物体(Figure)""背景(Ground)""方式(Manner)""动因(Cause)"。几个语义要素可以融合(conflate)到一个语言形式(词)里。

他根据各种语言主要动词所融合(conflate)的语义要素的不同,归纳出位移动词三种不同的"词化模式(lexicalization patterns)"。主要的两种是:

(1)"位移＋方式"或"位移＋动因"模式,"位移"和"方式/动因"要素融合在一个动词之中。如英语的"The bottle floated into the cave."[float:moved(Motion)＋floating(Manner)]

(2)"位移＋路径"模式,"位移"和"路径"的要素融合在一个动词之中。如西班牙语"La botella entró a la cueva flotando."[entró:moved(Motion)＋into(Path)]

他用大量的例证说明了印欧语中的罗曼语（特别是西班牙语）是后一种模式，除此以外的印欧语（如英语）是前一种模式。

可以对比西班牙语和英语的下列例句：

Spanish	English
La botella salió de la cueva flotando.	The bottle floated out of the cave.
La botella se fué de la orilla flotando.	The bottle floated away from the bank.
La botella cruzó el canal flotando.	The bottle floated across the canal.
El hombro entró a la sotano corriendo.	The man ran into the cellar.
El hombro volvió a la sotano corriendo.	The man ran back to the cellar.
El hombro bajó a la sotano corriendo.	The man ran down to the cellar.

（flotando：floating.　corriendo：running.）

英语也有一些位移动词包含"位移＋路径"，如 enter，exit，pass，return，cross 等，但这些动词都是借自罗曼语的。

3.2　位移路径编码方式的两大类型

L. Talmy 认为语言可以根据位移事件（motion event）的核心特征即位移的路径的编码方式分为两大类型：

Verb-framed languages：PATH is expressed by the main verb(MOTION conflate PATH). 如罗曼语。

Satellite-framed languages：PATH is expressed by an element (various particles, prefixes or prepositions) associated with the verb. 如英语。

他认为上古汉语是 Verb-framed language，现代汉语普通话是 Satellite-framed language。

L. Talmy 的这种语言类型的理论影响很大，很多语言学家赞同他的理论，也有很多语言学家对他的理论提出补充或修正。

汉语究竟属于哪一种类型？这个问题也引起了广泛的讨论。因为这不属于本文的研究范围，所以在这里不谈。

3.3 词化理论的意义

L. Talmy 的词化理论对于词义的研究乃至整个语言研究都有很重要的意义。下面谈几点看法。

3.3.1 把词义分解为若干语义要素（semantic elements），这不是 L. Talmy 的首创，"义素分析法"早就有了。

义素分析法把词义分解为若干义素，而且把词放到语义场中，力图通过对这些词的分析比较，找到一些共同的义素，用这些义素的不同组合可以构成这个语义场中所有的词。在词义分析的深入、精细和系统性方面，确实比传统的词义研究大大进了一步。但义素分析法着眼的主要还是一个一个的词，虽然也把词放到语义场中分析，但考察的还是同一语义场中各个词的义素构成的异同。义素分析法不考察一种语言中某一类词的语义构成的共同规律，也不比较几种语言之间词的语义构成规律性的差异。Talmy 的词化理论虽然做的只是"位移"范畴中的动词，但通过有关位移事件的语义要素的分析，概括了印欧语中罗曼语和罗曼语以外其他语言中位移范畴的动词的语义构成的规律，比较了两类语言中位移范畴的动词的语义构成规律性的差异，提出了两种"词化模式"，即罗曼语位移动词的语义都是"位移＋路径"构成的，罗曼语以外的印欧语的位移动词的语义都是"位移＋方式/动因"构成的。正因为概括的是处于深层次的语义构成规律，而且概括的面很广，所以这两种词化模式可以用来作为语言类型区分的标志。

L. Talmy 的词化理论，有一些问题是可以进一步讨论的。如"位移"范畴的词的语义分析，除了 L. Talmy 提出的 6 个语义要素外，还有的学者认为应该增加一个"deictic"或"direction"（指向）的语义要素。除了"位移"范畴，其他的范畴是否也能概括出别的"词化模式"？这个问题也是可以进一步研究的。值得重视的是，L. Talmy 的词化理论提出了一种可操作的跨语言的词义分析方法，以及跨语言的词义结构、词义系统的比较方法。如果我们采用这种理论和这种思路扩大范围，继续研究，很可能会有新的收获。

3.3.2 L. Talmy 的"词化理论"表明：一个位移范畴的事件可以分解为若干语义要素，有的语义要素可以融合为一个动词，另外的语义要素可以单独作为一个词在句法层面出现。这种组配，不同的语言是不同的。英语的"The bottle floated out of the cave"，"位移"和"方式"两个语义要素融合为"float"一个词，而表示路径的"out"单独出现在句法层面上。西班牙语的"La botella salió de la cueva flotando"，"位移"和"路径"两个语义要素融合为"salió"一个词，而表示方式的"flotando"单独出现在句法层面上。这就不仅是个词义结构的问题，也关系到论元构成的问题。一种语言有什么词化模式，就有相应的论元构成。这种关系，在语言使用者的意识中是根深蒂固、"深入人心"的。英语是"位移＋方式"词化模式，法语是"位移＋路径"词化模式，第二语言习得的研究表明，这两种不同模式对以英语或法语为母语的人的语言表达（包括词义构成和句法构成）有很大影响。说英语的人既可以说"I went to park"，也可以说"I walked to park"，而说法语的人只说"Je suis allée au parc"，不说"J'ai marché au parc";但以英语为母语的人学法语,就可能说出这样的句子:"Le chat couru à la maison."(小猫向房子跑去。)日语也是"位移＋路径"词化模式,所以在日语中只有相当于"I went to park"的表达,如果要表达"I walked to park"的意思,就只能采用类似英语"I went to park by walking"这样的形式,这就是句法结构的改变。英语的"The children jumped in the water"是有歧义的,in既可以表示处所(在水里跳),也可以表示方向或路径(跳到水里)。以日语为母语的人学英语,看到这个句子,只会理解成前一种意思,因为在日语中,"路径"是和"位移"融合成动词的,所以在句法层面出现的in,不能是方向或路径,只能是处所。这些实际例子,很好地说明了词义结构和句法结构的关系。(关于第二语言习得的问题,参考了沈园2007)

3.3.3 本文前面说了"概念化",这里又说了"词化"。这两者是什么关系呢?"概念化"的第(1)、(3)两个问题和"词化"无关。第(2)个问题(概念的形成)和"词化"是有关系的。"概念化"关注的是从外部世界到意识层面的"概念"的问题,"词化"关注的是从意识层面的"语义要素"到词的问题。但"概念"和"词"密切相关,所以,"词化"也可以说是一种概念化,即:操不同语言的人,或是把"位移"和"路径"结合在一起,形成一个概念,表达这种概念的,就是西班牙语"entró"之类的位移动词;或是把"位移"和"方式/动因"结合在一起,形成一个概念,表达这种概念的,就是英语"float"之类的位移动词。前面我们提到两种概念形成方式,方式(A)是把同一范畴的"积木"分成不同的类加以集合,因分类的不同而形成不同的概念。方式(B)是把不同范畴的"积木"或分或合,因分合的不同而形成不同的概念。如果把"词化"也看作一种概念的形成方式,那么,"词化"这种概念形成方式看来和(B)式类似,也是把不同范畴的"积木"(比如"位移"和"路径",或"位移"和"方式/动因")结合在一起形成概念和词。但实际上,两者还是有很大不同。因为,方式(B)的"积木"都是存在于客观世界的一般人都能清楚认知的事物、动作和性状(如"马""山"和"白色""多草木"等),所以我们称之为"认知因素"。而"词化模式"中的"积木",是位移事件的语义要素(如位移、路径、方式、动因等),语义要素不是一般人凭感觉、直觉所能认识的,而是只有经过深入分析才能得出的。而且,概念形成方式(B)的"构成因素"是通过分或者合而形成不同的概念,比如A(白色)和B(牛),或是结合成"A+B",就形成"犦"这个概念,或是 A 和 B 分开,就形成"白"和"牛"这两个概念。而"词化"是由几个语义要素的交替而形成不同的概念和词,比如,由"位移+路径"形成西班牙语"entró"之类的词,而把"路径"替换为"方式/动因",就形成英语"float"之类的词。所以,我们不必把"词化"纳入"概念化"的范畴之内,而是可以把"概念化"和"词化"看作和词义密切相关的两个不同的问题。

应该说,"词"比"概念"更容易把握,所以,对汉语的研究来说,讨论"词化"的问题也许更为切近实际。

3.4 词化理论和汉语历史词汇研究

L. Talmy 的词化理论主要是考察共时平面上不同语言的词的语义结构的类型特点,但这一理论也可以用于同一种语言不同历史时期的词的词义结构的类型特点。对于汉语这样一种有悠久历史的汉语,这样的考察尤其有价值。下面讨论两个有关的问题。

3.4.1 在汉语词汇的发展过程中,是否有词化模式的变化?

(1)在 L. Talmy 的词化理论提出以后,关于汉语从古到今是否发生了语言类型的演变,中外学术界有很热烈的讨论。L. Talmy 认为古代汉语是 V 型语言,现代汉语是 S 型语言。贝罗贝等学者赞同这个观点。戴浩一认为现代汉语是以 V 型框架为主、S 型框架为辅的语言。Slobin 认为现代汉语是 E 型 (equipollent framing Language,对等结构)语言。不过他们讨论的主要是现代汉语,特别是现代汉语的动补结构或连动结构中哪一个动词是核心,这主要是句法层面的问题,而不是词义分析问题,所以这里从略。

我在《词义变化与句法变化》(2013)一文中,分析了"走"的语义构成的演变,摘录如下:

"走"本是不及物动词,但后面可以跟一个处所名词。这样的句子,在较早的文献中没有。《周易》《论语》无"走"字。《尚书》《诗经》中的"走"字后面都不跟名词。

在《左传》中"走+处所名词"有 8 例:

百濮离居,将各走其邑。(文公 16)

赵旃弃车而走林。(宣公 12)

遇敌不能去,弃车而走林。(宣公 12)

齐侯驾,将走邮棠。(襄公 18)

奉君以走固宫,必无害也。(襄公 23)

寡君寝疾,于今三月矣,并走群望。(昭公 16)

卜筮走望,不爱牲玉。(昭公 18)

王愆于厥身,诸侯莫不并走其望,以祈王身。(昭公 26)

陆德明《经典释文》仅在襄公二十三年"奉君以走固宫"下注"走如字,一音奏",他还是倾向于"走"不改读的。在其他处均无注。《国语》也有2例(例略)。

可见这种句式在战国初期已经出现了。这种句式,到汉代更加普遍,而且在注释中已有了"奏"的破读音。如:

> 渔者走渊,木者走山。(《淮南子·说林》)高诱注:"走读奏记之奏。"

在《史记》中,这样的句式更多,注释中标明"音奏"的共有8处,有的还注出词义"向也":

> 长史欣恐,还走其军。(《项羽本纪》)【正义】走音奏。

> 杀汉卒十余万人。汉卒皆南走山。(《项羽本纪》)【正义】走音奏。

> 射伤王。王走郧。(《楚世家》)【正义】走音奏。

> 沛公至咸阳,诸将皆争走金帛财物之府分之。(《萧相国世家》)【索隐】音奏。奏者,趋向之。

> 盗击王,王走郧。(《伍子胥列传》)【索隐】奏云二音。走,向也。

> 行出游会稽,并海上,北走琅邪。(《蒙恬列传》)【索隐】走音奏。走犹向也。

> 可遂杀楚使者,无使归,而疾走汉并力。(《黥布列传》)【索隐】走音奏,向也。

> 上指示慎夫人新丰道,曰:"此走邯郸道也。"(《张释之传》)【集解】如淳曰:"走音奏,趋也。"【索隐】音奏。案:走犹向也。

> 因王子定长沙以北,西走蜀、汉中。(《吴王濞列传》)

【正义】走音奏,向也。

这说明"走"确实有了一个新的词义"向"。这个新义的产生,有两方面的原因。一方面,和构成"走"的语义要素有关,"走"原有的语义要素有【动作】【速度】【方式】等,【方向】这个要素是隐含的。后来【方向】这个要素凸显,而【速度】【方式】要素减弱,这就成了"向"义。尤其是在"此走邯郸道也"这个例句中,"走"已经连【动作】要素也没有了,因此词义发生了变化。另一方面,也和"走"经常出现在"走+处所名词"这种句式(构式)中有关,这种句式(构式)使"走"原先隐含的【方向】这个要素凸显,最终发生了词义的变化。这时,人们认定它是一个新词,就用改变读音的方式,使之与原来的词区别开来。

"走"的词义演变是从【位移+方式】到【位移+路径】的语义要素交替,是词化模式的变化。只是其【位移+路径】的词化模式没有延续下来。

这样一种由语义要素交替而成的词化模式的历史变化,除了位移动词以外还有没有?这个问题是值得深入研究的。

(2)汉语词汇和词义的历史演变有一个很突出的特点:很多古代汉语的词的词义,在现代汉语中都要用词组来表达。如"沐"要说成"洗头","骊"要说成"黑马"。也就是说,同样的语义,古代汉语是把"动作"和"事物"、"事物"和"性状"这两者综合在一起,用一个词表达;现代汉语是把"动作"和"事物"、"事物"和"性状"这两者分开,各自独立成词,并用它们组成词组来表达。古代汉语和现代汉语的这种差异和发展,就是通常所说的"从综合到分析"。"从综合到分析"的问题,王力《古语的死亡残留和转生》(1941)首先提到,我在《古汉语词汇纲要》(1989)里也说过,后来杨荣祥《"大叔完聚"考释》(2003)和宋亚云《汉语从综合到分析的发展趋势及其原因初探》(2006)有进一步的阐发(不过宋文所说的不全是词汇问题,有很多是语法问题)。

这种现象,如果用 L. Talmy 的词化理论可以说得更清楚:古代汉语的词,很多是由两个(或几个)语义要素融合而成的。在现代汉语中,这些语义要素分别取得了独立的表达形式(词或词组)。那些古代汉语的词所表达的语义,要用现代汉语中这些词或词组组合成一个更大的语言单位来表达。

下面,参照 L. Talmy 的理论,把一些古代汉语中"综合"的词,按照其融合的语义要素的不同,分成若干词化模式。这仅仅是举例,这些"综合"的词究竟有哪些词化模式,还需要进一步研究。

(a) 动作+方式

瞻,《说文》:"瞻,临视也。"段注:"今人谓仰视曰瞻。"　　向上看

顾,《说文》:"顾,还视也。"　　回头看

睨,《说文》:"睨,衺视也。"　　斜看

睇,《说文》:"睇,小衺视也。"　　悄悄地斜看

窥,《说文》:"窥,小视也。"　　从小孔中看

(b) 动作+对象

沐,《说文》:"沐,濯发也。"　　洗头

沬(颒),《说文》:"颒,洒面也。"　　洗脸

盥,《说文》:"盥,澡手也。"　　洗手

洗,《说文》:"洗,洒足也。"　　洗脚

澣(浣),《说文》:"澣,濯衣垢也。"　　洗衣

(c) 动作+主体

集,《说文》:"群鸟在木上也。"　　一群鸟停在树上

骤,《说文》:"马疾步也。"	马快跑
霁,《说文》:"雨止也。"	雨停
晛,《说文》:"日见也。"	太阳出现

(d)动作+背景

跋,《毛传》:"草行曰跋。"	在草上走
涉,《毛传》:"水行曰涉。"	蹚着水走

(e)性状+事物

骊,《说文》:"骊,马深黑色。"	黑马
羧,《说文》:"羧,夏羊牡曰羧。"	黑公羊
畬,《说文》:"畬,三岁治田也。"	已垦种三年的田
旟,《尔雅》:"(旌旗)错革鸟曰旟。"	画着疾飞的鸟的旗帜

这种"从综合到分析"的变化,准确地说,应该和本文前面所说的"概念形成方式(B)"中所举的例子属于同一类,其古今的变化可以用这样的公式来表示:

$$A[x+y] \to B[x] + C[y]$$

A、B、C 表示词或词组,[ ]表示这个词或词组的语义构成,x、y 表示语义要素。这个公式表示:古代的 A 词的语义由 x+y 这两个语义要素融合而成。到现代汉语中,古代 A 词的 x 和 y 两个语义要素表现为两个独立的表层形式 B 和 C(词或词组),由这两个表层形式组成一个更大的语言单位来表达古代 A 词的语义。

这和 L. Talmy 所说的[位移+路径]和[位移+方式]这样由语义要素交替而成的词化模式的变化是有区别的。不过,如果不把词化理论局限于这种由语义要素交替而成的词化模式,而把词化理论看作是研究语义要素和表层要素之间并非一对一的关系,即 L. Talmy 所说的:"We examine which semantic elements are expressed by which surface elements. This relationship is largely not one-to-one. A combination of semantic elements can be expressed by a single surface element, or a single semantic element by a combination of surface elements."(见上文所引 L. Talmy1985:57),那么,"从综合到分析"和上文所说的概念形成方式(B),如果从如何成词的角度看,也可以包括在"词化"的范围之内。在这一点上,"概念化"和"词化"是有交叉的。

3.4.2 词化理论表明,在不同语言中,一个语义要素可以和另一个语义要素融合而出现在词的语义构成中,也可以单独作为词出现在句法层面。

这种情形,在汉语发展的不同历史阶段也可以看到。

这里举"食""衣""耕""织"四个词。这四个词在我选取的10种先秦文献中的用法统计如下:

表 11

	总次数	带宾语	不带宾语	不带宾语的百分比
食	563	181	382	68%
衣	134	79	55	41%
耕	176	6	170	97%
织	38	12	26	68%

这四种动作都是有对象的,"食"的对象是"饭食","衣"的对象是"衣服","耕"的对象是"田地","织"的对象是"布"。对象是这几个动作的语义要素。但在先秦,很多情况下,这个语义要素不作为动词宾语出现。先秦汉语中,没有见过"食食/食饭""衣衣"这样的组合,"耕田""织布"也极少见。

我竭力耕田,共为子职而已矣。(《孟子·万章上》)10

种文献中仅6例。

　　许子必织布而后衣乎?(《孟子·滕文公上》)10种文献中仅12例。

　　那么,在宾语不出现的情况下,对象的语义要素怎么表达呢?是和动作的语义要素融合在一起,成为动词的语义构成成分。下面一些例句中的这些动词,都包含着"对象"这个语义要素:

　　彼民有常性,织而衣,耕而食。(《庄子·马蹄》)

　　翟虑耕而食天下之人矣,……翟虑织而衣天下之人矣。(《墨子·鲁问》)

　　公食贡,大夫食邑,士食田,庶人食力,工商食官,皂隶食职,官宰食加。(《国语·晋语四》)

　　问士之子长幼。长,则曰:"能耕矣。"幼,则曰:"能负薪,未能负薪。"(《礼记·少仪》)

《庄子》例,四个动词都包含对象,今天翻译要说成"织布然后穿衣,耕田然后吃饭",动作对象都要说出来。《墨子》例,"食"和"衣"后面都有宾语,但宾语是人而不是"饭食"和"衣服","饭食"和"衣服"已经作为语义要素包括在动词的构词成分之中;正因为如此,后面可以再跟表示人的宾语。《国语》例和《墨子》例相同,"食"后面的宾语不是动作的对象,而是"吃饭"的凭借。为什么这些动作的对象可以作为语义要素包括在动词的语义构成之中?一方面是因为这些对象是这些动作最常见、最固定的对象,所以可以进入动词的语义构成中。比较《礼记》例中的"能耕"和"能负薪"就可以看到,"负"的对象不固定,所以"薪"必须在句法层面表达出来,光说一个动词"负",就无法知道什么是"负"的对象。另一方面是先秦的语言结构使然,先秦有这样一种词化模式［动作＋对象］，允许一些语义要素作为动词的语义构成成分。到后代，语言结构改变，这种词化模式消失（或者只在少数场合使用），即使是这些对象还是动作的最常见、最固定的对象，也不能作为语义要素包括在动词的语义构成成分之中，通常要在句法层面出现。

所以，词的语义构成会影响到句法结构，不同历史时期的词的语义构成规则会有各自相应的句法结构。词义和句法不是截然分开的，而是有联系的。这也是词化理论给我们的启发。（关于这个问题，可参见蒋绍愚 2013）

附注

① 用"皮"表示人的皮，有一个历史演变的过程。大约从西汉末到东汉，"皮"可以与"肤"连用，以"皮肤"表示人的皮。如刘向《列女传》卷六："（无盐）皮肤若漆。"《论衡·雷虚》："射中人身，则皮肤灼剥。"到晋代，单用"皮"也可以表示人的皮。《抱朴子·登涉》："沙虱，……初着入，使入其皮里。"
② 上古汉语中用"履"表示"穿鞋"义的不多，举数例如下："儒者冠圜冠者，知天时；履句屦者，知地势。"（《庄子·田子方》）"履为履之也，而越人跣行；缟为冠之也，而越人被发。"（《韩非子·说林上》）"此其称功，犹赢胜而履跻。"（《韩非子·外储说左下》）
③ 严格地说，概念是存在于人们的意识中的，而不是存在于语言中的。但在某个语言社团成员的意识中有某个概念，在这个语言社团成员所使用的语言中就会有相应的词。为了表达的方便，我们在行文中有时会说"某某语言中有/没有这个概念"。

参考文献

戴浩一　2002　《概念结构与非自主性语法：汉语语法概念系统的初探》，《当代语言学》第 1 期，1—12 页。

蒋绍愚	1989	《古汉语词汇纲要》,北京大学出版社。
蒋绍愚	1999	《两次分类》,《中国语文》第 5 期,143—153 页。
蒋绍愚	2012	《词汇、语法和认知的表达》,《语言教学与研究》第 4 期,20—27 页。
蒋绍愚	2013	《词义变化与句法变化》,《苏州大学学报》第 1 期,132—144 页。
李福印	2008	《认知语言学概论》,北京大学出版社。
沈 园	2007	《句法—语义界面研究》,上海教育出版社。
宋亚云	2006	《汉语从综合到分析的发展趋势及其原因初探》,《语言学论丛》第 33 辑,商务印书馆。
王 力	1941	《古语的死亡残留和转生》,《王力文集》第 19 卷,山东教育出版社。
杨荣祥	2003	《"大叔完聚"考释》,《语言学论丛》第 28 辑,商务印书馆。
艾奇逊	1990	《现代语言学入门》,王晓均译,北京语言学院出版社。
布龙菲尔德	1985	《语言论》,袁家骅等译,商务印书馆。
洪堡特	2009	《论人类语言结构的差异及其对人类精神发展的影响》,姚小平译,商务印书馆。
索绪尔	1985	《普通语言学教程》,高名凯译,商务印书馆。

Cruse, D. A. 1986/2009 *Lexical Semantics*, Cambridge University Press. 世界图书出版公司.

Jackendoff, Ray 1990 *Semantic Structures*, The MIT Press.

Talmy, L. 1985 *Lexicalization Patterns: Semantic Structure in Lexical Forms*, *Language Typology and Syntactic Description*, Timothy shopen, ed. Vol 3. Cambridge University Press.

Talmy, L. 2000a *Toward a Cognitive Semantics: vol. 1 Concept structuring Systens*, Cambridge, MA.: MIT Press.

Talmy, L. 2000b *Toward a Cognitive Demantics: vol. 2 Typology and Process in Concept Structuring*, Cambridge, MA.: MIT Press.

(原载《语言学论丛》第 50 辑,2014 年 12 月)

再谈"从综合到分析"[*]

"从综合到分析"是汉语发展史的一个重要问题,最早是王力先生提出来的。王力先生在《古语的死亡残留和转生》中说:"古语的死亡,大约有四种原因:……第四种是由综合变为分析,即由一个字变为几个字。例如由'渔'变为'打鱼',由'汲'变为'打水',由'驹'变为'小马',由'犊'变为'小牛'。"(王力,1941/1988:140)后来,我在《古汉语词汇纲要》(1989)第八章第三节中也谈过这个问题。书中说:"所谓从综合到分析,指的是同一语义,在上古汉语中是一个词来表达的,后来变成或是用两个词构成词组,或是分成两个词来表达。"(蒋绍愚,1989/2005:229)再往后,杨荣祥(2003、2013、2017)、宋亚云(2006)对这个问题也做过深入讨论,有些意见很中肯。

在这些著作和论文里,都把"从综合到分析"扩大了范围,在王力先生所举的例子以外,又举了多种"由一个字变为几个字"的情况,并且都称作"从综合到分析"。

在这篇文章里,我想对这个问题做进一步的思考和讨论。我总的想法是:"由一个字变为几个字"有两类不同的情况:

---

[*] 本文的提要曾在"汉语历史词汇语法研究国际学术研讨会"(2019年10月,北京大学)上宣读。有关甲骨文的部分,听取了沈培教授的意见,谨此致谢。

(1)词的语义结构的历史变化。上古汉语中一些词的语义结构是综合性的,有两个语义构成要素,后来这种词逐渐消失,这两个语义构成要素由两个词分别表达。如"沐→洗发""城→筑城"。(2)词的语义关系/语法关系表达的历史变化。有些语义关系/语法关系,上古汉语中用一个词表达,不需要另加其他标记,后来变成用两个词表达,其中一个是虚词,用作语义标记/语法标记。如"死国→为国死""李牧诛→李牧被诛"。(1)和(2)两类情况都是"由一个字变为几个字",但两者是有区别的:(1)主要是词的语义结构的问题,(2)主要是词的语义关系/语法关系表达的问题。[①]所以,两者要分开讨论。

这里要说明一点:本文所说的"综合"和"分析",与语言类型学上所说的"综合"和"分析"不一样。类型学上所说的"综合语"(synthetic languages),指的是这种语言的词一般包含不止一个语素;"分析语"(analytic languages)指的是这种语言的词一般是单语素,没有变形,句法关系主要通过词序表达。(戴维·克里斯特尔,1997/2000:351,19)一些学者讨论汉语在历史上是否有过从综合型语言到分析型语言的类型变化,如贝罗贝(2014/2020),是从多方面来分析的。这个问题本文不谈。梅广(2015)多次谈到"综合"和"分析",他认为"汉语通常被认为是分析性语言类型的代表。……不过综合与分析是相对性的。现代汉语分析性格显著,古代汉语则带有颇多综合性质。并合就是一种综合性质的句法运作。[②]上古汉语的并合主要是轻动词和动词的合成。"(梅广,2015:69)本文所说的"使动""为动"等和无标记的被动,梅广都认为是轻动词和动词的并合,这在下文将会讨论。本文所说的"综合"和"分析"主要就汉语词汇的语义结构而言。

上古汉语的词以单音词为主,有些词(如"沐")包含着两个或多个语义构成要素,所以称之为"综合";到后来这些语义构成要素分别呈现为两个词,原来单音词表示的概念用复合词或词组来表达,所以称之为"分析"。如"沐"包含"洗"和"发"两个语义构成要素,后来"沐"这个概念用"洗发"来表达,这就是"从综合到分析"。

1 词的语义构成要素从综合到分析

(一) 上古汉语综合性的词

1.1 概念要素和语义构成要素

从概念要素分析法的角度看,词都是由若干概念要素综合而成的。如 Talmy(2000a)所分析的位移动词(motion verb),都是由 6 个概念要素 MOTION,FIGURE,GROUND,PATH,MANNER,CAUSE 构成;蒋绍愚(2007)分析的打击义动词,无论古今,都可以分解为若干概念要素,如:工具、部位、方式、力度等。从这方面讲,词义都是概念要素的综合,古今没有区别。本文所说的"语义构成要素"不是概念要素,如"沐"的语义构成要素是"洗"和"发",它们都是上古汉语中的语义单位,可以单独用词来表达,但对于"沐"这个词而言,它们只是作为词的语义构成要素而存在,所以这是综合。到后代,"沐"作为词消失了,这个词所表达的概念用"洗"和"头"两个词组合来表示,所以这是分析。

蒋绍愚(2015)把这种"语义构成要素"称为"认知因素"(意思是说,像"洗"和"发"这样的因素是人们可以直观感知的):"古代是在两个不同的范畴中,把两个不同而又有关联的对象的认知因素(事物和性状或动作和对象)放在一起,形成一个概念,来指称事物;后来是拆成两份,形成两个概念,然后把这两个概念组合,来指称事物。"(蒋绍愚,2015:125)综合和分析,这是两种不同的概念化的方式。

从概念场来看,上古汉语综合性的单音词大都是表达下位概念的,③后来这些词消失了,它们表达的下位概念就用同一概念场中表上位概念的词和另一概念场中表概念的词构成词组(或凝固为复合词)来表达,这就是从综合到分析。如:

(1)上古:上位概念[马]下位概念[骊、骍、骦、驳]‖后代:骊:黑马。骍:赤马。骦:毛色黄白相杂的马。驳:毛色红白相杂的马。

(2)上古:上位概念[山]下位概念[嵩、岑、岵、峐]‖后代:嵩:大而高的山。岑:小而高的山。岵:多草木的山。峐:无草木的山。

(3)上古:上位概念[济/渡④]下位概念[涉(厉,揭)、航]‖后代:涉:步行渡水。厉:以衣涉水。揭:褰衣涉水。航:以舟渡水。

(4)上古:上位概念[洒/濯]下位概念[沐、沫、盥、洗]‖后代:沐:濯发。沫:洒面。盥:澡手。洗:洒足。

1.2 实际语料中综合性的词

1.2.1 甲骨文中有不少综合性的词。下面略举数例。

名词:

【牢】【宰】姚孝遂、肖丁云:"古代祭祀,所用之牲,其经过特殊饲养者谓之'牢'或'宰',尚未经过特殊饲养者,则仍称牛羊。……卜辞'牢''宰'区分甚严,从不相混。'牢'为专门饲养之牛,'宰'为专门饲养之羊,均是为了供祭祀之用。"《小南》2617:"王其又于囮三牛,王受冬? 五牛? 其牢?"(于省吾,1996:1516)⑤

【豛】郭沫若云:"……腹下有物挺出,盖牡豕也。"《摭续》64:"……血用白豛九……。"(于省吾,1996:1570)

【羊】姚孝遂按:"《玉篇》有'犝',解为'赤牛',又有'骍',解为'马赤也'。牲之赤色者通谓之羊,骍、犝则由羊所孳乳,分指牛马之赤色者。"(于省吾,1996:1526)《戬》24.5:"父甲岁骍兹用。"(徐中舒,1988:1071)

这些名词都是把性状、公母、毛色和牲畜综合在一起,用一个单音词表达。

动词:

【虢】裘锡圭云:"戤应该是'虢'字的古体,……显然是表示以戈搏虎的意思……"《乙编》6696:"壬辰卜:争,鼎(贞),其虢,隻(获)?"(于省吾,1996:1624—1625)

【爇】姚孝遂、肖丁云:"执火炬以驱野兽,围而捕之。"《摭续》121:"王其爇沇迺录,王于东立,虎出,卑……"(于省吾,1996:3363—3364)

【脽】于省吾云:"'脽'者'脺'之省,……谓取牛或牡之血脂以祭也。"《前》6—33.6:"脽牛。"《佚存》986:"脽牡。"(于省吾,1996:3182)

【邋】于省吾引《续存》195:"邋来归。"《甲》3913:"亚旅其陟,邋入。"《甲》3919:"王其田,邋往。"云:"以上所举的邋来归、邋入、邋往,是说乘邋传以归以入以往。"(于省吾,1996:2289)

【帀】于省吾云:"又第五期甲骨文言王'在某帀',某为地名者习见,例如:'在飤帀','在齐帀''在曺帀''在淮帀''在桼泉

師'等,……均指王之外出临时驻于某地言之。"(于省吾,1996:2929)

【伐】姚孝遂按:"……象以戈斩人首。"《前一》18.4:"王宾武丁伐十人,卯三牢。"("卯"为"对剖"义。)(于省吾,1996:2344)但卜辞中很多"伐"已泛化为"征伐"之义,那就不是综合性词了。

【刖】姚孝遂按:"象刖足之形。"(于省吾,1996:312)《人》334:"丁巳卜,亘贞,刖,若。"(赵诚,1988:342)

这些动词都是把动作的对象、工具、方式和动作综合在一起,用一个单音词表达。

1.2.2《尔雅》中综合性的词也很多,下面略举一些。

名词:

涷(暴雨)、霡霂(小雨)、霖(久雨)。

隩(水厓之内)、隈(水厓之外)。

崧(山大而高)、岑(山小而高)、峤(山锐而高)。

磝(山多小石)、崿(山多大石)、岵(山多草木)、峐(山无草木)。

澜(大波)、沦(小波)、径(直波)。

洲(水中可居者)、渚(小洲)、沚(小渚)、坻(水中高地)、潏(人所为水中高地)。

麎(公麋)、麐(母麋)。

麌(公鹿)、麀(母鹿)。

羒(白色公羊)、牂(白色母羊)、羭(黑色公羊)、羺(黑色母羊)。

骘(公马)、骒(母马)、驳(毛色黄白相杂的马)、骓(毛色苍白相杂的马)。

动词:

霁(雨止)。

僵(向后倒下)、仆(向前倒下)。

涉(徒行涉水)⑥、揭(褰衣涉水)、厉(以衣涉水)。

形容词：

縓(一染,浅红)、赪(二染,红于縓)、纁(三染,红于赪)。

1.2.3 春秋战国文献中综合性的词也很多。下面仅举《左传》中的一些动词。

俯(面朝下)、仰(面朝上)、瞑(眼闭)、盥(洗手)、沐(洗发)、浴(洗身)、刖(砍足)、劓(割鼻)、籴(买米)、济(渡水)、抶(用鞭棰打)、刜(用刀砍)、踊(一足跳着走)、批(用手击)、榰(以柴木壅堵)、踣(向前倒下)、偃(仰卧)、骋(纵马奔驰)、馌(给耕作者送饭)、缒(以绳系身悬之)。

下面各举上面各词一具体用例：

(1)郕子执玉高,其容仰;公受玉卑,其容俯。(《左传·定公十五年》)

(2)谥之曰"灵",不瞑;曰"成",乃瞑。(《左传·文公元年》)

(3)华亥与其妻,必盥而食所质公子者而后食。(《左传·昭公二十年》)

(4)叔孙将沐,闻君至,喜,捉发走出。(《左传·僖公二十八年》)

(5)二人浴于池。(《左传·文公十八年》)⑦

(6)杀公子䝞,刖强鉏。(《左传·庄公十六年》)

(7)先归复所,后者劓。(《左传·昭公十三年》)

(8)饥,臧孙辰告籴于齐。(《左传·庄公二十九年》)

(9)宋公及楚人战于泓。宋人既成列,楚人未既济。(《左传·僖公二十二年》)

(10)子罕闻之,亲执扑,以行筑者,而抶其不勉者。(《左传·襄公七年》)

(11)苑子刜林雍,断其足,鹾而乘于他车以归。(《左传·昭公二十六年》)

(12)遇仇牧于门,批而杀之。(《左传·庄公十二年》)

(13)邾子又无道,吴子使大宰子馀讨之。囚诸楼台,栫之以棘。(《左传·哀公八年》)

(14)譬如捕鹿,晋人角之,诸戎掎之,与晋踣之。(《左传·襄公十四年》)

(15)阳州人出,颜高夺人弱弓,籍丘子鉏击之,与一人俱毙。偃,且射子鉏,中颊,殪。(《左传·定公八年》)

(16)林楚怒马,及衢而骋。阳越射之,不中。(《左传·定公八年》)

(17)臼季使过冀,见冀缺耨,其妻馌之,敬,相待如宾。(《左传·僖公三十三年》)

(18)夜,缒而出。(《左传·僖公三十年》)

1.3 《尔雅》和《左传》中综合性动词的类型

从《尔雅》和《左传》的例句看,根据动词中包含的语义构成要素的不同,这些综合性的动词大致可分为五类:

(1)主体要素+动作要素。如:俯、仰、瞑、霁。
(2)动作要素+对象要素。如:盥、沐、籴、济。
(3)方式要素+动作要素。如:踣、偃、揭、厉。
(4)工具要素+动作要素。如:抶、刜、批、栫。
(5)较复杂的语义要素+动作要素。如:骋、缒、鹾、馌。

在《左传》中还有一类动词,不完全是综合性动词,但经常表现出综合性的特点。最常见的有如下几个:"衣(穿衣)""食(吃饭)""启(开门)""闭(闭门)""娶/取(取妻)""及(及祸)""免(免祸)"。先看例句:

A组:

(1)寒者衣之,饥者食之。(《左传·昭公十年》)

(2)(大叔)将袭郑,夫人将启之。(《左传·隐公元年》)

(3)每出一门,邾人闭之。(《左传·定公十年》)

(4)郑武公娶于申。(《左传·庄公十六年》)

(5)长恶不悛,从自及也。(《左传·隐公六年》)

(6)夫州吁弑其君,而虐用其民,于是乎不务令德,而欲以乱成,必不免矣。(《左传·隐公四年》)

这些动词的动作对象经常是不出现的,但它们作为语义构成要素包含在动词之中。上述例句就是这样。这种用法在《左传》中很常见,而且是有规律可循的。"衣""食"后面如果是指人的名词,或指人的代词"之",这个名词或代词一定不是"衣""食"的动作对象,"衣""食"的动作对象语义构成要素包含在动词之中。"启""闭"也是如此,后面如果是指人的名词,或指人的代词"之",其动作对象"门""户"作为语义构成要素包含在动词之中。"娶(取)"常常不带宾语"妻",但在"娶(取)+地名"的句子中(《左传》共 14 例),"妻"一定不出现,而是作为语义构成要素包含在动词之中。"及"常常表示"及于祸/难",但"祸/难"常常不出现,在"自及"(《左传》共 4 例)中一定不出现。"免"常常表示"免于死/灾",但"死/灾"常常不出现,在"必不免"(《左传》共 11 例)中一定不出现。这些"及"和"免"的动作对象也是作为语义构成要素包含在动词之中的。

此外,这些动词的宾语不出现不能看作宾语省略,因为省略是可以补出的,而在上述例句中,其宾语补不出来。所以,只能看作动作对象已作为语义构成要素包含在动词之中。究其原因,就是因为上古汉语的动词有综合性的特点。

那么,为什么说这些动词不完全是综合性动词呢?因为在某些场合,这些动词的动作对象是可以出现的。如果"衣"的对象是"帛、素"等,"食"的对象是"肉、粟"等,其对象是必须出现的。"启门""闭门""娶妻""及于难""免于难"在《左传》中都有,不过,数量远不及 A 组的多,如《左传》中"娶"共出现 37 次,而"娶妻"仅 2 次。例如:

B组:

(1)重茧,衣裘,鲜食而寝。(《左传·襄公二十一年》)

(2)食鬻,居倚庐,寝苫、枕草。(《左传·襄公十七年》)

(3)然我往,必不敢启门。(《左传·定公十年》)⑧

(4)闭门而索客。(《左传·成公十七年》)

(5)季公鸟娶妻于齐鲍文子。(《左传·昭公二十五年》)

(6)周公弗从,故及于难。(《左传·闵公二年》)

(7)君姑修政,而亲兄弟之国,庶免于难。(《左传·桓公六年》)

这些动词的情况和 1.2.3 所说的不一样。

1.4 上古汉语综合性动词多的原因

为什么上古汉语的综合性动词这么多?我想,有两个原因。

(1)人们对事物的认识,常常是从个别到一般,从具体到抽象。这一点在甲骨文中体现得最明显。甲骨文中有"追""逐"二字,"追"是追人,"逐"是逐兽,两者区分很严。为什么追逐野兽这样一种狩猎方法在卜辞中没有分析性的说法"逐兽",而只用一个"逐"字表达呢?甲骨文中,"逐"有多种写法,或从豕,或从鹿,或从兔,这些动物都是人们常见的,在甲骨文中都有词表达。用或从豕或从鹿或从兔的"逐",表达的是追逐任何一种动物,如卜辞中从豕的"逐"字,其宾语可以是麇或兕,⑨但"兽"这个概念,在甲骨文中却没有词表达。甲骨文中有一个"㺇"字,形体和"獸"近似,但这个字是个动词,有人认为就是后来的"狩"字,是狩猎的一种。到后来,才由动词引申为名词,指猎获的野兽。所以,"逐兽"这种分析性的表达,在卜辞中不会出现,而只能用或从豕或从鹿或从兔的"逐"来表达这种狩猎方式。甲骨文中有表达狩猎的动词,那就是"田"。但当要表达某种特殊的狩猎方法,如执戈以猎、执火以猎,则不会用分析式的表达法,而是用综合性的动词,如【虢】、【爇】。名词也是如此。"牛""马"和"白""赤"这些词在甲骨文中都存在,某种颜色的马,也可以用分析性的词组来表达,如"白马",在卜辞中屡见。但说到赤色的牛马时,还是用综合性的【羍】表达,这可能是在祭祀中赤色的牛马特别重要。后来产生的综合性词也是如此,如人们常所说的"沐""沫""洗"等,《说文》以"濯发""洒面""洒足"来解释,其上位词"洒""濯"在当时不是不存在,但"洒""濯"的对象可以是很多东西,而"洒面""洒足""濯发"这几种洗濯动作在生活中最为常见,也最为人们关注,所以都用综合性动词来表达。

这些综合性的词,有些到后来词义泛化,就不再是综合性的了。如前面已经说过,"伐"在卜辞中就已泛化为"征伐"义。还有的综合性词,后代虽然还继续用,但已逐步丧失了综合性。如

"霁",本义是"雨止",词义结构中包含主体要素"雨"和动作要素"止"。后来,出现了"雨霁"的用法,最初见于《韩非子·外储说左上》:"雨霁日出。"后来越来越多,如王勃《滕王阁序》:"虹销雨霁。""霁"本身就只有"止"义了,但还必须用在"雨"后面。再进一步发展,"霁"的词义就演变为"止"了,如《汉书·魏相传》:"相心善其言,为霁威严。"注:臣瓒曰:"此雨霁字也。霁,止也。"

(2)有些名物、动作的细类,用综合性的词表达比用分析性的词组表达更简捷明快,更符合语言的经济原则。如《尔雅》中的"骧(后右足白之马)",《左传》中的"缒(以绳系身悬之)",都是如此。这种综合性的词不是上古汉语所独有的,后代也有,如近代汉语的"噇(无节制地饮食)",现代汉语中的"蹭(脚不离地而缓慢前行)""瓶"(把瓷器打碎、摔碎)都是这种词。至于上古汉语的这种词和后代的比较有什么特点,这个问题还缺乏研究,现在只能说《尔雅》中表马牛的这种词特别多,这是和上古时期畜牧在社会生活中的重要地位相关的。

(二)上古汉语的名词动用

2.1 什么是名词动用

在讨论上古汉语动词的综合性的时候,不能不涉及上古汉语中的名词动用问题。

首先要说明:"名词动用"和"名动引申"不同。"名词动用"是一个名词用作动词,而且在这个动词的词义构成中一定有一个由起源名词承当的语义要素 N。"名动引申"是一个名词引申为意义相关的动词,这个动词的词义成分中不存在由起源名词承当的语义要素 N。如:"雪"的本义为名词,"雪"的"下雪"义是名词动用,"雪"的"洗刷"义为名动引申。"防"的本义是名词"堤防",也可以用作动词,如《左传·襄公三十一年》:"我闻忠善以损怨,不闻作威以防怨。岂不遽止?然犹防川,大决所犯,伤人必多。""防川"的"防"义为"筑堤防",是名词动用;"防怨"的"防"义为"防止",是名动引申。名词动用的词义泛化后,其语义要素N就消失了。如"渔利"的"渔",就没有名词要素"鱼"。

名词动用的问题,已有不少论文和著作谈到。这是一个需要深入研究的问题,本文对此不做专门研究,只是以《左传》为例,讨论上古汉语中的名词动用和动词的综合性的关系。

2.2 《左传》中的名词动用

《左传》中名词动用的情况不少,以词而论,至少有80多个,有些词的名词动用还有几个不同的意义。其中频率最高的,是"城""军""门""臣",名词动用都在20次以上。下面就以这四个词为例,再加上一个"刃",并结合其他词来讨论名词动用。

【城V】(加V表示这个词的动词用法,下同):

1.筑城墙。常以"城+地名"的形式出现。例如:

(1)楚囊瓦为令尹,城郢。(《左传·昭公二十三年》)

也可以后面没有地名。

(2)宋城,华元为植。(《左传·宣公二年》)

2.攻破城。(仅1例)

(3)卫侯伐邯郸午于寒氏,城其西北而守之。(《左传·定公十年》)(杨伯峻注:"城为动词,攻城也。谓攻破寒氏城西北隅而以兵守之。")(杨伯峻,1990:1579)

【军V】

1.军队驻扎。

(1)楚武王侵随,使薳章求成焉,军于瑕以待之。(《左传·桓公六年》)

2.军队包围。

(2)文王闻崇德乱而伐之,军三旬而不降。退修教而复伐之,因垒而降。(《左传·僖公十九年》)

3.军队进攻。

(3)郑子罕宵军之。(《左传·成公十六年》)

4.指挥军队。

(4)祝聃射王中肩,王亦能军。(《左传·桓公五年》)

【门Ⅴ】

1.攻城门。

(1)晋阳处父伐楚以救江,门于方城。(《左传·文公三年》)(杨伯峻注:"此方城当指方城山之关口。")(杨伯峻,1990:531)

2.守城门。

(2)一人门于句鼆,一人门于戾丘,皆死。(《左传·文公十五年》)(杜预注:"句鼆、戾丘,鲁邑。有寇攻门,二子御之而死。")

3.驻守于城门。

(3)齐太子光、宋向戌先至于郑,门于东门。(《左传·襄公十一年》)(杨伯峻注:"二国军驻守于郑东门。")(杨伯峻,1990:988)

4.入城门。

(4)吴王勇而轻,若启之,将亲门。我获射之,必殪。(《左传·襄公二十五年》)(杨伯峻注:"此门字谓入城门。")(杨伯峻,1990:1108)

【臣 V】

1. 做奴隶。

(1)叔孙氏臣其子弟。(《左传·昭公五年》)

2. 做臣子。

(2)遂奔晋,而因郤至以臣于晋。(《左传·成公二年》)

3. 像臣子那样行事。

(3)蛾析谓庆郑曰:"盍行乎?"对曰:"陷君于败,败而不死;又使失刑,非人臣也。臣而不臣,行将焉入?"(《左传·僖公十五年》)

4. 管治。

(4)故王臣公,公臣大夫,大夫臣士,士臣皂,皂臣舆,舆臣隶,隶臣僚,僚臣仆,仆臣台。(《左传·昭公七年》)

【刃 V】仅1个义项。用兵刃杀。

(1)请自刃于庙。(《左传·襄公二十五年》)

要说明一点:【城 V】表示筑城墙时,它的上位词是"筑","筑"的对象可以是台、馆、室、宫、囿、武军等(均见于《左传》,例略);但在先秦没有以"城"为宾语的。此外,"筑"在《左传》中也可以单用表示"筑城墙",如:

(1)筑郿。非都也。凡邑,有宗庙先君之主曰都,无曰邑。邑曰筑,都曰城。(《左传·庄公二十八年》)

(2)晋侯使士蔿为二公子筑蒲与屈。(《左传·僖公五年》)

(3)筑五邑于其郊。(《左传·哀公七年》)

在先秦其他文献中,"筑"可以以"城"为宾语。如:

(1)筑城伊淢,作丰伊匹。(《诗经·大雅·文王有声》)

(2)凿斯池也,筑斯城也。(《孟子·梁惠王下》)

(3)筑十仞之城。(《庄子·则阳》)

(4)筑城池以守固。(《韩非子·存韩》)

(5)是月也,可以筑城郭,建都邑。(《吕氏春秋·仲秋纪》)

(6)是月也。可以筑城郭,建都邑。(《礼记·月令》)

上述情况说明,"筑城"是分析性的,"城"是综合性的。

【门 V】表示攻城门时,可以带宾语"门",这时"门 V"语义结构中的名词要素就没有了,移到了句法层面。不过,它的对象还是受限制的,仅限于"门"。《左传》中这种例子很多,共 8 例,下面举 1 例:

郑伯将会晋师,门于许东门。(《左传·成公八年》)

这种情况和卜辞中的"凸三犬"用法一样,说明"门 V"已经开始失去综合性,向分析性演变,但尚未成为一般的分析性动词,一般的分析性动词是可以带多种宾语的。

【军 V】军队驻扎也有这种情况,但《左传》中仅有 1 例:

以三军军其前。(《左传·隐公五年》)

2.3 上古汉语名词动用的类型

根据动词中包含的语义构成要素,上述名词动用的主要类型有 4 种:

(1)主体要素+动作要素。如:【军 V】1.军队驻扎。2.军队包围。3.军队进攻。

(2)动作要素+对象要素。如:【城 V】1.筑城墙。【门 V】1.攻城门。2.守城门。4.入城门。

(3)方式要素+动作要素。如:【臣 V】3.像臣子那样行事。

399

（4）工具要素＋动作要素。如：【刃 V】用兵刃杀。

从表面看来，名词动用的这 4 种类型和综合性的动词是一样的，但实际上有很大的不同：

首先，综合性的动词【瞑】【盥】【踣】【抶】本身是动词，这些词的中心意义是表示"闭""洗""倒""击"的动作，这个动作是固定不变的，其动词中的名词性语义构成要素"眼""手""前""鞭"只是把这些动作和中心意义相同的同一类动作加以区分（是眼闭而不是门闭，是洗手而不是洗脚，是前倒而不是后倒，是鞭击而不是棒击）。而名词动用的【军】【城】【臣】【刃】原来是名词，在一定的句法条件下用作动词，表示动作，但用作什么动词，表示什么动作，有时是可以变的，如【军 V】可以表示"驻扎""包围""进攻"，【门 V】可以表示"攻""守""入"；而原来作名词时所表示的名物仍然作为语义构成要素保留在新形成的动词词义中，这个名词性的语义构成要素却是很固定的，不管【军 V】表示"驻扎""包围"还是"进攻"，主体都是"军队"；不管【门 V】表示"攻""守"还是"入"，对象都是"门"。当然，也有像【刃 V】那样，表示的动作是固定的。这样的名词动用往往会成为一个词的固定的义项，在《左传》中，【刃】用作动词仅 1 次（用作名词也仅 1 次），但后代用【刃 V】的很多，用《汉籍全文检索系统》查检，在宋代用【刃 V】在 100 次以上。

其次，综合性动词（如"沐"）演变为分析性的（如"洗发"）以后，原先的动词（"沐"）就消失了，这就是王力先生所说的"古语的死亡"。而名词动用（如"城"）演变为分析性的（如"筑城"）以后，原先的名词（如"城"）依然存在，只是原先的名词只用作名词，而不用作动词了。这种情况，如说成"古语的死亡"就不大合适。

不过,尽管有这些区别,名词动用和综合性动词还是有一个共同点:在一个词的语义构成中包含了两个语义构成要素。从这点来看,名词动用也是综合性的;而到后来,它也为分析性的词组(或复合词)所取代了;或者词义泛化,名词要素消失了。

2.4 名词动用和综合性动词的关系

从名词动用的产生和发展来看,名词动用和综合性动词有什么关系呢?是否可以说名词动用是从综合性动词类推而来的?要回答这个问题,我们先看看英语和现代汉语的情况。

名词用作动词,在英语中有不少。早在1933年,布龙菲尔德《语言论》就曾说过:

"我们利用零成分在内的各种变化方式可以派生出大量动词。但是这些派生动词的意义跟基础名词的关系是多方面的:to man(配备、布置人员),to dog(追猎),to beard(拔胡子),to nose(闻、嗅),to milk(挤奶),to tree(穷追),to table(放在桌子上),to skin(剥皮),to bottle(装瓶子),to father(做父亲),to fish(捕鱼),to clown(扮小丑),等等。此外,我们也能从形容词派生出动词来。"(布龙菲尔德,1933/1985:298—299)

Eve V. Clark & Herbert H. Clark(1979)更是全面地分析了英语中名词用作动词的情况。但英语中未见大量的综合性动词。

现代汉语中也有名词动用。如:

(1)(这根电线)不要电了人。

(2)请到舍下便饭。

(3)你太阿Q了。

(4)百度一下,你就知道。(宋作艳,2013)

现代汉语的综合性动词当然也有,但不太多,我们说"从综合到分析",是说现代汉语的动词大多是分析性的了。

可见,综合性动词的存在并非名词动用产生的前提,但这两者是会相互影响的:名词动用既然和综合性动词同一类型,那么,上古汉语中综合性动词很多,就为名词动用的大量出现提供了可能性。到现代汉语中,综合性动词已经衰微,因此,与之同一类型的名词动用也就没有上古汉语那么多了。

2.5 名词动用的产生

名词动用是怎样产生的呢?可以看一看甲骨文的实例。

甲骨文有【鱼】,姚孝遂按:"卜辞'鱼'多用为动词,读作'渔'。然亦有用作名词者:戊寅,王狩亳鱼毕。贞,翌己亥,……狩鱼。"(于省吾,1996:1746)卜辞"鱼"用作动词的例如:"不其鱼?"(前四二二)"王鱼。"(乙七〇一五)

又有【渔】和【鮫】,专作动词。例略。(于省吾,1996:1753—1755)就是说,表示"捕鱼"这个动作,甲骨文有几种方法:1.用"动词+鱼(名词)"的方式,如"鱼毕""狩鱼"。动词"毕""狩"是上位词,用于捕猎所有禽兽,也可以用于捕鱼。2.用一个专用的动词【渔】和【鮫】来表示捕鱼的动作。人们觉得捕鱼和捕禽兽是两类不同的动作。3.不用专用动词,就用"鱼"来表示捕鱼的动作,这就是名词动用。在甲骨文中,最常见的是名词动用。

和综合性动词一样,名词动用常表示动作的某一小类。当这些动作的大类还没有词来表达的时候,这些小类就无法用分析性的词组表达,而名词动用就是一种很常用的表达法。如:

【束】甲骨文作𣏟、𣏟、𣏟,卜辞有"束羊,束豕,束人"等。于省吾说:"甲骨文束字有一锋三锋四锋等形,乃刺杀人和物的一种

利器。……本为名词,作动词则为刺杀。"(于省吾,1996:2565)

【我】甲骨文作🗡。赵诚说:"象一种带刺的武器或刀具,本为象形字。……甲骨文用作动词,是指用这种刀具进行宰、割、剖、切,……如'甘牛不我——二十头牛不割开'(甲二三八二)。"(赵诚,1988:342—343)

从认知来说,人们从名物联想到与之相关的动作是很自然的。当一个名词处于句子中谓语的位置时,人们自然会想到,这表示的是一个和这个名词相关的动作。如英语的"He skinned the orange.""He skinned his knee when he fell."即使是一个初学英语的人,还没有接触过英语 skin 的动词用法,也可以猜到前一个句子中的"skinned the orange"是"剥橘子皮",后一个句子中的"skinned his knee"是"擦破膝盖的皮"。同样,人们看到卜辞"王鱼"很自然会知道这个"鱼"是捕鱼。⑩看到卜辞"束羊"就自然知道这个"束"是用束宰羊。这是上古汉语、现代汉语和英语产生名词动用的共同基础。

2 词的语义关系/语法关系的表达从无标记到有标记

前面说过,"由一个字变为几个字",还有下面两种情况:
(1)死国→为国死(2)李牧诛→李牧被诛(1)是语义关系表达的变化,(2)是语法关系表达的变化。下面分开讨论。

(一)语义关系表达的变化

1.1 上古汉语中的特殊述宾关系
上古汉语中有很多述宾结构,其宾语不是动词的受事,动词和宾语之间有多种复杂的语义关系,我们把这些述宾结构统称为"特殊的述宾结构",以区别于动词带受事的述宾结构。这就是通常所说的"使动""意动""为动"等,有人把这些"×动"分为十多类。我的《从〈左传〉的"P(V/A)+之"看先秦汉语的述宾关系》(2014)以《左传》中的 3300 多个"P(V/A)+之"为依据,[11]把这种述宾关系分为"使动""意动""为动""于动""对动""与动"几类,并加以分析。该文仅以宾语为"之"的特殊述宾结构为分析对象,难免有一定的局限。最近我在通读《左传》的基础上,记录了以名词为宾语的一些特殊述宾结构。下面把(2014)文中的有关数据抄录下来(略有改动),并把以名词为宾语的例子加在后面。[12]

(1)《左传》中表使动的"P+之"的 P 共 54 个(词后面的数字表示出现的次数,1 次略标。下同):

归 25、出 11、复 10、免 9、饮 7、亡 6、反 6、尽 5、耻(受辱)4、毙 4、上 4、衣 4、退 3、处 3、惧 3、丧(亡)3、进 3、怒 2、下 2、壹 2、东 2、食 2、先、来、起、兴、息、殖、醉、窜、迁、还、乘、冠、负、梦、张、深、卑、骄、久、絜(洁)、和、劳、速、昭、丰、明、火、肉、北、饮食 2、安定、崇大

《左传》中表使动的"P+其他宾语"的 P 有:

败令尹、辟(避)女子、病齐、薄威、朝夷、逞其心、存三亡国、从师、登箕郑父、觌郤太子于晋、多阳虎之罪、肥杞、服齐狄、固军、厚其凶恶、瘠鲁、济其兄、惊姜氏、鸠(安集)其民、困民之主、劳师、老我师、嬴师、宁周、陪邻、疲民、平(媾和)宋卫、强其雠、勤(劳)我、去三桓、弱我、涉其帤、深垒、生死、疏行首、属东夷、死吾父、逃楚、完守、误吴、险其走集、见其

二子、携服、信其邻国、行子南、逸楚囚、隐君身、盈其隧炭、虞(娱)羿、长寇仇、正其疆场

(2)《左传》中表意动的"P+之"的P共15个：

病10、贵4、耻2、罪2、难2、非、小、嘉、然、美、贱、义、羞、药、臣妾

《左传》中表意动的"P+其他宾语"的P还有：

卑我、秽虐士、急君、乐祸、赖宠、良司臣、辟(陋)君之执事、弱吾君、庸士伯、远我、长滕侯

这类述宾结构一般都可以加上一个"以……为"来理解："P+O"可理解为"以O为P"，可以是主观认为，也可以是实际处置。如：

我皆有礼，夫犹鄙我。(《左传·昭公十六年》)

过我而不假道，鄙我也。(《左传·宣公十六年》)

这两例都可以理解为"以我为鄙"，但前一例是说"认为我鄙陋"，后一例是说"把我作为边鄙"。

(3)"为动"的宾语的语义格多数是受益者(benificiary)，也有一般的所为者(purposive)。有时还可以表示原因，如《左传·哀公二十五年》："若见之，君将殼之(因此而呕吐)。"《左传》中表"为动"的"P+之"的P共21个：

死22、名8、哀3、启3、亡2、讳、被、请、戒、勤、奔、辞(解说)、殼、歌舞、奔走、乐、丧(办丧事)3、基(建基)、物(述其形)、室(娶妇)、臣(为臣)

《左传》中表"为动"的"P+其他宾语"的P有：

勤(劳)我、请三帅、衣尸、御叔孙

《左传》中表"为动"的"P+双宾语"的P有：

为16、树2、陈、立、斩、著

(4)"于动"这个名称,近年来几次被人提出,指的是有些"P+O"可以说成"P+于+O"。不过这是一个很笼统的名称,实际上,上古汉语中的"于"可以表示多种意思,既可以表示位移的起点和终点,表示所在的位置,还可以表示由于,表示比较。《左传》中表"于动"的"P+之"的 P 共 16 个:

去 7、处 5、入 4、反 3、居 2、戍 2、降、逃、陈、先、先后、城(筑城)7、下(居下位)6、祸(加祸)3、旆(系旆)、门(守门)

《左传》中表"于动"的"P+其他宾语"的 P 有:

奔僖子、驰秦师、死艺

《左传》中表"于动"的"P+双宾语"的 P 有:

树吾墓檟

(5)"对动"的宾语是对象(effectee of action),包括具体动作的对象(某人),和心理活动的对象(某种情况)。《左传》中表"对动"的"P+之"的 P 共 19 个。

悔 20、怒 4、哭 3、惑 3、安 3、谓 2、慢、誓、诉、善、敬(严肃认真)、号、捭、颔、利、慎、泣、闭、礼(行礼)2

《左传》中表"对动"的"P+双宾语"的 P 有:

属之目、示之弱

《左传》中上述 P 也可以带其他宾语,除上述 P 以外,没有见到别的动词。

(6)"与动"的宾语是与事(commitative)。《左传》中表"与动"的"P+之"的 P 共 3 个,都是表示人际关系的:

绝、亲、通

《左传》中表"与动"的"P+其他宾语"的 P 还有:

并后(与后相并)、匹嫡(与嫡相匹)

以上6类只是对这些特殊的述宾结构的述语和宾语之间的语义关系的大致分类。有些学者对此分得很细,如杨伯峻、何乐士《上古汉语语法及其发展》(1992)分成了5大类20小类。(杨伯峻、何乐士,1992:526—556)本文要讨论的不是分类,而是应该怎样来看待动词和宾语之间这些纷纭复杂的语义关系,因此不做细分。

1.2 对于上古汉语中特殊述宾关系的认识

对于上古汉语中特殊的述宾关系,学界有以下一些认识。

1.2.1 "致(使)动""意动"和省略介词说

对于上古汉语中的特殊述宾关系,一种很常见的说法是:在这些述语和宾语之间省略了介词。"致动"和"意动"是陈承泽提出来的,后来称为"使动"和"意动",这是从整个述宾结构的语义功能来命名的。而"为动""对动""于动""与动"等,都是以介词来命名,意思是说这些不同的类可以加上不同的介词"为""于""对""与"等来理解。从古今比较来看,古代是"述语+宾语",后代多变为"使/介词+宾语+述语":上古表使动的"归晋君",后来说"使晋君归";上古表为动的"死君命",后来说"为君命死";上古表对动的"泣臣",后来说"对臣泣"。这样的说法,对初学者来说,比较容易理解。

1.2.2 "轻动词"说

近来的一种说法是采用"轻动词"说,认为使动动词里包含一个轻动词"CAUSE",为动动词里包含一个轻动词"FOR",有的包含一个没有语音形式的轻动词。照这种说法,可以认为上古汉语的使动动词、为动动词等的词义结构是轻动词和动词并合而成的。到后来,动词里的轻动词消失了,轻动词表达的语义由

"使"或其他介词来表达。(冯胜利,2005)这样看,也可以说是词义结构的变化,是"从综合到分析"。但是,梅广说:"轻动词……它的语义是虚的,但有指派语义角色的能力。"(梅广,2015:64)所以,轻动词不是一个词的语义成分,把轻动词和动词并合称为"综合",这和本文所说的词汇的语义结构的"综合"不一样。

1.2.3 宾语语义角色说

还有一种说法是认为这些述宾结构中语义关系的不同是由于宾语的语义角色不同。动词本身没有变,但宾语的语义角色不同,所以整个述宾结构所表达的语义关系也就不同。蒋绍愚(2014)就是这种看法。根据动词宾语语义角色的不同,孟琮、孟怀德等编《动词用法词典》的"说明书"里列了十四类"名词宾语"(按:指动词所带的名词宾语),如:受事宾语,结果宾语,对象宾语,工具宾语,方式宾语,处所宾语,目的宾语,原因宾语,致使宾语等。动词的宾语有不同的语义角色,这是古今相同的,区别在于:在上古汉语中,动词带不同语义的宾语是高度能产的,很多动词都可以带各种不同语义角色的宾语构成很多的语句,如能用作使动的动词有一大批,能用作"为动"的也不少,都能带很多不同的宾语,造出大量句子。在现代汉语中,这是不太能产的,有不少只限于固定用法或习惯用法,如"滚铁环"(不能说"滚轮子"),"考研究生"(不能说"考演员"),"哭坟头"(不能说"哭窗户"),"吃大碗"(不能说"吃大盘"),等。

上述几种看法都有自己的道理。第一种说法简单明了,今天读古书,见到这些句子,无论是哪一种"动",加上某个介词就能大体读懂。但用来分析上古汉语的结构,却有问题。如"泣臣",后代可以理解为"对臣泣",但先秦时没有这样的说法。"对

X泣"是东汉时才出现的,如:

(1)对其母泣。(《论衡·福虚》)

(2)对掾史涕泣。(《汉书·韩延寿传》)

先秦有这样的句子:"秦伯素服郊次,向师而哭。"(《左传·僖公三十三年》)但"向"是动词,不是介词,"向师而哭"是连动结构,和"对臣泣"的结构不一样。所以,说"泣臣"是省略了介词"对",或者说是隐含着一个"对"都是不妥当的。

采用第二种说法则需要回答这样一个问题:如果"泣臣"里是有一个轻动词,那这个轻动词是什么?⑬可以是当时尚未产生的"对"吗?而且,有一些特殊的述宾结构的语义关系相当复杂,难以用一个介词或一个轻动词来说明。而用宾语的语义角色则可以说清楚。如:

(1)翼侯奔随。(《左传·隐公五年》)

(2)太子奔新城。(《左传·僖公四年》)

(3)楚子之在蔡也,郹阳封人之女奔之,生太子建。(《左传·昭公十九年》)

(4)奔死免父,孝也;度功而行,仁也;择任而往,知也;知死不辟,勇也。(《左传·昭公二十年》)

例(1)、例(2)是《左传》中常见的句子,"奔"有"逃亡"义,"奔随""奔新城"可以加上介词"到"来理解,也可以说"奔"包含一个轻动词"到"。而例(3)、例(4)的"奔之""奔死"就无法加上一个介词或轻动词来理解。如果从宾语的语义角色来看,那么,"随""新城""之""死"都是"奔"这个动作趋向的目的地或目标。

再看几组例句:

(1)a. 敝邑大惧不竟而耻大姬,天诱其衷,启敝邑心。

(《左传·襄公二十五年》)

　　b.楚耻无功而疾战,非吾利也。(《左传·昭公二十二年》)

(2)a.小国幸于大国,而昭所获焉以怒之,亡之道也。(《左传·襄公十九年》)

　　b.子驷氏欲攻子产,子皮怒之,曰:"礼,国之干也。杀有礼,祸莫大焉。"乃止。(《左传·襄公三十年》)

(3)a.而民皆尽忠以死君命,又可以为京观乎?(《左传·宣公十二年》)

　　b.诘朝尔射,死艺。(《左传·成公十六年》)

　　c.死吾父而专于国,有死而已,吾蔑从之矣。(《左传·襄公二十一年》)

第一组的动词都是"耻",第二组的动词都是"怒",第三组动词都是"死"。试问这几个"耻""怒""死"的词义是否相同?应该说找不出区别,除非认为两个"耻"、两个"怒"、三个"死"包含了不同的轻动词,因而其词义结构不同。那么,为什么例(1)a 的"耻"是使动,b 的"耻"是意动;例(2)a 的"怒"是使动,b 的"怒"是对动;例(3)a 的"死"是为动,b 的"死"是因动,c 的"死"是使动呢?应该说,其区别不在于动词有不同的词义结构,⑬而在于宾语有不同的语义角色。

　　轻动词说相当流行,但也有不同的看法。Glodberg《构式——论元结构的构式语法研究》曾举过一个例子:

　　　　She baked him a cake.(Goldberg,1995/2007:8)
这是一个双及物结构,翻译成中文是"她为他烤了一个蛋糕"。在英语中还有类似的句子,句中有介词 for:

Chris baked a cake for Pat. (Goldberg:1995/2007:33)
那么,是不是在"She baked him a cake"这个句子里,bake 包含了一个轻动词"FOR"呢？Glodbevg 说:"我们不必因为 bake 可以出现在双及物结构中而再为它设定一个特别的意义。"(Goldberg,1995/2007:9)"每当动词出现在一个不同的构式中时,该表达式的语义(和受到的限制)也不同。但是这些差别不必归结于不同的动词意义；把这些差别归结于构式本身更为经济。"(Goldberg,1995/2007:12)当一个词出现在不同的构式中的时候,"动词的意义在不同的构式中始终如一；整个表达式意义的不同应主要直接归结于不同的构式。"(Goldberg,1995/2007:18)语言结构整体的意义大于其构成成分的意义,这是构式语法的基本思想。照我的理解,同一个动词带了不同语义角色的宾语,这就是不同的构式。所以,尽管一些述宾结构有"为""对""于""与"等意义,但不必归因于这些动词包含了不同的轻动词,这些述宾结构的语义差别应归结为不同的构式。

总之,从上古汉语这些特殊的"述语+宾语"演变为后来的"使/介词+宾语+述语",从语义关系的表达方式来看,历史上是有变化的:上古汉语中是用无标记的形式来表达的,后来是用有标记的形式来表达的。但从词义结构来看,上古汉语中这些动词的词义结构中并没有包含"使"或介词,这些词的词义结构并不是综合性的,因此也就不好说是"从综合到分析"。这是和本文第一部分所说的综合性动词和名词动用不同的地方。

(二)语法关系表达的变化

2.1 上古汉语的被动表达

上古汉语的被动表达有一个显著的特点:"被+V"尚未出

现,"见+V""为+(N)+V"也很少,很多动词用无标记形式就可以表被动,或者说被动和主动同形。这种无标记的被动,一般称为"意念被动"(王力《汉语史稿》称为"概念被动")。

宋亚云《汉语从综合到分析的发展趋势及其原因初探》(以下简称《初探》)举了10个上古汉语的被动句:(宋亚云,2006)

(1)今雍氏围,而秦师不下殽,是无韩也。(《战国策·韩策》)

(2)荣公若用,周必败。(《国语·周语》)

(3)李牧诛,司马尚免。(《史记·赵世家》)

(4)冬,未葬,而群公子畏诛,皆出亡。(《史记·齐太公世家》)

(5)蹀错、挈薄之族皆逐也。(《战国策·宋卫策》)

(6)寡人不佞,兵三折于外,太子虏,上将死,国以空虚。(《史记·魏世家》)(梅广,2015:75)

(7)战必不胜,不胜必禽。(《战国策·魏策》)

(8)久将垫隘,隘乃禽也,不如速战。(《左传·襄公二十五年》)

(9)父子老弱系虏,相随于路。(《战国策·秦策》)

(10)物多末众,农弛奸胜,则国必削。(《韩非子·饬令》)

梅广《上古汉语语法纲要》举了8组例句,大多是《左传》的例句,每组都有主动和被动对照:(梅广,2015:281—282)

(1)楚人灭江,秦伯为之降服,出次,不举,过数。大夫谏。公曰:"同盟灭,虽不能救,敢不矜乎?吾自惧也。"(《左传·文公四年》)

(2)a.二月壬子,战于大棘。宋师败绩。囚华元,获乐

吕,及甲车四百六十乘,俘二百五十人,馘百。(《左传·宣公二年》)

b.初,鬭克囚于秦,秦有殽之败,而使归求成。(《左传·文公十四年》)

(3)a.冬,楚子及诸侯围宋。(《左传·僖公二十七年》)

b.出谷戍,释宋围,一战而霸,文之教也。(《左传·僖公二十七年》)

(4)a.武王克商,迁九鼎于雒邑。(《左传·桓公二年》)

b.桀有昏德,鼎迁于商,载祀六百。商纣暴虐,鼎迁于周。(《左传·宣公三年》)

(5)a.晋胥克有蛊疾,郤缺为政。秋,废胥克,使赵朔佐下军。(《左传·宣公八年》)

b.胥童以胥克之废也,怨郤氏,而嬖于厉公。(《左传·成公十七年》)

(6)a.赵孟曰:"七子从君,以宠武也。请皆赋,以卒君贶,武亦以观七子之志。"(《左传·襄公二十七年》)

b.夫宠而不骄,骄而能降,降而不憾,憾而能眕者,鲜矣。(《左传·隐公三年》)

(7)a.公嬖向魋。(《左传·定公十年》)

b.骊姬嬖,欲立其子。(《左传·庄公二十八年》)

(8)a.劝之以高位重畜,备刑戮以辱其不励者,令各轻其死。(《国语·吴语》)

b.臣闻之,为人臣者,君忧臣劳,君辱臣死。(《国语·越语》)[15]

《左传》中这样的例句很多,还可以举出一些:

(1)子荡怒,以弓梏华弱于朝。平公见之,曰:"司武而梏于朝,难以胜矣。"遂逐之。(《左传·庄公十六年》)

(2)公伤股,门官歼焉。国人皆咎公。(《左传·僖公二十二年》)

(3)陈侯会楚子伐郑,当陈隧者,井堙木刊,郑人怨之。(《左传·襄公二十五年》)

(4)丑父寝于轏中,蛇出于其下,以肱击之,伤而匿之,故不能推车而及。(《左传·成公二年》)

(5)子于郑国,栋也。栋折榱崩,侨将厌焉,敢不尽言?(《左传·襄公三十一年》)

(6)公之为公子也,与郑人战于狐壤,止焉。郑人囚诸尹氏。(《左传·隐公十一年》)(杜预注:内讳获,故言止。)[15]

2.2 对于被动表达变化的认识

上述无标记的表被动的动词,到后来都要说成"被+动词",这也可以说是"由一个字变为几个字"。问题在于,这是词义结构的变化,还是语法关系(被动)表达方式的变化?用《初探》的话说:"以上10例(笔者按:指上文所引的《初探》10例),都是意念被动句,被动意义是隐含的。那么,被动意义是隐含于动词本身还是隐含于整个句式本身?"《初探》回答说:"我们认为被动意义隐含于动词本身,而不是由整个句式'NP受事+(A)+V'带来的。"(宋亚云,2006:75)他认为,同样在"NP受事+(A)+V"的句式里,出现"攻、胜、追、顺、拜、射、召"之类的动词,"一般形成主动的施事主语句"。出现上述10例的"围、用、诛、逐、斩、剖、禽(擒)、虏、系(系)、削"等动词,"一般形成受事主语句中的意念被动句"。(宋亚云,2006:76)"那么,这两类动词在词汇语义特征上究竟有何不同,进而在句法表现上也有不同呢?我们认为,'围、用、诛、逐、斩、剖、禽(擒)、虏、系(系)、削'等动词是一类综合性动词,既包含着动作的起点,也包含着动作的终点,也就是说,包含着动作的全过程。当它们用于'S+V+O'的句式中时,不仅强调动作发生,而且意味着这个动词已经有了结果;当它们用于不带宾语的'S+(A)+V'句式时,经常表示这个动作所导致的结果或者状态。换言之,完成义已经内化在此类动词的词义结构中了,此类动词本身就可以表示完成义。"(宋亚云,2006:77)

以往谈上古汉语的被动表达,大都只说到上古汉语有"意念被动"为止,但是,是不是所有的动词都可以有意念被动?哪些动词可以有意念被动?哪些动词不能有意念被动?在什么条件下可以有意念被动?意念被动的被动义是隐含于动词还是隐含于句式?这些问题没有深入讨论过。《初探》提出了这些问题,并且做出了自己的回答,这在学术研究上是前进了一步,是很值得肯定的。但是在学术上,一个问题从提出到解决,往往是需要经过一个反复讨论的过程的。为了推进这个问题的研究,我提出一些自己的看法,和大家一起讨论。

《初探》提出的两类动词,我们把"攻、胜、追、顺、拜、射、召"等称为 A 类动词,把"围、用、诛、逐、斩、剖、禽、虏、系、削"等称为 B 类动词。《初探》说:当这两类动词出现在"NP+(A)+V"的句式里时,A 类动词多表示主动义,B 类动词多表示意念被动,这大致是对的。[①]但表意念被动的动词是否全都包含着动作的全过程?当这类动词用于不带宾语的"S+(A)+V"句式时,其词义结构是否都包含完成义?这些问题是需要深入研究的。比如,像梅广举的例(6)—例(8)组的"宠""嬖""辱",都可以有主动和被动,这些词很难说是"包含着动作的全过程",在表意念被动时也很难说有"完成义"。更重要的是:"完成义"和"被动意义"是什么关系?能不能因为"完成义已经内化在此类动词的词义结构中"了,就可以得出结论说"被动意义隐含于动词本身"?

从"李牧诛"这个结构看,"诛"是已经发生的动作,表示这个动作导致的结果或状态,称之为"完成义"是可以的;这个"诛"表意念被动。但下列句子中的"诛"也是已经发生的动作,表示这个动作导致的结果或状态,也应该是"完成义",却表示主动的动作:

(1)海上有贤者狂矞,……太公望诛之。当是时也,周公旦在鲁,驰往止之,比至,已诛之矣。(《韩非子·外储说右上》)

(2)今已诛诸吕,新啑血京师。(《史记·文帝本纪》)

(3)王迁立,乃用郭开谗,卒诛李牧。(《史记·张释之冯唐列传》)

可见,一个动词包含"完成义"不等于这个动词包含"被动意义"。这里"N+诛"和"(已)诛+N"的"诛"词义是一样的,不同的只是主动和被动。

"主动"和"被动"都是"VOICE(态)"。"VOICE(态)"是"对句子或小句结构做语法描写的一个范畴,主要与动词相关,表达句子改变动词的主语和宾语之间的关系而又不改变句子意义的方式。'态'主要分主动态和被动态,例如 The cat bit the dog '猫咬狗'和 The dog was bitten by the cat '狗被猫咬':前一句的语法主语同时是动作者,因此是'主动的',第二句的语法主语是动作的目标,是'动作的对象',因此是'被动的'。"(戴维·克里斯特尔:1997/2000:383)

可见,我们说"李牧诛"的"诛"有被动意义,或表意念被动,说的是这个"诛"和"李牧"的语法关系,而不是说这个"诛"有完成义。"诛李牧"和"李牧诛",这两个"诛"的词义(杀死罪人)和语义特征(完成)并无不同,[13]不同的是这两个词的"态",即这两个"诛"和"李牧"的语法关系。在上古汉语中,这种被动的"态"(即一个动词和前面的 N 是施及关系)可以用有标记的语法形式表达,如"见诛","为赵王诛"等,而更多的是用无标记形式表达,即所谓的"意念被动"。这样说,不是说动词的语义特征跟意念被动没有关系。显然,哪些动词能表被动或意念被动,和动词的语义特征和情状类型(situation type)是有关的。比如,"杀"可以有被动态,"泣"不能有被动态;accomplishment 类(梅广译作"达成类")的"毁"可以有被动态,achievement 类(梅广译作"瞬成类")的"死"不能有被动态。究竟哪些语义特征和情状类型的动词可以有被动态,哪些语义特征和情状类型的动词不能有被动态,这是一个需要深入研究的问题。但无论这些语义特征是什么,这都只是一个词形成被动态的条件,而不是被动态本身;因此我们只能说:只有具有某种语义特征的动词可以有被动态,而不能简单地说,一个词具有某一种语义特征(如"完成义"),这个词本身就隐含"被动意义"。

2.3 附带说明一点:我不赞成"被动意义是隐含于动词本身"的说法,但也不赞成笼统地说"被动意义是由整个句式'NP_{受事}+(A)+V'带来的"。的确如《初探》所说,B 类动词如果出现在"NP_{受事}+(A)+V"的句式里,通常会表意念被动,但在别的句式里,B 类动词也可以表意念被动。如:

(1)初,武城人或有因于吴竟田焉,拘鄫人之沤菅者,

曰:"何故使吾水滋?"及吴师至,拘者道之以伐武城,克之。(《左传·哀公八年》)

(2)巫臣曰:是不祥人也。是夭子蛮,杀御叔,弑灵侯,戮夏南,出孔、仪,丧陈国,何不祥如是?(《左传·成公二年》)

(3)盆成括见杀。门人问曰:"夫子何以知其将见杀?"曰:"其为人也小有才,未闻君子之大道也,则足以杀其躯而已矣。"(《孟子·尽心下》)

(4)夫割地包利,五伯之所以覆军禽将而求也。(《史记·苏秦列传》)

例(1)的"拘者"意思是"被拘者","拘"是修饰"者"的,但表意念被动。例(2)的"杀御叔,弑灵侯,戮夏南",意思是"使御叔被杀,使灵侯被弑,使夏南被戮","杀""弑""戮"是用作使动的动词,但也表意念被动。例(3)的"杀其躯"是"使其躯被杀",例(4)的"禽将"是"使其将被禽",都是表意念被动的。这说明上古汉语中一些动词可用来表意念被动不是由"NP受事+(A)+V"句式造成的,在很多句式中,一些动词都可以表意念被动。但是,不论在哪种句式中,一个动词表意念被动,都是用无标记形式表达一种语法关系,而这不表示这个词有综合性的词义结构。

上述意念被动的表达也可以用"轻动词"来解释。梅广(2015)说:

"我们假定受动句的动词组也具有核查格位的小 v。在上古汉语的早期,这个小 v 是个无标记形式,所以看不到。后来受动句有见字式。这个经验受动的'见'就是受动小 v 的一种语词化表现。"(梅广,2015:344)

如果照这种说法,当然也可以说这些表意念被动的动词的词义结构中有一个轻动词,后来这个轻动词外化为"见""被"等,因而是从综合到分析。但在本节的1.2.2中已经说过,轻动词和动词并合的"综合",不是本文所说的词汇语义结构的"综合"。而且,这个问题也可以用构式的观点来解释:无论是"李牧诛",还是"拘者""弑灵侯"都是一种构式,意念被动这种语法关系是由构式形成的。照这种观点,被动义不包含在"诛""拘""弑"的词义之中,这些词的词义结构不论是用作被动还是用作主动都一样,都不是综合性的,所以,从"李牧诛"到"李牧被诛"也不好说是从综合到分析。

梅广(2015)又说:

"汉语还有一种以受事者为主语的句子,却是无标记的。……现在有标记的都有了特定名称,如见字句、为字句、被字句(被动句)等,因此,'受动'一词就可以用来专指无标记这一类了。"(梅广,2015:265)

本文把从"李牧诛"到"李牧被诛"看作被动表达从无标记到有标记的演变,和梅广的看法是一致的。

3 从使动到动结式

蒋绍愚《古汉语词汇纲要》中在谈到"从综合到分析"时说:

"(二)在古汉语中还常常把动作和动作的结果综合在一起,用一个词来表达。这就是通常所说的'形容词的使动用法'。

从表面看,形容词的使动用法只是表达了动作产生的结果(状态),而没有表达动作本身。但是,在古人的思想中,是比较清楚地觉得它也包含了动作本身。请看下面的例子:《仪礼·既夕礼》:'马不齐髦。'郑注:'齐,翦也。'《尔雅·释言》:'剂、翦,齐也。'《仪礼·聘礼》:'贾人北面坐,拭圭。'郑注:'拭,清也。'《尔雅·释诂》:'挋、拭、刷,清也。''马不齐髦'中的'齐'是形容词的使动,从字面上看,它只是表达了'使马毛齐',而没有说出具体的动作。但郑注却用了一个动词'翦'来解释它,也就是说,在他看来,'齐'不单表达了动作的结果(齐),而且表达了动作本身(翦)。'贾人北面坐,拭圭'的'拭',无疑是一个动词,但郑注却用了一个形容词'清'去解释它。显然,他是把'清'看作一个既包含动作又包含结果的词来用的,即相当于现代汉语中的'擦干净'。这种解释不只是郑玄一个人的语言习惯,这可以从上引《尔雅》的训释得到证明。

但尽管如此,这种用做使动的形容词毕竟没有明显地把动作说出来。比如《左传·襄公三十一年》:'高其闬闳。'《墨子·尚同》:'非高其爵,厚其禄,富贵佚而错之也。'《荀子·成相》:'大其园囿高其台。'在这些句子中,施加于对象而使之'高'的动作在句子中都没有表示出来,这正是古汉语的表达不够精密的地方。只有到后来在汉语中产生了动补结构,人们才能用'加高'、'提高'、'垫高'来明确表示其动作的不同。"(蒋绍愚,1989/2005:232—233)

回过头来看,上面说的第一段话是错的,第二段话是对的。第一段所说的使动的"齐""清",和第二段所说的使动的"高"没有什么不同,都只是表示使对象产生"齐""清"和"高"的性状。郑玄的注释"齐,翦也"只是对"齐"的上下文意义的解释,并非所有使动的"齐"都包含了"翦"的动作。如《孟子·告子下》："不揣其本而齐其末。"《礼记·大学》："欲治其国者,先齐其家。"这些"齐"都只是说使某物齐,而没有说用什么动作使之齐。《尔雅·释言》："剂、翦,齐也。"这正是古代的训诂不准确的地方,不能据此证明使动的"齐"包含了动作"翦"。而第二段所说的"使动的形容词毕竟没有明显地把动作说出来"是对的。

王力先生早就说过:"由致动发展为使成式,是汉语语法的一大进步。因为致动只能表示使某事物得到某种结果,而不能表示用哪一种行为以达到此一结果。例如'小之'可以是'削小它,'也可以是'裁小它''砍小它'等;'正之'可以是'纠正它',也可以是'改正它''扶正它'等;'洁之'可以是'洗干净它',也可以是'刷干净它''冲干净它'等;'死之'可以是'杀死他',也可以是'药死他''吊死他''淹死他''折磨死他'等。使成式的产生,使汉语语法更完善、更能表达复杂的思想。"(王力,1958/1988:528)

王力先生已经说得很清楚:致动只能表示使某事物得到某种结果,而不表示产生结果的行为。"死之"的"死"和"杀死他"的"杀死"是不等价的,从使动的"死"到动结式的"杀死"不能认为是"由一个字变为几个字"。"杀"是后来外加的,它既不包含在"死"的词义结构中,也不作为无标记的语法关系存在于"死之"的结构中。从"死(之)"到"杀死(他)"既不是从综合到分析,也不是从无标记到有标记。

动词的使动用法也有像《吕氏春秋·本味》："伯牙破琴绝弦"这样的句子,使动的"破"本身有"用某个行为使某事物得到某种结果"的意思,但究竟用哪一种行为,仍然没有表达出来。

后来的动结式说成"摔破""撞破""砸破"等,"摔""撞""砸"等仍是后来加上去的,而不是使动的"破"本身的语义成分。

上古汉语只有用一个字表达的使动,后代发展出用两个字表达的动结式,这也是汉语一种很重要的历史发展。但这种发展的性质,和上面所说的第一种情况(从综合到分析)、第二种情况(从无标记到有标记)都不相同。

这个问题,我原先的看法不对,我有责任自己来加以纠正。至于从使动到动结式的历史发展,学术界已有很多讨论,这里不重复。

附注:

① 当然,(1)不是完全和句法无关,"沐→洗发","洗发"是句法层面上的词的组合。(2)也不是完全和构词无关,"饮"的使动用法读作 yìn,"见"的使动用法读作 xiàn,这是音变构词。

② 并合(incorporation),见梅广(2015:64)。

③ 也有是上位词的,如下面要说到的"济"。

④ 《尔雅·释言》:"济,渡也。"《说文》:"渡,济也。"两字互训,指渡水(包括以舟渡水和徒行渡水)。先秦多用"济",汉代多用"渡"。"济"也可以指以舟渡水。

⑤ 甲骨文的"牢""宰"有不同解释,此从姚孝遂说。下面有些字也是如此,取一家之说。

⑥ "涉"在甲骨文中已经用于泛指,姚孝遂按语说:卜辞中有"涉漳""涉河"""是皆不可'徒行厉水'"。(于省吾,1996:764)《左传》中"涉"也泛指渡河,和"济"的意思一样。但在先秦其他文献中有"涉"表示"蹚水过河"的例子,如《诗经·郑风·褰裳》:"子惠思我,褰裳涉溱。"《吕氏春秋·察今》:"循表而夜涉,溺死者千有余人。"

⑦ "浴"是综合性的动词,到现代汉语中说成"洗澡","洗澡"不是分析性的:"澡"的本义是"洒手",引申为洗身。"从综合到分析"是汉语词汇发展的一种重要趋势,除此之外还有别的发展路径。

⑧ 在甲骨文中已有"启西厅户"这样的句子。从什么时候起,"启"的动作对象可以包含在动词的语义成分中,这个问题可以讨论。

⑨ 参见《甲骨文字诂林》第1521页所引高明《古体汉字义近形旁通用例》。

⑩ 为什么"王鱼"不表示"王食鱼"呢?这是因为当时是渔猎时代,捕鱼是一种基本的生产活动。而《左传·成公十年》"晋侯欲麦。"只能是"晋侯欲食麦",不会是"晋侯欲种麦",这是因为王不会亲自种麦;而且在上文有巫师的预言,说晋侯"不食新矣",所以,此处的"麦"是表示"食麦"。可见,名物和动作之间有多种联系,名词动用表达的是哪一种动作,是由当时的社会习惯和句子的上下文决定的。

⑪ "P(V/A)+之"表示宾语"之"前面的述语可以是动词或形容词,还可以是名词用作动词。在《左传》中,这些P后面的宾语不限于"之",通常可以带其他宾语。

⑫ 为节省篇幅,这些例子仅用一个动宾词组,不用整句,也不标明出处。

⑬ 通常说的"轻动词"有两种,一种是没有语音形式的,一种是"被""见"之类,见梅广(2015)。

⑭ 当然,这种句法结构(或者叫"构式")对动词也是有影响的,一个动词经常出现在表使动的位置上,使役义也会进入这个词的词义结构,甚至会产生音变。附注①所说的"饮(yìn)、见(xiàn)"就是这样的例子。

⑮ 例句的标号不据原书,重新编排。梅广称为"受动"。

⑯ 上述句子,究竟是受事主语句,还是受事话题句?这个问题是需要讨论的,可参见袁健惠(2015)第一章"绪论"。如果把这些句子看作受事话题句,那么,到后来被动标记出现之后,有标记的被动句就成了受事主语句。受事话题句和受事主语句所用的动词有无不同?这也是需要讨论的,如可以说"吾长见笑于大方之家",但不能说"吾笑"("吾笑"只能表主动,不能表被动)。这些问题本文不涉及。

⑰ 但也有例外。《初探》已举出一个"邺既胜"表"被战胜"。这样的例句还有:《左传·哀公元年》:"曰:'国胜君亡,非祸而何?'"(杜预注:楚为吴所胜。)《左传·哀公十三年》:"肉食者无墨。今吴王有墨,国胜乎?太子死乎?"(杜预注:国为敌所胜。)这两个句子中的"胜"是A类动词,但都是意念被动。

⑱ 这里的"语义特征"指"情状特征"(situation feature),如:telicity(终结性),dynamicity(动态性),durativity(持续性)。根据这些情状特征,

可以把动词分为几种"情状类型"(situation type),如:state(状态)、Activity(动作)、Accomplishment(达成)、Achievement(瞬成)。见陈前瑞(2008)。

参考文献

贝罗贝　2014/2020　《汉语从综合型语言变为分析型语言了吗?》,《贝罗贝语言学论文选》,商务印书馆。
布龙菲尔德　1933/1985　《语言论》,袁家骅、赵世开、甘世福译,商务印书馆。
陈前瑞　2008　《汉语体貌研究的类型学视野》,商务印书馆。
戴维·克里斯特尔　1997/2000　《现代语言学词典》,沈家煊译,商务印书馆。
冯胜利　2005　《轻动词移位和古今汉语的动宾关系》,《语言科学》第1期。
蒋绍愚　1989/2005　《古汉语词汇纲要》,商务印书馆。
蒋绍愚　2007　《打击义动词的词义分析》,《中国语文》第5期。
蒋绍愚　2014　《从〈左传〉的"P(V/A)＋之"看先秦汉语的述宾关系》,《历史语言学研究》第8辑,商务印书馆。
蒋绍愚　2015　《汉语历史词汇学概要》,商务印书馆。
梅　广　2015　《上古汉语语法纲要》,三民书局。
孟琮、孟怀德、孟庆海、蔡文兰　1987　《动词用法词典》,上海辞书出版社。
宋亚云　2006　《汉语从综合到分析的发展趋势及其原因初探》,《语言学论丛》第33辑,商务印书馆。
宋作艳　2013　《逻辑转喻、事件强迫与名词动用》,《语言科学》第3期。
王克仲　1989　《古汉语动宾语义关系的分类》,《辽宁大学学报》第5期。
王　力　1941/1988　《古语的死亡残留和转生》,《王力文集》第19卷,山东教育出版社。
王　力　1958/1988　《汉语史稿》,《王力文集》第9卷,山东教育出版社。
徐中舒　1988　《甲骨文字典》,四川辞书出版社。
杨伯峻　1990　《春秋左传注》,中华书局。
杨伯峻、何乐士　1992　《古汉语语法及其发展》,语文出版社。
杨荣祥　2003　《"大叔完聚"考释》,《语言学论丛》第28辑,商务印书馆。

杨荣祥	2013	《论"词类活用"与上古汉语"动词综合性"的关系》,《历史语言学研究》第6辑,商务印书馆。
杨荣祥	2017	《上古汉语结果自足动词的语义句法特征》,《语文研究》第1期。
于省吾	1996	《甲骨文字诂林》,中华书局。
袁健惠	2015	《汉语受事话题句历史演变研究》,中西书局。
袁健惠	2017	《上古汉语中的名源动词及其类型学考察》,《汉语史学报》第17辑,上海教育出版社。
赵　诚	1988	《甲骨文简明词典》,中华书局。

Clark, Eve V. & Herbert H. Clark　1979　When Nouns Surface as Verbs. *Language*(55).

Goldberg, A. E.　1995/2007　《构式——论元结构的构式语法研究》,吴海波译,北京大学出版社。

Talmy, L.　2000a　*Toward a Cognitive Semantics*. Vol.1. Cambridge, MA: IT Press.

Talmy, L.　2000b　*Toward a Cognitive Semantics*. Vol.2. Cambridge, MA: IT Press.

（原载《语文研究》2020年第2期）

"开—关"概念场中词汇的历史演变

0 引言

近年来,常用词演变的研究有较大的进展。常用词的演变关系到两个问题:一. 常用词词义的变化,这是"词改变了意义";二. 常用词的替换,这是"概念改变了名称"。这两个问题是有关联的。第二个问题和概念有关,需要放到概念场中来看。第一个问题也和概念场有关,词义变化,有时就进入了另一个概念场。所以,本文把这两个问题都放到概念场中来考察。

"开启"和"关闭"可以看作两个概念场,但这两个概念场关系密切,所以本文把它们放在一起讨论,并称之为"开—关"概念场。本文所说的"开—关"概念场指的是表示某些实体(门窗、箱箧、书册等)开启和关闭的概念场,开拓的"开"、闭塞的"闭"和"开灯""关灯"的"开""关"都不在本文所说的这个概念场内。本文第二部分会谈到"开拓""开灯"等,这已经是进入另一个概念场了。

为什么词汇的演变要放到概念场中考察?早在1934年,德国语言学家J. Trier就说过:一个时代的一个词汇场(lexical field)之所以能和另一个时代的词汇场进行比较,是因为它们覆盖着同一个概念场(conceptual field)。他举了一个例子:13世纪初,德高地语的"知识"概念场上覆盖着一个由 wisheit、kunst、list 三个词组成的词汇场。一百年后,这个词汇场变成由 wisheit、kunst 和 wizzen 组成。这不是简单地由 wizzen 代替了 list,而是整个词汇场中三个词的概念域(conceptual area)都发生了变化,也就是说,原来三个词和后来三个词在概念场中占的位置不一样了。(转引自 J. Lyons 1981:250—261)所以,谈词汇的历史演变,不能仅仅看哪个词和哪个词产生了历史替换,还要考察在概念场中它们之间关系的历史变化。蒋绍愚(2015:390—391)曾说:"汉语发展不同时期词汇系统的面貌是不同的,成员不同,分布不同,从而结构也有所不同。怎样把两个或几个不同历史时期的词汇系统加以比较呢?打一个比方,两块花样不同的地毯,怎样比较?最好的办法是把它们铺在同一块有地板砖的地面上,以地板砖的格子为坐标,就能很清楚地显示两块地毯的不同。要比较不同时期的汉语词汇词义系统,最好把它们覆盖在同一概念场上。"这里不展开谈。

下面先说常用词的替换,再说常用词的演变。

1 "开—关"概念场中词汇的历史变化

1.1 表达"开启"概念的词的变化

1.1.1 表达"开启"概念的,上古时期有三个词:"启""闢(辟)""开(闿)"。"启"是最古老的,"闢"(也写作"辟")次之,

"开"是后起的。

甲骨文中"启"有两个意义：1. 打开。"其启廾西户。"(邺三下，四一·六)2. 天放晴。"今日启。"《说文》作"晵"，云："雨而昼姓也。"后一义是前一义的引申义。

金文中有："广启朕身。"(通录钟)是"启"的引申义。

有"𨴐"，像双手开门。

甲骨文金文中无"开"。

《诗经》中有"开"。《说文》"开"之古文作𨳇。"开"的古文和"𨴐"的字形略有差别："𨴐"门中少"一"，而"开"之古文门中有"一"。商承祚《说文中之古文考》："案𨳇为𨴐，是门已开。𠁅示门闭，𠂇𠂇象两手开门也。"(537)据此，则"𨴐"表状态，"开"表动作。

《说文》："闿，开也。"《方言》："开户，楚谓之闿。"《广韵·海韵》："闿，开也。苦亥切。亦音开。"《周易·系辞上》："开物成务。"王肃本作"闿物成务"。"闿"和"开"可以看作是一个词，在方言中有不同读音。

"𨴐"在传世文献中用得不多。在先秦 13 种文献中共 6 例，其中为"开启"义的 3 例：

《尚书·舜典》："询于四岳，𨴐四门，明四目，达四聪。"

《周易·系辞上》："阖户谓之坤，𨴐户谓之乾。一阖一𨴐谓之变，往来不穷谓之通。"

《左传·宣公二年》："晨往，寝门𨴐矣，盛服将朝。"

"𨴐"也写作"辟"：

《国语·晋语五》："晨往，则寝门辟矣。"

《墨子·非攻中》："是以三主之君，一心戮力辟门除道。"

《荀子·议兵》："故辟门除涂，以迎吾入。"

"启"和"开"是这个概念场中的主导词。

1.1.2 在传世文献中"启"和"开"的替换见下表：(表中统计数字为"开启"义的"启"和"开"，其他引申义的"启"和"开"如"启发""开拓"等不包括在内。)

	启	开
《尚书》(不包括古文尚书)	3	0
《诗经》	0	1(周颂)
《周易》	0	0
《论语》	2	0
《左传》	10	1
《老子》	0	1
《墨子》	0	1
《庄子》	0	1
《韩非子》	0	2
《吕氏春秋》	0	5
《新书》	0	4
《淮南子》	0	9
《史记》	0	66
《论衡》	1(凿窗启牖)	43

先秦的"启"和"开"各部书均举一例如下：

启：

《尚书·金縢》："启籥见书，乃并是吉。……以启金縢之书。"(籥：简册。书：占兆之辞。)

《左传·隐公元年》："夫人将启之。"

《论语·泰伯》："启予足，启予手！"(这将在下面讨论)

开：

《诗经·周颂·良耜》："以开百室，百室盈止。"

《左传·哀公二十六年》："重赂越人，申开守陴而纳公。"(申开：大开。)

《老子》第十章:"天门开阖,能为雌?"(按:帛书乙本作"启阖"。)

《墨子·号令》:"开门已,辄复上籥。"

《庄子·天运》:"天门弗开矣。"

《韩非子·外储说右上》:"乃益爵二级,而开后门出太子。"

《吕氏春秋·举难》:"桓公郊迎客,夜开门。"

从统计可以看出,表示"开启"义,春秋以前主要用"启",战国时期全部用"开",无一例用"启"。"启—开"的替换,实际上从战国就已经开始了。

到了汉代,《史记》的情况非常清楚:《史记》中"启"共18例,除引《论语》"不愤不启"外,全是人名。用"开"甚多,"开启"义的"开"66例。人名"微子启"全改为"微子开",在一些引用先秦典籍的句子中,也把"启"换成了"开"。如:

《尚书·金縢》:"启籥见书,乃并是吉。……以启金縢之书。"《史记·鲁世家》:"开籥,乃见书遇吉。……以开金縢书。"

《左传·闵公元年》:"毕万之后必大。万,盈数也;魏,大名也。以是始赏。天启之矣。"《史记·魏世家》:"毕万之后必大。万,盈数也;魏,大名也。以是始赏,天开之矣。"

这和避讳是否有关呢(汉景帝名启)?从这些例句看,大概是因为避讳的缘故。避讳对常用词的替换是有影响的。但西汉以"开"替换"启",不能完全归于避讳,也有语言自身演变的原因。我们可以看一看贾谊的《新书》。《新书》中"启"6次,3次用于人名,"启门"无。"开"6次,"开门"4次。如果《新书》确实为贾谊所作,那么,贾谊生活在景帝之前,无所谓避讳。当然,《新书》的真伪还有疑问,我们不能完全以此立论。再看看《淮南子》,此书是汉武帝建元二年献给朝廷的,应该避讳。但《淮南子·泰族》:"今商鞅之《启塞》,申子之《三符》,韩非之《孤愤》。"按:今本《商君书》作《开塞》,文中云:"此道之塞久矣。……今日愿启之以效。"可见《商君书》本作《启塞》,而《淮南子》不改为"开",可见"启"字不完全因避讳而不用。但《淮南子》中"启"用得很少,共 8 例,其中 2 为人名,1 为篇名,剩下 5 例,无"开启"义。"开启"义的"开"有 9 例。《论衡》中"启"共 8 例。7 例是引古书,1 例为《效力》:"开户内日之光,日光不能照幽,凿窗启牖,以助户明也。"《论衡》在引古书时也有的把"启"改为"开"。《论衡·四讳》:"故曾子有疾,召门弟子曰:'开予足！开予手！而今而后,吾知免夫。小子！'"而"开门"义的"开"有 43 例。《论衡》以"开"替换"启",也是避讳和语言自身发展两方面的原因兼而有之。

总之,到汉代,"开"替换"启"的历史演变已经完成。"开启"义的"闢"在汉代写作"辟",用得很少,据初步查检,只在《汉书》中有两例:《汉书·扬雄传》:"惟天轨之不辟兮。"《汉书·沟洫志》:"故凿龙门,辟伊阙。"显然都不是口语。因此,在当时的实际语言中,"开启"这个概念就只用"开"一个词表达了。

1.2 表达"关闭"概念的词的变化

表达"关闭"概念的在先秦有三个词:"闭""閟""阖"。

《说文》:"闭,阖门也。"

《说文》:"閟,闭门也。"马叙伦云:"閟为闭之转注字。"

《说文》:"阖,门扇也。一曰闭也。""闭"义也是由"门扇"引申出来的。

先秦时表达"关闭"概念不用"关","关"表示"关闭"是后起的。

这三个字甲骨文皆未见。金文中有"闭"。但"闭"为人名（豆闭簋）。马叙伦云："闭与楗皆为扃门之物，非动词也。""关为'闭'之转注字。"但无论证。

《尚书》和《诗经》都有"閟"。《尚书·大诰》："天閟毖我成功所。"有人以为"閟"是衍文。《诗经·鲁颂·閟宫》："閟宫有恤，实实枚枚。"《诗经·卫风·载驰》："视尔不臧，我思不閟。"毛传并云："閟，闭也。"这3例都不是"关闭"义。表"关闭"义的是：《左传·庄公三十二年》："初，公筑台，临党氏，见孟任，从之。閟。而以夫人言，许之。""閟"用得不多。

《周易》有"阖"。《周易·系辞上》："阖户谓之坤，闢户谓之乾。一阖一闢谓之变，往来不穷谓之通。"在先秦十三种文献中（包括《周易》），"关闭"义的"阖"共有8例。

用得最多的是"闭"。《周易》有"闭"。《周易·复卦》："先王以至日闭关，商旅不行。"在先秦十三种文献中，"关闭"义的"闭"共有43例。其中"闭門"10例，"闭戶"3例。例多不备举。"闭"是这个概念场中一个主导词。

到后来，出现另一个主导词"关"。

《说文》："关，以木横持门户也。"即"抱关击柝"的"关"。这个意义在文献中最早见于《左传》：

《左传·襄公二十三年》："臧纥斩鹿门之关。"

"关闭"是其引申义，见于下列文献：

《管子·八观》："宫垣关闭，不可以不修。"（《管子》成书于汉代。)

《淮南子·览冥》:"城郭不关,邑无盗贼。"高诱注:"关,闭也。"

《淮南子·精神》:"夫至人倚不拔之柱,行不关之途,禀不竭之府,学不死之神。"高诱注:"行于不可关闭之途。"

《尚书大传》卷七:"止夜禁,诛诈伪,省酝酿,谨关闭。"

《史记·惠景间诸侯年表》:"以典客夺赵王吕禄印,关殿门拒吕产等入。"

《史记·循吏列传》:"三年,门不夜关。"徐广曰:"一作'闭'。"

王褒《僮约》:"已而盖藏,关门塞窦。"(《初学记》卷十九)

可见,"关闭"义的"关"是出现得很晚的,在西汉仅此7例,而且,《史记·循吏列传》例有异文,王褒《僮约》不可靠,可靠的只有5例。

东汉文献中,汪维辉(2017)引《易林》2例,《论衡》1例,《释名》1例,《吴越春秋》1例。可以补充《汉书》1例:

《汉书·陈遵传》:"每大饮,宾客满堂,辄关门,取客车辖投井中,虽有急,终不得去。"

汉代以后,"关闭"义的"关"也用得不多。据王盛婷(2007)统计,魏晋南北朝的一些文献,如《法显传》《搜神后记》《世说新语》《宝藏经》《百喻经》《齐民要术》《周氏冥通记》《洛阳伽蓝记》,均未见"关闭"的"关",《古小说钩沉》1见,文人诗共5见。直到《元刊杂剧三十种》,"关闭"义的"关"还仅有1例。"关"和"闭"的使用次数一直相差很悬殊。《西游记》中两者接近,《金瓶梅》(崇祯本)中"关"才超过"闭"。《金瓶梅》比《西游记》略晚。但两书的差别,恐怕还不是由于时代的早晚,而是由于地域的差别:江淮官话存古的成分可能多于北方官话。一直要到《红楼梦》,"关"才处于压倒性优势。下面是"闭"和"关"使用次数的比较表:

	闭	关
《世说新语》	3	0
《敦煌变文校注》	23	5
《三朝北盟会编》	24	1
《朱子语类》	17	4
《五灯会元》	12	1
《元刊杂剧》	10	1（《陈抟高卧》:"把门关上。"）
《西游记》	12	11
《金瓶梅》	6	9
《红楼梦》	2（1句引古诗）	14

（按:王盛婷[2007]所统计的《敦煌变文》《朱子语类》《元刊杂剧》《西游记》《红楼梦》的数据与本文有出入,可能是对"闭"和"关"统计范围的掌握宽严不同。但总的倾向是一致的,即:在《元刊杂剧》中"关"还很少,到《西游记》以后"关"才接近或超过"闭",到《红楼梦》"关"才处于压倒性优势。)

"启—闭"和"开—关"是两组关系很密切的词。这两组词在历史上都发生了词汇替换,但替换的时代有早有晚,替换的过程有快有慢。这种情况,对我们认识词汇的历史演变很有启发。"启—开"的替换在战国时期就完成了,如果想当然的话,大概会觉得其反义词"闭—关"的替换也会同时并进,既然汉代已出现了"关",大概会很快替换"闭"。但事实并非如此,"闭—关"的替换直到明代才完成。所以,在相当长的一段时间里,"开"最常见的反义词不是"关"而是"闭"。为什么一对反义词的词汇替换开始的时代不一样，而且替换过程的速度会相差这么远？这个问题还无法回答。但这告诉我们词汇历史演变的复杂性，只有对词汇历史演变的具体案例多做扎实细致的研究，把词汇历史演变的各种复杂情况弄清楚，才能更好地总结其演变的规律。

1.3 进一步的讨论

上面是"开—关"概念场中词汇历史变化的一个大致轮廓。从上面的叙述看，似乎问题很简单：在一个概念场中有一些同义词，它们产生的时代有早有晚，产生得早的词有些到后来消失了，产生得晚的词有些后来成为主导词，这样就形成了新旧词的替换。

如果深入一点看，问题不那么简单。

1.3.1 首先，所谓的"同义词"，其实在词义结构和句法功能方面可能会有差别，因此，在有些情况下不能替换。

1.《论语·泰伯》："曾子有疾，召门弟子曰：'启予足！启予手！《诗》云"战战兢兢，如临深渊，如履薄冰。"而今而后，吾知免夫！小子！'"《论语集解》："郑曰：启，开也。曾子以为受身体于父母，不敢毁伤，故使弟子开衾而视之也。"

这个句子的"启"，郑玄解释为"开"。但刘宝楠《论语正义》云："以为开衾视之，未免增文成义。"他的意思是：衾可开，而手足不可开。他认为《古论》作"唘"，开也，"当谓身将死，恐手足有所拘挛，令展布之也"。王念孙认为"启"与"晵"同，视也。

确实，这里的"启"不能换成"开"。"开予足，开予手"是读不通的。《论衡·四讳》中引用时改成了"开予足，开予手"，这只是因为避讳，但用"启"是可以的，因为"启"有和"开"不一样的用法。

《左传·昭公四年》："古者日在北陆而藏冰，西陆朝觌而出之。其藏冰也，深山穷谷，固阴冱寒，于是乎取之。其出之也，朝之禄位，宾食丧祭，于是乎用之。其藏之也，黑牡秬黍以享司寒。其出之也，桃弧棘矢以除其灾。其出入也时。食肉之禄，冰皆与焉。大夫命妇丧浴用冰。祭寒而藏之，献羔而启之，公始用之。"这一段文章里的"取之""出之""用之""藏之"的"之"都是指"冰"。那么"献羔而启之"该怎样解释呢？"启之"的"之"显然也指冰，但"启之"不是说把冰打开。杜预注："谓二月春分献羔祭韭，始开冰室。""启之"是说把藏冰之室打开。

那么，"启予足，启予手"的"启"也可以同样理解：把覆盖于手足上的衾打开。

"启+N"有时可以表示打开覆盖在 N 上的东西，"开+N"只能表示把 N 打开。这是"启"和"开"不同的地方。这种"启"不能简单地用"开"替换。如果改用动词"开"，就要换一种说法：打开手足上的被子，打开藏冰之室。

"启齿"的"启"也是同样用法。

《庄子·徐无鬼》："徐无鬼因女商见魏武侯，……武侯大说而笑。徐无鬼出，女商曰：'先生独何以说吾君乎？吾所以说吾君者，横说之则以《诗》《书》《礼》《乐》，从说之则以《金板》《六弢》，奉事而大有功者不可为数，而吾君未尝启齿。今先生何以说吾君，使吾君说若此乎？'"成疏："启齿，笑貌。"

"启齿"不是把牙齿张开，而是开唇而露齿。后来"启齿"才变成了"开口说话"的意思。

2.《左传·僖公二十三年》:"臣闻天之所启,人弗及也。晋公子有三焉,天其或者将建诸,君其礼焉。男女同姓,其生不蕃。晋公子,姬出也,而至于今。一也。离外之患。而天不靖晋国,殆将启之。二也。有三士足以上人,而从之。三也。晋郑同侪,其过子弟,固将礼焉;况天之所启乎!"这是说晋公子重耳。《左传》《国语》中,"天启之""天之所启"这一类的话很多。

这种"启",在杜预注和韦昭注中,都说:"启,开也。"但实际上,用"开"无法读通。除了《史记》因为避讳,在《晋世家》和《楚世家》中记述城濮之战时,称晋文公为"天之所开",在其他文献中从未见到"天开之"和"天之所开"。

杨树达《积微居金文说》卷四《番生殷盖跋》根据金文"广启氒孙子于下""广启禹身""用广启士父身""广启朕身"及传世文献中的"光启""佑启""启佑"等词语,考定"'启'义与'右'同训'助'"。是为确诂。这是"启"的另一个意义。问题是这个意义和"启"的"开启"义有无联系?

《国语·郑语》:"夫荆子熊严生子四人:伯霜、仲雪、叔熊、季紃。叔熊逃难于濮而蛮,季紃是立,薳氏将起之,祸又不克。是天启之心也,又甚聪明和协,盖其先王。臣闻之,天之所启,十世不替。"

《国语·晋语四》:"遂如楚,楚成王以周礼享之,九献,庭实旅百。公子欲辞,子犯曰:'天命也,君其飨之。亡人而国荐之,非敌而君设之,非天,谁启之心!'"

可见,古人是把"天启之心"和"天启(助)之"联系在一起的,天启某人之心就是天佑助某人。《三国志·吴书·张温传》:"伏惟殿下,天生明德,神启圣心。"虽然时代较晚,但可以看到,在三国时,人们还认为君主是天启之心。在古人的观念中,"启"的对象不但是门户、箱箧之类具体的器物,还可以是人的心。这也是"启"和"开"的不同之处。

"启之心"不能用"开之心"来代替,那么,这种意思后来怎样表达呢?后来"启"一般不单用了,而成为一个语素,构成"启迪""启发"等复音词,进入了另一个概念场:表思维活动的概念场。但"启迪""启发"也不能用"心"作宾语,只能说"启迪后人""启发学生"。

"开"也有用作"启发""启迪"义的,如《礼记·学记》:"故君子之教喻也,道而弗牵,强而弗抑,开而弗达。"但用得很少。所以,《史记》中"启"除了用作人名外,基本上不用了,全都用"开"代替;但唯独在《孔子世家》中表述孔子的思想时,还是说:"不愤不启,举一隅不以三隅反,则弗复也。"可见司马迁也觉得"不愤不开"是说不通的。

3. "闭"和"关"的区别更为明显。

《周易·坤》:"天地闭,贤人隐。"

《礼记·月令》:"天气上腾,地气下降。天地不通,闭塞而成冬。"

《管子·度地》:"当冬三月,天地闭藏,"

这些句子里的"闭"都不能换成"关"。"关"通常是人的动作,或者是门户、箱箧之类打开后合上的状态。"闭"则可以是一种自然现象,所以,可以说"天地闭",不能说"天地关"。

4. "启"和"闭"产生较早,都有上古汉语"综合性"的特点,即动词可以把动作和对象综合在一起。"启"表"启门","闭"表"闭门"。

《左传·隐公元年》:"大叔完聚,缮甲兵,具卒乘,将袭郑。夫人将启之。"

《左传·襄公二十五年》:"吴子诸樊伐楚,以报舟师之役,门于巢。巢牛臣曰:'吴王勇而轻。若启之,将亲门。我获射之,必殪。'"

《左传·定公四年》:"驷赤先如宿,侯犯殿。每出一门,邱人闭之。"

袁宏《后汉纪·光武纪》:"公将出,或曰:'闭之。'亭长曰:'天下讵可知,何闭长者为!'"

这些例句中"开之""闭之"的"之"指人而不指门。"门"包含在"开""闭"中。"闭长者"为"对长者闭门"。

较后产生的"开"和"关"是"分析性"的,动作的对象不包含在动词中,因此也没有"开之""关之"("之"指人)这样的结构。

综上所述,可以看到,虽然"启—开"和"闭—关"的替换是历史发展的总趋势,但深入考察,可以看到,"启"没有全部被"开"替换,"闭"也没有全部被"关"替换。有些"启"和"闭"是无法用"开"和"关"替换的。

从概念场的角度来看问题,可以看到,常用词的替换,不能简单地理解为一个词代替了另一个词,占有了概念场中的同一个位置,因为原先的词和后来的词在概念场中的位置很可能是不一样的。俗话说"一个萝卜一个坑",词汇替换并不是在同一个坑里起先有一个萝卜,后来换成了另一个萝卜,因为萝卜有不同的大小。旧词的意义和用法未必全部能由新词代替,反过来说,新词的意义和用法也未必全部和旧词相同。这种情况,只有把词汇替换放到概念场的背景上才能看得更清楚。至于像特里尔所说的那种情况,就更不是单个词的历史替换所能说明的,这更需要放到概念场的背景上加以考察。

1.3.2 上面讨论的是一般意义的"开启"和"关闭"。一些特定对象的"开启"和"关闭"情况有些不一样。比如,"口"和"目"都有开合,但没有"启口""启目"和"关口""关目"的说法。与"口"组合的只有"开"和"闭"。

《庄子·盗跖》:"其中开口而笑者,一月之中不过四五日而已矣。"

《庄子·秋水》:"今吾无所开吾喙,敢问其方。"

《左传·哀公二十七年》:"闭其口而死。"

与"目"组合的也只有"开"和"闭"。"开目"和"闭目"在文献中出现较晚:

《论衡·死伪》:"成王于时缢死,气尚盛,新绝,目尚开,因谥曰'灵'。"

《后汉书·高句骊传》:"后句骊王宫生而开目能视。"

《抱朴子·对俗》:"掩耳而闻千里,闭目而见将来。"

到"眼"演变为"眼睛"义后,有"开眼""闭眼"和"合眼":

《十诵律》卷二十六:"仙人开眼见之。"

《十诵律》卷十六:"令诸比丘大坐闭眼随后而去。"

《摩诃僧祇律》卷四:"或合眼以手自指。"

更值得注意的是:在上古汉语中,表示"口"和"目"开闭的有另一套动词:

《左传·文公元年》:"王缢。谥之曰'灵',不瞑。曰'成',乃瞑。"《说文》:"瞑,翕目也。"

《庄子·天运》:"予口张而不能嗋。"成玄英疏:"嗋,合也。心惧不定,口开不合。"

《吕氏春秋·重言》:"君呿而不唫,所言者'莒'也。"高诱注:"呿,开;唫,闭。"《玉篇》:"呿,张口貌。"

刘向《九叹·思古》:"心嬋媛而无告兮,口噤闭而不言。"《说文》:"噤,口闭也。"

班固《白虎通·考黜》:"武王望羊,是谓攝扬,盱目陈兵,天下富昌。"《说文》:"盱,张目也。"

"张"是一个很常用的动词,一般不属于"开—关"概念场,但"张口"的"张"应该属于这个概念场。

其他的动词"噿""呿""唫""噤"和"瞑""盱"都是专用于"口"或"目"的,也属于这个概念场。而且,"呿""唫"和"瞑"都是"综合性"的("呿"=开口,"唫"=闭口,"瞑"=闭目),这是上古汉语词汇的特点。这些词后来都消失了。

到后来,还有一个专用于眼的动词"睁"。这个动词在宋代表示眼睛睁大,如:

《三朝北盟会编》卷一九七:"常闭目坐怒睁如环。"

《诗话总龟前集》卷十四:"怒仆空睁眼,嗔童谩握拳。"

后来才表示"睁开(眼睛)",这已是明代的事了:

史敬先《庄周梦·楔子》:"[生云]……老先生睁眼看者![末开眼科,云]"

2 "开"的词义演变

在"开—闭"概念场中的很多词都有词义演变。"关"的词义演变谈得较多,本文只讨论一个"开"的词义演变。

2.1 "开"的核心义是"开启",此外还有多种意义,都属于其他概念场。这些意义是怎样从"开—闭"概念场转移到其他概念场的?它们和"开"的核心意义有什么联系?这是一个值得探讨的问题。

"开"的意义除"开启"外,还有如下一些:

(一)开拓。《韩非子·有度》:"荆庄王并国二十六,开地三千里。"《后汉书·袁安传》:"陛下奉承洪业,大开疆宇。"

(二)开始,开创。《诗经·周颂·武》:"于皇武王,无竞维烈。允文文王,克开厥后。"《盐铁论·非鞅》:"知其为秦开帝业。"

这两个义项,"启"也有。如:

(1)开拓。《诗经·鲁颂·閟宫》:"大启尔宇,为周室辅。"《左传·昭公四年》:"或多难以固其国,启其疆土。"

(2)开始,开创。潘岳《在怀县作》诗之一:"初伏启新节,隆暑方赫羲。"沈约《齐故安陆昭王碑文》:"景皇蒸哉,实启洪祚。"

"开"的这两个义项先秦就有,都是从"开启"这个核心义引申出来的,其演变路径比较清楚,无须多说。下面几个义项的演变路径需要讨论。

(三)开设,设置(某种府署)。《盐铁论·本议》:"开委府于京师,以笼货物。"陆倕《石阙铭》:"置博士之职,而著录之生若云;开集雅之馆,而款关之学如市。"

此义大约产生于西汉。目前查检到的最早的例句是《盐铁论》。此义应由某种府署开门理事演变而成。"委府"为管理委输之官署,"开委府"即"使委府开"。现在还说"这家商店开了三年,就关门了。"可见一家店铺的开设和停业跟"开启"和"关闭"有联系。

（四）开花。此义产生于齐梁时期。《玉台新咏·梁武帝〈夏歌〉》："江南莲花开，红光覆碧水。"沈约《三月三日率尔成篇》："开花已匝树，流莺复满枝。"

"开花/花开"指花蕾开坼，花瓣展开。《周易·解》："雷雨作，而百果草木皆甲坼。"《广雅·释诂》"坼，开也。"虽然不是说的花开，但有助于说明"开启"的"开"和"花开"的"开"的关系。

"开花/花开"也可以说"发花/花发"。如：

《玉台新咏·鲍照〈代白纻歌辞二首〉》之二："桃含红萼兰紫芽，朝日灼烁发园花。"

《玉台新咏·刘缓〈敬酬刘长史咏名士悦倾城〉》："遥见疑花发，闻香知异春。"

"开（花）"侧重于从闭到开，"发（花）"侧重于从无到有。"开"是从闭合处向两边展开，"发"是从原点向目标延展，两者的意象图式（Image Schemata）有相似之处。所以，一些"开＋N"的组合和"发＋N"的组合往往会互相影响，这在下面将会看到。

（五）"开（舟）船""开车"的"开"。

《现代汉语词典》："开：❻发动或操纵（枪、炮、车、船、飞机、机器等）。"这个解释适用于现代汉语，不适用于古代汉语。古代的"开船""开车"与"开炮""开枪"出现的时代不同，"开"演变的途径不同，要分开讨论。

先说"开（舟）船"。"开舟""开船"都见于庾信诗，但"开船"是打开船舱之义，"开舟"跟"行舟"有关，但不是"发动舟"或"操纵舟"，而是舟离岸而行：

庾信《舟中望月诗》："舟子夜离家，开船望月华。"

庾信《应令诗》："望别非新馆，开舟即旧湾。浦喧征棹发,亭空送客还。"

杜甫《登白马潭》:"水生春缆没,日出野船开。"

韩愈《桃源图》诗:"船开棹进一回顾,万里苍苍烟水暮。"

在下面的例句中可以看得更清楚,"开船"是船离岸。

《广异记》:"一人遽走至船所,才上船,未及开,白毛之士走来牵缆。"

《三朝北盟会编》卷一三三:"遂急斫断缆开船而去。"

《三朝北盟会编》卷一三六:"急解维开船而去。"

"断缆""解维"等都说明,船本来是用船缆系在岸边的,解缆以后,船和岸边离开了,所以叫"开船"。

古代诗文中还有"发舟"和"发船"。

《宋书·邓琬传》:"水陆长驱,数道并进,发舟逾险,背水争先。"

杜甫《十二月一日三首》之二:"负盐出井此溪女,打鼓发船何郡郎。"

用"发舟(船)"表示舟船离岸而行比"开舟(船)"早。"发舟"见于《宋书》,早于庾信的"开舟"。上面说过,"发"和"开"的意象图式有相似之处,所以,《宋书》说"发舟",庾信可以说"开舟";而且庾信诗上句说"开舟即旧湾",下句接着说"浦喧征棹发",也说明"开舟"的"开"和"发棹"的"发"有关。"发"和"开"意义的关联,会促使"开"形成"舟船离岸而行"的新义项。

"开车"比"开船"晚得多。我查到的例句最早是清代的。清代早期还没有火车和汽车,"开车"不会是"发动车"。下面例句中的"车"都是马车。"开车"指马车行驶。

《歧路灯》(乾隆四十一年自序)二十一回:"谭绍闻跟定

王中走至巫家门首,王中道:'上车!'谭绍闻上了车。邓祥牵过牲口,套上。王中道:'快走!'邓祥催开车走了。"

《品花宝鉴》(道光刊本)十六回:"见天气已晚,只得硬了心肠出来,上了车回顾了几次,一径出了胡同方才坐好。小厮跨上车沿,只见迎面两马一车,走的泼风似的,劈面冲来,偏偏是王通政,子玉躲避不及,只得要下来。王文辉连忙摇手止住,问了几句话,也就点点头开车走了。"

《曾国藩全集·修身篇》:"去年十二月十六日,男在汉口寄家信,付湘潭人和纸行,不知已收到否?后于二十一日在汉口开车。二人共雇二把手小车六辆,男占三辆半。行三百余里,至河南八里溪度岁。正月初二日开车,初七日至周家口,即换大车。雇三套篷车二辆,每套钱十五千文。男占四套,朱占二套。初九日开车,十二日至河南省城,拜客耽搁四天,获百余金。十六日起行,即于是日三更趁风平浪静径渡黄河。"

《野叟曝言》卷一:"叫起车夫,整顿车马……开车出店,坦然而行。"

以上的"开车"是车离开某处而行驶。下面的"开车"就是"行驶"之义了。

《永庆升平前集》第十五回:"正跑之间,前面南北一条大路,两旁是山夹沟子,长有三四里,当中不能开车。马成龙收不住缰了,一直往里就走。从对面来了一辆草车,赶车直嚷说:'那边开!别来!外头开!'"

还有雍正年间的例句:

《清会典事例》卷九二七:"(雍正五年)范堤照黄河堤岸

成例,堤顶修开车道。"

马车行驶为什么叫"开车"?可能是受"开船"的影响。既然船开始行驶叫"开船",那么,车开始行驶也就叫"开车"。到后来,船和车都用机器发动了,于是"开船"和"开车"的"开"就变成"发动或操纵"的意思了。这是社会生活的变化引起词义的变化。

(六)"开炮""开枪"的"开"。

这个"开"是"发射"的意思。"开炮"比"开枪"早,可能火器是先有炮,后有枪。而且,在最初"砲"从"石"不从"火",因为用的是机械抛石,称为"抛车",发射的动作叫"发";后来才用火药,动词也用"发",再往后才用"开"。

《后汉书·袁绍传》:"操乃发石车击绍楼,皆破,军中呼曰'霹雳车'。"唐李贤注:"以其发石声震烈,呼为'霹雳',即今之抛车也。"

《三朝北盟会编》卷五十三:"每攻城,先列炮三十座,凡举一炮听鼓声齐发,炮石入城者大可如斗,楼橹中炮无不坏者。"(这还是石砲。)

《明史·兵志四》:"古所谓炮,皆以机发石。元初得西域炮,攻金蔡州城,始用火。"

《明史·兵志四》:"崇祯时,大学士徐光启请令西洋人制造,发各镇。然将帅多不得人,城守不固,有委而去之者。及流寇犯阙,三大营兵不战而溃,枪炮皆为贼有,反用以攻城。城上亦发炮击贼。"

明梅村野史《鹿樵纪闻》卷中:"官军开炮击之,即扬帆而遁。"

"开炮"的"开"也和"发炮"的"发"有关。

"开枪"较早见于清初文献,也说"发枪""放枪"。"放枪"明代已有:

《明英宗实录》卷一九三:"隔一人放一枪,先放六枪。"

在《清高宗(乾隆)实录》中,"开枪""发枪"各 5 例,"放枪"194 例。

《清高宗(乾隆)实录》卷一四零六:"据伍拉纳奏署守备林凤鸣及署游击李廷翰听从贿嘱,与民人争夺网地,放枪滋事一折。此事实属大奇。……该督折内称、李廷翰举旗开枪,铅子已打三十余出。"

《清高宗(乾隆)实录》卷一百四:"麾红旗,则枪炮齐发、各一周。鸣金乃止。再伐鼓、整列而进,鸣金、麾旗,发枪炮如初。"

"开枪"的说法也受"放枪""发枪"影响。

(七)开灯。见于明代文献。

林鸿《题福山寺陈铉读书堂》诗:"开灯明竹雪,散帙落松风。"

陈继儒编《捷用云笺》:"九天送月,万户开灯。"

又:"开灯"在清代为抽鸦片的用语,指的是点起灯来抽鸦片,在清代小说中常见。

《品花宝鉴》五十八回:"奚十一烟瘾来了,见这楼下头铺设得甚好,想开灯吃烟,就可等他们回来。烟枪是带着的,就少盏灯,问大傻道:'你去点一个灯来,我要吃两口。'"

魏源《海国图志》卷七十八:"凡食烟之人,燃灯在榻,……名曰开灯。"

为什么"燃灯"叫"开灯"?

在有电灯之前,一直用的是油灯。所以,六朝最常见的用语是"然(燃)灯"。

《六度集经》卷六:"散华烧香,然灯悬缯,晨夜肃虔,稽首恭礼。"又:"烧香燃灯,悬缯奉华。"

法显《佛国记》:"香华供养,然灯续明。"

在唐代,多用"点灯"。如:

《入唐求法巡礼行记》卷二:"廿九日晚头,此新罗院佛堂经藏点灯供养,别处不点灯。"

敦煌变文和《祖堂集》也多用"点灯"。

文献中也有"张灯",但从下面《汉书》例看,"张灯"的"张"主要还是"陈设"之义。《梁书》例"张灯"已经接近"点灯",《明神宗实录》例离"点灯"更接近一点。

《汉书·外戚传上》:"上思念李夫人不已,方士齐人少翁言能致其神。乃夜张灯烛,设帷帐,陈酒肉,而令上居他帐,遥望见好女如李夫人之貌。"

《梁书·韦睿传》:"睿每昼接客旅,夜算军书,三更起张灯达曙。"

《明神宗实录》卷二一九:"朕如今张灯后看字不甚分明,如何能一一遍览。"

古代没有"关灯"的说法。和"然(燃)灯""点灯""开灯"相对的是"熄灯"或"灭灯"。

我想,"开灯"是从"张灯"来的。如果汉语中一直只有"然(燃)灯"和"点灯",就不可能把这种动作叫作"开灯",因为"开"和"燃""点"毫无关系。后来出现了"张灯",才有可能把这种动作称为"开灯";因为"张口"义同"开口",所以人们会觉得"张灯"也可以叫"开灯"。

有了电灯以后,"开灯"的意思是使电灯发光;和"开灯"相对的是"关灯"。和现代的"开灯/关灯"同属一类的是"开机/关机"。这些"开"指的是使电器或机器处于工作状态,"关"指的是使电器或机器停止工作;"开/关"相当于英语的"turn on/turn off"。

(八)(水)沸。这个义项大约始于明代。

> 明朱橚《普济方》一四五卷:"临卧,用开水调服五钱。"

共5例。

> 《品花宝鉴》三十三回:"宝珠见水开了,自己于博古厨内取出一个玉茶缸,配了四种名茶,自己亲手泡好了,把盖子盖上。"

为什么水沸叫"开",不清楚。

古人把煮茶时水沸而水泡上升的情况叫作"鱼眼沸":

> 陆羽《茶经·五》:"其沸如鱼目,微有声为一沸,缘边如涌泉连珠为二沸,腾波鼓浪为三沸。"

> 白居易《睡后茶兴忆杨同州》诗:"白瓷瓯甚洁,红炉炭方炽。沫下曲尘香,花浮鱼眼沸。"

> 苏轼《试院煎茶》诗:"蟹眼已过鱼眼生,飕飕欲作松风鸣。"

也许水泡从锅底升起到上面散开,状如花开,所以叫"水开"。但这只是猜测,并无确切的证据。

2.2 王云路、王诚(2014:73):"一个词的大多数义位都与核心义相关,都受核心义制约。"书中分析了很多案例,做了充分的论证。但从"开"的分析来看,"开"的上述8个义位与核心义的联系,情况各不相同。1.开拓。2.开始,开创。这两个义项和核心义的联系最紧,所以"启"也有这两个义项。3.开设,设置。4.开花。这两个义项和核心义远一些,但也能连得上。5."开船""开车"的"开",如果只看它们在现代汉语中的用法,像《现代汉语词典》概括的那样:"发动或操纵",那就找不到它们和"开"的核心义"开启"有什么关系。但如果从词义的历史演变来考察,就能看到,这些义项在开始形成时,还是和核心义有联系的,只是后来词义进一步发展了,使用的范围更加扩展了,就离核心义越来越远,就找不到其间的联系了。6."开炮""开枪"的"开"。7."开灯""开机"的"开"。这两个义项的形成,都和另一个词有关:"开炮"跟"发炮"有关,"开枪"跟"放枪"有关,"开灯"跟"张灯"有关;因为"发""放"和"开","张"和"开"有共同之处,所以,"发炮""放枪"可以说成"开炮""开枪","张灯"可以说成"开灯"。这两个义项很难说跟核心义"开启"在意义上有什么联系。也许,"开"的核心义和"发""放""张"的核心义有某些关联。顾龙飞、唐广厚《现代汉语"V+开"结构语义扩展路径新探——基于"开"本义的意象图式》(《语文研究》2018年第2期)对"开"本义的意象图式做了分析,可以参考。这个问题还需要继续研究。

参考文献

杜　翔　2017　《支谦译经动作语义场及其演变研究》,台湾花木兰文化出版社。

方一新　2010　《中古近代汉语词汇学》,商务印书馆。

顾龙飞、唐广厚　2018　《现代汉语"V+开"结构语义扩展路径新探——基于"开"本义的意象图式》,《语文研究》第2期。

蒋绍愚　1989/2005　《古汉语词汇纲要》,商务印书馆。

蒋绍愚　　2015　《汉语历史词汇学概要》,商务印书馆。
谭代龙　　2008　《义净译经身体运动概念场词汇系统及其演变研究》,语文出版社。
汪维辉　　2007　《汉语词汇史新探》,上海人民出版社。
汪维辉　　2017　《东汉—隋常用词演变研究》(修订本),商务印书馆。
王　力　　1958　《汉语史稿》,《王力全集》第一卷,中华书局。
王盛婷　　2007　《汉语八组反义词聚合演变研究》,南京大学博士学位论文。
王彤伟　　2010　《〈三国志〉同义词及其历时演变研究》,巴蜀书社。
王云路　　2010　《中古汉语词汇史》,商务印书馆。
王云路、王诚　　2014　《汉语词汇核心义研究》,北京大学出版社。
吴福祥、王云路编　　2015　《汉语语义演变研究》,商务印书馆。
于省吾主编　　1996　《甲骨文字诂林》,中华书局。
周法高主编　　1975　《金文诂林》,香港中文大学。
J. Lyons　　1981　*Semantics*, Cambridge University Press.

(原载《语言学论丛》第59辑,2019年6月)

现代汉语常用词考源

现代汉语的常用词是现代汉语词汇的核心。这些词人人都会用,但如果从历史上考察,这些词的情况相当复杂。它们产生的时代不一,有的在甲骨文时代就已产生,一直沿用到今;有的是最近才产生的,但传播得很快,成了常用词。它们的来源不一,有的是汉语固有的词,有的是外来词。这些词的词义有的始终不变,有的在发展过程中有各种变化,而演变的途径、方式和演变的机制、动因又各不相同。如果是双音的合成词,则两个语素的组合和凝固又有各种不同的形式。还有的原来是不同地域使用的词,经过不同的途径进入共同语,其中一个成为现代汉语书面语的常用词。对于现代汉语常用词的历史考察,我们统称为现代汉语常用词考源。

为什么要做现代汉语常用词考源?一方面是为了加深对现代汉语常用词的理解。现代汉语常用词人人都懂,不需要多加解释,但要问这些词的来源、理据和历史演变,却不是那么容易回答。如果经过研究弄清楚了这些问题,我们对这些词的理解就进了一步,不但知其然,而且知其所以然。另一方面是为了加深对汉语词汇历史演变规律的理解。现代汉语常用词是汉语词汇历史演变而形成的,深入研究现代汉语常用词的历史演变过程,会使我们看到各种复杂的词汇历史演变的现象,对这些现象加以分析和归纳,就能总结出一些汉语词汇历史演变的规律。此外,从目前的状况来看,现代汉语的研究和汉语史的研究多半是分开的,这有它的合理性;但从根本上说,现代汉语是汉语历史发展的结果,现代汉语的研究和汉语史的研究理应结合起来。而现代汉语常用词考源正好是以现代汉语词汇为切入点,把汉语史的研究和现代汉语的研究结合起来。所以,现代汉语常用词考源是一项十分有意义的工作。

现代汉语常用词究竟是怎样形成的?从词汇发展和词义演变的角度看,其发展演变有哪些主要的途径?可以分成哪些主要的类型?这些问题,现在还难以回答,必须进行深入研究才能逐步弄清。现代汉语常用词数以千计,现代汉语常用词考源的工作是一项很大的研究课题,需要很多人共同进行,一个人是不能胜任的。本文的意图也不是回答这个大问题,而只是选了几个现代汉语常用词的案例加以考察,是我对这个问题思考的点滴体会,写出来就正于方家。

本文分成三部分,第一部分考察两个实词"事情"和"月亮"的来源,第二部分考察两个虚词"要"和"不过"的来源,第三部分考察两组词"洗澡/洗浴"和"店/铺"历史上地域分布的差异以及在现代汉语书面语中哪个占了主导地位。三个部分在考察了这些词之后,都有一个简短的小结,分别就相关的问题提出一些自己的看法。

1

复音化是汉语词汇历史发展的总趋势。古代汉语的常用词以单音词为主，现代汉语的常用词以复音词为主。现代汉语的复音词通常由古代汉语的两个单音词凝固而成，复音词的意义多少与两个语素的意义有关系。但也有这样的情况：从现代汉语的共时平面来看，有的复音词其中一个语素无法说出其意义。如"事情"的"情"，"月亮"的"亮"就是这样。这种状况是怎样形成的？这需要通过它们历史上的演变来考察。

[事情]

"事情"是现代汉语很常用的一个词。《现代汉语词典》："事情：人类生活中的一切活动和所遇到的一切社会现象：～多，忙不过来。"这个词中的"情"是什么意思？

"事情"连用，在先秦就有，但意义和现代汉语不同，其中的"情"是有意义的，"事情"等于说"事实"或"事理"。

《战国策·秦策二》："请谒事情。"高诱注："情，实也。"

《韩非子·说难》："所说出于厚利者也，而说之以名高，则见无心而远事情。"

在《朱子语类》中，"事情"还是"事之情（情况、实质）"的意思。如：

叔器问读《左传》法。曰："也只是平心看那事理、事情、事势。"（卷83）

为学之道，须先存得这个道理，方可讲究事情。（卷8）

韩子引绳墨，切事情，明是非，其极惨礉少恩，皆原于道德之意。（卷137）

胡文定说春秋，高而不晓事情。（卷83）

有的"事情"，粗看和今天的意义一样，但仔细推敲，仍是"事实"之义。

今生在数百年之后,只据史传所载,不见得当时事情,亦难如此断定。(卷136)

《元典章·刑部》中的"事情"仍然是"事实"的意思,如:

本省看详:奸妇潘阿王所招,奸夫敖英孙于潘九四生前,对伊说知谋杀夫事情,不行报夫知会。(卷4)

其有司官吏临尸检验之际,变乱事情,多因此致。(卷5)

若是当场认定行凶致命,事情明白者,则于尸帐上明白标写作行凶正犯某人画字。(卷5)

设若事情疑似,未易辨明者,则标写作被告行凶人画字。(卷5)

但有的读作"事"也无不可。如:

其余杂犯,问事的官人每,量着事情轻重,不教分外了,依在先体例问呵,怎生?(卷2)

《金瓶梅》《红楼梦》里的"事情"已和现在意思相同[①]。如:

来保对西门庆悉把上项事情诉说一遍:"府中见翟爹,看了爹的书,便说此事不打紧,交你爹放心。"(《金瓶梅》48回)

今儿得罪了我的事小,倘或明儿"宝姑娘"来,什么"贝姑娘"来,也得罪了,事情可就大了。(《红楼梦》28回)

值得注意的是:在《清德宗(光绪)实录》里,"事情"共出现9次,其中有7次仍然是"事之情(事实/事理)"。

闻有窝藏匪类事情。(卷133)

查明哈萨头目并无需索马匹事情。(卷278)

诱致一节,殊未切中事情。(卷115)

且所论亦不合事情。(卷242)

文硕于此事筹及军旅,殊属昧于事情,不顾大局。(卷252)

胪列七条,语多臆度,不切事情。(卷410)

新进讲富强,往往自迷本始。迂儒谈正学,又往往不达事情。(卷476)

只有两处和现代的意义一样:

边塞事情,久未据左宗棠金顺奏到。(卷49)

又删去"干系重大事情,临时酌量办理"二语。(卷94)

"事情"这个例子说明:当一个词组凝固成词的时候,其中一个语素的意义可能会消蚀。人们在使用这个复合词的时候,只知道"事情"的整体意义就等于"事",而不会考虑其中的语素"情"是什么意思。

但是,这种词化的进展程度在不同的书面语中是不同的,在接近口语的书面语中进展较快,而在距离口语较远的书面语里,进展可能会很慢。

在 1856 年刊行的《耶稣教小引》中有这样两句话[2]:

第六诫　尔毋杀人　[注]此诫禁凡害人性命等事。

第七诫　尔毋奸淫　[注]此诫禁人嫖妓及贪色私通强谋等情。

这里的"事"和"情"显然是一个意思。会不会是"情"先变得和"事"同义了,然后组成一个并列结构的复音词"事情"呢?我想不可能。因为如上所说,早在《金瓶梅》中,"事情"已经是"事"的意思了,而在此之前,没有"情"单用表示"事"的例子。《耶稣教小引》中"事"和"情"同义,应该是在"事情"这个复合词形成以后,"情"的意义消蚀,而有人误解,以为这是一个并列结构的复合词,"情"的意义等于"事",由此而产生的误用,不可能是"事情"这个复合词产生的原因。

[月亮]

"月亮"这个词的构成也不好理解:用一个"月"就已经够了,为什么还要加一个"亮"?"亮"和"月"是什么关系?

"月亮"表示"日月星辰"的"月",是从清代开始的,明代还没有这个词。在古代,"月亮"两个字连用的也有,但不是一个词,"月"是主语,"亮"是谓语,"月亮"表示月很明亮,相当于古代汉语中常说的"月明"。如:

故人杯酒别,天清明月亮。(梁·吴均《酬别》诗)

庭木已衰空月亮,城砧自急对霜繁。(唐·李益《奉酬崔员外副使携琴宿使院见示》)

为了和现代汉语的复音词"月亮"相区别,我们把这种"月亮"用"月+亮"来表示。这种"月+亮"在历史上也不多见,在明代以前,我们见到的仅此两例。

到了明代,"月亮"连用也不很多。有一些仍是"月+亮"。如:

昨夜月亮,在后园葡萄架子底下玩月赏景。(《训世评话·卷上》)(《训世评话》是朝鲜时代李边编撰的汉语教科书,成书于1473年[明成化九年]。)

在《牡丹亭》和《西游记》中,"月亮"各出现一次:

〔末〕古人读书,有囊萤的,趁月亮的。〔贴〕待映月,耀蟾蜍眼花;待囊萤,把虫蚁儿活支煞。(《牡丹亭》7出)

那楼上有方便的桌椅,推开窗格,映月光齐齐坐下。只见有人点上灯来,行者拦门,一口吹息道:'这般月亮不用灯。'"(《西游记》84回)

从文意看,《牡丹亭》中的"趁月亮"是指趁着月光明亮,"月亮"是"月+亮"。《西游记》中的"月亮",解释为"月明"和"月"都说得通,但从时代来看,应该还是"月+亮"。

《三遂平妖传》23回有一例,"拿着一把月样白纸扇儿在手里,不住的摇,此时月亮却有些朦胧。"这里的"月亮"就是指"月"。但明刊本《三遂平妖传》只有20回,40回本是清代所刻,所以这一例不足以说明在明代已有"月亮"指"月"的例子。

在明代其他作品中的"月亮",结构和意义有所变化。

咱两个往那黑地里走,休往月亮处,着人瞧见。(《元曲选·燕青博鱼》3折)

此时是十五六天色,那轮明月照耀如同白日一般,何道说:"好月! 略行一行再来坐。"沈公众人都出来,学前黑地里立着看月,何道就乘此机会,走到女墙边月亮去处,假意解手。(《初刻拍案惊奇》卷31)

说罢,只听得房门矻矻有声,一直走进房来。月亮里边看去,果然是一个人,踞在禅椅之上,肆然坐下。(《二刻拍案惊奇》卷13)

月亮里灯笼空挂明。(冯梦龙《山歌》卷7)

分付了,两个月亮地里,走到小巷内。(《金瓶梅》15回)

只见月亮地里,原来春梅打灯笼。(《金瓶梅》40回)

大月亮地里蹑足潜踪,走到前房窗下。(《金瓶梅》83回)

《燕青博鱼》是元代李文蔚的杂剧,但《元曲选》是明代臧晋叔编撰的,难免有改动;特别是剧中的宾白,很可能是明代演出本的纪录,所以我们还是把它作为明代人的语言看待。

这些例句中的"月亮处""月亮去处""月亮里""月亮地里"

"月亮"还不等于"月",但已经和"月+亮"不大一样了:"月亮处""月亮去处""月亮里""月亮地里"指"月色明亮的地方、有月光的地方","月亮"合在一起作定语,"月"和"亮"凝固得比较紧了。

到了清代,"月亮"指"月"大量出现,在很多作品中"月亮"都是指"月"。如《醒世姻缘传》3例,《儒林外史》1例,《红楼梦》5例,《歧路灯》1例,《儿女英雄传》3例,全是指"月"。现各举一例于下:

既是离家不远,有这样皎天的月亮,夜晚了,天又风凉,我慢慢走到家去。(《醒世姻缘传》19回)

天色全黑,却喜山凹里推出一轮月亮来,那正是十四五的月色,升到天上,便十分明亮。(《儒林外史》38回)

怪道人都管着日头叫"太阳"呢,算命的管管月亮叫什么"太阴星",就是这个理了。(《红楼梦》31回)

再迟一会月亮大明起来也认清了,不如趁此月儿未出,倒还黑些。你去罢。(《歧路灯》39回)

月亮爷照着嗓膈眼子呢!(《儿女英雄传》7回)

除小说外,其他文献中的"月亮"也是指"月"。如:

即如你们唤日光叫"爷爷",月亮叫"奶奶"。(《颜元集·存人编》卷2)

在清·李光庭《乡言解颐》中,对"月亮"意义的演变有一个解释:

月者,太阴之精。然举世乡言无谓之太阴者,通谓之月亮。唐李益诗:"木叶已衰空月亮,城砧自息对霜繁。"以繁对亮,言其光也。相习不察,遂若成月之名矣。

人谓云曰云采,采亦色也。云之有采,如月之有光。谓

月为月亮,则谓云为云采,似也。(《乡言解颐》卷1)

他说"月亮"的"亮"本"言其光",后来人们"相习不察,遂若成月之名矣",这是对的。但是说"月亮"的构词和"云采"一样,则未必正确,因为"云采"的"采"是有意义的,而"月亮"指"月","亮"字没有"光"的意义。

那么,"月亮"这个词是怎样演变而来的呢?从本文列举的例句看,"月亮"从主谓关系的"月+亮"变为一个不能分开的词,成了"月之名",其演变并非一步到位,而是有一个过程的。从主谓关系的"月+亮"变为"月之名"的"月亮",有一个中间环节:即上面所举《燕青博鱼》到《金瓶梅》的"月亮+处所词(处/里/地里)"各例。这个中间环节很重要,一方面是如上所述,这种作定语的"月亮",结构凝固得比较紧了,意义也有变化;这就为"月亮"进一步演变为一个词,意义演变为"月之名"创造了条件。另一方面,可能是这种"月亮+处所词(处/里/地里)"的组合,受到"太阳+处所词"的影响,从而"月亮"的结构和意义都发生了变化。

在清代,"月亮+处所词"的说法依然存在。如:

那东西抖擞身上的毛,发起威来,回头一望,望见月亮地下照着树枝头上有个人,就狠命的往树枝上一扑。(《儒林外史》38回)

好似月亮地下挂灯笼一般。(清·李世忠《梨园集成·珠沙》)(这句和冯梦龙《山歌》的"月亮里灯笼空挂明"语义很接近,可见明代"月亮+处所词"的说法一直延续到清代。)

同时,清代又有"太阳+处所词"的说法。如:

杜慎卿到了亭子跟前太阳地里,看见自己的影子。(《儒林外史》29回)

姑娘站了半天,乏了,这太阳地里歇歇儿罢。(《红楼梦》55回)

只叫他们垫着磁瓦子跪在太阳地下。(《红楼梦》61回)

安老爷、安太太这才觉出太阳地里有些晒得慌来。(《儿女英雄传》35回)

把上身的衣服给脱下来,把他放在外面太阳地下晒着。(《永庆升平前传》23回)

"月亮地里"的"月亮"是一个词组,"太阳地里"的"太阳"是一个词,两者不一样。但"月亮地里"指月光照着的地面,"太阳地里"指阳光照着的地面,两者很相似,语言使用者会觉得,既然"太阳地里"的"太阳"指"日",那么,"月亮地里"的"月亮"也可以指"月"。也许,就是基于这样的类推,"月亮地里"的"月亮"这个本来已经凝固得比较紧的语言单位,就会产生指"月"的意义。再加上汉语复音化的趋势,要求双音词"太阳"有一个相应的双音词和它相对,于是"月亮"就代替了"月",成为汉语的一个常用词。到"月亮"整个词表示"月"的意义之后,"亮"的意义也就消蚀了。

小结:"事情"和"月亮"都是从一个"A+B"组成的词组演变为一个词"AB",而且这个词的意义就等于原先的"A","B"的意义消蚀了。从"A+B"到"AB",应该是有一个演变过程的。但这种演变过程,有的看得比较清楚,如"月亮";有的看不出来,如"事情"。这是汉语词汇演变的一种很有趣的模式。属于这种模式的还有一些,如"国度",原先是"国+度",意思是"国之法度"

或"国之用度"。到而现代汉语中的"国度"意思就等于"国","度"的意义消蚀了。限于篇幅,"国度"的发展过程将另文讨论,在本文中不谈。

2

上面讨论的是实词的例子。虚词的演变,比实词更为复杂。很多虚词,包括单音和复音的,其来源都是实词。从实词演变为虚词,经历了虚化的过程,而虚化的途径是多种多样的。从变化的程度来看,有的变化不大,可以明显地觉察到演变成的虚词和它的语源(实词)之间的联系。有的变化很大,如果不看演变过程,仅仅拿演变的起点和演变的终点加以比较,两者之间找不到任何语义联系。后一种演变更值得我们注意,经过深入研究,可以发现一些重要的词义演变和语法化的途径和机制。下面讨论两个案例。

[要]

在现代汉语中,"要"是表示假设的连词。假设连词"要"是怎样发展来的?和"要"的其他常见用法有没有关系?

"要"的另一个常见用法是情态动词,和"欲/打算"同义。在现代汉语中,假设连词"要"和情态动词"要"的区别是很明显的。如:

(A)我要走了,明天再来。(情态动词)

(B)我要走了,就不来了。(假设连词)

那么,假设连词"要"和情态动词"要"之间有没有关系?如果有关系,它是通过什么途径发生演变的?这正是我们要讨论的问题。

从历史上看。情态动词"要"出现得早,在唐代就有了。如:

既至此,岂不要见当家簿书?(《朝野金载》卷6)

而假设连词"要"出现得晚,据我的看法,是到明代才产生。例子见后。

"要"是怎样从情态动词演变为假设连词的呢?

在《朱子语类》里,有这样的句子:

(1)易是变易,阴阳无一日不变,无一时不变。庄子分明说"易以道阴阳"。要看易,须当恁地看,事物都是那阴阳做出来。(卷62)

(2)今之官司合用印处,缘兵火散失,多用旧印。要去朝廷请印,又须要钱,所以官司且只苟简过了。(卷106)

这种"要"是情态动词,表示主观愿望。但这种"要……"的句子,后面还有后续句,即:句A,句B。句A表示要做某事,句B表示会遇到某种情况。句A是假设的条件,但这种假设关系不是用虚词来表达的,而是由句式来表达的。句A中的"要"的语义只是表示"做某事"是一种设想的行为而不是已经实现的行为。但既然是在假设句中,"做某事"就必然是一种设想的行为而不是已经实现的行为,有没有助动词"要"都一样。所以,在这种句式中,"要"的语义逐渐淡化。既然"要"的意义淡化了,那么,在句子中起什么作用呢?因为这种"要"经常出现在假设句中,久而久之,人们会认为"要"的作用是表示假设。我们可以这样来表示其演变过程:

(1)易是变易,阴阳无一日不变,无一时不变。庄子分明说"易以道阴阳"。要看易,须当恁地看,事物都是那阴阳

做出来。(卷62)

1. 要看易＝欲看易

2. 要看易＝(若)欲看易

3. 要看易＝若看易

(2)今之官司合用印处,缘兵火散失,多用旧印。要去朝廷请印,又须要钱,所以官司且只苟简过了。(《朱子语类》卷106)

1. 要去朝廷请印＝欲去朝廷请印

2. 要去朝廷请印＝(若)欲去朝廷请印

3. 要去朝廷请印＝若去朝廷请印

1、2、3代表"要"演变的三个阶段。第一阶段,"要"是一个情态动词,意义等于"欲"。这种"要"可以出现在任何表达主观意愿的句子中。第二阶段,情态动词"要"出现在假设句中,这种假设句不用假设连词来表达,但根据整个假设的语境,可以在"要"前面加上一个假设连词"若";而且,如前面所说,这个情态动词"要"在这种语境中可有可无,如果去掉"要"或"欲",句子的语义不受影响。但是"要"在句中还是存在,这时,人们就可能认为"要"的作用是表示假设。这就到了第三阶段,人们把"要"的语义看作是表示假设,认为"要"的意义等于"若"。

一旦这种语感固定下来,人们就会把"要"当作假设连词使用,出现在连词的句法位置上(主语前)。如:

伯爵道:"休说五两的话。要我手段,五两银子要不了你的,我只消一言,替你每巧一巧儿,就在里头了。"(《金瓶梅》45回)

孙氏道:"大闺女二十五岁哩。要闺女不嫌,可就好。"(《醒世姻缘传》72回)

这样,"要"就完成了从情态动词到假设连词的演变。

"要"从表愿望的情态动词演变为表假设的连词,这种演变不能用"引申"来解释,因为它原有的意义和新的意义之间毫无语义上的联系。这种演变是通过"语境吸收(absorbtion of context)"而形成的。

什么叫"语境吸收"?

Bybee,Joan,R. Perkins & W. Pagliuca "*The Evolution of Grammar*"说:

More interesting from us perspective, however, are the cases discussed in § 6.11 of grams whose meaning appears to change due to the linguistic contexts to which they are restricted by newer developing grams. In these cases, modal meaning seems to arise in forms that were previously indicatives. As we pointed out there since new grammaticalization of tense and aspect tend to arise in main, asserted clauses, pre-existing tense and aspect forms tend to be preserved longer in subordinate clauses, especially those that are not asserted but rather have some other modality, such as the expression of conditions or purposes or complements to verb of wanting or ordering. Since these old forms have so little semantic content of their own, if they survive, they are available to absorb the modal content of their context. After being excluded from indicative functions for a time and associated only with subordinate modal functions, when these forms move back into main clauses uses, they are reported to express a weak kind of hortative or obligation sense. Our claim is that these elderly forms have picked up some modal flavor from their subordinate environment. Note that such cases differ from the more usual change by inference in that the meaning they are absorbing comes from the LINGUISTIC context, the context of the clause and its function in the sentence, more than from the general pragmatic context. (p. 296)

简单地说,"语境吸收"指的是:某一个词经常出现在某种句法位置上,它原有的语义逐渐淡化以至消失,而人们以为这种句法环境所体现的语法意义(这种语法意义通常不是由某一个虚词来表达,而是句式本身表达的)是由这个词来表达的,久而久之,这种语法意义就成了这个词固定的意义,人们就会按照这个词的这种新的意义来把它用在其他语法位置上,这就完成了这个词的演变。

在汉语发展史上,这种由于"语境吸收"而形成的演变是相当常见的。关于这个问题,当另文讨论。

(按:关于"要"由情态动词演变为假设连词的问题,我在《词义演变三例》中已经说过,详略有所不同。)

[不过]

现代汉语中"不过"是个转折连词。"试验失败了,不过他并不灰心。"(《现代汉语八百词》)"不过"和"但是"一样,可以表示转折,只是在一般情况下,转折的意思比"但是"略轻。

为什么"不+过"能表转折?这与"不"和"过"两个语素有什么关系?

"不过"最初是个词组,是"不超过(某个数量)"之意。很显

然这个词组的意思,大体上就是"不"和"过"意义的加合。如:

> 除病瘦死丧忧患,其中开口而笑者,一月之中不过四五日而已矣。(《庄子·盗跖》)

由此进一步演变,"不过"就凝固为一个复合词,不表示很具体的数量,而只表示数量很少,"仅此而已":

> 鹪鹩巢于深林,不过一枝;偃鼠饮河,不过满腹。(《庄子·逍遥游》)

到《朱子语类》里,发展为连词,义同"只是",是轻微的转折,不否定上文,只是补充上文的意思。看得出来,这和"仅此而已"的意义是有联系的。

> 但始初须大段着力穷究,理会教道理通彻。不过一二番稍难,向后也只是以此理推去,更不艰辛,可以触类而长。(《朱子语类》卷118)

在《红楼梦》和《儿女英雄传》里的"不过"也是这种用法:

> 姨妈究竟没甚大病,不过还是咳嗽腰疼,年年是如此的。(《红楼梦》78回)

> 我这里又不曾冲锋打仗,又不曾放炮开山,不过是我用刀砍了几个不成材的和尚,何至于就把他吓的溺了呢?(《儿女英雄传》8回)

再进一步发展,就表示较大的转折,义同"但是",表示和上文对立的意思。这种用法,就和表示"仅此而已"的"不过"没有直接联系了。这种用法产生得相当晚,在《红楼梦》和《儿女英雄传》里还没有,到《二十年目睹之怪现状》(1910年出版)里才有:

这件事,兄弟另外叫人去办,不烦阁下费心;不过另有一事,兄弟却要叮教。(72回)

兼祧不兼祧,我并不争;不过要择继叔父的儿子,那可不能!(10回)

归纳起来,"不过"的演变有四个阶段:

1.词组。表示"不超过(某个数量)"。→2.复合动词。表示数量很少,"仅此而已"。→3.连词。表示轻微的转折,大致等于"只是"。→4.连词。表示较大的转折,大致等于"但是"。

这四个阶段,每两个相邻的阶段都有联系,把四个阶段连接起来,其演变的轨迹很清楚。但如果把中间的阶段去掉,直接把第一阶段和第四阶段连接起来,问:为什么"不+过"能表转折?这就不好回答了。

"不过"的第二阶段表具体事物数量上的"仅此而已",发展为第三阶段表抽象事理的"仅此而已",这种由表示具体事物关系到表示抽象事理关系的演变,是汉语发展史上很常见的。由表示事物反面的"反",到表示事理关系的"反";由表示空间位置靠近的"即",到表示事理相因的"即";由表示过程终结的"了",到表示体貌完成的"了",都是同一类的例子。只是这些例子都是由实词变为虚词,所以不仅仅是一般的词义引申,而且还牵涉到通常所说的语法化问题。

值得注意的是第三阶段的"不过"所处的语境。"不过"前后的两个小句,是什么关系?是顺承还是转折?这和"不过"的词义有关。上面说过,第三阶段的"不过",表示事理的"仅此而已"。比如上面所引的《红楼梦》的句子,说"不过还是咳嗽腰疼","不过"是说"仅有小病而已"。那么,和上一句"姨妈究竟没甚大病"相连,上下句之间究竟是什么关系?这取决于对"仅此而已"怎么看。如果说"仅有小病而已"是表示"病不重",那么上句说"没甚大病",下句说"病不重",就是顺承。如果"仅有小病而已"是表示"有小病",那么上句说"没甚大病",下句说"有小病",就是轻微的转折。究竟是顺承还是轻微的转折,要看说话人意思的侧重。《红楼梦》的例句看来是侧重于后面一种意思,可以说是轻微的转折。所以,应该说"不过"上下句之间的语境,不完全是外加的,而是与"不过"本身的语义有关的。由此看来,"不过"和上面所说的"要"有所不同,"不过"表示轻微转折的语义,不是由"语境吸收"而来的,而是它本身的语义造成的。

但是,由于"不过"经常处于具有轻微转折关系的上下句之间,这种频繁出现的语境也会给人们一种印象:"不过"的作用主要是表示转折。从而人们就更多地把"不过"用于有转折关系的上下句之间,不但用于表示轻微的转折的上下句,而且用于具有较大转折关系的上下句。久而久之,"不过"就成了和"但是"一样的转折连词。这就到了第四阶段。

小结:这部分讨论的两个连词,都由动词演变而来,而且经历了曲折的演变过程。两者的演变途径不完全相同:"要"演变为假设连词,是通过"语境吸收"取得了原来没有的表假设的语义功能,从而演变为假设连词。"不过"演变为转折连词,开始不是"语境吸收",而是和它本身的语义有关;但它所处的语境也加强了它表转折的功能,最后演变为转折连词。两者的演变也有共同之处:语境在它们的演变过程中都起了作用,只是作用的大小不完全相同。

3

现代汉语的常用词,有的是通过不同方言色彩的词的竞争和选择而形成的。下面可以看到,"洗澡"和"洗浴"、"店"和"铺",在历史上都曾经用于不同的地域,有的用于南方官话,有的用于北方官话。到了现代汉语普通话的书面语言中,选取了原来用于北方官话的"洗澡"和原来用于南方官话的"店"。

[洗澡/洗浴]

在现代汉语中,北方话和普通话说"洗澡","洗浴"是带有方言色彩的说法。如:

天气接连的大热了近二十天,看上海报,几乎每天都有下河洗浴,淹死了人的记载。(鲁迅《花边文学·水性》)

这两个词历史上的情况如下:

"洗浴"出现很早。从东汉、魏晋南北朝到唐宋元明清都能见到。

即洗浴身,见衣被,遂为夫妇如初。(《风俗通义·佚文》)

弟子以盛麻油膏,净自洗浴。(《六度集经》卷3)

即请如来,香水澡浴。分取世尊洗浴之余,作八万四千宝瓶,分与八万四千诸国。(《杂宝藏经》卷6)

昆仑向田行,乃见有三个美女洗浴。(《敦煌变文新书·搜神记》)

以水二斛五斗煮取一斛二斗,以自洗浴也。(《云笈七签》卷41)

若有生得好妇女,将来教洗浴了。(《元朝秘史》卷8)

"洗澡"出现得很晚。唐代仅一例,未必可靠:

> 炼蜜敲石炭,洗澡乘瀑泉。(于鹄《过凌霄洞天谒张先生祠》)

宋元未见,明代开始出现。在明代的近400种文献中,有近100例,但使用频率不如"洗浴"(300多例)[③]。

> 孙舍混堂里洗澡去来。(《朴通事谚解上》)
> 一群猴子耍了一会,却去那山涧中洗澡。(《西游记》1回)
> 吩咐迎儿热下水,伺候澡盆,要洗澡。(《金瓶梅》8回)
> 适才才去洗澡回来。(《型世言》6回)

"洗浴"和"洗澡"在明代文献中的分布大体是:

只有"洗浴"的文献:《今古奇观》《普济方》《水浒》《医方类聚》《山歌》。

只有"洗澡"的文献:《封神演义》《朴通事谚解》《三遂平妖传》《型世言》《训世评话》。

"洗浴"和"洗澡"都有的文献:《西游记》("洗浴"9次,"洗澡"14次)、《金瓶梅》("洗浴"4次,"洗澡"6次)。《西游记》和《金瓶梅》中,"洗浴"和"洗澡"的使用是任意的。例如:

> 我有五百多年不洗澡了,你可去烧些汤来,与我师徒们洗浴洗浴。(《西游记》14回)

从明代文献来看,大体上可以说:"洗浴"多用于南方方言,"洗澡"多用于北方方言;但也有两者都用的。

到清代,两个词的使用次数倒了过来,在清代近950种文献中,"洗澡"约350次,"洗浴"约150次。"洗澡"比"洗浴"用得多。

还有一点值得注意:说"洗一个澡"的较多,说"洗(或用另一个动词)一个浴"的较少(有些明显是方言)。

他父子两个,在上河澡堂子里洗了一个澡。(《儒林外史》25回)

又走入池中洗一个浴。(《醒世恒言》7回)

请耐豁个浴。(《海上花列传》39回)

叫他去冲个浴。(《人海潮》4回)

"洗一个X水澡"的有2例,"洗一个X水浴"的未见。

洗了一个冷水澡。(《海公大红袍传》3回)

洗个香水澡。(《续济公传》56回)

"洗"和"浴""澡"原来都是动词,"洗浴"和"洗澡"原来都是并列的动词词组,后来凝固为并列结构的复音词。成词以后还能拆开,说成"洗一个澡/浴",甚至说成"洗一个X水澡",这种现象在汉语中并不少见,像"游一次泳""游一次蛙泳""鞠一个躬""鞠一个九十度的躬"都是。有人把这种词称为"离合词"。但离合词是有一定条件的,只有常用的复音词才能这样拆开。所以,在清代"洗一个澡"较多,"洗一个浴"较少,以及有"洗一个X水澡",而没有"洗一个X水浴",反映出在清代"洗澡"的使用频率比"洗浴"高。

可见在清代的通语里,"洗澡"已经占主导地位了。这和清代北方话影响的扩大有关。

[店/铺]

在现代汉语中,"店"和"铺"都指售物的商店,"店"所指的范围比"铺"宽一点,如"理发店"不能叫"理发铺"。除此之外,"店"和"铺"主要是使用地域的区别。一般来说,南方多称"店",北方多称"铺"。但在现代汉语普通话的书面语中还是"店"用得比"铺"多。

"店"在晋代就已经出现。崔豹《古今注·都邑》:"肆,所以陈货鬻之物也。肆,陈也。店,所以置货鬻之物也。店,置也。"下面是《世说新语》的例子:

阮宣子常步行,以百钱挂杖头,至酒店,便独酣畅。(《世说新语·任诞》)

有一客姥,居店卖食。(《世说新语·假谲》)

"铺"的"商店"义最早见于唐代:

兴生市郭儿,从头市内坐。例有百余千,火下三五个。行行皆有铺,铺里有杂货。(《王梵志诗·卷2·兴生市郭儿》)

城市多开店铺,煎茶卖之。(《封氏闻见记》卷6)

得钱只了还书铺,借宅常时事药栏。(张籍《送杨少尹赴凤翔》)

亦如人将百种货物,杂浑金宝,一铺货卖,祇拟轻重来机,所以道,石头是真金铺,我者里是杂货铺。(《祖堂集·仰山和尚》)

今若江津河口,置铺纳税。(《旧唐书·崔融传》)

宋代"店""铺"都用,看不出明显的地域差别。

如记载临安情况的《都城纪胜》,既用"店"也用"铺":

都城食店,多是旧京师人开张,如羊饭店兼卖酒。……南食店谓之南食,川饭分茶。盖因京师开此店,以备南人不服北食者,今既在南,则其名误矣,所以专卖面食鱼肉之属,……饱馂店专卖大燠、爊子、飥馂并馄饨。菜面店专卖菜面,……素食店卖素签、头羹、面食……(《都城纪胜·食店》)

自五间楼北,至官巷南御街,两行多是上户金银钞引交易铺,仅百余家,门列金银及见钱,谓之看垛钱,此钱备入纳算请钞引,并诸作匠炉鞴纷纭无数。自融和坊北至市南坊,谓之珠子市头,如遇买卖,动以万数。间有府第富室质库十数处,皆不以贯万收质。其他如名家彩帛铺,堆上细匹段,而锦绮缣素,皆诸处所无者。又如厢王家绒线铺自东京流寓,今于御街开张,数铺亦不下万计。又有大小铺席,皆是广大物货,如平津桥沿河,布铺、扇铺、温州漆器铺、青白碗器铺之类。且夫外郡各以一物称最,如无纱洪扇、吴钱之类。都会之下皆物所聚之处,况夫人物繁伙,客贩往来,至于故楮羽毛扇牌,皆有行铺,其余可知矣。(《都城纪胜·铺席》)

记载洛阳事情的《洛阳缙绅旧闻记》,也是既用"店"也用"铺":

孙亦无一言,某遂召入酒店内同坐。(《洛阳缙绅旧闻记》卷4)

忽有老人于市内问院主曰:"每日见来药铺中,买甚药物?"僧云:"买某色药。"老人曰:"试往水北小清化内路某人铺子内问之,合有此药。"(同上)

元代也是如此,"店""铺"看不出明显的地域差别。如在《元刊杂剧三十种》里,既有"店"也有"铺":

酒店(老生儿),熟食店(魔合罗);

卦铺(陈抟高卧)、生药铺(魔合罗)、绒线铺(魔合罗)

隔壁儿熟食店,对门儿生药铺。(《魔合罗》1折)

在元代的南戏里,情况也是如此:

酒店(白兔记)、馄饨店(幽闺记)、茶店(错立身)、食店(张协状元、杀狗记);

生药铺(荆钗记)、杂卖铺(荆钗记)、打铁铺(白兔记)、药铺(幽闺记)、米铺(张协状元)、铁铺(杀狗记)

明代大致也是如此。如：

《金瓶梅》中既用"店"也用"铺"。如："一直奔到西门庆生药店前,要寻西门庆厮打。正见他开铺子的傅伙计在木柜里面。"(9回)

《牡丹亭》中也如此:既有"药店"(4出),又有"药铺"(33出、34出)。

到了清代,"店"和"铺"的南北差异相当显著了。

在用吴方言写的《海上花列传》中,绝大多数用"店":

"店"64次,有"参店""票店""南货店""照相店"等……

"铺"仅"典铺"4例,无"铺子"。

在用北京话写的《儿女英雄传》中,绝大多数用"铺":

当铺(4、14回)、小饭铺(21回)、砖瓦铺(32回)、红货铺(32回)、鼻烟铺(36回)、药铺(36回)。还有"铺子"(13回)。

只有一处用"店":

杂货店(14回)。

美国传教士狄考文《官话类编》(Calvin Wilson Mateer, 1836—1908, *A Course of Mandarin Lessons, Based on Idiom*)也记载说:

> "铺/店"的用法南北官话不同(/前面是北方官话,后面是南方官话):
>
> > 郭子彬的钟表铺/店昨天晚上叫贼偷了一架钟/两个挂表。
> >
> > 他父亲的铺子/店在大街上。
> >
> > 张先生的钱铺已经倒了。——张先生的钱店已经黄了。[注]钱店:a bank, a broker-shop, Southern. (p.18)

(转引自张美兰《明清域外"官话"资料与明清汉语研究》,东北师范大学出版社,2011年4月)

直到现代汉语中,仍是北方话用"铺",南方话用"店"。如:

《骆驼祥子》:"酒店"(仅 1 次)。其余都是"铺":"车铺""煤铺""点心铺""小铺""铜铁铺""喜轿铺","铺子2"。

但是,在现代汉语普通话的书面语中,还是多数用"店"不用"铺"。

小结:从上面两组词可以看到历史上一些同义的词在不同地域的使用情况。从这两组词来看,它们在历史上的使用情况是复杂的。有的时期,地域的差别不明显。比如,"店"和"铺",在唐代到明代这一段时间,没有明显的地域差别,有差别的倒是和不同的词的搭配,如"酒店"不说"酒铺",而"当铺"不说"当店"。(当然,这也可能与这些词最初形成的地域有关,比如,"酒店"可能最初是在南方形成的,"当铺"可能最初是在北方形成的,以后一直沿用。但这只是一种设想,没有文献数据可以证实。)至少到了清代,这两组词使用的南北地域是比较清楚了。清代北方官话的影响大于南方官话,现代汉语普通话也是以北方话为基础的,所以普通话的书面语对于一些有南北地域差别的词的选择,一般是选取北方使用的词,如"洗澡/洗浴"就选取了"洗澡"。但也不能一概而论,在"店/铺"中,还是选取了"店"。为什么有这种选取的不同,其因素比较复杂,还有待进一步研究。

4 余论

现代汉语词汇是汉语词汇历史发展的结果,现代汉语常用词是对不同雅俗、不同地域的词择取而成的。目前对现代汉语词汇从平面来研究的多,从历史来研究的少。如果从历史的角度来研究现代汉语词汇,特别是对作为词汇主体的现代汉语常用词做一个系统的研究,看一看现代汉语的常用词是通过怎样的历史发展形成的,现代汉语普通话的书面语是怎样对不同雅俗、不同地域的词进行择取的,一定能加深我们对现代汉语常用词的理解,加深我们对词汇演变的认识。而且,知古可以鉴今,研究现代汉语常用词形成的历史过程,也会有助于今后现代汉语词汇的规范工作。所以,希望更多的有识之士来从事这项有意义的工作。

附注

① 《汉语大词典》认为下列例句中的"事情"已是和现代汉语中的意思相同:《文心雕龙·书记》:"列者,陈也。陈列事情,昭然可见也。"今按:《文心雕龙·书记》的原文为:"状者,貌也。体貌本原,取其事实,……列者,陈也。陈列事情,昭然可见也。""事情"仍为"事实"之义。
② 这个例子是清华大学张美兰教授提供的。
③ 本文统计的依据是陕西师范大学编制的《汉籍全文检索系统》。

【今按】本文认为"月亮"指"月"始于清代,这个看法不对,明代就有这样的例子。我在《近代汉语研究概要(修订本)》(北京大学出版社,2017)中,已经根据汪维辉的论文改正了这一观点。(见《概要》P.399—400)

参考文献

蒋绍愚(待刊) 《词义演变三例》。
吕叔湘主编 1984 《现代汉语八百词》,商务印书馆。
张美兰 2011 《明清域外"官话"资料与明清汉语研究》,东北师范大学出版社。
中国社会科学院语言研究所词典编辑室 2005 《现代汉语词典》(第5版),商务印书馆。
Bybee, Joan, Revere Perkins and William Pagliuca 1994 *The Evolution of Grammar—Tense, Aspect, and Modality in the Language of the World*. The University of Chicago Press.

(原载《国学研究》第29辑,2012年6月)

古汉语词典编纂的一些问题

古汉语词典是人们在阅读古书时必需的工具书。古汉语词典有大型、中型、小型之分,使用者不同,编纂的原则和体例也会有所区别。本文谈一些共同性的问题,也会涉及一些区别。

1 条目的选择和字头的处理

大型的汉语词典的条目应该比较完备,但也不可能包括历史上曾出现过的所有的字形和词语。如在简帛文书和敦煌文书中,同一个字的手写体有多种写法,这些字就没有必要、也不可能全收。又如:《墨子·非攻》:"甲盾拨劫,往而靡弊腑冷不反者。"敦煌变文《舜子变》:"沿路觅些些宜利。"这些句子里的"拨劫""腑冷""宜利",都不必收。中小型词典的条目必须经过选择,选择的标准是使用者的需要,过僻的条目(如:"臣臣"卑屈的样子、"囲落"藩篱)和古今意义毫无差别的条目(如:"凡庸""首饰")可以不收。

条目的设置,有两种办法。大型的字典、词典是每一个不同的字形单列一条,异体字也分别列为不同的条目。中小型词典中,几个异体字可作为一个条目,用括号标注。如"宝(寶)""炉(鑪)""荞(蕎)""秋(烁)"。但如果不是严格意义的异体字,则不同的字形有的意义相同,有的意义不同,就需要加以说明。如"粗(麤)",应说明"麤"有"行超远"之义,这个意义不写作"粗"。"鬭(鬥)",应说明"鬭"有"遇合"义,这个意义不写作"鬥"。如果是区别字,就不宜用括号标注,而要另立条目并加以说明。如"然"和"燃","解"和"懈","閒"和"間"。

2 义项的分合

义项的分合对词典的面貌、对读者的使用都有较大的影响,要慎重处理。

有些义项的分合是很清楚的,有些义项的分合比较复杂。这里牵涉到:1. 对词义概括性的处理:哪些是词的固定意义,哪些是词的上下文意义？不同的固定意义应分立义项,上下文意义不应单立义项。2. 对词义引申的处理:较近的引申可以放在一个义项中;较远的引申,应该另立义项。王力先生是不主张义项分得太多的,他在《王力古汉语字典·序》中说:"一般字典辞书总嫌义项太多,使读者不知所从,其实许多义项都可以合并为一个义项,一个是本义,其余是引申义。本书以近引申义合并,远引申义另列,假借义也另列。这样,义项就大大减少,反而容易懂了。"根据王力先生的这一意见,《古汉语常用字字典》和《王力古汉语字典》都采取这样一种体例:在一个义项中,可以用引、义、⃝之类的符号把一些近引申义放在一起。这样,一个条目的义项就减少了,而词义之间的引申关系也就更清楚了。另外,王力先生在《序》中提出:"僻义归入备考栏,……以免它们和正常的词义混在一起,给读者添麻烦。"这一主张也很重要。

当然,这种处理不是绝对的,也要根据词典的性质和读者的需要而有所不同;但作为一般词典编纂的原则,这些意见是应该遵从的。下面举一个"解"为例加以说明:

"解"有三个读音:1. jiě 2. jiè 3. xiè。这里只讨论第一个读音的义项。

《汉语大词典》在"解 jiě"下列了31个义项,下面把这31个义项的释义全部抄录,为了节省篇幅,每个义项最多只引用2个例句。

1. 用刀分割动物或人的肢体。《庄子·养生主》:"庖丁为文惠君解牛。"《楚辞·离骚》:"虽体解吾犹未变兮,岂余心之可惩。"2. 剖开;锯开。北魏贾思勰《齐民要术·伐木》:"虽春夏不蠹,犹有剖析开解之害,又犯时令,非急无伐。"宋陶谷《清异录·木》:"同光中,秦陇野人得柏树,解截为版,成器物置密室中,时芬芳之气,稍类沉水。"3. 分割;划分;分裂。《国语·鲁语上》:"晋文公解曹地以分诸侯。"《后汉书·仲长统传》:"怨毒无聊,祸乱并起,中国扰攘,四夷侵叛,土崩瓦解,一朝而去。"4. 涣散;离散。《礼记·檀弓下》:"殷人作誓而民始畔,周人作会而民始疑。苟无礼义忠信诚悫之心以莅之,虽固结之,民其不解乎!"《汉书·张耳陈余传》:"今独王陈,恐天下解也。"5. 融化;消散。北魏贾思勰《齐民要术·水稻》:"二月冰解。"宋王谠《唐语林·补遗二》:"及锜(李锜)伏法,京师大雾,三日不解。"6. 大额的金钱兑散成小额的。《水浒传》第三八回:"李逵道:'我有一锭大银,解了十两小银使用了。'"7. 排解;和解;劝解。《战国策·赵策三》:"所贵于天下之士者,为人排患、释难、解纷乱而无所取也。"《史记·项羽本纪》:"项王、范增疑沛公之有天下,业已讲解,又恶负约,恐诸侯叛之。"唐韩愈《复志赋》:"居悒悒之无解兮,独长思而永叹。"8. 免除;解除;消除。《易·系辞下》:"故恶积而不可掩,罪大而不可解。"《汉书·孔光传》:"长(淳于长)犯大逆时,乃始等见为长妻,已有当坐之罪,与身犯法无异。后乃弃去,于法无以解。"晋葛洪《抱朴子·安贫》:"图画骐骥以代徒行之劳,遥指海水以解口焦之渴。"《南齐书·王俭传》:"叔父僧虔亡,俭表解职,不许;又领太子少傅,本州中正,解丹阳尹。"9. 禳除;向鬼神祈祷消灾。《庄子·人间世》:"故解之以牛之白颡者,与豚之亢鼻者,与人有痔病者,不可以适河。"10. 解开;脱下。《孟子·公孙丑上》:"当今之时,万乘之国行仁政,民之悦之,犹解倒悬也。"三国魏曹植《洛神赋》:"愿诚素之先达兮,解玉佩以要之。"11. 脱落。《逸周书·时训》:"夏至之日,鹿角解。"汉刘向《列女传·楚老莱妻》:"鸟兽之解毛,可绩而衣之。"12. 开;开放。宋欧阳修《钱相中伏日池亭宴会分韵》:"粉篝春苞解,红榴夏实初。"《后汉书·任光李忠等传赞》:"任邳识几,严城解扉。"13. 明白;理解。《庄子·天地》:"大惑者,终身不解。"《三国志·魏志·贾诩传》:"〔曹操〕又问诩计策,诩曰:'离之而已。'太祖曰:'解。'"14. 解释;讲解。《孟子·公孙丑下》:"燕人畔,王曰:'吾甚惭于孟子。'陈贾曰:'王无患焉……贾请见而解之。'"15. 特指对古代典籍的注释,注解。北齐颜之推《颜氏家训·音辞》:"高诱解《吕览》《淮南》。"16. 辩解;推辞的理由。《汉书·灌夫传》:"将军乃肯幸临况魏其侯,夫安敢以服为解!"17. 通彻;通达。《庄子·秋水》:"且彼方跐黄泉,而登大皇,无南无北,奭然四解,沦于不测;无东无西,始于玄冥,反于大通。"18. 多貌。参见"解解"。19. 休止;停止。《竹书纪年》卷下:"〔穆王〕西征于青鸟所解。"宋杨万里《答朱侍讲》:"伏以春事将中,苦雨未解。"20. 道教语。谓修道者死后,魂魄脱离形骸而成仙。《史记·封禅书》:"〔燕人〕为方仙道,形解销化。"21. 消遣;消磨。参见"解日"。22. 分泌汗液;排泄大小便。汉王充《论衡·寒温》:"人中于寒,饮药行解,所苦稍衰;转为温疾,吞发汗之丸而应愈。"《石点头·莽书生强图鸳侣》:"〔莲房〕随向假山石畔,蹲下去小解。"23. 乐曲、诗歌或文章的章节。晋崔豹《古今注·音乐》:"李延年因胡曲,更进新声二十八解。"24. 文体名。其文以辨释疑惑,解剖纷难为主,属论辩类。晋张华《博物志》卷四:"贤者著述曰传、曰记、曰章句、曰解、曰论、曰读。"25. 卦名。六十四卦之一,取缓解之义。《易·解》:"解,利西南,无所往。其来复吉,有攸往,夙吉。"26.(又读 xiè)武术用语。招架;抵抗。宋文莹《玉壶清话》卷一:"昱(钱昱)轻便美秀,太祖授禅,伯父俶遣持贡入阙,赐后苑宴射。时江南使者已先中的,令昱解之,应弦而中。"27.(又读 xiè)武术用语。套数。元无名氏《独角牛》第二折:"你看我横里丢,竖里砍,往上兜,往下抛……马前剑扑手有三十解。"28. 能够;会。晋陶潜《九日闲居》诗:"酒能祛百虑,菊解制颓龄。"唐李白《月下独酌》诗之一:"月既不解饮,影徒随我身。"29. 量词。回;次。元马致远《集贤宾·思情》套曲:"听夜雨无情,哨纱窗紧慢有三千解。"30. 数学名词。代数方程中未知数的值。

31.数学名词。演算方程式;求方程式中未知数的值。

其实,这里有些义项是可以归并的。我们可以按照词义的引申关系,把其中15个义项归并为10个义项。下面用(一)(二)表示我们归纳的义项,用① ② 表示《汉语大词典》的义项:

(一)分割动物或人的身体。即①。(二)剖分,分割。包括②③。(三)把系着的东西解开。即⑩。(四)分解,离散,融解。即④ ⑤。⑤脱落。即⑪。(五)开,开启。即⑫。(六)调解,排解。⑤和解。⑦的三个释义分为两组。(七)解除,免除。即⑧。⑤禳除。即⑨。(八)说解,解释。即⑭⑯。(九)理解,晓悟。即⑬。⑤见解。(十)能,会。即㉘。

这10个义项之间的关系如下:

"分割动物或人的身体"是本义。这是(一)。

由本义引申为"剖分别的东西",即把整体剖分成部分,包括有形体的东西(如"解木")和较抽象的地域(如"解曹地")。这是(二)。

再引申为"把系着的东西解开",即把原先不是一个整体而系缚着的东西分开(如"解倒悬""解玉佩")。这是(三)。

以上是人把东西剖开或解开;进一步引申,是某种东西自己散开(如"天下解""冰解""雾解");散开的结果常常是脱落(如"鹿角解""兽毛解"),这两个意义联系比较紧密,所以放在一个义项中,用⑤隔开。这是(四)。

也可能是原来闭合的东西展开或开启(如"春苞解""解扉"),这是(五)。

用于抽象的事情,把原来结下的矛盾或愁绪解开(如"解纷乱""悒悒无解");矛盾排解的结果是和解。这两个意义放在同

483

一义项中,用㊂隔开。这是(六)。

也是用于抽象的事情,把罪责、职务等与某人分开(如"解罪""解职")。特指禳除,用祈祷消除灾难。这是(七)。

再引申为用言语分析事理,就是"说解","解释",这是(八)。

分析后就明白了,这就是理解、晓悟;对事理的理解就是"见解"。这两个意义放在同一义项中,用㊂隔开。这是(九)。(按:《汉语大词典》没有立"见解"这一义项,但别的词典有。例子如:《南史·张邵传》:"融玄义无师法,而神解过人。")

由"懂得事理"可以引申为"能够",这和"会"由"懂得事理"引申为"能够"是同一途径。这是(十)。

《汉语大词典》的其余16个义项,有的释义有误,如⑰,《庄子·秋水》:"无南无北,奭然四解。"成云:"奭然无碍。""解"应是"开放"之义,而不是"通彻;通达"之义。有的应该作为双音词条目收,如⑱㉑。有的不常用,中小型词典可以不收,如⑥⑮⑲⑳㉒㉓㉔㉕㉖㉗㉙。有的是现代汉语才有的意义,《汉语大词典》兼顾古今,应该收;古汉语词典不收,如㉚㉛。除去这16个义项,其余15个义项概括为10个义项,一般读古书时遇到的"解"(jiě)的各种较常见的意义,大体上都包括了。而且,像这样按照词义引申的关系排列义项,有助于读者全面掌握这个词的词义。

3 注音

注音和释义是词典的重要内容,读者之所以要查字典,通常就是为了知道某些词语的读音和意义。如果词典的注音、释义有问题,就会误导读者。所以,在词典编纂中对注音、释义一定要慎重。

大型的词典的注音要比较完备,用汉语拼音注音,而且要表明古代韵书的反切。中小型的古汉语词典可不收一些僻的读音(相应的义也不收),用汉语拼音注音,不标反切。但一些在现代汉语中已经不用,而古书中较常见的音必须标明。(如"冯"的 píng 音,"适"的 dí、zhé 音,"蛾"的 yǐ 音。)

注音的问题很有讲究,有些条目下究竟该注什么音,不是那么容易确定的。比如"写"字,一般词典都有两个注音:xiě 和 xiè。"书写"的"写"注 xiě 不成问题。古代"写"可以通"卸",如《晋书·潘岳传》:"发槛写鞍,皆有所憩。"这个"写"注 xiè 也没有问题。但古代"写"还有别的意义,如:

A. 移置,输送。《礼记·曲礼上》:"御食于君,君赐余,器之溉者不写,其余皆写。"

B. 倾吐,发抒。《诗经·邶风·泉水》:"驾言出游,以写我忧。"

C. 倾泻。《周礼·地官·稻人》:"以浍写水。"

又如比较常见的唐宋诗文中的"写"字,如李白《冬夜醉宿龙门》诗:"富贵未可期,殷忧向谁写?"欧阳修《送杨寘序》:"道其湮郁,写其幽思。"该注什么音呢?

各部词典处理不同。

《汉语大词典》在 xiě 下有这样一些义项(不全录,下同):

1. 移置,输送。《礼记·曲礼上》:"御食于君,君赐余,器之溉者不写,其余皆写。"2. 倾吐;发抒。《诗·邶风·泉水》:"驾言出游,以写我忧。"

在 xiè 下有这样一些义项:

1.倾泻。《周礼·地官·稻人》:"以浍写水。"2.疏泄。中医治疗方法之一。3.通"卸"。《晋书·潘岳传》:"发槅写鞍,皆有所憩。"

商务印书馆《古代汉语词典》在 xiě 下有这样一些义项:

1.移置。《礼记·曲礼上》:"御食于君,君赐余,器之溉者不写,其余皆写。"㊃输送。(例略)2.倾吐,抒发。李白《冬夜醉宿龙门》诗:"富贵未可期,殷忧向谁写?"

在 xiè 下有这样一些义项:

5.排泄,倾泻。《周礼·地官·稻人》:"以浍写水。"㊃宣泄,排除,抒发。欧阳修《送杨寘序》:"道其湮郁,写其幽思。"6.卸除。《晋书·潘岳传》:"发槅写鞍,皆有所憩。"

《王力古汉语字典》在 xiě 下有这样一些义项:

㊀ 移置,以此注彼。《礼记·曲礼上》:"器之溉者不写,其余皆写。"㊁ 宣泄,排除。《诗·邶风·泉水》:"驾言出游,以写我忧。"

在 xiè 下只有一个义项:

㊄ 通"卸"。《古文苑·石鼓文》:"宫车其写,秀弓时射。"

综合几部词典的注音:

(一)"移置,输送"义应是上声 xiě,这没有问题。

(二)"倾吐,发抒"义和"倾泻"义究竟应怎样注音,需要讨论。

从原则上说,给现代使用的意义注音当然要根据人们实际的读法,给古代使用的意义注音就要有古书上的依据。《汉语大词典》和《王力古汉语字典》给"写"注 xiě 音的根据是《广韵》的反切，注 xiè 音的根据是《集韵》的反切：

[《集韵》四夜切，去祃，心。]

但《集韵》祃韵下是这样的：

"卸写四夜切。《说文》：'舍车解马也。'或作写。"

可见《集韵》是说，"写"在作为"卸"的通假字的时候读 xiè。别的意义，至少《集韵》没有说读 xiè。所以，《王力古汉语字典》在 xiè 下只有"通'卸'"一个义项，这是很慎重的。至于"倾泻"这个意义（"以浍写水"）读 xiè，虽然从《集韵》找不到根据，但这个意义既然后来也可以写作"泻"，就说明读 xiè 还是有根据的。

但《古代汉语词典》把"宣泄，排除，抒发。欧阳修《送杨寘序》：'道其湮郁，写其幽思'"放在 xiè 下，就显得根据不足。第一，没有古代韵书反切的根据，而且这种意义的"写"也不能写作"泻"。第二，《古代汉语词典》的"②倾吐，抒发"放在 xiě 音下面，而"⑤㉗宣泄，排除，抒发"放在 xiè 音下面，同是"抒发"义的"写"，有两个读音，前后是矛盾的。解决的办法，是应该把 xiè 音下面的"㉗宣泄，排除，抒发"去掉，"抒发"义的"写"唯读 xiě。

4 释义

释义是否准确直接关系到词典的质量。最常见的释义方式是用同义词解释，但古汉语有的词找不到相对等的同义词。有时用两个词语释义，可以扩展义项的使用范围，但这两个词语不能相差太远。也可以用下定义或描述的方式释义，有时也不容易周密。这些都需要仔细斟酌。

最重要的,是词典的编纂者必须透彻地了解古汉语的词义。例如,"病"这个词,在古汉语中有些用法和现代汉语不一样。《汉语大词典》"病"字条下列了16个义项:

1. 重病;伤痛严重。2. 犹心病。3. 癖好。4. 疲惫。5. 贫困。6. 艰难困苦。7. 缺点;错误。8. 弊,不利。9. 祸害。10. 难,不易。11. 忧虑。12. 耻辱;以为羞辱。13. 怨恨;厌恶;不满。14. 批评;指责。15. 侵犯;攻打。16. 失败。

我们对其中的4个释义做一些讨论:

4. 疲惫。《孟子·公孙丑上》:"今日病矣,予助苗长矣。"赵岐注:"病,罢也。"

5. 贫困。《左传·哀公十四年》:"孟孙为成之病,不圉马焉。"杜预注:"病,谓民贫困。"

15. 侵犯;攻打。《左传·桓公十年》:"北戎病齐,诸侯救之。"《左传·庄公三十年》:"冬遇于鲁济,谋山戎也。以其病燕故也。"

16. 失败。《国语·晋语三》:"以韩之病,兵甲尽矣。"韦昭注:"病,败也。"

这些义项及其释义对不对呢?从《汉语大词典》本身所举的例句来看,用这些释义来解释句中的"病"字,句子都很通顺。但如果我们多看一些例句,就会发现问题:

(1) 在陈绝粮,从者病,莫能兴。(《论语·卫灵公》)

(2) 郤克伤于矢,流血及屦,未绝鼓音,曰:"余病矣!"(《左传·成公二年》)

(3) 宣子田于首山,舍于翳桑,见灵辄饿,问其病,曰:

"不食三日矣。"(《左传·宣公二年》)

(4)师出于陈、郑之间,国必甚病。(《左传·僖公四年》)

(5)吴子问于伍员曰:"……伐楚何如?"对曰:"若为三师以肆之,……亟肆以罢之,多方以误之。既罢而后以三军继之,必大克之。"阖庐从之,楚于是乎始病。(《左传·昭公三十年》)

(6)吴人加敝邑(鲁)以乱,齐因其病,取讙与阐。(《左传·哀公十五年》)

(7)齐崔杼帅师伐我北鄙。……(孟公绰)曰:"崔子将有大志,不在病我,必速归,何患焉? 其来也不寇,使民不严,异于他日。"(《左传·襄公二十五年》)

(8)公朝国人,使贾问焉,曰:"若卫叛晋,晋五伐我,病何如矣?"皆曰:"五伐我,犹可以能战。"贾曰:"然则如叛之,病而后质焉,何迟之有?"(《左传·定公八年》)

例(1)的"病"无法用《汉语大词典》的16个义项中的任何一个来解释。从例句看,这个"病"似乎可以解释为"饿"。那么,是不是要补充一个义项"饿"呢? 确实,有的词典(如商务印书馆《古代汉语词典》)有"饿"这个义项。

例(2)的"病"也无法用《汉语大词典》的16个义项中的任何一个来解释。从上下文看,这个"病"的意义似乎是"受伤"。

其实,把这2个例句加上《汉语大词典》④的例句《孟子·公孙丑上》"今日病矣,予助苗长矣"一起分析,我们可以看到,这3个例句中的"病"是一个,而不是三个:这三个"病"都是表示人的体力极端衰弱,这才是"病"的词义。疲劳、饥饿、受伤是造成体力极端衰弱的原因,却不是"病"的词义本身。这从例(3)可以看得很清楚:如果把例(3)的"病"解释为"饿",那么句子就该读作"见灵辄饿,问其饿",两个"饿"重复了,可见"病"的词义不是"饿";"问其病"是问他身体极端衰弱的原因,他回答说:"我三天没有吃饭了。"这样才通顺。

从例(4)可以看到,古代汉语中不但人会"病",国也会"病"。国的"病"实际上和人的"病"一样,意思是力量极端衰弱。但为了和人的"病"区分,不妨另立一个义项,释义为"困乏"。例(5)"楚于是乎始病"的"病",例(6)"齐因其病"的"病",都是这个"病"。《汉语大词典》义项5"孟孙为成之病"的"病"也是同一个,根据杜预注以"贫困"释义,显得有些窄。

那么,《汉语大词典》"15.侵犯;攻打。"这个释义是否妥当呢?词典的例句是《左传·桓公十年》:"北戎病齐,诸侯救之。"对这个句子,杨伯峻《春秋左传注》说:"'病',动词使动用法。'病齐',使齐困病。"他的说法是对的。从例(7)、例(8)可以看到,这些句子中既有"伐",又有"病";"伐"可以使某国"病"(例8),也可以不使某国"病"(例7)。如果把"病"解释为"伐",这些句子就讲不通了。

这里还要说一个问题:词的固定意义和上下文意义的区分。词的固定意义是从词的多次使用中概括出来的,可以立为词典的义项,作为词典的释义。上下文意义是只能在某些上下文中才适用的,离开了上下文,就不能说这个词有这个意义。上下文意义最多只能在注解中加以说明,不能立为词典的义项,作为词典的释义。比如,"就"的词义应是"靠近",而在《荀子·劝学》"木受绳则直,金就砺则利"这句话里,"就"是指"放到……上去磨",这是它的上下文意义,是不能列入词典的。上引《汉语大词典》4、5、16都有古人的注作为释义的依据,但古人的注有不少是上下文意义。这三个注用来串通文意是可以的,但作为词典的释义未必合适。比如16所引的韦昭注"病,败也",用来解释《国语·晋语三》"以韩之病,兵甲尽矣"是可以的,但是在先秦文献里,恐怕很难再找出别的可以用"败"来解释的"病"字。所以,这不是"病"的固定意义,而是它的临时意义;只为这一个临时意义而立一个义项,似乎不妥。其实,这个句子中的"病",还是可以用"困病"来解释,只不过在具体的上下文中,"韩之病(困病)"指的是在韩地战败而已。

释义的另一个重要问题是词义的时代性。一个词的多个意义,往往产生和消失的时代各不相同。词典应力求根据最新的研究成果加以说明,否则,就有可能误导使用者。

如:"红""脚""睡"这三个条目,《汉语大词典》是这样的:

红 1. 颜色的名称。古代指浅红色。《论语·乡党》:"君子不以绀、緅饰,红、紫不以为亵服。"《楚辞·招魂》:"红壁沙版,玄玉梁些。"王逸注:"红,赤白也。"2. 多指赤色。《史记·司马相如列传》:"红杳渺以眩湣兮,猋风涌而云浮。"司马贞索隐:"红,赤色貌。"汉扬雄《法言·吾子》:"或问'苍蝇红紫'。"李轨注:"苍蝇间于白黑红紫,似朱而非朱也。"南朝梁刘勰《文心雕龙·情采》:"正采耀乎朱蓝,间色屏于红紫。"

脚 1. 人与动物腿的下端,接触地面、支持身体和行走的部分。《墨子·明鬼下》:"羊起而触之,折其脚。"汉邹阳《狱中上书自明》:"昔司马喜膑脚于宋,卒相中山。"唐杜甫《北征》诗:"见耶背面啼,垢腻脚不袜。"《水浒传》第八回:

"林教头,你也洗了脚好睡。"巴金《寒夜》二:"难道她没有脚没有眼睛,自己不会走路?"

睡 1.睡觉。《庄子·列御寇》:"夫千金之珠,必在九重之渊而骊龙颔下。子能得珠者,必遭其睡也。"唐韩愈《宿神龟招李二十八冯十七》诗:"夜宿驿亭愁不睡,幸来相就盖征衣。"宋苏轼《海棠》诗:"只恐夜深花睡去,故烧高烛照红妆。"巴金《探索集·访问广岛》:"我感到温暖和安慰,终于沉沉地睡去了。"2.打盹;瞌睡。《战国策·秦策一》:"读书欲睡,引锥自刺其股,血流至足。"《史记·商君列传》:"孝公既见卫鞅,语事良久,孝公时时睡,弗听。"唐白居易《赠东邻王十三》诗:"驱愁知酒力,破睡见茶功。"

这三个条目都有混淆古今意义的问题。

"脚"字条的问题最大。众所周知,"脚"的古义是"小腿",后来演变为"脚掌"。《汉语大词典》"脚"的释义"人与动物腿的下端,接触地面、支撑身体和行走的部分"让人分不清究竟是指"小腿"还是指"脚掌",更谈不上区分"脚"的古义和今义。所举的例子也是混杂的,《墨子》和邹阳例是古义,后面的例子是今义。这样撰写条目,不利于读者区分"脚"的古今意义。

"睡"字条列了"睡觉"和"打盹;瞌睡"两个意义,"打盹;瞌睡"是"睡"的本义,按理应放在前面;"睡觉"是后来发展出来的意义,按理应放在后面。但《汉语大词典》把它们排颠倒了,也没有说明两个意义时代的早晚,这样就会使读者误以为先秦时"睡"就有这两个意义。其实不然,"睡"在先秦时只有"瞌睡"义,到东汉后才逐渐产生"睡觉"义。《汉语大词典》在"睡觉"义项下所举的《庄子》例,其中的"睡"是"瞌睡"而不是"睡觉";反之,在"打盹;瞌睡"义项下所举的白居易例,其中的"睡"是"睡觉"而不是"瞌睡"。大概是因为这个条目的编纂者自己对"睡"的这两个义项及其早晚不很清楚,所以这个条目也就未能把它们说清楚。

"红"字条要好一些,指出了"古代指浅红色",但仍未说明"红"表示"赤色"是后起意义。而且,在"2.多指赤色"这个义项下举的扬雄和刘勰的例句不对,古代"红紫"并提表示间色,这个"红"不是"赤"("赤"是正色),而是粉红。所以,古今意义还是混淆的。

这三个条目,《古汉语常用字字典》处理得比较好:

红 ❶粉红。《论语·乡党》:"红紫不以为亵服。"刘勰《文心雕龙·情采》:"间色屏于红紫。"❷大红(后起意义)。白居易《忆江南》:"日出江花红胜火。"

脚 ❶小腿。《韩非子·难言》:"孙子膑脚于魏。"❷脚,足(后起意义)。《宋书·胡藩传》:"以刀头穿岸,少容脚趾,于是径上。"

睡 坐着打瞌睡。《史记·商君列传》:"孝公时时睡,弗听。"❷睡着,睡觉(后起意义)。杜甫《彭衙行》:"众雏烂漫睡。"

三个条目都指明了哪个义项是后起意义,这样就不至于把时代弄混。不足的是后起意义所举的例子嫌晚。据研究,"红"在西汉就有"大红"义。"脚"可以指脚掌是在东汉,专指脚掌是在唐以后。"睡"到东汉后逐渐产生"睡眠"义。(均见汪维辉《东汉—隋常用词演变研究》)今后编写词典,可以根据最新的研究成果把新义产生的时代说得再明确一点,并选取再早一点的例句。

5 例句的选择

例句是古汉语词典不可缺少的。例句的作用是帮助使用者掌握词义,所以例句应尽量比较明白易懂。同时,例句还应考虑时代性和典型性。这几方面的要求综合在一起,找到合适的例句也就不那么容易,需要下功夫。

更重要的是,例句必须理解得正确,如果理解有误,就影响到词典的科学性。下面举两个例子说明。

(一)《汉语大词典》:

> 背 17.背诵。《三国志·魏志·王粲传》:"粲与人共行,读道边碑,人问曰:'卿能暗诵乎?'曰:'能。'因使背而诵之,不失一字。"《明实录·太祖实录》:"诸生每三日一背书。"

按:《三国志》例误。"背而诵之"是说背对着碑来诵之。李商隐《太尉卫公会昌一品集序》:"背碑覆局,无俟于专心。"用的是王粲的典故,可证明"背而诵之"的"背"是背对着碑。"诵"本身就是"背诵"之义,《周书·柳庆传》:"取赋一篇,千有余言,庆立读三遍,即能诵之,无所遗漏。"由于此例的误解,就把"背"的"背诵"义的时代提前了。《明实录》的例子是对的,但时代又太晚。事实上,南宋周密《后武林旧事》卷一:"写字画竹,背诵古文。"这个"背"就已经是"背诵"义。

(二)《古汉语常用字字典》:

> 配 ❸够得上,相当(后起意义)。左思《魏都赋》:"元勋配管敬之绩。"

《汉语大词典》：

　　配 ❿够得上，有资格。《儿女英雄传》第一回："也不是旗人必不配点那状元，榜眼，探花。"

　　按：左思《魏都赋》："元勋配管敬之绩。"意思是说：魏绛的大功能与管仲匹配，这个"配"还不是后来表示"够得上"的"配"。由于对此例的误解，把"配"的"够得上"的意义的时代提前了。实际上，这个意义出现得很晚，《汉语大词典》举《儿女英雄传》例是对的。

6　词典的文化内涵

　　词汇和文化有密切的关系，适当增加词典的文化内涵有助于使用者对词语的深入理解。在词典编纂中可以考虑以下几方面：

　　1.适当联系字形说明本义。如：采①摘取。甲骨文的"采"字像一只手在摘取树木上的果子。

　　2.说明词义之间的联系。如：监①照影。②镜子。按：人们最初是用水照影的，后来用铜镜照影，铜镜也叫"监"。

　　3.说明语源。如：骄①马高大健壮的样子。按：马高为骄，木高为乔，"骄""乔""高"三字同源。

　　4.说明词义的社会、文化背景。如：昏①天黑，傍晚。⑤结婚。《诗经·邶风·谷风》："宴尔新昏。"按：古代婚礼在晚上举行，所以结婚也写作"昏"，后来为了区别才写作"婚"。

　　5.把一些有关文化常识的条目用"参看"联系到主条，在主条下集中介绍有关知识。如：火④五行之一。见【五行】。在【五行】下做一简单介绍。

7 小结

一部好的古汉语词典应该具备三性：科学性、实用性、知识性。科学性是指词典的字形、义项、注音、释义、例句等都应该是准确无误的。一部词典很难在科学性方面做得完美无缺，但科学性毕竟是词典质量最重要的尺规，哪一部词典科学性较强，它的质量就较高，反之亦然。词典的编纂和修订，都要为提高科学性而做不懈的努力。实用性是指词典的编排应该方便读者使用。特别是中小型词典，都有自己特定的读者对象，词典从收词，到体例，到选例句，都要充分考虑读者的需要，让他们用了能解决问题，而且用起来很方便。知识性是指一部好的词典，读者能通过反复的查检使用而学到一些相关的知识。我们的《古汉语常用字字典》之所以受到广大读者的欢迎，一个重要原因，就在于它不但能准确简明地告诉读者一些古汉语常用词语的音义，而且，由于字典中[注意][辨]等内容，以及《古代汉语语法简介》《怎样学习古代汉语》等附录，能让读者学到不少和古汉语词汇有关，乃至和古代汉语学习有关的知识。一部词典要兼具这三性是不容易的，我们应朝这个方向努力。

参考文献

《古代汉语词典》编写组　1998　《古代汉语词典》，商务印书馆。
罗竹风主编　1986　《汉语大词典》，汉语大词典出版社。
汪维辉　2000　《东汉—隋常用词演变研究》，南京大学出版社。

王力、蒋绍愚等　2005　《古汉语常用字字典》(第4版),商务印书馆。
王力等编　2000　《王力古汉语字典》,中华书局。
杨伯峻　1990　《春秋左传注》,中华书局。

(原载《历史语言学研究》第6辑,2013年11月)

古汉语词典的编纂
和资料的运用

要编纂一部高质量的古汉语词典,牵涉到很多方面。本文只谈一点:古汉语词典的编纂要以充分的资料(包括古代的文献资料和近人今人的相关研究成果)为基础。无论是注音、释义还是书证,究竟该如何处理,都要以充分的资料为依据来分析和判断。如果掌握资料不充分,分析不深入,理解不正确,就难免出现问题。资料的运用和古汉语词典的质量关系很大。

本文对古汉语词典的一些条目进行讨论。为清晰起见,无论单音复音,条目上都加【 】。

1 注音

古汉语词典注音的问题看起来比较简单,好像根据古代韵书注出今音即可。但实际上,有不少复杂的问题。

下面先看有关条目,再分析问题。

(一)被

《汉语大字典》

【被】(一)bèi《广韵》皮彼切,上纸并。歌部。

①被子。③覆盖。《楚辞·招魂》:"皋兰被径兮斯路渐。"王逸注:"被,覆也。"

(三)pī《集韵》攀糜切,平支滂。歌部。

①覆盖。后作"披"。《左传·襄公十四年》:"乃祖吾离被苫盖,蒙荆棘。"……《史记·绛侯周勃世家》:"军士吏被甲。"

《汉语大词典》

【被1】[bèi《广韵》皮彼切,上纸,并。]

1.被子。睡眠时用以覆体。3.覆盖。《文选·张衡〈东京赋〉》:"芙蓉覆水,秋兰被涯。"薛综注:"被,亦覆也。"

【被3】[pī《集韵》攀糜切,平支,滂。]后作"披"。

1.搭衣于肩背。《左传·襄公十四年》:"昔秦人迫逐乃祖吾离于瓜州,乃祖吾离被苫盖,蒙荆棘,以来归我先君。"杨伯峻注:"被同披。蒙,冒也。"《楚辞·九歌·山鬼》:"若有人兮山之阿,被薜荔兮带女萝。"

2.穿着。《孟子·尽心下》:"舜之饭糗茹草也,若将终身焉;及其为天子也,被袗衣,鼓琴,二女果,若固有之。"《史记·平原君虞卿列传》:"君之后宫以百数,婢妾被绮縠,余粱肉,而民褐衣不完,糟糠不厌。"《资治通鉴·魏明帝青龙三年》:"陛下既尊群臣,显以冠冕,被以文绣,载以华舆。"

两部辞典的注音的依据都是《广韵》和《集韵》。

《广韵》

纸韵:被,寝衣也,皮彼切。又姓。又皮义切。

寘韵:被,被服也,覆也,书曰:光被四表。平义切。又平彼切,寝衣也。

《集韵》

支韵:被,《广雅》:裮被,不带也。攀糜切。

纸韵：被，部靡切，寝衣。一曰及也。亦姓。

寘韵：帔被摆，披义切，《说文》弘农谓裙帔。或作被，摆。《说文》寝衣长一身有半。一曰加也。平义切。

无论是古代韵书，还是现代辞书，音和义都是相关的，哪个义读哪个音，需要认真推敲。

孙玉文(2009)对两部辞书"被"字条音义的处理提出批评，认为"把很多本读平义切的字义都放到了皮彼切，平义切基本上只保留作为'假发'讲的'被'，这种处理不符合中古'被'读皮彼切和平义切的音义结合实际，没有科学根据。""把一些本读并母的'被'处理为读攀糜切的'被'，导致滂母和并母音义结合的混淆。""（把'穿着'义）跟'披在肩背上'义混同起来，统一解释为'通披'，或'后作披'，都不合于古。"他的意见是应该认真考虑的。下面讨论几个有关的问题。

1.把"被子""覆盖"两个义项都放在"皮彼切"下是否合适？

《广韵》"寝衣"为"皮彼切"，"覆也"为"平义切"，两者不同音。但"寝衣"和"覆也"是以声调区分名动的四声别义，其区别只在声调。周祖谟《四声别义释例》"区分名词用为动词"之例有："被，寝衣也，所以覆体者，部委切。上声。覆之曰被，部伪切。去声。""寝衣"的"皮彼切"本为上声，但浊上变去，就和"覆盖"义的"平义切"同音了。所以，把"被子""覆盖"两个义项放在同一个音项下，今音均为 bèi，以《广韵》的"皮彼切"为音据，应该说是可以的。或者，可以把"平义切"也作为音据，把注音改为 [bèi《广韵》皮彼切，上纸，并。又平义切，去寘，并。]

2."搭衣于肩背"义的"被"读什么音？

《汉语大字典》

(三)pī《集韵》攀糜切，平支滂。歌部。

① 覆盖。后作"披"。《左传·襄公十四年》:"乃祖吾离被苫盖,蒙荆棘。"……《史记·绛侯周勃世家》:"军士吏被甲。"

按:把这两个例句作为同一义项,不妥,而且此义项释义"覆盖"与第一音项③重复。

《汉语大词典》也把"pī《集韵》攀縻切"作为一个音项,也说"后作'披'"。但分为两个义项:1."搭衣于肩背。"用《左传》"被苫盖"等例。2."穿着。"用《孟子》"被袗衣"等例。义项的分合比《汉语大字典》合理。

"苫盖"是无法穿的,只能"披搭于肩背"。这个"被"古书也有反切:如:

《经典释文》:《左传·襄公十四年》"被苫盖":普皮反(538)。

《春秋左传正义》:《左传·襄公十四年》"被苫盖":"被,普支反。"

其反切和《集韵》"攀縻切"相同,把它放在《集韵》的"攀縻切"下,今音为 pī,这没有问题。

3. 需要讨论的是《汉语大词典》的"穿着"义项(《汉语大字典》无相应义项),这个义项该注什么音?《汉语大词典》把它也放在《集韵》的"攀縻切"下,今音为 pī,这是否合适?

其实,"穿着"义的"被"的读音,在《广韵》中是有的,《广韵·寘韵》:"被,被服也,覆也。书曰:光被四表。平义切。"这个"被服"不是名词,就是"穿着"的意思。《广韵》中"被服"义的"被"和"覆盖"义的"被"同音,均为"平义切";如果根据《广韵》,今音应该读去声,为 bèi。

这一点可以用陆德明《经典释文》来证明。孙玉文(2009)做了统计,《经典释文》给作"穿着"讲的"被"注音12次,都是去声。下面,我们引用《经典释文》中给"被甲"作的注音作为例证。

《经典释文》

《周礼·旅贲氏》注"被甲":皮伪反(284)。《左传·僖公二十八年》"四马被甲":皮义反(497)。《左传·哀公十五年》注"介,被甲":皮寄反(615)。《穀梁传·僖公二十二年》"被甲婴冑":皮既反(665)。(数字为《经典释文汇校》中华书局2006年版的页码)

也可以用《汉书》颜师古注作证。

《汉书·高祖纪下》:"朕亲被坚执锐。"《成帝纪》:"多畜奴婢,被服绮縠。"《江充传》:"自请愿以所常被服(衣)冠见上。"《贾谊传》:"将吏被介冑而睡。"《河间献王传》:"被服儒术。(颜注:言常居处其中也。)"《外戚传下》:"即且令妾被服所为不得不如前。"《王莽传上》:"被服如儒生。"这几处颜注皆云:"被音皮义反。"

《文选》李善注也是如此:

《文选·南都赋》:"被服杂错,履蹑华英。"李善注:"杂错,非一也。被,皮义切。"

(按:《汉语大词典》"被服"条有些问题,这里不讨论。)

《经典释文》、《汉书》颜注、《文选》李善注给"穿着"义的"被"注音所用的反切上字都是"皮"(并母),下字都是去声字,"义、寄、伪"为寘韵,"既"为未韵。这和《广韵》的"平义切"一样。《广韵》"被服也(穿着)"和"覆也"都是"平义切",都是去声。

那么,词典中把"穿着"义的"被"和"覆盖"义的"被"分开,前者音 pī,后者音 bèi,对不对呢?下面讨论这个问题。

4. 这牵涉到"被"和"披"的关系。

《汉语大词典》【被3】"音 pī,后作'披'"下有两个义项,要分开讨论。

(1)"披"在上古汉语中最常用的意义是"分开",《广韵·支韵》:"披,分也。敷羁切。"其"搭于肩背上"的意义是后起的,《汉语大字典》《汉语大词典》都列了这个义项:《汉语大字典》【披】9. 覆盖。《汉语大词典》【披1】11. 覆盖或搭衣于肩。

当"披"的"搭于肩背上"的意义产生之后,"普皮反"的"被"与之同音同义,后来写作"披",这是可以的。这在文献上可以找到例证。如:

《全唐文》卷七一五韦处厚《兴复寺内道场供奉大德大义禅师碑铭》:"或披苫盖,或窟岩石。"

(2)但"皮义反"的"被(穿着)"音义都和"披"不同,这种"被"一般都不写作"披"。如下列"被衣"就不能写作"披衣":

《吕氏春秋·去宥》:"清旦,被衣冠。"

《淮南子·人间》:"使被衣不暇带,冠不及正,蒲伏而走,上车而驰。"

《淮南子·修务》:"彼乃始徐行微笑,被衣修擢。"(除人名外,仅2例。)

《楚辞·哀时命》:"下被衣于水渚。"王逸注:"渚,水涯也。言己虽穷,犹凿山石以为室柱,下洗浴水涯,被己衣裳,不失清洁也。"

这些"被衣"都是"穿衣"的意思。写作"披衣",就不是"穿衣"的意思,而是"把衣服搭于肩背"的意思。这两者的意义必须分清。

"披衣"是什么时候出现的呢?《汉语大词典》有【披衣】条:

> 【披衣】将衣服披在身上而臂不入袖。三国魏曹丕《杂诗》之一:"展转不能寐,披衣起彷徨。"

当今出版的古籍中,有的"披"字实为"被"字之误。曹丕《杂诗》的"披衣"是比较可靠的,《文选》卷二十九、《艺文类聚》卷二十七此诗皆作"披衣"。

《韩诗外传》有一例"披衣":

> 《韩诗外传》卷八:"越王勾践使廉稽献民于荆王。……荆王闻之,披衣出谢。"

但这个故事和《说苑》卷十二的一个故事大致相同,而《说苑》作"被衣":

> 《说苑》卷十二:"越使诸发执一枝梅遗梁王。……梁王闻之,被衣出以见诸发。"

所以要把《韩诗外传》的"披衣"作为"搭衣于肩背"的始见例尚存疑问。

"衣"是既可以"被"也可以"披"的,但"被(平义切)衣"和"披(敷羁切)衣"音义都不同,虽然"被(bèi)衣"出现早,"披(pī)衣"出现晚,但不能笼统地说"被"后作"披"。

在纪昀《阅微草堂笔记》中,"披衣"10 例,均为"搭衣于肩背"之义;"被衣"未见,"穿衣"义用"著衣"(3 例)。可见直至清代,"披衣"仍不等同于古代的"被衣"之义。

(3)"皮义反"(去声)的"被"有一些后来写作"披",主要是以下一些:

A. 被发—披发

先秦均作"被发",读去声。如:

《论语·宪问》:"微管仲,吾其被发左衽矣。"《释文》:"被,皮寄反。"

《左传·哀公十七年》:"卫侯梦于北宫,见人登昆吾之观,被发北面而噪。"《释文》:"被,皮义反。"

后作"披发"。如:

《韩诗外传》卷六:"简子披发杖矛而见我君。"(但此例不可靠,因为《御览》引此作"被发"。)

荀悦《汉纪·哀帝纪下》:"道中相逢多至数千人,或披发徒跣,斩析门关,逾墙入屋,或乘骑奔驰。"

B. 被甲—披甲

唐以前的文献,全作"被甲"。从五代开始,出现"披甲",一些史书统计如下:

《旧唐书》"被甲"6例,"披甲"5例。《新唐书》《新旧五代史》均作"被甲"。《宋史》"被甲"21例,"披甲"3例。《元史》"被甲"1例,"披甲"无。《明史》"被甲"14例,"披甲"1例。《册府元龟》"被甲"67例,"披甲"19例。《资治通鉴》全作"被甲"。而小说《三国演义》则全作"披甲"(13例)。下面一些例句值得注意:

《东观汉纪》卷八:"(耿秉)性勇壮而易于事,军行常自被甲在前。"《后汉书·耿弇传》:"秉性勇壮而易于事,军行常自被甲在前。"《北堂书钞》卷一一五引作"被甲在前"。《册府元龟》卷三九〇、三九四引作"披甲在前"。同一句话,《东观汉纪》《后汉书》《北堂书钞》均作"被甲",而《册府元龟》作"披甲",《册府元龟》的"披甲"只能是穿着甲,而不是披着甲。

《搜神记》卷六:"有数人披甲持弓弩至良家。"汪绍楹注:"本条见《艺文类聚》九四引作《搜神记》。"但《艺文类聚》九四作"有数人被甲持弓弩至良家"。今本《搜神记》的"披甲"可能是明代人改的。

有一些唐诗清人注释引文作"披甲",但查原书,实际上是"被甲":

> 杜甫《送杨六判官至西蕃》诗:"伤时即据鞍。"宋郭知达《九家集注》:"援自请曰:'臣尚能披甲上马。'"

> 李白《赠宣城宇文太守》:"据案空矍铄。"王琦注:"《后汉书》:'马援披甲上马。'"(按:《后汉书·马援传》:"援自请曰:'臣尚能被甲上马。'")

> 杜甫《陪王侍御同登》:"回职罢酒上马归。"仇兆鳌注:"《史记》:'廉颇披甲上马。'"(按:《史记·廉颇蔺相如列传》:"廉颇为之一饭斗米,肉十斤,被甲上马。")

有没有更早的"披甲"?

《汉语大词典》:【披甲】1. 穿上铠甲。《汉书·陈汤传》:"望见单于城上立五采幡织,数百人披甲乘城。"

如果把《汉书·陈汤传》多看一点,可以看到,在这句话后面还有一处"被甲":

> "单于乃被甲在楼上,诸阏氏夫人数十皆以弓射外人。"

有人认为《汉书·陈汤传》的"披甲"不是穿着铠甲,而是披着铠甲。但经查检,《汉书》中"被甲"11见,"披甲"仅此一见。标点本《汉书·陈汤传》确实作"披甲乘城",但标点本是以王先谦《汉书补注》为底本的,而中华书局1981年据光绪二十六年虚受堂本影印出版的《汉书补注》1327页此句仍作"被甲乘城"。《资治通鉴》亦载此事,几乎是全抄《汉书》的,经查对,《资治通鉴》卷二九中此事的记载(有一页多)与《汉书补注》仅有 2 字不同(《汉书》作"幡织","卬射",《通鉴》作"幡帜","仰射"),而此句作"数百人被甲乘城",胡三省注:"被,皮义翻,下同。"(938)这也证明《汉书》"被甲乘城"不作"披"。

C. 被坚执锐—披坚执锐

《汉语大词典》

【披坚执锐】唐刘长卿《请赴行营表》:"披坚执锐,虽未经于戎行;制胜伐谋,亦尝习于事业。"明王玉峰《焚香记·藩篱》:"战阵军旅,此武夫之常;披坚执锐,乃臣子之分。"

刘洁修《成语源流大词典》

【披坚执锐】原作[被坚执锐]《墨子·鲁问》:"翟虑被坚执锐救诸侯之患。"……《史记·陈涉世家》:"将军身被坚执锐,伐无道,诛暴秦。"

后来多作[披坚执锐]《(唐)刘禹锡集·请赴行营表》:"臣再授兵符,凤参军幕。披坚执锐,虽未经于戎行;制胜伐谋,亦尝习于事业。"明王玉峰《焚香记·藩篱》:"战阵军旅,此武夫之常;披坚执锐,乃臣子之分。"

按:【披坚执锐】条,《汉语大词典》引刘长卿例误,应为刘禹锡。刘禹锡例实为"被坚执锐",见《刘禹锡集》卷十一(中华书局,1990)和《全唐文》卷六〇二(中华书局,1982)。《焚香记》例确是"披坚执锐",但时代已是明代。

《全唐文》中有7篇文章作"被坚执锐",有9篇文章作"披坚执锐"。9篇的作者为:谢偃(156)、萧颖士(323)、李筠栖(370)、白居易(662)、胡曾(811)、王滔(821)、钱珝(833)、史在德(849)、钱昱(893)。除白居易外,都没有个人的别集。而《全唐文》卷六六二所收的白居易《魏博将军吕晃等……》一文,收在《白居易集笺校》中,作"被坚执锐"(见朱金城《白居易集笺校》,上海古籍出版社,1988,2881 页)。其余 8 篇的"披"无法查考,可能未必是唐代的写法,而是清代编《全唐文》时的写法。

D. 被褐—披褐

最早见于《老子》七十章:"是以圣人被褐怀玉。"诸本均作"被",唯宋代范应元《老子道德经古本集注》作"披",注云:"披音被,衣覆也。"

唐代以前的文献除 3 例外均作"被褐"。这 3 例需要讨论:

《抱朴子·君道》:"或披褐而朝隐,或沉沦于穷否。"杨明照注:"本书《交际》《任命》《吴失》《博喻》四篇,亦并有'被褐'之文,则此处之'披'当作'被'矣。"

《南史·隐逸传·臧荣绪》:"自号'披褐先生'。"

《南齐书·高隐传·臧荣绪》:"自号'被褐先生'。"

按:《南史》唐李延寿撰,《南齐书》梁萧子显撰。"披"和"被"是时代的不同。

李玉明主编《三晋石刻大全·长治市襄垣县卷》隋大业三年石刻(有图版):"披褐怀珠。"

按:这是我所见到的"披褐"的最早例。

从宋代开始,"披褐"逐渐增多。如:

《册府元龟》"被褐"14 例,"披褐"3 例。其中卷七九一:"猛披褐而诣之。"按:《晋书·石勒载记》:"桓温入关,猛被褐而诣之。"

《太平广记》全是"披褐"(5 例),无"被褐"。

《资治通鉴》"被褐"2 例,其中卷二九一《后周纪》:"北汉主自高平被褐戴笠。"胡三省注:"被,皮义翻。""披褐"1 例,卷九九《晋纪》:"闻桓温入关,披褐诣之。"

清人注唐诗,引书也作"披褐":

> 李白《贬夜郎半道承恩》:"扪虱对桓公。"王琦注:"《晋书》:'王猛披褐诣之。'"

《全唐文》"被褐"31例,"披褐"仅1例:卷七二五李公佐《谢小娥传》:"娥誓心不嫁,遂剪发披褐。"

(4)下面要进一步讨论:"被(皮义反)"和"披"音义都不同,为什么有的"被"后来能写作"披"呢?

这有多种原因。

A. "被发"的"被"虽然《释文》音"皮义反",但不是"穿着"义,而是"覆盖"义,"被发"谓以发覆身,也就是头发盖在身上(主要是肩背上)。当"披"产生了"搭于肩背上"之义后,"被发"也就可以说成"披发"。但"被发"的"被(bèi,覆盖)"和"披发"的"披(pī,搭于肩背上)"音义都不同,这是词汇的替换,而不是字形的替换。

B. "被衣"的"被"一般不能换成"披",但在某种情况下,"被"和"披"也会有交叉。如:

> 《汉书·扬雄传》:"袨荌茄之绿衣兮,被夫容之朱裳。"

颜注:"被音披,又音皮义反。"

这个句子,既可以理解为穿着芙蓉之朱裳,这时"被"就是"穿着"义,所以颜注音"皮义反";也可以理解为把芙蓉披在身上为朱裳,这时"被"就和"被苫盖"的"被"一样,是"披着"义,所以颜注"音披"。

《楚辞·九辩》"被荷裯之晏晏兮。"洪兴祖注:"被,音披,又如字。""被"字两读,也是同样的道理。

这种"被"如果音披,后来就可以写作"披"了。

刘长卿《望龙山怀道士许法棱》:"中有一人披霓裳,诵经山顶飡琼浆。"

C. 正因为有"被发—披发"和"被夫容之朱裳—披霓裳"共存的情况,就会使人们产生一种错觉,认为"被"可以写作"披"。我想,"披甲""披坚执锐"和"披褐"就是这样产生的,这种写法的时代都相当晚,都是宋代以后,那时"穿着"义的"被"已少见,而"披"的"搭衣于肩背"的用法已经相当普遍了。

(5)那么,这些后来可以写作"披"的"被",应该读什么音呢?

"被发"的"被(覆也)"仍应为去声,今音为 bèi。前面说过,"被发"和"披发"意义相同,但"被"和"披"不是一个词,音义都不同。

"被甲""被坚执锐""被褐"的"被(穿着)",从宋代到清代有两种读法。

A.《资治通鉴》卷六五:"被甲者少。"胡三省注:"被,皮义翻。"卷二九一:"北汉主自高平被褐戴笠。"胡三省注:"被,皮义翻。"杜甫《醉时歌》:"杜陵野客人更嗤,被褐短窄鬓如丝。"仇兆鳌注:"被,去声。"《夏夜叹》:"青紫虽被体,不如早还乡。"仇兆鳌注:"被,去声。"照这种读法,"被(穿着)"仍为《广韵》的"平义切",去声,今音 bèi。

B. 贾昌朝《群经音辨·卷六·辨彼此异音》:"箸谓之被,音披。覆谓之被,平义切。"元代程端礼《程氏家塾读书分年日程》卷三引用了贾昌朝的读音:"被音披,著谓之。平义切,覆谓之。"仇兆鳌《杜诗详注》、杨伦《杜诗镜诠》为杜甫诗《魏将军歌》"被坚执锐略西极"作注,均在"被"下注"音披"。照这种读法,"被(穿着)"应和"披"同音,平声,今音 pī。

我想,A 读法是循古的,《资治通鉴》中全部是"被甲",无一例"披甲",本身就是循古的写法。胡三省为"被"的注音全都是"皮义翻",也是循古的注音。B 读法是趋新的。因为宋代以后不少"被(穿着)"可以写作"披",所以把"被(穿着)"也读作"披"。究竟在明清时期哪一种读法占优势? 我看到的资料有限,无法判断。仇兆鳌对同一个"被(穿着)"有两种不同的注音,可能他认为"被(穿着)"一般是应该读去声的,但"被坚执锐"写作"披坚执锐"的太多了(上面说过,清编《全唐文》中"披坚执锐"9 例,"被坚执锐"7 例),把"被坚执锐"和"披坚执锐"读作两个音,可能人们觉得不习惯,所以就都读作 pī。那么,是否随着把"被(穿着)"写作"披"的越来越多,"被(穿着)"读作"披"的也越来越占优势? 这个问题是需要研究的。语言是约定俗成的。如果从明清到现在,把"被(穿着)"读作"披"的占了优势,那么,尽管与中古音不合,辞书也应把"被(穿着)"注为 pī。

(二) 亡

《汉语大字典》

【亡】(二) wú 《集韵》微夫切,平虞微。阳部。

通"无"。《集韵·虞韵》:"无,或作亡。"

《汉语大词典》

【亡2】[wú《集韵》微夫切,平虞,微。]

1. 无,没有。《论语·子张》:"日知其所亡,月无忘其所能,可谓好学也已矣。" 邢昺疏:"亡,无也。"《汉书·司马相如传上》:"乌有先生者,乌有此事也,为齐难;亡是公者,亡是人也,欲明天子之义。"颜师古注:"亡读曰无。"
《辞源》(第三版)

【亡】

2. wú《集韵》微夫切,平,虞韵,微。鱼部。

通"无"。

《王力古汉语字典》

【亡】wáng 武方切,平,阳韵,微,阳部。

㈣ 无。……按,此义后人读如"无"音,但《广韵》《集韵》无此音,《经典释文》亦无此音。

"亡"有"无"义,这是没有问题的。问题是这个义为"无"的"亡"读什么音?是读 wú 还是读 wáng?

认为应读 wáng 也有道理。上古汉语中与"无"同义的有很多词,如"罔"也有"无"义,但"罔"读 wǎng 而不读 wú。王力《同源字典》收了一组义为"无"的同源词,其中有"无"和"亡""罔",王力先生认为"无"和"亡""罔"是鱼阳对转。确实,同源词的音不一定相同,也可以是对转。《同源字典》还说:"'亡'有'无'义,但仍读武方切,不读'无'音。《广韵》下平声阳韵:'亡,无也。'上平声虞韵不收'亡'。"

这个问题是需要讨论的。

确实,《广韵·阳韵》:"亡,无也,灭也,进也。无方切。"但《集韵·虞韵》:"無无亡武㮹,微夫切。《说文》:'亡也。'奇字作无……或作亡武㮹。"《集韵·阳韵》:"亡亾,武方切。《说文》:'逃也。'一曰无也。"两部韵书的注音不一样。

《经典释文》对此也有注音。《周礼·车仆》注:"为铭各以其物,亡则以缁。"《释文》卷八:"亡则音无。"(277)《左传·昭公十三年》:"子干之官,则右尹也。数其贵宠,则庶子也。以神所命,则又远之。其贵亡矣,其宠弃矣。民无怀焉,国无与焉。将何以立?"《释文》卷十九:"亡音无,又音如字。"(579)《论语·述而》:"亡而为有。"《释文》卷二四:"亡如字,一音无。"(702)朱熹《集注》:"亡,读为无。"《论语·子张》:"执德不弘,信道不笃,焉能为有?焉能为亡?"《释文》卷二四:"亡如字。无也。"(716)朱熹《集注》:"亡,读作无。"《庄子·大宗师》:"子祀曰:'女恶之乎?'曰:'亡,予何恶!'"《释文》卷二六:"亡如字。绝句。"(756)

其他注音材料也有。如:

《穀梁传·庄公二十九年》"一有一亡曰有。"范宁注:"亡如字,又音无。"

《左传·襄公九年》:"史曰:是谓艮之随。随其出也,君必速出。姜曰:亡。"孔疏:"亡如字读者,或音无。"

《礼记·儒行》:"今众人之命儒也妄常,以儒相诟病。"郑注:"妄之言无也。"陆德明《释文》:"妄,郑音亡。亡,无也。"孔疏:"妄,郑音亡。亡,无也。王音忘。"

《史记·白起王翦列传》:"君之所得民亡几何人。"《集解》引徐广曰:"亡音无也。"

《史记·鲁仲连邹阳列传》:"亡意亦捐燕弃世。"《索隐》:"亡音无。"

《经典释文》的注音是不一致的,上述5处注音,有一处说"如字",两处说"音无",一处说"亡如字,又音无",一处说"亡音无,又音如字"。看来,陆德明听到的读法,"如字"和"音无"都有。在其他注音材料中,最早的是郑玄为"妄"的注音,读作"亡",说明在郑玄看来,义为"无"的词不一定读作"无",也可以

513

读作"亡"。晋代的范宁也把"亡"读为如字。刘宋的徐广读作"无"。唐代的孔颖达读为如字,司马贞读作"无"。到朱熹作《论语集注》,就明确地读作"无"。也许,义为"无"的"亡"字的读法,较早是如字,后来逐渐读为"无"。

王念孙《读书杂志》卷八五:"亡读如无,或言亡,或言亡其,皆转语词也。亡或作无。《汉书·货殖传》:'宁爵无刁。'孟康曰:'奴自相谓:宁欲免去作民有爵邪?无将止为刁氏作奴乎?'无发声助也。《庄子·外物篇》曰:'抑固窭邪?亡其略弗及邪?'《吕氏春秋·审为篇》曰:'君将攫之乎?亡其不与?'《爱类篇》曰:'必得宋乃攻之乎?亡其不得宋且不义犹攻之乎?'《韩策》曰:'听子之谒而废子之道乎?又亡其行子之术而废子之谒乎?'是凡言亡其者皆转语词也。《越语》曰:'道固然乎?妄其欺不谷邪?'《赵策》曰:'不识三国之憎秦而爱怀邪?妄其憎怀而爱秦邪?'妄亦读如无。"他的意思是:不但表否定的"亡"读作"无",就是表选择问的词语"亡其""妄其",其中的"亡""妄"也读作"无"。

《庄子·外物》:"抑固窭邪,亡其略弗及邪?"郭庆藩《庄子集释》:"亡读如无,亡其转语也。《史记·范雎蔡泽列传》:'亡其言臣者贱不可用乎……'《吕氏春秋·爱类篇》:'亡其不得宋且不义犹攻之乎?'韩策:'又亡其行子之术而废子之谒乎?'是凡言亡其皆转语词也。"

王念孙、郭庆藩的读音反映了清代学者的读音。可能从宋代至清代人们已经把义为"无"的"亡"读为"无"了。词典把"亡"的这个义项注音为 wú 是对的。

上述材料都是后代人对"亡(无也)"的读法。至于"亡(无也)"在先秦究竟是读阳声韵还是读阴声韵,我们今天无法考知。

《诗经》中有"亡(无也)"一例:《诗经·邶风·谷风》:"何有何亡,黾勉求之。"但"亡"不是韵脚,无法从押韵推求是什么韵部。但词典的注音,是告诉读者这个字在今天该怎么读,所以,根据清代人的读法,注为 wú 是可以的。

从上引王念孙、郭庆藩的材料可以看到,除"亡"以外,古代"妄""忘"也可以表示"无"。这两个字该怎样读?

《汉语大词典》对"妄"和"忘"字条的注音不太一致:

"妄"有两个音项:

【妄1】[wàng《广韵》巫放切,去漾,微。]

【妄2】[wáng《集韵》武方切,平阳,微。]

通"亡1"。

【妄2】下有两个义项:

(1)无。《礼记·儒行》:"今众人之命儒也妄常,以儒相诟病。"郑玄注:"妄之言无也。言今世名儒无有常人,遭人名为儒。"陆德明释文:"妄,郑音亡。亡,无也。"

(2)连词,表示选择。抑或,还是。

而复音条目"妄其"的注音是:

【妄2其】抑或,还是。《国语·越语下》:"道固然乎?妄其欺不谷邪?"参见"亡2其"。

"忘"有三个音项:

【忘1】[wàng《广韵》巫放切,去漾,微。]

此音项下第四个义项为:

4. 无。《史记·孟尝君列传》:"日暮之后,过市朝者掉臂而不顾。非好朝而恶暮,所期物忘其中。"司马贞索隐:"忘者,无也。其中,市朝之中。言日暮物尽,故掉臂不顾也。"《史记·平津侯主父列传》:"高皇帝盖悔之甚,乃使刘敬往结和亲之约,然后天下忘干戈之事。"

【忘2】[wáng《集韵》武方切,平阳,微。]通"亡"。

【忘3】[wú]见"忘3其"。

也就是说,义为"无"的"妄"音wáng,"妄其"的"妄"也音wáng。而义为"无"的"忘"音wàng,"忘其"的"忘"音wú。这是需要统一的。

2 义项和释义

义项和释义都是词典的重要问题。本文不拟全面讨论,只从资料运用的角度,谈一些义项和释义的问题。

(一)释义错误,义项不成立

(1)有的释义错误,是因为误解了书证。释义既误,这个义项当然就不能成立。

《汉语大词典》

【通判】1.公正裁决。《新唐书·百官志四》:"市令一人,从九品上。掌交易,禁奸非,通判市事。"清纪昀《滦阳消夏录二》:"所谓通判,乃中允也。"2.官名。宋初始于诸州府设置,即共同处理政务之意。……亦指任通判之职。

按:义项1.释义误。所引《新唐书·百官志四》例的"通判"并非"公正裁决"义。唐五代文献中《通典》《旧唐书》《新唐书》中"通判"用作动词的很多。请看下面例句:

《通典》卷二一:"(门下省)侍中……总判省事。门下侍郎员二人,掌侍从,署奏抄,驳正违失,通判省事。……给事中……分判省事。"

卷二五:"(太常卿)卿一人,掌礼仪祭祀,总判寺事。少卿二人,通判。……丞……分判寺事。"

卷二五:"(大理卿)大理正……通判寺事。……大理丞……分判狱事。"

卷二七:"(左右千牛卫)各置大将军一人,……总判卫事。……中郎将一人,通判卫事。"

《旧唐书·百官志二》:"武德四年,太宗平洛阳之后,又置天策上将府官员。天策上将一人,掌国之征讨,总判府事。长史、司马各一人,从事中郎二人,并掌通判府事。"

《新唐书·百官志二》:"(内侍省)内常侍六人,正五品下,通判省事。内给事十人,从五品下,掌承旨劳问,分判省事。"

《新唐书·百官志四》:"都督掌督诸州兵马、甲械、城隍、镇戍、粮禀,总判府事。市令一人,从九品上。掌交易,禁奸非,通判市事。"

"总判""通判""分判"是唐五代的政事术语,"总判"指一个机构或行政区的长官总管裁决此机构或行政区的政事,"通判"指一个机构或行政区的副长官协同长官全面管理裁决此机构或行政区的政事,"分判"是下面的官员分管某方面的政事。"通判"和"公正裁决"无关。

把"通判"解释为"公正裁决"可能跟纪昀例关系更大,因为纪昀说"所谓通判,乃中允也"。纪昀例全文如下:

纪昀《滦阳消夏录二》:"董文恪公为少司空时,云:'昔在富阳村居,有村叟坐邻家,闻读书声,曰:贵人也请相见。谛观再四,又问八字干支,沉思良久,曰:"君命相皆一品。当某年得知县,某年署大县,某年实授,某年迁通判,某年迁知府,某年由知府迁布政,某年迁巡抚,某年迁总督。善自爱,他日知吾言不谬也。"后不再见此叟,其言亦不验。然细较生平,则所谓知县,乃由拔贡得户部七品官也;所谓调署大县,乃庶吉士也;所谓实授,乃编修也;所谓通判,乃中允也;所谓知府,乃侍读学士也;所谓布政使,乃内阁学士也;所谓巡抚,乃工部侍郎也。品秩皆符,其年亦皆符,特内外异途耳。"

显然,文中的"中允"为官名,即太子中允。如果编撰者不仅仅是摘引纪昀《滦阳消夏录二》中的一句话,而能多看一点,就不会出现这样的错误。

(2)有的义项是仅根据一条书证而立并释义,而且此唯一的书证不足凭信。这样的释义并不可靠,义项也就不能成立。

《汉语大词典》

【设】12. 羞耻。《史记·老子韩非列传》:"伊尹为庖,百里奚为虏,皆所由干其上也。故此二子者,皆圣人也,犹不能无役身而涉世如此其污也,则非能仕之所设也。"司马贞索隐:"按:《韩子》作'非能士之所耻也'。"

按:《史记》中这几句话,是引述《韩非子·说难》的。《韩非子》和《史记》有关文字如下:

《韩非子·说难》:"凡说之务,在知饰所说之所矜而灭其所耻。……伊尹为宰,百里奚为虏,皆所以干其上也,此二人者,皆圣人也,然犹不能无役身以进,如此其污也。今以吾言为宰虏,而可以听用而振世,此非能仕之所耻也。"

《史记·老庄申韩列传》:"凡说之务,在知饰所说之所敬,而灭其所丑。……伊尹为庖,百里奚为虏,皆所由干其上也。故此二子者,皆圣人也。犹不能无役身而涉世如此其污也,则非能仕之所设也。"

《索隐》曰:"《韩子》作'非能士之所耻也。'"

这只是比较了两书文字的异同,并没有说"设"有"耻"义。从上引两段文字看,《史记》的大意确实与《韩非子》相同,但并非每个字都对应。

而且,研究《史记》的学者,对《史记》中这几句话有不同的解释。

清李笠《史记志疑》:"案:此言役身涉世,圣人尚不以为庖为虏为污,则遇合之际,非才士所可措施也。仕士古字通。设犹措施也。《韩子》则作此'设'作'耻',与此语异而意同。"(转引自《中国基本古籍库》)

王叔岷《史记斠证》:"《考证》:'当从《韩子》作"耻"。'"

"案:耻无缘误为设。窃疑此文本作'则能仕之所设也',犹言'此能士之所行也'。与《韩子》作'此非能仕之所耻也'义亦相符,则下'非'字,盖后人据《韩子》妄加之耳。"

愚按:李笠认为《史记》与《韩非子》"语异而意同",把"设"解释为"措施"。王叔岷所引的《考证》即日本泷川太郎《史记会注考证》,《考证》意谓《史记》之"设"为误字,当从《韩非子》改为"耻"。王叔岷则认为《史记》当作"则能仕之所设也","非"为衍文;把"设"解释为"施行"义。此二人所言亦非定论,但都认为"设"无法解释为"耻",这是对的。

而且,查检语料库,先秦两汉"所设"共40多次,无一例可解释为"所耻"。所以《史记》是一孤证,而且此例不足凭信。据此而为【设】立一"羞耻"义项,是不妥的。

词典的义项是从一个词的众多用法中概括出来的。语言是有社会性的,很难想象,一个词的一个义项从古到今只有一个人用过一次。当然,并不是所有的话都被记录下来,而保存至今的文献资料,又只是其中的一部分,所以,也不排斥这样的可能:有的词的义项,我们在词典编撰中只能找到一个书证。如《左传·昭公元年》:"引其封疆。"杜预注:"引,正也。"《汉语大字典》《汉语大词典》和《辞源》(第三版)均立为义项,而且仅此一例。《王力古汉语字典》作为"备考"。《汉语大词典》中仅有孤证的条目不少,对这样的条目,在修订时要尽可能补充更多的书证。实在补不出来的,一定要慎重对待,经过严格的审核,确实可靠的可以留下,错误的或没有把握的应当删去。修订中新增的条目更要严格把关。研究语音语法的学者说:"例不十,法不立。"我们修订词典,原则上也应该是"书证不十,义项不立"。像张相《诗词曲语辞汇释》、蒋礼鸿《敦煌变文字义通释》这样的经典著作,以及很多当代学者词义考释的著作,都是收集了大量例句,才概括出一个词的某些意义。我们在词典编撰中一定要学习这种精神,不能仅仅根据一两个例句或某一个古注,就轻率地立一个义项。

(3)虚词的词义与其语法功能密切相关,为虚词立义项,必须有较强的语法观念,否则容易出错。下面举二例。

A《汉语大词典》

【底】10.犹边,面。用于指示代词后,表处所。明汤显祖《邯郸记·度世》:"这底是三楚三齐,那底是三秦三晋,更有找不着的三吴三蜀。"……14.的确;确实。《朱子语类》卷一二六:"譬如人食物,欲知鸟喙之不可食,须认下这底是鸟喙,知此物之为毒,则他日不食之矣。"

按:这是大错!"这底""那底"是近代汉语早期特有的语法现象。梅祖麟《唐五代"这""那"不单用作主语》(《中国语文》1987年第3期)指出:唐五代"这""那"不能单作主语,作主语时必须说"这个""那个",宋代出现了"这底""那底"和"这的""那的"。下面引几个"这底"作主语和宾语的例子(有的是梅文转引吕叔湘《近代汉语指代词》的例子,有的是梅文所举):

师云:"遮底不生死。"(《灯录》,6.9)

老僧只管看这底。(《汾阳》,598a)

此是楼板、云内两寨接界处照证,这底且休,且未理会。(沈括《乙卯入国奏请》:胡道静《梦溪笔谈校证》,48)

这底只是我怕你们不知。(《绍兴甲寅通和录》,《三朝北盟会编》,卷一六二,10)

《朱子语类》中"这底"甚多,可以作主语,也可以作宾语。仅各举一例:

天只是一元之气。春生时,全见是生;到夏长时,也只是这底;到秋来成遂,也只是这底;到冬天藏敛,也只是这底。(卷六)

至若万物之荣悴与夫动植小大,这底是可以如何使,那底是可以如何用,车之可以行陆,舟之可以行水,皆所当理会。(卷十八)

本条所举的"这底",和上述"这底"完全相同。编撰者不熟悉近代汉语语法,故有此误。可见词典编撰也要懂得语法。

B《汉语大词典》

【所】9.可,可以。《晏子春秋·杂下十》:"圣人非所与熙也。"张纯一校注引王引之《经传释词》:"言圣人不可与戏也。"《文子·道德》:"老子曰:民有道,所同行;有法,所同守。义不能相固,威不能相必,故立君以一之。"《史记·淮阴侯列传》:"必欲争天下,非信无所与计事者。"(按,《汉书·韩信传》"所"作"可"。)

按:《经传释词》谓"所,犹可也",非是。所举《晏子春秋》《史记》两例之"所与+V","所"均为代词。《马氏文通·介字·与》:"(与)司'所'字则必后焉。"举5例:《论·乡党》:"揖所与立。"《孟·离下》:"其妻问所与饮食者。"《史·淮阴侯列传》:"必欲争天下,非信无所与计事者。"《汉·霍光传》:"发御府金钱刀剑玉器采缯,赏赐所与游戏者。"韩《柳子厚墓铭》:"所与游,皆当世名人。"《马氏文通》意思是说:"与"的宾语(介词宾语)是"所",但"与"都在"所"的后面。朱德熙《自指与转指》说得更清楚:"所与饮食者"的"所"提取的是"与"的宾语,跟"所与饮食者"相应的陈述形式是"(良人)与之₁饮食","所"提取了"之₁",所以句中的"之₁"必须缺位。简单地说,"所与+V"中的"所"指代的是介词"与"的宾语(与之熙之人,与之饮食之人,与之计事之人),"所"不能解释为"可,可以"。《汉书·韩信传》"所"作"可",不能说明"所"即"可"。《史记》例与《汉书》例意思大致相同而结构不同。《史记》例"无所与计者"的"所"是提取"与"的宾语的,所以"与"后面不能再加"之",不能说成"无所与之计者"。《汉书》例"无可与计者"的"可"不是提取"与"的宾语的,所以"与"后面还可以加"之",说成"无可与之计者"。仅仅根据一句话的异文,不加分析,就断定某字有某义,这是传统训诂学的弊病,不可信从。《文子》例的意思是:"民有道,此民之所同行;民有法,此民之所同守。"宋杜道坚《文子缵义》有注释:"天下虽大,君以一之。君一,则道不待为,民所同行;法不待变,民所同守。""所"仍是代词,并非"可,可以"之义。

《汉语大词典》有些虚词条目,根据刘淇或王引之的说法立了义项。刘淇或王引之没有很强的语法观念,他们的一些说法未必可信。这些条目都要根据近现代的语法研究成果审慎地对待。

(二)释义错误,义项可成立

(1)《古代汉语词典》(第二版)

【肥】③富,富足。《礼记·礼运》:"父子笃,兄弟睦,夫妇和,家之～也。"

按:《礼记·礼运》:"四体既正,肤革充盈,人之肥也。父子笃,兄弟睦,夫妇和,家之肥也。大臣法,小臣廉,官职相序,君臣相正,国之肥也。天子以德为车,以乐为御,诸侯以礼相与,大夫以法相序,士以信相考,百姓以睦相守,天下之肥也。是谓大顺。"显然,"家之肥""国之肥""天下之肥"的"肥"是"人之肥"的"肥"的引申义,但这个引申义不是"富足",而是"和顺"。

后代用"国肥"的不多,用"家肥"的很多,都是指家庭和睦。如:

白居易《海州刺史裴君夫人李氏墓志铭并序》:"族睦家肥,辅佐之力也。"

李绅《移九江》诗:"体瘦寡行立,家肥安啜哺。"

杜荀鹤《和舍弟题书堂》诗:"团圆便是家肥事,何必盈仓与满箱?"

《旧唐书·高季辅传》:"杜其利欲之心,载以清净之化,自然家肥国富,气和物阜,礼节于是竞兴,祸乱何由而作。"
《汉语大词典》"肥"没有这个义项,可以补充。

(2)《汉语大词典》

【寸蹏尺缣】喻收受小贿。蹏,"蹄"的古字,兽蹄,缣,黄色的细绢。清吴伟业《梅村诗话》:"贪吏放手无罚,而寸蹏尺缣,辄加逮治。"

按:释义误。"蹏"为"赫蹏",小幅绢帛,见于《汉书·外戚传下·孝成赵皇后》:"武(籍武)发箧中,有裹药二枚,赫蹏书。"颜师古注:"邓展曰:'赫音兄弟阋墙之阋。'应劭曰:'赫蹏,薄小纸也。'""寸蹏尺缣"指小幅字画。清汪学金辑《娄东诗派》卷十六:"麓台绘事辄入宋元诸名家潭奥,尺缣寸蹏为世重宝。"清揆叙《益戒堂诗集》卷一:"寸缣尺蹏费捃摭,零落幸免抛榛芜。"

《梅村诗话》的原文为:"(宋九青)《掖中言怀》中一联云:'朋友谁无生死问,朝廷今作是非看。'时上方切治苞苴,而金吾徽卒乘之反行其奸利。贪吏放手无罚,而寸蹏尺缣辄加逮治。九青之语盖实录也。""寸蹏尺缣"即诗句中的"生死问",并非贿赂。意谓收了朋友赠予的小幅字画,就加以逮治。

(三)原有释义不周全,义项应增补

(1)《汉语大词典》

【吊】1.祭奠死者或对遭丧事及不幸者给予慰问。……亦指祭奠的仪式。2.伤痛;凭吊。《诗·桧风·匪风》:"顾瞻周道,中心吊兮。"毛传:"吊,伤也。"《左传·僖公二十四年》:"昔周公吊二叔之不咸,故封建亲戚以蕃屏周。"《史记·张仪列传》:"群臣皆贺,陈轸独吊之。"宋孙光宪《杨柳枝》

词:"万株枯槁怨亡隋,似吊吴台各自垂。"《宋史·胡铨传》:"今日之议若成,则有可吊者十;若不成,则有可贺者亦十。请为陛下极言之。"清赵翼《五牧镇为宋将尹玉战死处》诗:"五牧塘边路,经过吊夕阳。"

《古代汉语词典》

【吊】1.悼念死者。2.慰问。3.忧伤。4.忧虑。《国语·鲁语下》:"夫义人者,固庆其喜而吊其忧。"《史记·魏其武安侯列传》:"籍福贺魏其侯,因吊曰:'君侯资性喜善疾恶。'"

按:《汉语大词典》【吊】2.下《史记·张仪列传》和《宋史·胡铨传》例与"伤痛"义不合。《古代汉语词典》另立一"忧虑"义项,其书证之一为《史记·魏其武安侯列传》,此例也与"忧虑"义不合。这三例都是"吊"和"贺"相对,如果多看一些同类的例句,就可以看到这一类例句该怎样解释。如:

《战国策·燕策一》:"武安君苏秦为燕说齐王,再拜而贺,因仰而吊。齐王桉戈而却,曰:'此一何庆吊相随之速也?'"

《淮南子·说林》:"汤沐具而虮虱相吊,大厦成而燕雀相贺,忧乐别也。"

《史记·萧相国世家》:"诸君皆贺,召平独吊。……召平谓相国曰:'祸自此始矣!'"

《史记·苏秦列传》:"苏秦见齐王,再拜,俯而庆,仰而吊。[索隐]曰:刘氏云:'当时庆吊应有其词,但史家不录耳。'"

《史记·张仪列传》:"(张仪请献商於六百里地予楚,使楚秦相交)楚王大说而许之。群臣皆贺,陈轸独吊之。楚王怒曰:'寡人不兴师发兵得六百里地,群臣皆贺,子独吊,何也?'"

《史记·张耳陈余列传》:"窃闻公之将死,故吊。虽然,贺公得通而生。"

《史记·魏其武安侯列传》:"于是乃以魏其侯为丞相,武安侯为太尉。籍福贺魏其侯,因吊曰:'君侯资性喜善疾恶,方今善人誉君侯,故至丞相。然君侯且疾恶,恶人众,亦且毁君侯。能兼容,则幸久;不能,今以毁去矣。'魏其不听。"

《说苑》卷十二:"遇吉则贺之,凶则吊之。"

《汉书·何并传》:"王莽遣使征诩,官属数百人为设祖道,诩据地哭,掾史曰:'明府吉征,不宜若此。'诩曰:'吾哀颍川士,身岂有忧哉!我以柔弱征,必选刚猛代。代到,将有僵仆者,故相吊耳。'"

从这些例子看,"吊"常常是与"贺"相对的,是一种既有言辞、又有动作的行为,而不是一种单纯的心理活动"伤痛"或"忧虑"。而且,"吊"不仅是在人死以后,也可以是在预见人将有凶险之时,经常是对人的一种警告。这个意义应该补充到词典中去。

(2)《汉语大词典》

【刺举】1.检举。《史记·田叔列传》:"天下郡太守多为奸利,三河尤甚,臣请先刺举三河。"2.谓检举奸恶,举荐有功。《魏书·术艺传·张渊》:"执法刺举于南端,五侯议疑于水衡。"注:"太微南门,谓之执法。刺举者,刺奸恶,举有功。"

按:有关"刺举"的资料甚多,据此可以归纳其词义。现择要列举于下:

《史记·田叔列传》:"……以田仁为丞相长史。田仁上书言:'天下郡太守多为奸利,三河尤甚,臣请先刺举三河。

三河太守皆内倚中贵人,与三公有亲属,无所畏惮,宜先正三河以警天下奸吏。'……仁已刺三河,三河太守皆下吏诛死。仁还奏事,武帝说,以仁为能不畏强御,拜仁为丞相司直,威振天下。"(引文为褚少孙所补)

《汉书·诸葛丰传》:"夫司隶者刺举不法,善善恶恶,非得颛之也。"

《汉书·王莽传下》:"二年正月,以州牧位三公,刺举怠解,更置牧监副,秩元士,冠法冠,行事如汉刺史。"

《后汉书·朱浮传》:"旧制,州牧奏二千石长吏不任位者,事皆先下三公,三公遣掾史案验,然后黜退。帝时用明察,不复委任三府,而权归刺举之吏。"注:"刺举即州牧也。"

《后汉书·虞诩传》:"诩好刺举,无所回容,数以此忤权威。"

《三国志·魏书·高柔传》:"要能刺举而辨众事,使贤人君子为之,则不能也。昔叔孙通用群盗,良有以也。"

《周书·冯迁传》:"冯迁字羽伐,弘农人。……后授陕州刺史。迁本寒微,不为时辈所重。一旦刺举本州,唯以谦恭接待乡邑,人无怨者。"

庾信《周柱国楚国公岐州刺史慕容公神道碑》:"后魏元年重授敷州刺史。公以先经刺举,固辞不就。"

《太平御览》卷二五五引黄泰《交广记》:"秦兼天下,改州牧为刺史,朱明之时,则出巡行封部,玄英之月,则还诣天府表奏。刺史,言其刺举不法,史者,使也。"

《通典》卷十九:"刺史刺举郡县,至隋治人(民)。"

据此可知,"刺举"的词义有一个演变过程:"刺举"本为"监察举报奸恶不法"之义,开始是监察官的职责,后来成为州牧的职责,州牧也因此改名为"刺史";刺史的职责不仅是刺举不法,而是治民。同时,"刺举"也就可以表示"担任刺史"之义,如《周书》例的"刺举本州"义即任本州刺史,庾信例的"先经刺举"义即已经出任过敷州刺史。

《汉语大词典》所引《魏书·术艺传·张渊传》之注不可靠。我查检了汉魏六朝的"刺举"共60多例,全都是刺举奸恶,无一例为"刺奸恶,举有功"。

(四)古今意义混同或颠倒

古汉语词典应注意古今词义的异同。如果混同了古今意义或者颠倒了古今意义,就会误导读者。

(1)《汉语大词典》

【脚】1. 人与动物腿的下端,接触地面、支持身体和行走的部分。《墨子·明鬼下》:"羊起而触之,折其脚。"汉邹阳《狱中上书自明》:"昔司马喜膑脚于宋,卒相中山。"唐杜甫《北征》诗:"见耶背面啼,垢腻脚不袜。"

按:"脚"的词义最初是"小腿"(膝盖以下的部分),后来演变为"脚丫子"(踝骨以下部分)。本条的释义把古今意义混淆了。"脚"的词义演变汪维辉(2017)已有详细论述,兹不赘。

(2)《汉语大词典》

【皮】1. 兽皮。带毛叫皮,去毛叫革。《诗·鄘风·相鼠》:"相鼠有皮,人而无仪。"引申指人的皮肤或动植物体表面的一层组织。《汉书·高帝纪上》:"高祖为亭长,乃以竹皮为冠。"唐韩愈《去岁自刑部侍郎以罪贬潮州刺史小女道死留题驿梁》诗:"数条藤束木皮棺,草殡荒山白骨寒。"清蒲松龄《聊斋志异·画皮》:"铺人皮于榻上,执采笔而绘之;已而掷笔,举皮,如振衣状,披于身,遂化为女子。"

按:先秦西汉"皮"只表示兽皮和树皮,不表示人皮,人皮叫"肤"。直至西汉末、东汉时才有"皮肤"连用:刘向《列女传》卷六:"(无盐)皮肤若漆。"《论衡·雷虚》:"射中人身,则皮肤灼剥。"到东晋则"皮"可单用表人皮,《抱朴子·登涉》:"沙虱,……初着人,便入其皮里。"这是汉语词义的古今差别,《汉语大词典》把人皮和植物的皮放在一个义项中,而且笼统地说"引申指人的皮肤或动植物体表面的一层组织",没有反映这种词义演变,不妥。

(3)《汉语大词典》

【趾】1.脚指头。汉焦赣《易林·否之艮》:"兴役不休,与民争时,牛生五趾,行危为忧。"《医宗金鉴·正骨心法要旨·足五趾骨》:"趾者,足之指也。名以趾者,所以别于手也,俗名足节。"明刘基《北上感怀》诗:"宁知乖圆方,举足辄伤趾。"鲁迅《故事新编·补天》:"〔女娲〕正要伸手,又觉得脚趾上有什么东西刺着了。"2.泛指脚。《诗·豳风·七月》:"三之日于耜,四之日举趾。"毛传:"四之日,周四月也,民无不举足而耕矣。"

按:"趾"在上古的意义为"脚",很晚才变为"脚趾"义。词典把时代颠倒了。而且,"脚指头"的例句有问题。《易林》例的"五趾"是"五足",可参见《汉书·五行志下之上》:"京房易传曰:兴繇役,夺民时,厥妖牛生五足。"而《医宗金鉴》是清代的作品,时代太晚。据我查检,"趾"的"脚指头"义见于唐代:

韩愈《寄卢仝》诗:"浑舍惊怕走折趾。"魏仲举注:"趾,足指。"

但魏注未必可靠。可靠的例句是:

孙思邈《千金要方》卷四四:"寒厥必起于五趾而上于膝者,何也?"

(4)《汉语大词典》

【睡】1. 睡觉。《庄子·列御寇》:"夫千金之珠,必在九重之渊而骊龙颔下。子能得珠者,必遭其睡也。"唐韩愈《宿神龟招李二十八冯十七》诗:"夜宿驿亭愁不睡,幸来相就盖征衣。"宋苏轼《海棠》诗:"只恐夜深花睡去,故烧高烛照红妆。"巴金《探索集·访问广岛》:"我感到温暖和安慰,终于沉沉地睡去了。"2. 打盹;瞌睡。《战国策·秦策一》:"读书欲睡,引锥自刺其股,血流至足。"《史记·商君列传》:"孝公既见卫鞅,语事良久,孝公时时睡,弗听。"

按:"睡"的"打盹;瞌睡"义在先,"睡觉"义在后。《庄子》例的"睡"是瞌睡。把《庄子》例理解错了,也就把时代颠倒了。"睡"的词义演变见汪维辉(2017),兹不赘。

(5)《汉语大词典》

【副】1 [fù《广韵》敷救切,去宥,敷。]

"福1"的今字。

《汉语大词典》

【福】[fù《广韵》敷救切,去宥,敷。]后多作"副"。

2. 副贰。4. 量词。用于成套的衣服。唐颜师古《匡谬正俗》卷六:"副贰之字,'副'字本为'福'字。从衣,畐声。今俗呼一袭为一福衣,盖取其充备之意,非以覆蔽形体为名也。然而书史假借,遂以'副'字代之。副,本音普力反,义训剖劈,字或作'疈'。"

按:把"福"看作古字,把"副"(量词)看作今字,把时代颠倒了。《说文》段注在"副"下已言之:"颜说未尽然也。副之则一物成二,因仍谓之副。因之凡分而合者皆谓之副。训诂中如此者致多。……福字……恐此字因副而制耳。"段说是。

3 书证

(一)始见例

书证的始见例很重要。《汉语大词典》不说明词义产生的时代,但根据始见例可以大致知道其时代。始见例过晚,就把词义产生的时代推迟了。但如果用了很早却不可靠的始见例,那又会错误地把词义产生的时代提前了。如前面所举的【睡】字条,在"睡觉"义项下用了《庄子》例,就表示"睡觉"义在先秦就有了。这是错误的。所以,选择始见例要慎重。

(1)《汉语大词典》

【那】1.指示代词。与"这"相对。唐张鷟《朝野佥载》卷二:"尚书右丞陆余庆转洛州长史,其子嘲之曰:'陆余庆,笔头无力嘴头硬。一朝受词讼,十日判不竟。'送案褥下。余庆得而读之,曰:'必是那狗。'遂鞭之。"

按:此书证正确。这是在王力《汉语史稿》中指出的。至今研究汉语语法史的学者,找到的指示代词"那"的最早例句就是此例。

荷兰汉学家许理和(E. Zürcher)在东汉支娄迦谶译的《文殊师利问菩萨署经》中找到一个例子："诸过去佛悉那中浴。"他认为"我们这个得自佛经译文的惟一例子比非宗教文献上关于'那'的记载要早五百年。"(见《最早的佛经译文中的东汉口语成分》,中译文载《语言学论丛》第 14 辑)但实际上,许理和所举的"那"不是指示代词,而是介词,义为"于"。"那"的这个意义早见于《尔雅》:

《尔雅·释诂》:"爰粤于那都繇,于也。"

在先秦文献中也能找到例证:

《国语·越语下》:"吴人之那不谷。"韦昭注:"那,于也。"

在魏晋南北朝时期的佛典中,"那"的这个意义用得很多,如前秦昙摩蜱、竺佛念译《摩诃般若钞经》卷一《摩诃般若波罗蜜问品》:"菩萨摩诃萨、摩僧那涅僧、摩诃衍三拔谛色不那中住,痛痒思想生死识不那中住,须陀洹不那中住,……"连用 43 个"那中住"。同本异译支娄迦谶译《道行般若经》中大致作"于中"。(关于"那"的解释承南京师范大学何亚南教授提供。)

(2)《汉语大词典》

【惭】仅一义:羞愧。《汉语大词典订补》增加了一个义项:感激,感念。唐杜甫《北征》:"顾惭恩私被,诏许归蓬荜。"

【惭愧】1.因有缺点、错误或未能尽责等而感到不安或羞耻。《国语·齐语》:"是故大国惭愧,小国附协。"2.感幸之词。意为多谢、难得、侥幸。唐王绩《过酒家》诗之五:"来时长道贳,惭愧酒家胡。"

按:蒋礼鸿《敦煌变文字义通释》:"惭,感谢。"举例甚多。这个义项词典应该补充。此义项的始见例是什么呢?《敦煌变文字义通释》说:《搜神记》卷二十"仆是蚁中之王,不慎堕江,惭君济活。""是惭作感谢义之最早见者。"

王锳《诗词曲语辞例释》举江淹《别赋》:"乃有剑客惭恩,少年报士。"并分析《国语·齐语》"是故大国惭愧,小国附协"例,说:"文中所叙桓公所作所为,都是'以德绥诸侯'的事,大国诸侯根本没有愧惧、愧耻的必要,倒是'感荷、感服'之义于文义较为切合。"所以,"惭愧"表示"感谢"义可追溯至先秦。

可见,要找始见例,是需要查检大量文献并加以分析的。

(3)《汉语大词典》

【莫】2.副词。(3)表示揣测。或许;大约;莫非。《论语·述而》:"文,莫吾犹人也。躬行君子,则吾未之有得。"朱熹集注:"莫,疑词。"唐杜甫《秋日寄题郑监湖上亭》诗之三:"赋诗分气象,佳句莫频频。"清纳兰性德《满宫花》词:"盼天涯,芳讯绝,莫是故情全歇。"

按:此义项以《论语》为始见例,时代是很早,但"文,莫吾犹人也"历来有多种解释,而且大多不主张把"文"和"莫"点开,朱熹只是一家之言。词典的书证,最好不采用这种例句。杜甫例又太晚。董志翘、蔡镜浩《中古虚词语法例释》举出六朝三例,如:

《古小说钩沉·幽明录》:"阁上人曰:'闻鱼龙超修精进,为信尔不?何所修行?'长和曰:'不食鱼肉,酒不经口,恒转尊经,救诸疾痛。'阁上人曰:'所传莫妄?'"

蒋礼鸿《敦煌变文字义通释》引俞忠鑫说:"莫"的此种用法可以溯源至先秦,如:

533

《庄子·则阳》:"至齐,见辜人焉,推而强之,解朝服而幕之,号天而哭之,曰:'子乎!子乎!天下有大灾,子独先离之。'曰'莫为盗?莫为杀人?'"

但《庄子》此句有不同解释。郭象注:"杀人大灾,谓自此以下事。大灾既有,则虽戒以莫为,其可得已乎!"宣颖注:"又言不是为盗乎?不是为杀人乎?"解释不同,标点也就不同。一般都从郭注,标点为"莫为盗!莫为杀人!"我也倾向于郭注,因为除此例外,先秦找不到"莫"表示揣测的用法,宣颖的解释是根据六朝人的语感来读先秦文献。所以,难以用《庄子》此例作为始见例。

可见,找始见例是要谨慎从事的。

(二)义例不合

书证是词典很重要的一个部分。书证合适与否,也关系到词典的质量。书证的问题很多,本文只谈一点:要正确理解书证,不能义例不合。

(1)《汉语大词典》

【知】14.表现。谓有动于中,表现于容色。《管子·心术下》:"金心在中不可匿,外见于形容,可知于颜色。"《左传·僖公二十八年》:"晋侯闻之而后喜可知也。"杜预注:"喜见于颜色。"《吕氏春秋·自知》:"文侯不说,知于颜色。"高诱注:"知,犹见也。"《淮南子·修务训》:"奉一爵酒,不知于色。"

按:《吕氏春秋》《淮南子》例是。《左传》《管子》例非是。《左传》说"晋侯闻之而后喜可知",是说他人可知其喜。杜预注"喜见于颜色"是解释说:晋侯之喜表现于外,故"喜可知",并非说

"可知"的"知"就是"见"。《管子》两句是说:如金之心"外见于形容",所以"可知于颜色",也不是说"知"就是"见"。如果这两处"可知"之"知"义为"表现",那么,"可"该如何解释?

(2)《汉语大词典》

【轶】2.突袭,突击。《左传·隐公九年》:"郑伯御之,患戎师,曰:'彼徒我车,惧其侵轶我也。'"杜预注:"轶,突也。"汉刘向《新序·杂事四》:"庄王曰:'嘻!吾两君之不相能也,百姓何罪!'乃退师以轶晋寇。"5.通"逸"。(2)奔驰;逃跑。

按:《新序》例误。此例原文如下:

《新序·杂事四》:"既而晋人之救郑者至,请战,庄王许之。将军子重进谏曰:'晋,强国也,道近力新,楚师疲势,君请勿许。'庄王曰:'不可。强者我避之,弱者我威之,是寡人无以立乎天下也。'遂还师,以逐晋寇。庄王援枹而鼓之,晋师大败。晋人来,渡河而南,及败,奔走欲渡而北,卒争舟,而以刃击引,舟中之指可掬也。庄王曰:'嘻,吾两君之不相能也,百姓何罪!'乃退师,以轶晋寇。"

这是写楚庄王看到晋军战败、士卒争相逃命的惨状,说"百姓何罪",于是就退军而让晋军逃逸。"轶"通"逸",逃跑义,这里是使动用法,应归于义项5之(2)。编撰者没有读懂这个句子,错误地把它放到"突袭,突击"义项下了。

(3)《汉语大词典》

【靶1】[bà《广韵》必驾切,去祃,帮。]

1.辔首垂下部,即辔革。2.缰绳。3.器物上便于用手拿的部分。4.枪靶子。借指枪。5.比喻可以被人用以要挟的过失。6.弓身的正中。张弓时握手处。唐王维《出塞作》诗:"玉靶角弓珠勒马,汉家将赐霍嫖姚。"

【靶2】[bǎ]

射击的目标。元王实甫《丽春堂》第一折:"伸猿臂揽银鬃,靶内先知箭有功。"

按:王实甫例的"靶"应为义项6.张弓时握手处。意为箭尚在弓内就先知必能射中。"靶"之"射击的目标"义出现很晚,我查检到明代仅一例:

明代罗懋登《三宝太监西洋记》二十四回:"我做个～子,你射来。"

(4)《古代汉语词典》

【荠】1. cí ①草名。蒺藜。孟浩然《登兰山寄张五》诗:"天边树若荠,江畔月如舟。"

2. jì 菜名,荠菜。《诗经·邶风·谷风》:"谁谓荼苦,其甘如荠。"

按:在"蒺藜"下引孟浩然诗误。孟浩然诗是有来历的。

《颜氏家训·勉学》:"《罗浮山记》云:'望平地树如荠。'故戴暠诗云:'长安树如荠。'"

杨慎《升庵诗话》卷十三:"《罗浮山记》云:'望平地树如荠。'自是俊语。梁戴暠诗:'长安树如荠。'用其语也。后人翻之益工,薛道衡诗:'遥原树若荠,远水舟如叶。'孟浩然诗:'天边树若荠,江畔洲(当作"舟")如月。'"

首先,"望平地树如荠"不可能是树像蒺藜。其次,"蒺藜"义的"荠"是平声字(《广韵》疾资切),"荠菜"义的"荠"是仄声字(《广韵》徂礼切)。诗词中用"树如荠"的很多,看一看这些诗词的押韵情况,就可以知道"荠"是仄声字。

戴嵩《度关山》:昔听陇头吟,平居已流涕。今上关山望,长安树如荠。千里非乡邑,四海皆兄弟。(是转韵的,前六句押的是仄声韵)

唐诗宋词中也是如此:

李商隐《偶成转韵》:"明年赴辟下昭桂,东郊恸哭辞兄弟。韩公堆上跋马时,回望秦川树如荠。"

辛弃疾《西河》词:"西江水。道是西风人泪。无情却解送行人,月明千里。从今日日倚高楼,伤心烟树如荠。"

参考文献

董志翘、蔡镜浩　1994　《中古虚词语法例释》,吉林教育出版社。
蒋礼鸿　1995　《敦煌变文字义通释(第五版)》,上海古籍出版社。
马建忠　1983/1989　《马氏文通》,商务印书馆。
梅祖麟　1987　《唐五代"这""那"不单用作主语》,《中国语文》第 3 期。
孙玉文　2009　《大型语文工具书编写和修订应该加强字的音义关系的研究——以"被"字为例》,《中国训诂学报》第 1 辑,商务印书馆。
汪维辉　2017　《东汉—隋常用词演变研究》(修订本),商务印书馆。
王叔岷　2007　《史记斠证》,中华书局。
王　锳　1980　《诗词曲语辞例释》,中华书局。
萧涤非、张忠纲　2014　《杜甫全集校注》,人民文学出版社。
许理和　1987　《最早的佛经译文中的东汉口语成分》(中译文),《语言学论丛》第 14 辑。
周祖谟　1966　《四声别义释例》,《问学集》,中华书局。
朱德熙　1983　《自指与转指》,《方言》第 1 期。
朱金城　1988　《白居易集笺校》,上海古籍出版社。
《新校互注宋本广韵》,余廼永、黄耀堃,上海辞书出版社,2000。
《集韵校本》,赵振铎,上海辞书出版社,2012。

《经典释文汇校》,黄焯,中华书局,2006。
《汉语大字典》(第二版),四川辞书出版社,2010。
《汉语大词典》,汉语大词典出版社,1986—1993。
《汉语大词典订补》,上海辞书出版社,2010。
《王力古汉语字典》,中华书局,2000。
《辞源》(第三版),商务印书馆,2017。
《古代汉语词典》(第二版),商务印书馆,2017。

(原载《辞书研究》2019年第1期)

北京话和普通话

清末民初是汉语发展的一个重要阶段,在这个时期,中国社会发生了剧烈的变化,汉语也有很大的发展变化。但以往对这个时期的汉语,研究汉语史的很少涉及,研究现代汉语的也很少关注,这是一个三不管地带。现在,研究汉语史的往下走,研究现代汉语的往上走,把这一段的汉语研究衔接起来,这是一种很好的学术发展趋势。北京话在明清直至现代的汉语发展中有很重要的地位,清末民初的北京话的研究是关系到整个汉语研究的大事。本文要讨论的是北京话和普通话的关系。

1 什么是普通话?

普通话和北京话都不是一成不变的,而是随着时代和社会生活不断发展的。研究普通话和研究北京话都要有历史的、发展的观念。

"普通话"原称"国语",黎锦熙的《国语运动史纲》(1934)为国语运动提供了珍贵的历史资料。"普通话"这个名称当时就有,黎锦熙(1934:13—15)说:

> 民国以来,普通话的主张,已经演成三派:
> 第一派是民国二十一年以前所谓"国音国语"。……

第二派是民国六七年间新文学运动初期所谓"白话"。这种白话,是已经有了七八百年的历史的,已经产生了从《水浒传》《西游记》直到《老残游记》这些"活文学"作品,所以当时一声呐喊,全国的学士大夫自然而然都不学而能地写得出从来没写过的"白话文"来。……

第三派便是新文学运动以后到现在逐渐流行的"欧化的语体文"。……

书中又说(黎锦熙 1934:16):

这种公共的语言并不是人造的,乃是自然的语言中之一种;也不就是把这几百年来小说戏曲所传播的"官话"视为满足,还得采用现代社会的一种方言,就是北平的方言。

中华人民共和国成立后,1955年确定现代标准汉语名称由"国语"改称"普通话"。

普通话的定义为:"我国国家通用语言,现代汉民族的共同语,以北京语音为标准音,以北方话为基础方言,以典范的现代白话文著作为语法规范。"其中(1)语音的标准很清楚。虽然很多人的语音不大规范,但都是应该努力加以纠正的。(2)语法:"以典范的现代白话文著作为语法规范。"有两个问题需要讨论:其一,"典范的现代白话文著作"用的是什么样的语法?其二,和北京话的语法是什么关系?(3)词汇:《现代汉语词典》标出〈口〉〈方〉〈书〉〈古〉,哪些类的词语适合用于普通话?对这些问题需要进一步讨论。

2 典范的现代白话文著作是怎样写出来的?

白话文不是一朝一夕形成的,也不是1915年的"新文化运动"以后才有的。早在1898年,就有了《无锡白话报》,此后在全国各地都出现了很多"白话报",很多在这些报刊上发表的清末民初的京味儿小说和时评被收集到2018年出版的《早期北京话珍本典籍校释与研究》这套丛书中。[1]不仅如此,如黎锦熙所说,白话文的渊源还可以追溯到七八百年以前的《水浒传》《西游记》。但是,"五四"前后的作家是不是熟读了《水浒传》《西游记》就能"不学而能地"写出白话文来?事实并非如此。1902年梁启超打算翻译凡尔纳的《十五小豪杰》,"本书原拟依《水浒》《红楼》等体裁,纯用俗话,但翻译之时,甚为困难;参用文言,劳半功倍。"(夏晓虹 2013)可见,以《水浒传》《西游记》为范本写白话文,和以《左传》《史记》为范本写文言文一样,都是要有一定的学习、练习的过程的。当然,对于清末民初的作家来说,白话文和文言文有一个很大的不同:文言文和他们口中说的话是两个完全不同的语法词汇系统,而《水浒传》《西游记》等白话作品和他们口中说的话是同一个语法词汇系统,他们以《水浒传》《西游记》为范本写白话文,比以《左传》《史记》为范本写文言文要容易得多。但这有一个前提:那些清末民初的作家必须会说官话。一个人写文章,可以完全模仿一种和他口语无关的语言,明清时期文人写文言文就是这样,这是要经过多年的学习和练习的。也可以是基本上照他的口语写,如果他说的是方言,那么写出来的就是像《海上花列传》,就是方言文学;如果他是北京人,写出来的就是京味儿小说,像《小额》那样。如果说的是北京话或官话,要参照《水浒传》《红楼梦》来写会比较容易。如果说的是方言,却要照《水浒传》《红楼梦》的体裁来写,那不可能"不学而能",而会有点"戛戛乎难哉",梁启超就是这样。梁启超开始是只会说粤语的,所以他的演讲很多人听不懂,后来才学会说西南官话。夏晓虹说:梁启超用白话写作感到困难,一方面是由于写作习惯,"另外一个也许是更重要的原因,则是各人的方言背景"。这是说得很对的。梁启超后来写的《清代学术概论》(1921)和《中国近三百年学术史》(1923),语体文就写得很纯熟了,这可能和他的写作习惯和他对官话的熟练程度都有关系。

"官话"这个词出现在明代。明清时期有一种通行全国的"通语",不同方言区的人在一起就用它交谈,即所谓"官话"。"官话"不像普通话那样有明确的语言规范,不同地区的人讲"官话",都会掺杂自己的方言成分。新文化运动以后的一些著名作家,像鲁迅、茅盾、郭沫若、巴金、叶圣陶、朱自清等都是如此。叶圣陶的作品后来再版时有些改动,主要是把一些吴语的词语改为普通话词语。同时,这些著名作家的作品中,还有一些外来语的成分。可见,早期的"典范的现代白话文著作"不可能是纯粹的北京话。这些作家的作品中,哪些是官话,哪些是方言成分,哪些是外来语成分,他们早期的作品和后期的作品有无变化,这都是可以深入研究的。

3 北京话和官话的关系

"官话"以北京话为基础,至少在 1860 年前后就已经如此。威妥玛在《语言自迩集》(第一版)"序言"(1867)中说:

> 北京话(Pekingese)是官方译员应该学习的语言。自从带有许多学生的外国公使馆在北京建立,不首先学这种语言那几乎是不可能的了,因为它比任何其他语言都更重

要。在总理各国事务衙门服务的初学者,用不了多久就会发现,他正在学习的语言恰是帝国政府主要官员所说的话。同时,他的老师、仆人,他所接触的十之八九的人,都很自然地讲这种话。……我见过一位译员,他确实精通北京话,他在汉口和在京师一样地被理解。……

这里主要说的是语音,但不仅仅是语音,也应该包括语法和词汇。说"北京话……在汉口和在京师一样地被理解",这应该包括北京话的语法和词汇在汉口也能被理解。

但官话不等于北京话。威妥玛所说的进入总理各国事务衙门服务的初学者,他的老师、仆人可能说的是北京话,而那些"政府主要官员"说的话却未必是标准的北京话,而是来自全国各地的人所讲的"官话"。"官话"的范围很广,下江官话、西南官话都是官话。而且,北京话也不是一个样子,正如《创造〈京话报〉章程》所说:"须知京话也有数种,各不相同,譬如南城与北城,汉人与旗人,文士与平民,所说之话,声调字眼,皆大有区别。……本报馆……务取其京中通行,而雅俗共赏者,始为定稿。"(转引自夏晓虹 2013)清末民初是如此,今天也是如此。我们今天要推广的普通话,也并不是北京话怎么说,我们就怎么说;特别是写作,更不是完全按照北京的口语写,除非是写小说。如果要逼真地摹写北京某个地区、某个阶层的人物的声口,那当然要用地道的"京腔",即可以使用北京特有的、而北京以外的读者不容易懂得的词汇和语法(比如:"那种样子的毛窝,多了去了。")。那么,普通话的书面语,应该是什么样的呢?这就是下面所要讨论的"理想的国语"。

4 "理想的国语"

早在1925年,周作人和钱玄同在通信时就说到了"理想的国语"。

钱玄同《理想的国语》(原载1925年9月6日《国语周刊》第13期,收入《钱玄同文集》第3卷)是钱玄同给周作人的回信,写于1925年9月3日,其中说(钱玄同1999:221—233):

> 国语应该用一种语言做主干……用了北京话做主干,再把古语、方言、外国语等自由加入……我认为国语应该有三个美点:活泼、自由、丰富。采用活语,方能活泼(做主干的北京话,加入的方言跟外国语,这三种都是活语,唯有古语是死语;但它的本质虽是死的,只要善于使用,自能化腐臭为神奇,变成活泼泼地……);任意采之,斯乃自由;什么都采,所以丰富。

> 有许多词句,普通会话中虽不大用它,但表示较深奥、曲折、细致的意思时便须用到的,近来新文学作品中,尤其是所谓欧化的文章中,尤其是诗歌中,到处遇着它。这本也是白话,那般爱凿四方眼儿的人们往往要认它为"文言"——就是古语——因而非难它,排斥它,这是非常地错误,不可不纠正的。

周作人的信(1925年7月26日):

> 古文不宜于说理(及其他用途)不必说了,狭义的民众的言语我觉得也决不够用,决不能适切地表现现代人的情思。我们所要的是一种国语,以白话(即口语)为基本,加入

古文（词及成语，并不是成段的文章）、方言及外来语，组织适宜，具有论理之精密与艺术之美。这种理想的言语倘能成就，我想凡受过义务教育的人民都不难了解，可以当作普通的国语使用。假如以现在的民众知识为标准来规定国语的方针，用字造句以未受过国民教育的人所能了解的程度为准，这不但是不可能，即使勉强做到，也只使国语更为贫弱，于文化前途了无好处。

他们说"理想的国语"应该是以北京话为主干，加入古语、方言、外国语，这个看法是对的。他们的看法，直到今天还值得重视。虽然现在"民众"的水平已比1925年大大提高，但今天的书面语仍不能等同于一般群众的口语；如果等同于一般群众的口语，将会使现代汉语书面语的表达力显得贫弱。普通话的书面语应该基于口语，高于口语。前面引用的黎锦熙所说的关于"普通话"的三派，反映了当时从事"国语运动"的人士对"普通话"的看法各有侧重：有的侧重于"国音国语"，这是强调普通话的书面语要按北京话来写；有的侧重于《水浒传》《西游记》等的"白话"，实际上是主张普通话可以包括某些古语和方言的成分；有的侧重"欧化的语体文"，这是主张普通话可以有一些欧化的成分。实际上，这三个方面都是普通话所需要的，这三派的主张，可以和钱玄同、周作人的意见统一起来看。

普通话的语法、词汇要以北京话的语法词汇为基础，这一点毋庸置疑，不必多加论述。同时，普通话确实吸收了不少方言、古语、外来语的成分，这在下面简单地加以论述。

（1）北京话

北京话是普通话的基础。正如《创造〈京话报〉章程》所说，北京话有不同的层次。一些北京"土语"（如："砍大山""归包堆儿"）未必能进入普通话，进入普通话的应该是北京话中那些"雅俗共赏"的句法和词语。

(2) 方言

普通话吸收了不少方言词语。特别是改革开放以来，有不少粤语词进入普通话，如：买单、收银台、靓丽等。吸收有表达力的方言词语，对普通话是有好处的，不能因为是方言词而加以排斥。比如《现代汉语词典》（第5版）："二郎腿：坐的时候把一条腿搁在另一条腿上的姿势。"第6版把"搁"改成了"放"，理由为"搁"是方言词。其实，"放"的意义比较泛，"搁"的意义比较具体。"把两只脚搁在桌上，人往后仰，双手托住后脑勺。""她坐稳当了，一只脚搁在另一只脚上。"这两个句子里的"搁"能换成"放"吗？

还有的方言词如果通用范围很广，可以和普通话的词并存，不必因为是方言词就一律去掉。如上海的小学课本上把"外婆"改为"姥姥"，引起很大争议，后来又改了回来。改回来是对的。正如"耗子药"不必全都改为"老鼠药"一样。

方言词和通语（普通话）是可以互相转化的。从历史上看，现在一些普通话的词原先是"江淮型"的词语（见岩田礼的《汉语方言解释地图》）。有些词现在还是方言词，但已经开始进入普通话。如"拎（一桶水）"见于《上海方言词典》，但《现代汉语词典》也收，而且未标〈方〉；随着"拎包入住"等商业广告的宣传，在普通话中的使用频率可能会提高。而《北京土语词典》里的"提溜（liu）"这个词，虽然《现代汉语词典》也收，但在普通话里很少用。

普通话的句法是以北京话为基础的，但也受一些方言的影响。如一个有争论的问题：用"给"表被动，是北京话固有的，还是受南方方言（特别是粤方言）的影响？从语料的统计来看，在京籍作家的作品中用"给"的被动句确实是在20世纪80年代以后增加很快，应该说是和改革开放后香港片的影响有关的。一些句法原来南北有别，现在普通话中这种差别开始消失。原来北京话说"VP+去"（《小额》中全是"VP+去"，共45例），南方话通常说"去+VP"（《海上花列传》中"去吃酒"13例，"吃酒去"7例）；现在普通话中两者皆可，以"去+VP"为主（在CCL中"吃饭去"160条，"去吃饭"698条）。原来北京话中的"V着"只表示静态的持续，普通话中"V着"表示静态和动态都可以。

（3）古语

近年来因为强调传统文化，不少古语也进入了普通话。如"砥砺前行"，如果在五年前用这个词，肯定会认为是文言词；这确实是文言词，但现在日常口语中也已经用得很多。"鸿鹄之志"也是古语，但因为有人读错了字，反而使这个词语普及了。一些文言的句式也用得不少，如"唯利是图""唯你是问"，一般文化程度的人都能说，也都能明白其意，虽然不一定明白其结构关系。

不过，古语要用得正确，用得得当。用"七月流火"来表示天气炎热，显然是用错了。《现代汉语词典》（第7版）："【七月流火】指夏去秋来，天气转凉。现也用来形容天气炎热（因人们误把"七月"理解为公历7月，把"火"理解为火热）。"这样错误的用法，是否可以认为是"积非成是"而加以肯定？"罄竹难书"用于正面的事物是否可以？这些都要慎重对待。

近年来有些高考作文用文言写,得了高分,媒体也大加宣扬。当然,高中生如果文言写得好,是值得赞许的,但用文言写作不是我们提倡的方向。而且,如果用文言写,就要像文言的样子。有些得高分的文言作文,其实写得不像文言文,是不应该作为样板的。

(4)外语

在普通话中有不少外来词(如"粉丝""给力"),近来又有不少字母词(如 GDP、5G)。外来词有些很明显,有些要仔细考察。如"猫腻"一词,通常都认为是老北京话。元丁《"猫匿"是外来词》(1998)引了几部北京话词典,说明"猫腻"是外来词。其中陈刚《北京方言词典》(1985):"猫儿匿",释作"内情,多指私弊"以及"搞鬼,使假招子",并指出此词来源于波斯语 ma'ni(含义)。徐世荣《北京土语辞典》(1990):"猫儿腻",释作"琐细的事故",并注云:"据说是阿拉伯语——回语'玛尔腻'或译音'马儿密'的变音,原义是'意义、内容、事故',也可写作'猫儿溺'。"贺阳《北京牛街地区回民话中的借词》(1990):"码儿妮",释作"隐情、阴谋",指出此词来源于波斯语 ma'nee(意义、意思)。(转引自元丁 1998)

语法方面,王力《中国现代语法》(1943)用专章谈了"欧化的语法",主张"以历史的眼光去看欧化的语法,把它和中国原有的语法分别清楚。《红楼梦》和《儿女英雄传》的语法和现代书报上的语法有什么不同之处。这是很有趣的问题,是值得咱们仔细研究的"。这种研究至今还没有深入地做过。王力《汉语史稿》(1958)又专列了一节"五四以来新兴的语法",说的是受西洋语法影响而产生的新语法,所举的例子都是"典范的现代白话文著作",包括老舍。王力先生认为这些新兴语法可以使汉语的表达更严密,但是吸收欧化语法要适度,有些欧化的句式是不足为法的,如:"他永远站在人民的身边,忠实地,固执地。"(《马拉的死》,《巴金文集》第9卷)巴金自己说过:"最近我编辑自己的《文集》,我还在过去的作品中找到不少欧化的句子。我自然要把它们修改或者删去。"(《谈我的散文》,《巴金文集》第14卷)(转引自王金柱1987)

有些新兴语法,不但在作家笔下出现,就是在一般民众嘴里也说。黎锦熙《国语运动史纲》(1934:15):"我曾雇一车夫,他常问我一句话:'回头我没有来接您的必要吧?'这真是'欧化的大众语'了,也不知道他是从哪儿学来的。"这样的句式,确实是《红楼梦》和《儿女英雄传》没用的,但既然一般百姓都这么说,大概我们已经不觉得它是欧化句法了。

总之,普通话(特别是普通话的书面语)要进一步提高,它应该成为一种充分体现汉语特点的、全民都能使用的、富有表达力的、优美的语言。为了达到这个目标,在如何选择雅俗共赏的北京话,如何恰当地吸收方言、古语、外来语等方面,都还有许多事情要做,还需要大家共同努力。

附注

① 《早期北京话珍本典籍校释与研究》总主编为王洪君、郭锐、刘云,由北京大学出版社于2018年8月出版。

参考文献

黎锦熙　1934/2011　《国语运动史纲》,商务印书馆。

钱玄同	1925	《理想的国语》,《国语周刊》第 13 期。
钱玄同	1999	《钱玄同文集》第 3 卷,中国人民大学出版社。
王金柱	1987	《巴金小说中的欧化句式》,《中国现代文学研究丛刊》第 4 期。
王　力	1943/1985	《中国现代语法》,载《王力文集》第 2 卷,山东教育出版社。
王　力	1958/1988	《汉语史稿》,载《王力文集》第 9 卷,山东教育出版社。
威妥玛	1886/2002	《语言自迩集》,张卫东译,北京大学出版社。
夏晓虹	2013	《作为书面语的晚清白话报刊白话文》,载冯胜利主编《汉语书面语的历史与现状》,北京大学出版社。
元　丁	1998	《"猫匿"是外来词》,《汉字文化》第 4 期。

(原载《语言战略研究》2019 年第 6 期)

谈谈中小学文言文教学

近年来,人们对中小学的文言文教学非常关注,有不少讨论。中小学文言文教学是整个中小学语文教育的一部分,讨论中小学文言文教学的问题,要以教育部颁布的语文教学大纲和语文课程标准对整个中小学语文教学的指导思想为出发点。

1

《九年义务教育全日制初级中学语文教学大纲》和《全日制普通高级中学语文教学大纲》对中学语文教学的教学目的做了明确规定,概括起来,主要是提高学生的语文能力,培养学生高尚的思想、道德、感情,使学生发展健康个性,形成健全人格。在语文能力方面,初中的目的是提高学生的阅读、写作和口语交际能力,高中的目的是使学生具有适应实际需要的现代文阅读能力、写作能力和口语交际能力,具有初步的文学鉴赏能力和阅读浅易文言文的能力。教学大纲规定,义务教育阶段语文课本中古代诗词和文言文占30%左右,背诵推荐文言文20篇、古代诗词50首;高中阶段推荐文言文20篇、诗词曲50首。

《义务教育语文课程标准(2011年版)》提出:"语文课程致力于培养学生的语言文字运用能力,提升学生的综合素养,为学好其他课程打下基础；为学生形成正确的世界观、人生观、价值观，形成良好个性和健全人格打下基础；为学生的全面发展和终身发展打下基础。语文课程对继承和弘扬中华民族优秀文化传统和革命传统，增强民族文化认同感，增强民族凝聚力和创造力，具有不可替代的优势。"其中，要求小学背诵古今优秀诗文150首（篇），初中背诵80首（篇）。

普通高中语文课程标准正在修订，但大致思路已经很清晰。总的说来，新课程标准在总结近年中小学语文教育实践经验的基础上，根据时代的要求，更强调语文应用能力、探究能力、审美能力和创新能力，强调语文素养的培育，力图构筑一个新的语文课程结构体系；高中课程包括必修课程和选修课程两部分，选修课有"诗歌与散文"等系列，可以开设"唐诗选读""先秦诸子论著选读"等课程。就文言文教学而言，高中阶段要求具有良好的现代汉语语感和初步的文言语感。

根据教学大纲和课程标准，中小学文言文教学是循序渐进、逐步提高的。而且到了高中阶段，除了对全体学生的共同要求（具有良好的现代汉语语感和初步的文言语感）之外，对不同兴趣、不同需求的学生，文言文教学有不同的要求。比如，选修"诗歌与散文"系列的学生，要求借助工具书和有关资料，读懂内容和文字不太艰深的古代诗文，进一步培养文言语感。如果是选修了"唐诗选读""先秦诸子论著选读"等课程，就必须阅读较多数量的古代诗文，有些还会是比较艰深的，他们的文言文阅读能力也会更高。这是对一部分学生的要求，而不是对全体高中学生的要求。在中小学文言文教学方面，这样一种逐步提高、区别对待的做法，符合我国在中小学阶段人才培养的总目标，也适合学生的实际需要。

2

中小学是打基础的时期。高中毕业后，有的学生会参加工作，有的学生会上大学，按照不同的专业方向进一步学习、深造。如果是文史哲，就需要较多地阅读文言文；如果是其他学科，在专业上用文言文的机会就不一定很多。那么，为什么在中小学阶段，所有学生都要学习文言文呢？因为这是一种基本的素养。

首先，按照教学大纲和课程标准，中小学语文课要学习相当数量的古诗文，而且这些都是传诵的名篇，是我国传统文化中的精华。通过这样的学习，就会对我国优秀的传统文化有初步的感受和了解，就可以为形成一定的传统文化底蕴奠定基础。这是每个公民都必须具备的基本素质。同时，要求学生能阅读浅易的或不太艰深的文言文，有初步的文言语感，这也是每个公民都必须具备的基本素质。今天，文言文已不是人们的交际工具，人们不会用文言文写作（有人喜欢写旧体诗或用文言写日记、信札，这是他们的个人爱好，不是普遍现象），更不会用文言交谈，但文言文的影响还是随处可见的。不说别的，只说普遍使用的成语，如"罄竹难书""不速之客""空空如也""唯利是图""破釜沉舟""负荆请罪"等，都包含了文言成分，有的还包含历史文化；在一些文章或报告中，也会见到引用或改造一些古书上的词句。一个有文化修养的公民，在阅读时要能够懂得这些成语和词句，在写作时也要能够根据需要正确使用这些成语和词句。这都需要有一定的文言文基础。总之，在今天的社会生活中，文言文还是有用的，只是在不同人的生活里，程度有高低的不同而已。学习是终身的事，在中小学阶段不可能使一个人具备今后需要的全部文言文知识和能力，但有了一定的文言文基础，在以后就可以继续学习，不断扩展现代社会所需要的有关文言文的知识和能力。

我认为，教学大纲和课程标准对文言文教学的要求是正确的，恰如其分的。不重视文言文教学和对文言文教学提出过高的要求，都不利于学生健康成长。

对中小学生加强中华优秀传统文化教育，是完全正确的。让孩子从小就受到中华优秀传统文化的熏陶，这对提高全民的文化素质，对弘扬中华优秀传统文化，都是十分必要的。中小学的文言文教学，承担着这个重要任务。近年来，中小学教材中的文言文比重增加了，对文言文教学的要求提高了，强调在文言文教学中重视中华优秀传统文化的传承；高考命题也同样是这种趋向。对这种趋向，教师、学生和家长大多是赞同的。反对的意见不会没有，但至少不是舆论的主流。同时，社会上还有一种意见：认为中小学教材中要以文言文为主，对中小学生文言文的要求还应再提高，要让学生能直接阅读整部经典，鼓励或提倡学生写文言文；有的还在小学开设"国学班"，让孩子从小就读经，或者用《三字经》《弟子规》作为教材。这种意见和做法，我不赞成。中华优秀传统文化的教育是有序推进的，不能对中小学生的文言文学习提出不切实际的要求。

我在退休前一直是北大中文系古代汉语教研室的教师，我的研究方向是汉语史。从学科发展方向来看，我当然希望能有一批具有深厚的古文功底的年轻学者，能在汉语史研究方面做出卓著成就。但这样的学者是通过"大学—硕士—博士"途径培养的，中小学文言文教学的目标，不是专为培养这样的学者。高中学生如果有志于从事这一方向的研究，可以在高中选修有关的课程，使自己在进入大学前就打下基础。如果要求所有的中学生都大量地读古文，都有很高的古文水平，或者在小学就开设"国学班"，让孩子从小就读经，这就不符合基础教育的要求，不符合人才培养的需要。至于《三字经》《弟子规》这些古代的童蒙读物，如果在教师指导下让小学生作为课外读物阅读，也并不是不可以；但如果用来作为小学生的道德和行为规范，那就与时代差得太远了。

近年来，有所谓"国学热"。什么是"国学"，很难准确界定，大体上说，"国学"就是中国传统文化，包括中国古代的文学、历史、哲学和书画艺术。"文化大革命"对中国传统文化全盘否定。一个民族如果失去了自己的传统，这个民族就没有了自己的根。"国学热"反映了人们向传统文化回归的要求，这是应该肯定的；这些年来，传统文化得到了应有的重视，这是很好的事情。但当前人们对"国学"有各种不同的看法，提倡"国学"也有各种不同的做法，对此，需要冷静地思考，深入地讨论。我个人认为，对待中国传统文化有"三要"。第一，要有分析的眼光。传统文化既有精华，也有糟粕，对传统文化全盘肯定和全盘否定都是错误的。对待传统文化，必须区分精华和糟粕，确定什么是应该继承的，什么是应该抛弃的。如果没有理性的文化自觉，就不可能有正确的文化自信。中小学阅读和背诵的古诗文名篇，主要是传统文化的精华，但对于传统的经典作品，也要注意引导学生用现代的观念，在历史的背景下去感受和思考。这里首先要求教师进行正确的分析和引导,同时逐步培养学生的独立分析能力。第二,要有开阔的胸怀。优秀的中华传统文化是灿烂的,但不是唯一的,世界上还有其他民族也创造了优秀的文化。有没有开阔的胸怀,能不能吸纳其他民族的优秀文化,取决于有没有充分的文化自信。在汉唐时期,吸纳了那么多的外来文化,正说明那时有充分的文化自信。在当今"全球化"的大潮中,既不能迷失自我,也不能闭关自守,而要有开阔的胸怀,吸纳其他民族的优秀文化,熔铸成中华民族的新文化。《义务教育语文课程标准(2011年版)》在"课程目标与内容"中说:"认识中华文化的丰厚博大,汲取民族文化智慧。关心当代文化生活,尊重多样文化,吸收人类优秀文化的营养,提高文化品位。"这是很对的。第三,要有创新的气魄。中华民族的复兴,不能仅仅是回忆昔日的辉煌,也不能仅仅是回复昔日的传统,而是要在继承传统的基础上开拓创新,创造自己的新文化,赶上时代潮流,并且引领时代潮流。这一点,在对青少年的教育上特别需要强调。中国古代的教育思想,有很多值得继承的东西,如勤学深思、尊师重道,但也有一个明显的不足——创新精神相对缺乏,这在古代的童蒙读物《三字经》《弟子规》中可以明显地看到。创新是学术发展的动力,社会前进的动力。在竞争激烈的当今世界,创新尤为重要。有没有创新精神,关系到孩子的前途,也关系到国家的命运。教学大纲和课程标准很强调对学生创新能力的培养,这是符合时代要求的。

3

下面,谈几个文言文教学有关的问题。

中小学的文言文怎么教？我认为，成功的文言文教学首先要让学生对所学的古代诗文感兴趣。中小学课本所选的古代诗文都是文质兼美的名篇，教师如果对这些名篇的内容和形式的美有深入体会和感受，就能通过讲授和交流激发学生的兴趣，使他们自觉地去学习和背诵这些规定篇目，或者在课外去读更多古代诗文。经过一定的积累，就能引导学生走进中国古代优秀文化这个殿堂，这样就达到了文言文教学的一个重要目标：认识中华文化的丰厚博大。同时，为了读懂和鉴赏这些古代诗文，必然要扫除一些语言障碍，教师在讲课文时，要一字一句讲清楚，对文中一些古今意义不同的文言常用词和必要的语法知识要做适当的讲解，使学生对课文有正确的、深入的理解。这样的讲解，要有机穿插在整篇课文的讲解之中，不能把课文弄得支离破碎。如果处理得好，一堂课下来，就使学生既读了一篇优美的诗文，又记住了一些文言常用词语和必要的文言语法知识。经过一定的积累，就能提高学生的文言文阅读能力。这样，也就达到了文言文教学的另一个重要目标：能阅读浅易文言文。

这里要谈谈文言语感的问题。早在1962年，王力先生主编的《古代汉语》"绪论"里，就提出了培养古代汉语语感的问题。什么是文言语感？简单地说，文言语感是对文言文整体的感知能力，拿起不太艰深的一段文言或一首古代诗词，能大体知道是什么意思。古人说："读书百遍，其义自见。"说的就是文言语感。但古人培养文言语感的途径只是大量阅读并由此得到感悟，我们今天不能走这样的老路，而要感性认识与理性认识相结合。也就是说，要让学生掌握一定数量的文言常用词和必要的文言语法知识，并与较大量的阅读结合起来，逐步培养文言语感。这个问题,在王力主编的《古代汉语》"绪论"里已经说得很清楚。不过,中小学的文言文教学与大学的古代汉语教学有所不同,中小学文言文教学不可能像大学的古代汉语课那样讲较多的常用词和语法知识,所以,培养学生的文言语感,虽然也要注意常用词和基本语法的学习,但主要还是要靠一定数量的阅读和逐渐的积累。语感对于文言文阅读是很重要的。我们在中小学文言文教学中会遇到这样的情况:古代诗文有一些句子,用的词极其普通,也没有很特别的语法现象,但要正确理解其意思,却未必很容易。比如,"夫战,勇气也"和"良庖岁更刀,割也",两句都是常见的"××,××也"的句式,但两句都不能简单地用"××是××"来翻译,而且两句中"××"和"××也"的关系并不相同。"远上寒山石径斜"和"孤帆远影碧空尽",两句都是常见的"2-2-3"句式,但"远上寒山"和"石径斜"是什么关系?"孤帆远影"和"碧空尽"是什么关系?这两句的"2-2"和"3"的关系有什么不同?不能回答这些问题,说明对这些诗句的意思还不很理解。这些句子的意思,读书少的学生会觉得难以理解,因为他没有文言语感,缺乏对句子整体理解的能力。读书较多的学生就能读懂,虽然他不会对这些句子的结构做深入的分析,也讲不出什么道理,但他能凭自己的感觉说出这些句子是什么意思,以及同样句式的两个句子表达的意思有什么不同,这就是他的文言语感在起作用。因此,中小学文言文教学要对培养文言文语感的问题给予应有的重视。教师在课堂上要把课文讲透彻,像上述那些句子要让学生正确理解,同时,要引导学生在课外尽量多读、多背一些,碰到和课文中类似的句子要能举一反三,从而逐步培养文言语感。

要不要让中小学生用文言文写作？我认为没有必要。在民国时期，曾要求中学生能用文言文写作，但今天的情况已经不同，前面说过，文言文在今天已经不是交际工具。中小学学生的任务是提高现代汉语的写作能力，程度较好的学生，能在中学甚至小学阶段就用规范的现代汉语写出真挚动人的文章，这是中小学语文教育努力的方向。当然，如果有的学生喜爱文言文，愿意试着用文言文写作，而且写得文通字顺，表达清晰，这也是值得肯定的。但他主要还是要能熟练地用现代汉语写作，如果只会写文言文，不会写现代文，他就无法和人们交流。有人说学习文言文有助于提高学生的写作水平，学生学了古代诗文，可以把一些古代的词语融汇到自己的文章里去，这是对学生过高的要求，中小学学生还达不到这样的程度。一些程度较高的学生在读了较多的优秀文言文作品以后，如果能深入体会其意境和笔法，这对他会起一种潜移默化的作用，有助于他现代文写作水平的提高；但这也不宜作为中学语文教育的普遍要求和目标。这个问题，我曾在一次访谈中说过，这里不多说了。

中小学语文教学中规定学生背诵一定数量的古代诗文，对此我很赞成。有些古代诗文的内容，学生未必能完全理解，那也没有关系。青少年时期记忆力强，背了这些古代诗文的名篇，很多可以终身不忘，随着年龄的增长和知识的丰富，可以逐步加深理解。古代诗文起的是一种潜移默化的作用，对一个人的气质、情操会有良好的影响。在中小学阶段背诵一些古代诗文，这将是终身受用的宝贵精神财富。除了教学大纲规定的背诵篇目外，有的学校还自行编写了古诗文读本，要求学生背诵。我国地区广大，各地各学校的情况不一样，只要古诗文选得合适，有条件的学校让学生多背一点也是有好处的。不过,哪些诗文让哪个学段的学生背诵,还需要仔细斟酌。背诵的诗文虽然不能要求学生完全理解,但至少学生要能懂得其大意,读了以后感到喜欢,这样才会有兴趣背诵,也才能比较容易背下来。如果有的诗文超出了那个学段学生的理解水平,读起来有较多的障碍,连大意也不容易懂,只能一个字一个字地死记硬背,那样效果就比较差了,只能给学生增加不必要的负担。比如,李白《蜀道难》本是高中的背诵篇目,如果让小学生背诵,效果就未必好。在古诗文背诵的问题上,也要遵照循序渐进的教学原则。

以上是我个人的想法,不一定对,提出来和大家讨论。中小学语文教育是关系到几千万孩子的大事,我们要有一个正确的认识,共同努力,把中小学语文教学搞好。

(原载《语文建设》2017年第3期)

后　　记

　　这本论文集选收的是我在2011年—2020年间曾在书刊上发表的18篇论文。在此之前,商务印书馆已给我出版过《汉语词汇语法史论文集》(2000年出版)和《汉语词汇语法史论文续集》(2012年出版),因此,这本论文集定名为《汉语词汇语法史论文三集》。

　　在这18篇论文汇集出版时,我把这些文章重看了一遍,心中颇有感慨。正如我在《续集》的"后集"中说的:"回过头来看看我所写的这些文章,觉得有些论点还需要进一步考虑,有些论证还需要进一步充实。"但既然是论文的汇集,就不能大改,只改正了一些刊出时的排印错误,对一些表述不当的做了文字上的修改。有两篇论文中的某些观点,后来觉得不妥,这次在论文的注释后面用【今按】的形式加以改正。这些论文,只是记录了我在这十年中对一些问题的思考和探索,希望得到学者和读者的批评。活到老,学到老,这是我的心愿。

　　感谢商务印书馆为我出版这三本论文集。感谢《三集》责编龚英为书稿付出的辛劳。

蒋绍愚
2021年9月于北大